扣好人生第一粒扣子
生态文明主题教育35课

主编◎姚瑜洁
顾问◎孙　红　陈镇虎

上海社会科学院出版社

图书在版编目(CIP)数据

扣好人生第一粒扣子:生态文明主题教育35课/姚瑜洁主编. -- 上海:上海社会科学院出版社,2024.
ISBN 978-7-5520-4543-7

Ⅰ.G635.1

中国国家版本馆CIP数据核字第2024PA4420号

扣好人生第一粒扣子——生态文明主题教育35课

主　　编:姚瑜洁
责任编辑:路　晓
封面设计:裘幼华
出版发行:上海社会科学院出版社
　　　　　上海顺昌路622号　邮编200025
　　　　　电话总机021-63315947　销售热线021-53063735
　　　　　https://cbs.sass.org.cn　E-mail:sassp@sassp.cn
排　　版:上海碧悦制版有限公司
印　　刷:浙江天地海印刷有限公司
开　　本:787毫米×1092毫米　1/16
印　　张:24.75
字　　数:523千
版　　次:2024年10月第1版　2024年10月第1次印刷

ISBN 978-7-5520-4543-7/G·1361　　　　　定价:88.00元

版权所有　翻印必究

编委会

主　编◎姚瑜洁

副主编◎祝永华　谈　冰
　　　　吴晓丽

编　委◎凌洁敏　陆春华
　　　　秦蓉子　徐巍炜
　　　　徐留芳　唐华英
　　　　邓曲萍　张旭红
　　　　徐澄怡　张志英
　　　　胡晓寅　曹丹红
　　　　罗丽惠　董　英
　　　　陆燕华　王　剑
　　　　韩　英　富士英
　　　　金辰艳　杨丽丽
　　　　黄　燕　邱　雯
　　　　褚　勤　王洁瑜
　　　　黄春华　华

序 Preface

春赏花，夏溯溪，秋登高，冬观雪，四时景不同，万物得其所。我们生活的世界充满了无尽的变化与美丽，这与持续不懈的生态保护是分不开的，而如何让小学生理解宏大的生态概念，讲好生态故事，是我们德育工作者需要思考的。

党的二十大报告指出："中国式现代化是人与自然和谐共生的现代化。""我们要推进美丽中国建设，坚持山水林田湖草沙一体化保护和系统治理，统筹产业结构调整、污染治理、生态保护、应对气候变化，协同推进降碳、减污、扩绿、增长，推进生态优先、节约集约、绿色低碳发展。"生态文明教育，是点燃当代少年儿童"美丽中国"梦想的启蒙教育。

全国的教育工作者一直在努力探索生态文明教育的有效实施途径。上海市浦东新区姚瑜洁德行千里团队经过不断的探索与实践，这本《扣好人生第一粒扣子——生态文明主题教育35课》历经四年之久，终磨砺成书，将最贴近学生生活的生态文明教育理念融于一堂堂扎实的主题教育课中。从这本书中，我们不仅能看到全社会关注的生态焦点与痛点，也能看到教育活动中，"扩绿""防霾""减污""碳中和"等生态文明概念不断刷新着学生的认知。每一堂课都是生态文明教育的绿色宝藏，是引领学生回归绿色生态的生活坐标。

本书共分"动物系列""植物系列""资源系列""节约系列""循环系列""社交系列""防污系列"七个篇章，从多个维度入手，创设一境贯穿的生动故事，营造师生共享、共议、共行的良好氛围，使生态文明的种子深植于学生心底，不断萌发出新生的生态文明意识和行为枝芽。在教育实践的过程中，本书凸显了以下三大特点：

一、"上下"同步，从细处着眼，润物无声

教育源于生活，生活即教育。源自学生生活实际的教育引导，才能更好地生成贴近他们心灵的教育源泉。本书中所选用的生态教育视角，均源自学生的日常生活，紧密结合经常会看见、遇见、听见的生活场景，旨在引发学生的共鸣，促使他们从关注身边的生态环境入手，进而培养起主动的环保意识。

每堂课的设计都独具特色，有趣的情境创设让学生置身其中，形成共情，产生共鸣。如《"塑小白"安家记》设计了一个塑料袋卡通形象"塑小白"，通过塑料袋的漂流让学生了解塑料袋对环保的危害等。塑料袋是生活中最常见的物品，这样的场景设计让学生们真正有话能说、有话想说，回归到了儿童的认知视野。又如《"投投"是道》，根据动画片《马丁的早晨》的情境，老师设计了让学生当小侦探和主人公马丁一起破案，查找出逃动物的下落的情境。选择学生们喜爱的卡通形象，在破案的场景中身临其境，这样的设计非常精妙，让学生有了代入感，在情境中一起学会珍惜资源、保护环境，实现人与自然的和谐共生。

对于学生们来说，宏观而深奥的生态理念或许如雾里看花，只是略知一二，没有完全理解。正是那些触手可及、贴近日常生活的点滴事物，构成了学生理解世界的基石。因此，本书巧妙地选择了从细微之处入手，以润物无声的方式，为学生们呈现一堂堂生动有趣的生态文明主题教育课。这种方式不仅巧妙地与学生们的认知水平相契合，更在潜移默化中打破了他们原有的认知壁垒，引领他们迈向更为广阔的知识天地。

通过这种方式，学生们可以在日常生活中，更加深入地理解和感受到生态理念的重要性。他们可以通过观察身边的植物、动物和环境，了解生态系统的运作原理，认识到保护环境的重要性。同时，他们也可以通过实践活动，亲身体验到环保行动的实际效果，从而更加积极地参与到生态保护中来。

这种"上下"同步的教育方式，不仅可以帮助学生们建立起正确的生态观念，更可以培养观察力、思考力和行动力。通过观察和思考，学生们可以更好地理解生态理念的深层含义，通过行动，将自己的理念付诸实践，为生态保护做出贡献。

二、"内外"兼修，从实处着力，知行合一

内外兼修，方能知行并重。从实处着力，才能让生态课

堂走进学生内心。本书中每一堂生态文明主题教育课，都经过德育团队无数次的课堂实践，精心打磨，其过程可谓匠心。

如果你仔细研读每节课的设计，会发现这些设计不仅融入了丰富的生态知识，更包含了对学生情感态度价值观的深刻影响。它们像一面面镜子，反映出教育者的智慧和用心，也映照出学生内心的成长和变化。本册书非常注重"隐形"的导行，借用卡通人物的角色认知，用充满矛盾冲突的问题碰撞，引起学生内在的思考思辨，从而自然而然地形成生态保护的意愿，产生一隅最原始的内驱力。如《楼道变形记》设计了天庭最美楼道的评选，其中孙悟空和猪八戒的争论、哪吒和小龙王的纠纷，形成了辩论的主题，学生们在亲身参与表演的过程中发现问题、演绎问题并解决问题，可见设计者的着力点抓取非常巧妙，学生在参与的过程中既感受到了乐趣，又深刻体会到了楼道整洁对于生活环境的重要性，从而自觉养成了维护公共环境的好习惯。又如《天上人间水循环》一课中高强度、高密度地融合了现代信息技术，用希沃白板自带的教育技术制作"水循环利用"的对战游戏、排序游戏，用手机投屏技术进行现场"水循环宣传片"的拍摄和播放，整堂课充满了科技的梦幻感，相信我们的学生很容易沉浸在这样的现代技术学习氛围中，也能更好形成"用现代技术、现代方法、现代理念"去实践绿色发展，为可持续发展贡献智慧和力量的源动力，从而形成契合时代发展的生态文明保护的新路径、新方法。

生态文明教育是一项长期而艰巨的任务，需要我们在教育过程中不断巩固和深化。本书中的生态文明主题教育课，不仅注重当下学生的生态意识培养，更从长远处打算，为学生们的持续发展打下坚实的基础。

这种"内外"兼修的教育方式，让学生在学习生态知识的同时，也能够在实践中体验生态文明的内涵，真正做到知行合一。

三、"点面"结合，从小处着手，以小见大

"点面"交织，微观之处洞见宏观之深。本书从微小的课堂实践出发，展望未来的广阔天地，紧贴新时代的发展脉搏，肩负着既具现实意义又承载未来重要使命的双重职责，可谓利在当下，功在千秋。

每堂主题教育课的设计都从小处着手，带领学生一步步探寻生态的真相，以小见大，见微知著，符合学生的认知规律。在课堂的细微之处，我们不仅仅是教授知识，更是播撒

生态文明的希望种子。每一个细微的生态知识点，都是学生构建生态知识体系的基石，是他们理解世界、改造世界的起点。

与此同时，我们也注重培养学生的创新能力和批判性思维。在探讨生态问题时，我们鼓励学生从不同角度思考，提出自己的见解和解决方案。如《"环"然"衣"新》的教学设计，用学生们常见的"网络直播"的形式，利用直播时出现的三个问题，引导学生思维碰撞，辩证地看待问题，从而设计别出心裁的"生态之衣"。这种巧妙的设计让学生内化一种对"旧衣处理"的新思考，这是一种触动学生心灵的潜在力量，妙不可言。这种开放式的没有固定模式的课堂环境，不仅激发了学生们的学习兴趣，也锻炼了他们独立思考和解决问题的能力。

这种"点面"结合的教育理念，既注重了课堂内容的深度，又关注了学生们的实际体验。相信每一堂主题教育课，都是一次心灵的洗礼。通过这些主题教育课，引导学生从身边的小事做起，培养他们的环保意识和责任感，使学生们能够深切地感受到生态保护的重要性，从而更加珍惜自然资源，爱护我们的地球家园。

集结成册的《扣好人生第一粒扣子——生态文明主题教育35课》将宏大的生态观巧妙地融入学生的点滴生活之中，无论是他们每一次细微的举止，还是日常交流的字里行间，都承载着对生态文明的深刻理解。

作为德育教育工作者，我们不仅需要深入理解和掌握传统的教育理念，还应该积极思考如何将生态文明的理念融入日常的教育实践中，如何将生态文明的内涵进一步扩充，加强对学生生态文明意识的培养，帮助他们理解和接受"大生态"的概念，并让这一理念在他们的心中生根发芽。这就要求我们在德育工作中，通过各种形式的教育活动，让学生理解"大生态"的概念不仅仅指自然环境，还包括人类社会的各种关系；要让他们明白，每一个人都是生态系统的一部分，每个人的行为都会对整个生态系统产生影响。因此，我们每个人都应该承担起保护环境、维护生态平衡的责任。

今后上海市浦东新区姚瑜洁德行千里团队将持续不懈地深化这一教育理念，引领青少年在了解生态文明的道路上更加坚定不移，在践行生态文明的实践中更加从容不迫，最终将生态文明的理念发扬光大，成为学生成长道路上的宝贵财富。

人不负青山，青山定不负人。

此为自序。

上海市浦东新区姚瑜洁德行千里团队

目录 Contents

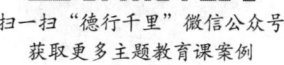

序 ………………………………………………………………… I

动物系列 ……………………………………………………… 1

第1课　流浪88　救助99　　　　　　　………孙　敏　3
第2课　"投投"是道　　　　　　　　　………肖华英　16
第3课　麻雀寻踪记　　　　　　　　　………闵丽芬　26
第4课　"宠"物更要"宠"环境　　　　………顾小华　38
第5课　"海外来客"毁生态　　　　　　………曲辰霄　48

植物系列 ……………………………………………………… 59

第6课　阳台探"秘"，绿色生"趣"　　　………王　琼　61
第7课　"大富翁"之植物养护记　　　　………郑黎莉　71
第8课　少代会提案之社区护绿计　　　………倪翡斐　81
第9课　拯救树木A计划　　　　　　　………奚佳婧　91
第10课　道路廊道　绽放生机　　　………吴佳妮　朱咏梅　103

资源系列 ……………………………………………………… 117

第11课　环保小精灵大战嗡嗡怪之"分"出胜负　………朱巧静　奚李婷　119
第12课　"舒平美"人行道冠名齐行动　　　　　　………方俊秀　129
第13课　一次性大王变变变　　　　　　　　　　………奚玲玲　140
第14课　绿色消费生态行　　　　　　　　　　　………李　敏　151
第15课　湿地不"失"　　　　　　　　　　　　………卫黎敏　162

节约系列·····························175

第16课	一"纸"之约	陆伟姣	177
第17课	小口罩，大生态	黄春华	188
第18课	"笔笔"皆是宝	陈金凤	198
第19课	光盘，我们的"态"度	邓曲萍	208
第20课	有电，也不能任性	顾佳瑶	218

循环系列·····························227

第21课	书来书往	李佳玉	229
第22课	"盒"去"盒"从	王 莉	237
第23课	庭审纪实之废旧笔芯污染案	陈晓丽	247
第24课	天上人间水循环	陈思远	256
第25课	"环"然"衣"新	徐澄怡	264

社交系列·····························275

第26课	疫苗护苗	陈 双	277
第27课	"3510"绿色出行	宋海美	285
第28课	绿色生态 志在必行	戚义惟	297
第29课	楼道变形计	叶子杰	306
第30课	最美地铁	顾小红	314

防污系列·· **323**

第31课	电子宝贝变变变	············	潘志燕	325
第32课	当黑暗占领"白昼城"	············	孙施骄	335
第33课	抗霾小队在行动	············	朱君杰	345
第34课	"塑小白"安家记	············	莫兆琪	359
第35课	向"噪声"say no	············	黄　燕	370

后记·· **381**

动物系列

在广袤的自然世界中，动物是生态文明建设的重要参与者，与人类共享这个蓝色的家园。动物的存在，不仅丰富了地球的生物多样性，更是生态平衡中不可或缺的一环。动物系列，通过五篇精心设计的教案，引导学生们深入理解动物与生态文明之间的紧密联系，培养他们对动物的关爱与保护意识。

首先，带领一年级学生走近流浪动物，学习正确对待及救助流浪动物的方法。其次，指导二年级学生学习正确投喂动物的方法，避免对动物造成伤害。接着，和三年级学生一同了解麻雀的生活习性和所面临的威胁，学习保护这些可爱的"城市精灵"。然后，四年级学生可以接触一些饲养宠物的知识。最后，五年级的学生将面对一个更具挑战性的话题——正确对待外来入侵物种，学习如何识别外来入侵物种，了解它们对本地生态的影响，并探讨如何科学防治外来入侵物种，保护本地生态安全。

动物是生态文明的基石，它们维系着生物链的平衡。从生物多样性保护、生态平衡维护到动物栖息地恢复，每一个细微的行动都关乎生态文明的未来。我们应尊重每一种生命，倡导科学饲养，拒绝非法捕猎，让动物在和谐的自然环境中繁衍生息。通过实际行动，我们共同守护绿色家园，让生态文明理念深入人心。

第❶课　　流浪88　救助99

设计教师：华东师范大学附属浦东临港小学　　孙　敏
指导教师：上海市实验学校东校　　徐澄怡

【活动对象】
小学一年级学生

【活动时长】
2+35分钟（2分钟预备时间）

【学情分析】
低年级学生关爱流浪动物：爱心背后的隐患与启示
　　当今社会，流浪动物越来越多。低年级学生都很有爱心，也很喜欢小动物，平时在路边或者小区里碰到流浪动物也喜欢上前投喂、逗弄。但是，大部分学生不清楚流浪动物的来源，也不知道这样做存在被抓伤的风险，不当的投喂还会影响环境、破坏生态。作为班主任，应倡导学生从科学、人文和环保的视角，深入了解并关爱流浪动物，通过教育与实践，培养他们成为有爱心、有责任感的社会公民。

【主题解析】
1.尊重自然环境，建设生态文明
　　习近平总书记在十九大报告中明确指出："人与自然是生命共同体，人类必须尊重自然、顺应自然、保护自然。"这一纲领性文件不仅为我们指明了生态文明建设的方向，也强调了生态文明教育的重要性。在生态文明建设中，我们不仅要关注自然环境的保护，还需关注生态系统中的每一个组成部分，包括流浪动物。

2.关注流浪动物，维护生态平衡
　　流浪动物作为城市生态系统中的一部分，其生存状态直接反映了一个社会的文明程度和生态环境的健康状况。当前，国内流浪猫狗数量庞大，生存环境恶劣，这不仅是对动物权益的忽视，也是对生态环境的潜在威胁。流浪动物的无序繁殖、疾病传播以及环境破坏等问题，都是我们在推进生态文明建设过程中必须面对和解决的问题。

3.明确学生责任，共建美丽中国
　　作为新时代的学生，我们肩负着建设美丽中国的重任。在生态文明建设中，我们不仅要学习理论知识，更要将所学付诸实践。在对待流浪动物的问题上，我们应从自身做起，树立正确的生态观念，不随意投喂、弃养动物，通过我们的行动减少流浪动物的数量，维护生态平衡。同时，我们还应积极宣传生态文明理念，带动更多的人参与到保护流浪动物、建设生态文明的行动中来。

总而言之，我们可以看到，保护流浪动物不仅是关爱生命的体现，更是推进生态文明建设、维护生态平衡的重要举措。让我们携手共进，为建设美丽中国贡献自己的力量。

【活动目标】

认知目标：
1. 知道流浪动物流浪的原因。
2. 知晓流浪动物带病菌、繁殖快的特点和破坏生态环境的危害。

情感目标：
能够正确对待流浪动物，形成保护生态环境的意识和观念。

行为目标：
1. 知道不随意投喂流浪动物。
2. 学会科学救助流浪动物的方法。

【活动重点】

能够正确对待流浪动物，形成保护生态环境的意识和观念。

【活动难点】

1. 知道不随意投喂流浪动物。
2. 学会科学救助流浪动物的方法。

【活动准备】

学生准备：
分成6个小组，确定好各组组长。

教师准备：
1. 收集相关资料，制作课件PPT。
2. 玩具小猫，对应班级组数的荧光手电筒、白手套。

【2分钟暖场活动】

活动名称： 魔法小口令，幸福拍手歌

1. 师：小朋友们好，我是兔兔老师。今天能和大家一起上一堂有趣的主题班会课，真开心！老师带来了一个魔法小口令，仔细听——8899，静悄悄。我说"8899"，你们说"静悄悄"。说出魔法口令的小朋友，还要马上坐端正哦！现在我们就来试一试。
8899——
生：静悄悄！

2. 师：哇！看来，魔法能量已经传递到每个小朋友的身上了！听，魔法能量还跳动成了一个个音符，变成了一首《幸福拍手歌》。

播放音频1《幸福拍手歌》：

如果感到幸福，你就小狗叫——汪汪汪；

如果感到幸福，你就小猫叫——喵喵喵；

如果感到幸福，你就小鸡叫——叽叽叽；

最后，大——家——一起小鸭叫——嘎嘎嘎。

3. 师：小朋友们，跟着兔兔老师一边做小动物动作，一边来大声唱一唱。

（学生跟着教师一边做动作，一边大声唱）

4. 师：小朋友们真是反应快、能力强！今天，就让我们带着智慧的大脑一起进入课堂吧！

【活动过程】

一、侦破扰民者

（一）根据线索来破案

1. 师：今天请大家来做小侦探，因为汪汪队的阿奇警官接到了一个特殊的求助电话。你们听！

播放音频2《动画片主题曲+阿奇警官求助电话》：

汪汪队主题曲铃声：汪汪队，汪汪队，我们马上就到。

阿奇警官：兔兔老师，你好！我是动物城刚上任的阿奇警官，需要大家的帮助。有市民来反映，这两天晚上睡觉的时候，总是听见窗外传来一阵一阵可怕的声音，草丛里还透出绿莹莹的光，垃圾桶也被翻得乱七八糟，周围还有很多脚印。大家害怕得都睡不着觉了。你听——这可怕的声音又来了！

播放音频3《可怕的猫叫声》：

凄惨猫叫声，时而像婴儿啼哭，时而像针扎似的尖利……

PPT出示图片：流浪猫元素。

2. 师：小侦探们，生活中，你们听到过这样的声音，看到过这样的绿光和爪印吗？

生1：没见过。

生2：我见过。这是小猫的脚印，叫声就是小猫的叫声，我家的小猫就是这么叫的。

3.师：仔细看看线索，再结合生活猜猜看。
  生：我猜是小猫。

4.师：你是从哪里知道的呢？
  生1：我家的小猫肚子饿了会这样叫。
  生2：我在小区的车底下看到的小猫，它们就是这样叫的。

5.师：原来是小猫啊！

板贴：空猫爪印背板

（二）火眼金睛来推理

1.师：兔兔老师马上打电话，把这个线索汇报给阿奇警官。

播放音频4《阿奇警官求助》：

汪汪队主题曲铃声：汪汪队，汪汪队，我们马上就到。

阿奇警官：终于找到线索了，这是两位可疑人员的照片，不过太模糊了，我实在分辨不出来。

PPT出示图片：协助调查单1。

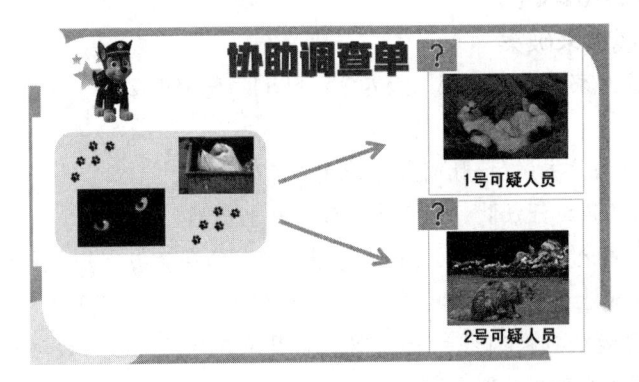

2. 师：小侦探们，你觉得那可怕的叫声是1号可疑人员，还是2号可疑人员发出来的呢？为什么？
  生1：是2号。它全身有污垢，瘦巴巴、脏兮兮的，身后是垃圾堆，并伴有蚊虫在飞。
  生2：我家的猫咪半夜从来不会叫，流浪猫没有家，所以半夜会乱叫。

PPT出示图片：协助调查单2。

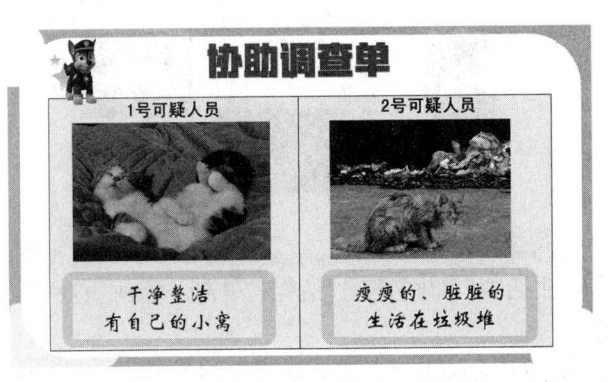

3. 师：你们果然是火眼金睛。没错，图片中流浪猫是瘦巴巴、脏兮兮的，因为它生活在垃圾堆里，经常因为抢夺食物和别的流浪动物打架。而家养猫干净整洁，有自己的小窝，生活环境比较优越，不缺吃的，有人照顾，它们比较温顺，不大会发出凄厉的叫声。因此，我们可以判断出那些叫声是流浪猫发出来的。

板贴：流浪

> **设计意图：** 本环节利用流浪动物扰民来引起学生共鸣，从而导入主题，旨在让学生认识流浪动物，知道它们和家养宠物的区别。

二、知流浪原因

1. 师：那么多线索都指向了流浪猫，于是，阿奇警官立刻行动了起来，开始不停地寻找这只流浪猫！

播放视频1《阿奇找到流浪猫并对话》：

旁白：阿奇警官在下雨的街头到处寻找目标人物——流浪猫。它的手电筒光束扫过城市的每个角落。流浪猫到底在哪里？阿奇警官找啊找啊……

2. 师：流浪猫会躲在什么地方呢？请大家一起来找流浪猫。

PPT出示图片：流浪猫寻踪迹。

3. 师：动物城下起了倾盆大雨，阿奇警官找到流浪猫时它被淋得浑身湿漉漉的，它会感到怎么样呢？

生：它会感到好冷啊！

4. 师：晚上，冻得直哆嗦的流浪猫肚子饿了，只能去翻垃圾桶，却一无所获，这时流浪猫会感到怎么样呢？会说什么呢？

生：我好饿啊，谁能给我点食物啊！

5. 师：生病的流浪猫又冷又饿，它再也站不住了，趴在角落里不停地打着喷嚏，它有什么感觉？

生：它特别难受。

播放视频2《阿奇警官询问流浪原因》：

汪汪队主题曲铃声：汪汪队，汪汪队，我们马上就到。

阿奇警官：你这只流浪猫，终于被我抓到了！你为什么要破坏环境、影响居民生活？

流浪猫：呜呜呜，我本是主人最爱的小猫咪，他每天都会为我准备好美味的大餐，我只需要晒晒太阳、舔舔毛就好了。可是后来我生病了，好难受啊！更伤心的是主人还说："一只病猫，我想养就养，不想养，就把它扔了。"这里好冷啊！我好饿啊！

旁白：阿奇警官找到了流浪猫的主人。

播放视频3《流浪猫伤人也是主人的责任》：

阿奇警官：原来你就是这只流浪猫的主人啊，我问你，你当初为什么要养它？

主人：当初看它可爱，我就养了。

阿奇警官：那现在你又为什么抛弃它呢？

主人：我养之前也不知道养猫这么麻烦啊，它会生病，又会打扰我睡觉，我就不想养了嘛。而且它就是一只猫，扔了就扔了，有什么大不了的！

阿奇警官：你可知道，猫咪如果被遗弃，在它流浪期间对他人造成伤害的话，主人也要承担法律责任的！现在，我将对你进行处罚！

6.师：想养就养，不想养就抛弃？小侦探，你们同意吗？

生1：我不同意，养猫就要好好养，不能抛弃。

生2：我不同意。因为小猫被弃养流浪时，如果伤害了其他人，主人也要承担法律责任的。

7.师：猫咪不仅会生病，还会有各种各样的问题，所以养猫前一定要做好充分的准备，一旦决定养猫，可千万不能随意地弃养它。

板贴：不弃养

设计意图：本环节设计聚焦于揭示遗弃行为造成动物流浪。通过故事情境的构建，激发学生的共情能力，同时明确弃养的法律后果，旨在强化学生对生命的责任感，深化理解"不弃养"原则的实质，传递了生态伦理观念，也传递了未来社会公民的社会责任感。

三、危害找根源

（一）繁殖快

1.师：这下，终于真相大白了！阿奇警官也开起了新闻发布会。瞧！他正在直播呢！

播放视频4《新闻发布会直播》：

阿奇：市民朋友们，叫声来源已查明。这些流浪猫太饥饿了，所以忍不住发出了叫声。这下，大家不必再恐慌了。

网友1：怎么不恐慌，还有那么多流浪猫！

网友2：啊？真的啊？那太可怕了！不许再喂猫了！

网友3：喂猫怎么了？瞧它们瘦成什么样儿了，多可怜啊！

网友4：是啊，喂饱了不就不叫了吗？投喂+1。

网友5：不投喂+1。

阿奇：看来大家各执己见，是时候在动物城做个民意调查了！

2. 师：小侦探们，支持投喂的比个"勾"！

（学生做手势）

3. 师：采访一下，你为什么支持投喂？

生：因为它们很可怜。

4. 师：那兔兔老师请四位支持投喂的小朋友上来体验投喂流浪猫吧！请小朋友点击食物进行投喂。

播放小游戏1：小猫繁殖快。

（学生点击屏幕中的猫粮，然后流浪猫数量随之增加）

5. 师：你们发现了什么？

生1：通过我们的投喂，小猫越来越多了。

生2：小猫数量越多，小区环境越差。

6. 师：你居住的小区里有没有这样的情况？

生1：我们小区里就有很多流浪猫。

生2：我们家小区里的流浪猫会翻垃圾桶，可脏了。

7. 师：那你们知道猫妈妈一次最多能生几只小猫吗？让我们来玩一个游戏——高高低低猜数字。

播放小游戏2：高高低低猜数字。

生：100只。

8. 师：太高啦。

生：10只。

9. 师：低了。

生：15只。

10. 师：真棒，猫妈妈一次最多可以生15—16只小猫呢！

PPT出示图片：流浪猫把小区弄得很脏。

11. 师：流浪猫不仅繁殖速度很快、繁殖能力非常强，它们还会破坏环境，给动物城带来了很大的麻烦。

板贴：繁殖快、破坏生态

（二）带病菌

1. 师：网友们还在激烈地讨论着呢！阿奇警官又接到了求助电话。

播放音频5《流浪动物的危害》：

汪汪队主题曲铃声：汪汪队，汪汪队，我们马上就到。

疾控中心：最近，动物城的居民出现了大量的皮肤问题，很多人身上长出了又红又痒的疹子，请汪汪队协助我们调查原因。

阿奇警官：这些皮肤病究竟是什么原因造成的？你接触过什么？

小病人：我这几天和平时一样啊！就是昨天投喂了一次流浪猫，它们好可怜啊，我就摸了两下，这有什么大不了？

2. 师：病菌和摸流浪猫之间有没有关系，我们一起做个实验就知道啦！看，这是一只乖巧可爱的流浪猫。我请每组坐得最端正的一位小朋友上台，戴上干净洁白的手套来摸一摸。

PPT出示图片：摸流浪猫，感受病菌。

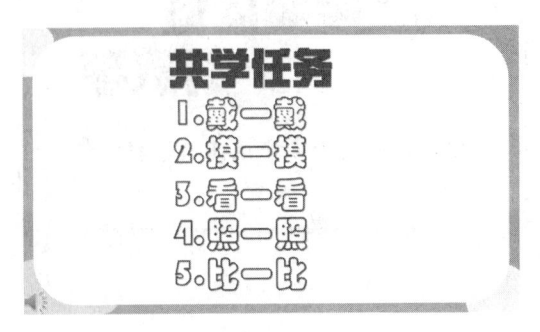

共学任务
1. 戴一戴
2. 摸一摸
3. 看一看
4. 照一照
5. 比一比

3. 师：请上台的小朋友，先戴上白色手套，看一看手套上有什么东西吗？

生：什么都没有。

4. 师：现在请台上的小朋友摸一摸这个流浪猫模型。你们看看自己摸完小猫后的手套，有什么发现吗？

生：什么都没有。

5. 师：现在请你们回到小组，和自己的组员一起拿起桌上的手电筒，照一照这只手套，你们发现了什么？音乐停，小朋友就停哦！说说自己的发现。

生：有一块一块的颜色。

PPT出示图片：放大镜下的摸过小猫的手。

6. 师：你们知道这是什么吗？

生：这些是猫身上的细菌。

7. 师：这些细菌是哪来的呀？

生：它们翻垃圾桶时粘上的。

8. 师：是啊！无人喂养和照顾，它们就会去翻垃圾桶寻找食物，身上会粘上很多细菌，这些细菌是看不见的。这就是为什么那个小朋友身上长了很多疹子。还有如果被流浪猫抓伤或咬伤，严重的甚至会有生命危险。

板贴：带病菌

（三）会伤人

1. 师：同学们，现在我们已经知道流浪猫身上是带有病菌的，因此我们不能随便抚摸他们。可是动物城的流浪猫越来越多，警局接到的报警电话也越来越多，我们一起来听听发生了什么事情吧。

播放视频5《被流浪猫咬伤数据》：

市民：阿奇警长，我要报案，今天我的孩子去投喂流浪猫，被一只突然跳出来的流浪猫咬伤了，伤口特别深！幸好医院有狂犬病疫苗，我们已经接种了！不然我的孩子可怎么办啊！要知道被流浪猫咬伤如果不及时救治是会感染狂犬病的！

阿奇警官：收到情况，我现在就发一份警情通报，警民携手，一起调查流浪动物伤人事件。

警情通报：最近动物城连续出现了很多起流浪动物伤人事件。有知情者请及时告知。

2. 师：你们自己或身边的人遇到过被流浪动物咬伤的情况吗？快来通报给阿奇警官吧！

生1：我就曾经被小猫咬过，还打了五针狂犬疫苗呢！

生2：我的妈妈之前就被流浪猫抓伤了，还去打了疫苗呢！

3. 师：谢谢大家的情报。阿奇警官也搜集到了一些流浪动物伤人的事件。请看！在河南一个3岁的孩子被流浪动物咬伤后18天离开了这个世界。

PPT出示图片：流浪动物伤人数据。

> 每年，我国打狂犬疫苗：
> 15000000人
> 位居世界第一
>
> 温馨提示：
> 被流浪动物抓伤咬伤后一定要及时接种狂犬疫苗。

4. 师：同学们，阿奇警官终于完成了警情通报。我们国家被流浪动物抓伤咬伤的人数是非常庞大的。大家一定要小心，流浪动物伤人的危害可真不小啊！

（四）不投喂

师：现在，我们再来"钩钩拳拳站站队"。这回，你会支持投喂还是不投喂呢？支持投喂的比个"钩"，不支持的请出"拳"。一二三，出示！我们一起大声地告诉阿奇，投不投喂流浪动物？

生：不投喂！

板贴：不投喂

四、解决有妙招

PPT出示图片：四只流浪猫。

1. 师：还是有同学决定投喂，好的，你们可以保留你们的意见，而动物城的居民们都不投喂了！可是，不投喂了，这些流浪猫该怎么办？它们不是要饿死在城区里了吗？城区环境不是更差了吗？你看，动物城里的流浪猫情况越来越严重，市民们气愤地堵住了警察局。

播放视频6《动物救助站》：

市民1：你不让我们投喂流浪猫，现在流浪猫们天天翻垃圾桶，脏死了！

市民2：对啊，有些流浪猫都快饿死了，你说怎么办吧！

汪汪队主题曲铃声：汪汪队，汪汪队，我们马上就到。

阿奇警官：市民们别急，动物城救助站开业了！相信流浪猫的问题很快就能解决！

播放视频7《救助站广告》：

如果需要帮助，你就来救助站；

如果又饿又渴，你就来救助站；

如果不想流浪，请你就来救助站；

400-002-8899！救助站！

400-002-8899！救助站！

400-002-8899！救助站！

市民3：对对对，就是这个电话，现在星空公园就有流浪猫！我要去打电话了！

市民4：在花园小区里也有！我也去打电话！

市民5：救助电话是什么来着？400，288？哎呀，我都记不住了！

2. 师：小朋友们，你们记得流浪动物救助站的电话吗？

　生：记得！

3. 师：请一位小朋友上台来贴救助站的电话号码。

板贴：400-002-8899

4. 师：现在我们知道了救助号码，让我们一起行动起来吧！看，星空公园里有一只流浪猫等待我们救助呢！请小侦探用电话机来帮助市民模拟拨打救助站电话，救助这些流浪动物。

　（学生上台，准备师生合作）

5. 师：你好！我是流浪动物救助站的工作人员，请问有什么需要帮助？

　生：你好！在我们小区花园里有一只流浪猫，请来帮帮它吧！

6. 师：我们这就来处理。谢谢你！小朋友们，你们个个都是有爱心有智慧的好孩子。看！流浪动物的生活在你们的救助下发生了大变化。在大家的及时救助下，流浪猫咪都有了很好的归宿。在我们身边还有其他的流浪动物，及时救助靠大家。

板贴：会救助、靠大家

7. 师：看，阿奇警官为大家点赞呢！他又开起了新闻发布会。

播放视频8《新闻发布会3》：

阿奇警官：各位市民好，在你们的爱心援助下，弃养的猫咪越来越少了，原本的流浪猫也都去了救助站，动物城现在一片祥和。听！大家唱响了快乐的幸福歌。

PPT出示图片：流浪猫变化。

播放音频6《幸福拍手歌》。

流浪动物带病菌，繁殖快；

流浪动物坏生态，不投喂；

及时救助流浪动物靠大家，靠大家；

400-002-8899！救助站！

8. 师：小朋友们，今天跟着阿奇警官进行破案的旅程可真有趣。大家也成了救助流浪动物的宣传小使者，相信将来也一定能成为保卫生态环境的小卫士。愿天下流浪动物永远和流浪说"拜拜"，我们一起长长"久久"地救助流浪动物。今天这堂课就上到这里。下课！小朋友们休息。

板贴：流浪88、救助99

设计意图： 本环节意在让学生思考救助流浪动物的方法，并知道不能随意投喂，学会拨打救助电话。带领学生回顾本节课所有的知识点，并完成由知到行的过程。

【延伸教育活动】

师：整个动物城被爱心所包围，感觉暖暖的。课后，请每位小朋友用你的巧手和创意将救助电话写在卡片上，制作一份"爱心指路标"卡片。制作完成后，请爸爸妈妈发在朋友圈，让更多的人知道怎么帮助那些流浪动物。

PPT出示图片：制作"爱心指路标"卡片。

【板书设计】

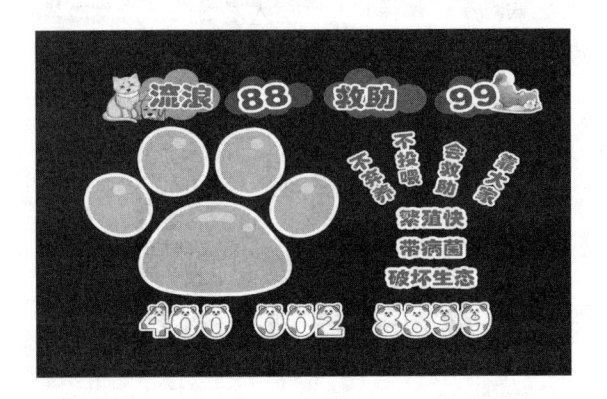

【点评】

寓教于乐，生态课程新探索

孙敏老师的这堂"流浪88 救助99"主题活动展现了一场寓教于乐的生态文明教育，充分体现了"寓教于乐"的教育智慧。本点评将围绕这一核心点，从情境创设、互动体验、知识与情感并重三个方面深入剖析该活动的创新实践。

1.情境创设——沉浸式探案激发学习兴趣

活动开始，孙老师以"侦破扰民者"为引子，构建了一个生动的探案情境，通过播放音频、展示图片等方式，让孩子们化身小侦探，对流浪动物扰民现象产生好奇与探究欲。这种情境教学法有效地吸引了孩子们的注意力，使他们主动投入问题的解决中。如在识别流浪猫叫声、分析爪印的过程中，孩子们积极参与，充分展示了他们的观察力与推理能力。情境创设的成功，为后续的知识传授奠定了兴趣基础。

2.互动体验——游戏化学习加深理解

活动中融入了丰富多样的互动体验环节，如"魔法小口令""幸福拍手歌"等游戏，既活跃了课堂气氛，又巧妙地将生态文明的理念寓于其中。通过合作体验、角色扮演等游戏互动，学生在玩中学、学中玩，深刻理解了不随意投喂流浪动物的重要性。例如，通过模拟拨打救助站电话的活动，学生们不仅掌握了科学救助的方法，还增强了责任感和参与感。这种游戏化的学习方式，让学生亲身体验，远胜于单纯的知识灌输，促进了深度学习的发生。

3.知识与情感并重——培养全面素养

在活动设计中，孙老师和徐老师注重情感与知识的双重培育，不仅传授了关于流浪动物的知识，如流浪原因、携带病菌的危害，还通过动画等方式触动学生的情感，让他们体会到流浪动物的困境和流浪的原因，进而激发同情心和责任感。例如，通过讨论流浪猫伤人的真实案例和学习拨打救助电话，学生不仅明白了科学救助的必要性，还建立了保护生态环境的意识。这种知识与情感并重的教学策略，培养了学生全面的生态文明素养，促使他们成为既有知识又有温度的社会公民。

可以说，"流浪88 救助99"主题活动是一次成功的生态文明教育实践，实现了知识传授、情感培养和行为引导的有机结合，为小学一年级的学生提供了一堂生动、有趣且富有教育意义的课程。孙敏老师的精心设计，不仅展现了她对教育的深刻理解，也体现了她致力于创新教学方法、提升学生综合素养的教育情怀。

华东师范大学附属浦东临港小学（班主任工作室主持人） 屈 莉

第❷课　"投投"是道

设计教师：上海市浦东新区御桥小学　　肖华英
指导教师：上海市浦东新区德州二村小学　徐巍炜

【活动对象】
　　小学二年级学生

【活动时长】
　　2+35分钟（2分钟预备时间）

【学情分析】
　　爱动物却不知如何爱
　　在与学生的交流中，我发现低年级的孩子特别喜欢亲近动物，是动物园的常客。在与动物的互动中，年幼的孩子总喜欢带食物投喂动物，认为这是关爱动物，却不知这样做不但会伤害动物，还会破坏大自然的生态平衡。当务之急，要让学生知道动物园为了动物的健康，对于投喂动物是有明确规定的，游客不能随意投喂动物。目前，国内很多动物园开设了投喂动物体验区，因此，还需要引导年幼的孩子学会正确、安全投喂动物的规则和方法，即不逗弄动物、不喂自带食物、不超量投喂。

【主题解析】
　　1. 和谐的生态——人与动物共生
　　《中华人民共和国野生动物保护法》提到"要保护、发展和合理利用野生动物资源，维护生态平衡"。动物与人同是大自然的主体，"人与自然的和谐共生"是社会生态文明的重要特征。人类在动物园看到的大多是野生驯化而来的动物，正确投喂是维护动物园生态平衡的重要方式之一。

　　2. 痛心的现状——投喂动物不当
　　我国各大动物园在《游客须知》中均明确指出："为保障园区野生动物的健康和安全，不用自带食物投喂动物，对造成动物伤病的肇事者，园方将追究其责任。"近年来，游客不恰当投喂动物园动物的事件屡禁不止，给动物的健康带来了危害，甚至危及了动物的生命，不当的投喂也给游客带来一定的安全隐患。

　　3. 我们的责任——守护生态家园
　　小学生是动物园的常客，他们喜欢亲近动物，出于喜欢经常自带食物投喂或逗弄动物，殊不知这一行为会给动物们带来一定的伤害。选择"正确投喂动物园的动物"这一主题，能帮助学生树立正确的生态文明观，做保护动物、保护大自然生态的小使者。

【活动目标】

认知目标：
1. 知道动物园禁止随意投喂动物。
2. 懂得正确投喂动物的重要性。

情感目标：
1. 树立保护动物、关爱动物的意识。
2. 愿意做保护大自然生态的小使者。

行为目标：
掌握安全投喂动物的方法：不自带食物、不超量投喂和不逗弄动物。

【活动重点】

掌握安全投喂动物的方法：不自带食物、不超量投喂和不逗弄动物。

【活动难点】

树立保护动物、关爱动物的意识，做保护大自然生态的小使者。

【活动准备】

学生准备：
1. 分成6个小组。
2. 确定6组组长。

教师准备：
1. 搜集相关资料，拍摄视频，录制音频，制作课件和板贴。
2. 制作纸兔子、纸胡萝卜。

【2分钟暖场活动】

活动名称：热身操——学学动物体操

1. 师：小朋友们好！今天，老师要和大家一起学动物做体操啦！看！动物体操开始啦！
播放视频《学学动物体操》：
学鸭子、大象和猴子做体操。
（学生学做动物体操）

2. 师：哇！你们学得真像！做好体操，我们准备上课啦！小朋友们好！
　　生：老师好！

> **设计意图：** 让活泼好动的二年级学生模仿动物做体操，一是与主题教育课内容相关，二是能充分调动学生的积极性，为后续活动的开展做好准备。

【活动过程】
一、动物神秘失踪

1. 师：看得出，你们很喜欢小动物，百变男孩马丁也很喜欢小动物呢！每天早晨，马丁醒来总会变成新的身份。你们知道马丁变成过谁呀？

　　生1：马丁变成过超人、警察。

　　生2：变成过消防员、圣诞老人。

　　生3：他变成过小龙人。

2. 师：哇，原来马丁变成过这么多身份啊！今天，他会变成谁，又会遇到什么事呢？

播放视频1《动物神秘失踪》：

　　今天早晨，马丁变成了一名动物饲养员。可是园长打电话，让马丁快到园区，因为一些动物神秘失踪了。园长命令马丁立刻破案，找回失踪的动物。

　　马丁：唉！我到哪里去找动物呢？看来只能求助监控了！

3. 师：小朋友，来，伸出小手，我们一起帮马丁点开监控，三二一，开！

　　（学生伸出手比画）

播放视频2《动物出逃》：

　　一些动物趁着没人时，离开了动物园。河马撞开了围栏，动物们成功逃离，并留下了一张字条，上面写着：讨厌的人类，我们走了！

　　马丁：这是为什么呀？动物到哪里去了？

4. 师：小朋友们，今天马丁的身份是什么？

　　生：马丁是动物饲养员。

板贴：马丁图

5. 师：他遇到了什么事？

　　生：动物神秘失踪了。

板贴：动物园图

6. 师：是呀！可把马丁和园长急坏了！可是，动物是怎么失踪的？

　　生：动物是自己逃离动物园的。

7. 师：你是怎么知道的？

　　生1：我看到是河马撞开了围栏，动物们离开了动物园。

　　生2：动物们还留下了一张字条，上面写着"讨厌的人类，我们走了"。

8. 师：奇怪，动物为什么会留下这样的字条？可能是因为——

　　生1：可能是因为人类欺负它们了。

　　生2：可能是它们想回到自己原来的家。

9. 师小结：你们说的都很有可能哦！现在，百变男孩马丁是一名动物饲养员，不幸的是动物出逃了。

> **设计意图：** 通过播放低年级学生喜闻乐见的动画片段，制造悬疑，引出主人公马丁的新身份——动物饲养员，激发学生想要探寻动物神秘失踪原因的兴趣。

二、出逃遭遇不顺

1. 师：大家观察很仔细哦！老师觉得你们有做小侦探的潜力，不如我们和马丁一起去破案，解开动物出逃之谜吧！

播放音频1《马丁要看监控》：

马丁：奇怪，动物去哪里了呢？会不会遇到危险？我赶紧来看一下监控。

播放视频3《动物在流浪》：

一匹斑马在马路上漫无目的地跑着，一只鹈鹕被迫留在楼顶。动物们有的饿得皮包骨头，有的冻僵了，还有的死了。

2. 师：哦，天呐！小侦探们，你们看到了什么？动物们现在怎么样啊？

生1：我看到斑马在马路上流浪。

生2：我看到小猴子在翻垃圾桶。

生3：我看到一只狮子饿得只剩下皮了。

3. 师：是啊，动物们真可怜！如果我们就是动物园里的这些动物，有一天，我们再也不想住在动物园了，趁着没人看管时逃离了动物园，我们就只好在外面到处流浪。

播放伤感的背景音乐《哀愁》。

4. 师：我们天鹅一家离开动物园后，在外面的小湖中流浪，冬天到了，湖水都结冰了，我们冷得直——发——抖——，小天鹅们，你们怎么样？

生1：我好冷啊！

生2：我也好冷啊！

5. 师：我们一群小猴子离开了动物园，已经三天三夜没有吃东西了，我只好翻垃圾桶找食物吃，可都是垃圾怎么能吃啊，哎呀！我饿得两眼冒金星了……小猴子，你饿吗？

生1：我要饿死了！

生2：我也好饿啊！

6. 师：我们小羊姐妹离开动物园后到处流浪，好不容易找到了路边绿化带的青草，刚吃了几口就发现不对劲，哎呀！原来这些草打了农药，不能吃！我的肚子好痛呀！小羊，你的肚子痛吗？

生：我的肚子好痛呀！

7. 师：我是一只小斑马，从没离开过动物园，现在在路上跑着，看着这么多汽车在追我，好害怕呀！

生：我好害怕呀！

8. 师：我们大象家族离开动物园后不但常常饿肚子，还遭到不法分子的抓捕，我的象牙就被坏蛋锯下了，呜呜呜——不要伤害我们！我们一起说——

　　生：不要伤害我们！

　9.师小结：动物们流浪在外是多么可怜啊！不但受冷挨饿，还有可能中毒，甚至发生意外，这样大自然的动物就会越来越少，最终有些动物将逐渐灭绝，唉！

> **设计意图：** 由教师引导，学生演一演动物在外流浪的经历，并配上悲伤煽情的背景音乐。学生的情绪被调动，更能感受动物在外流浪的遭遇，体会动物越来越少时对大自然生态的影响，学生初步获得心理和情感上的体验，为后续教学重点的推进做好铺垫。

三、寻找出逃原因：非投喂区

　1.师：不知，马丁有什么新的破案线索吗？

　播放音频2《马丁看非投喂区监控》：

　马丁：哎呀！我还是想不通。动物在这里吃得好，住得好，为什么还要选择出逃呢？我还是再去看看监控，也许会找到新的线索！

　2.师：我请一位小侦探亲自打开监控视频，大家一起为他数"三二一"。准备好了吗？三二一，开！

　（学生齐数三二一）

　播放视频4《非投喂区监控》：

　游客在非投喂区随意投喂动物。

　3.师：你看到游客在非投喂区干什么？

　　生：很多游客在喂动物吃东西。

板贴：投喂

　4.师：游客这样做对吗？

　　生：不对！

　5.师：为什么不能这样？看看这张动物园门票的《游客须知》，也许能找到答案。请组长来领取门票，回到座位后，带领小组成员认真阅读，仔细思考为什么游客不能在非投喂区喂动物。

　（组长带领小组学习并思考）

　　生1：我看到上面写着：为了保护动物健康，游客不得随意投喂动物。

　　生2：这里是非投喂区，所以不能投喂。

　6.师：为什么在这里不投喂动物就是保护动物的健康呢？

　　生1：因为动物不能随便吃人类的食物。

　　生2：因为动物吃了人类的食物会生病。

　7.师小结：你们说得很对。动物园规定，为了保护动物的健康，在非投喂区是禁止投喂的哦！

四、寻找出逃原因：投喂体验区

1.师：我们从非投喂区的监控发现了破案线索，不知投喂体验区是什么情况。

播放音频3《马丁看投喂区监控》：

马丁：我有个疑问，投喂体验区的动物怎么也逃跑了？它们可是很喜欢和游客互动的，究竟为什么呢？我还得再看看投喂体验区的监控。

2.师：再请一位小侦探打开投喂体验区的监控。准备一起倒数，三二一，开！

（学生齐数三二一）

播放视频5《投喂体验区监控》：

人类，你们知道吗？每个周末和节假日是大家最头疼的日子。灵长动物最痛苦，热情的游客一个劲地喂他们自带的零食。前不久，一只金丝猴就活活撑死了。唉！我们长颈鹿吃了游客乱喂的食物，后来竟然被查出肚子里有塑料袋。我们鹈鹕吃到了带着竹签的肉串，结果肠子都穿孔了！还有，竟然有人拿棍子故意挑衅我们！

播放音频4《马丁找到线索》：

哎呀呀！我找到线索了！让我赶紧截屏保存，汇报给园长。

3.师：小侦探们，从这些监控截屏中，你能找到游客做得不恰当的地方吗？

PPT出示图片。

（一）不逗弄动物

1.师：请这位小侦探来找一找。

生：这个游客用手摸动物。

2.师：咦，这动物可是珍贵的中美貘，圆圆的脑袋，胖乎乎的身子，好可爱。让我来逗逗它，哈哈！真好玩！小朋友，游客这样的行为是在……

生：逗动物玩。

板贴：逗弄

3.师：这样做会有什么后果？

播放视频6《游客逗弄动物》：

一个小男孩欺负孔雀，一个女游客拔孔雀毛，还有游客逗弄小猴子。

生1：这个游客拔了孔雀毛，孔雀会受伤。

生2：人类会被动物攻击而受伤。

4. 师：是啊，这样逗弄动物，动物会受伤，人类也会受伤，后果不堪设想。你听说过这样的行为吗？结果怎么样？

生：我以前看别人逗弄过小羊，结果小羊可生气了。

5. 师：如果你在现场，会对这位游客说些什么？

生：请不要逗弄伤害小羊。

6. 师：你说得对。

（二）不自带食物

1. 师：再请一位小侦探找出游客做得不恰当的地方。

生：游客拿自己带的青菜和米花棒喂动物，这是不对的。

板贴：自带

2. 师：嗯，你发现游客拿自带的食物喂动物。马丁给大家出了两道挑战题，答对了就能get一份马丁的"投喂秘籍"。请男生队和女生队来PK。第一题：如果去湖边体验投喂天鹅，该选择什么食物呢？点击屏幕选择天鹅能吃的食物，预备——开始！

（学生点屏幕玩游戏）

3. 师：恭喜男生队胜出！女生为什么会选择这些食物给天鹅吃呢？

生：我以为这是天鹅能吃的。

4. 师：哦，现在你知道了，在动物园投喂天鹅时，只能用专门的饲料哦。接下来，我们挑战第二题：如果游客体验投喂长颈鹿，选择哪些食物才正确呢？预备——开始！

（学生点屏幕玩游戏）

5. 师：PK结果不分上下。你们为什么选择这些食物喂长颈鹿呢？

生：因为长颈鹿吃动物园准备的饲料才健康。

6. 师：太棒了！你们都懂得了要给动物喂专门的饲料。

（三）不超量投喂

1. 师：再看看监控中还有哪里是游客做得不正确的，请一位小侦探来找一找。

生：这个游客喂了好多青草给斑马吃，斑马会撑死的。

2. 师：是啊！这么多的青草，是不是太多了，也就是——

生：超量了。

板贴：超量

3. 师：正好，现在是体验投喂小兔子的时间，我们赶紧去投喂吧！这一排的几位幸运儿每人可以拿一根胡萝卜投喂小兔子哦。其他人帮忙数数一共喂了多少根胡萝卜。

（一位学生戴上兔子头饰当小白兔，其他学生体验喂"兔子"胡萝卜）

4. 师：大家好！我是一只可爱的小兔子，欢迎来投喂我。嗯嗯，真好吃！谢谢你们！哎呀！我有一点饱了……不好，肚子有点难受……肚子疼得受不了了！你……你们还要……喂……喂我吗？

生：不喂了，因为小兔子吃不下了。

5. 师：谢谢你！投喂体验结束了，刚才我们一共喂了多少根胡萝卜？

　　生：10根。

6. 师：天呐！我们居然投喂这么多胡萝卜给小兔子吃，这样好吗？

　　生：不好，小兔子的胃口很小。我们喂得太多了。

7. 师：是啊，兔子的胃非常敏感，胡萝卜属于低纤维、高糖分的食物。过量喂食胡萝卜会让兔子肠道难受。胡萝卜只能作为小兔子的"零食"，每天喂一点点。

> **设计意图：** 学生化身小侦探和主人公马丁一起破案，查找动物的下落。通过查看监控视频，找到游客做得不正确的行为。以活泼有趣的希沃小游戏、模拟投喂小兔子的形式，让学生充分获得真实的体验，从而使学生懂得在动物园不给动物投喂自带食物，以及在体验区正确投喂动物的方法。

五、获得动物原谅

1. 师：刚才的体验游戏大家玩得很开心，老师也被这热闹的氛围感染了。可是，一想到动物们还没有回来，就开心不起来。如果动物没有遭到游客不恰当的投喂就好了。动物们都逃走了，曾经热闹的动物园，如今变得冷冷清清。我们都很难过，马丁该怎么办呢？

播放音频5《马丁打电话给动物》：

马丁：哎！我很难过，也很着急。我得快点打电话让动物们回来！

马丁：动物们，请你们快回来吧！

动物：你们人类的行为简直太不像话了！我们讨厌你们！你们不改正自己的行为，我们是不会回来的！

马丁：改，改，一定改！先让我们想想，人类错在哪里，再向动物们郑重道歉，请求它们的原谅。

2. 师：是啊，我们人类究竟错在哪里？

　　生1：我们去动物园随意投喂动物。

　　生2：我们还逗弄动物。

　　生3：我们超量投喂了。

　　生4：我们还用自带的食物喂动物。

3. 师：我们知道错了，一定尽快改正！不如我们唱一首《不投歌》，代替那些有过不恰当行为的游客，向动物道歉吧！马丁已经填好了部分歌词，曲调是我们熟悉的——《小星星》。

　　　　　　　　　　　　　　　　　板贴：动物园里动物多　保护动物我最棒

4. 师：我们把游客不恰当的四种行为改正过来，写进儿歌里，那就是——

　　生：不投喂，不逗弄，不超量，不自带。

　　　　　　　　　　　　　　　　　　　　　　　　手写板书：不

5. 师：你们太聪明了！填好了《不投歌》的歌词，同桌两位小侦探快练习起来吧！

（同桌练习唱《不投歌》）

6. 师：老师看到好多小侦探都在认真练习《不投歌》，准备好好跟动物道歉呢！请这个小组的小侦探们起立，一起代替有不恰当行为的游客，向动物们唱歌道歉，要表达你们的诚意哦！

（小组唱《不投歌》）

播放音频6《不投歌》：

动物园里动物多，不投喂呀不逗弄，不超量呀不自带，保护动物我最棒。

7. 师：你们唱得不错！不过只有这些还不够，我们要拿出人类的诚意，发自内心地向动物道歉。请所有的小侦探一起来向动物道歉吧！

（集体唱《不投歌》）

8. 师：这首歌充满了你们真诚的歉意，我们赶紧把歌曲发给动物吧！动物们究竟会回来吗？

生1：会回来的。

生2：可能不会回来。

9. 师：让我们一起静静等待动物们的回复。

播放音频7《动物的回复》：

动物：人类，我们决定这次还是原谅你们，希望你们改正，以后不要再伤害我们了。

播放音频8《钟表倒计时声》：

滴答滴答……

10. 师：太好了！动物终于原谅我们，它们愿意回来了！掌声送给自己！

（学生鼓掌）

11. 师：今天我们和马丁一起成功破案，不仅顺利找回了出逃的动物，更和马丁一起想出了让动物们重新回园的好办法。这让我们知道了在动物园投喂动物是有门道的，要遵守投喂体验区和非投喂区的规则。从现在起，我们要争做保护动物和大自然的小使者，一起关爱动物，保护大自然吧！

板贴："投投"是道

设计意图：让学生自编《不投歌》向动物表示歉意，既是对投喂体验区和非投喂区正确投喂的总结，又能让学生的思维得到提升。以熟悉的曲调改编儿歌，歌词简短，朗朗上口，二年级学生更易接受。

【延伸教育活动】

师：动物园的警示牌有着重要的宣传作用，请你思考有创意的警示标语。

【板书设计】

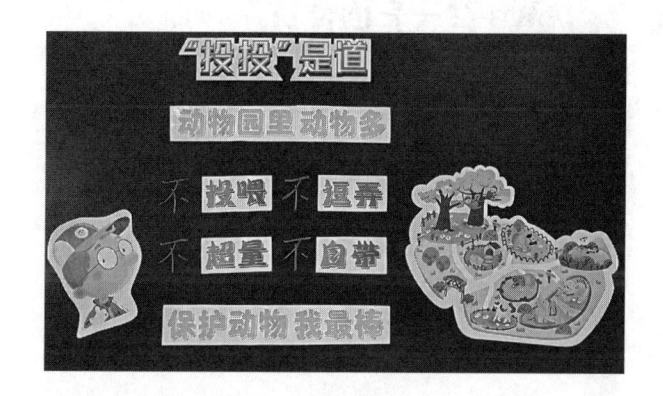

【点评】

设"悬"释"疑" 以"境"制动

创设真实、有趣、生动的学习情境，是主题教育课达成预设目标、实现良好教育效果的重要前提。整堂课，肖老师精心设计充满悬疑性、生活性、真实性的故事情境，积极带领学生在"疑点重重"的情境中和主人公马丁一同层层剥茧，展开"破案"，解开"悬疑"，以"境"制动。

1. 巧设"悬疑"创佳境

课的伊始，肖老师就创设了二年级学生喜爱的卡通片《马丁的早晨》故事情境：百变马丁变成了动物饲养员，不幸的是动物神秘失踪了。生动有趣的卡通形象和绘声绘色的动画情节，既贴近低年级学生的认知和生活，又能成功激起学生的紧张情绪和心理，学生很容易代入情境之中，为后续重、难点的深入推进做了良好的铺垫。

2. 制造"悬念"指方向

肖老师以简洁明确的提问引出"悬疑"，通过设计"动物怎么离开动物园的？为什么要离开动物园？园区的监控是什么情况？听了人类真诚的道歉，动物会回来吗？"等问题链，制造并渲染悬念重重、引人入胜的故事情境。这些"悬疑"的产生和解答过渡自然，逻辑清晰，学生化身小侦探，在接二连三的问题悬念中抽丝剥茧，积极破案，探寻动物顺利回园的好方法。

3. 解锁"悬疑"染氛围

肖老师巧妙运用多媒体信息技术，增加了本节课"悬疑"满满的氛围感。其一，巧妙编辑动物自己离开的视频，还别出心裁地设计了一张动物写给人类的字条，引人深思；其二，精心设计动物出逃时的音频、视频，师生在共同表演中成功被悲戚煽情的音乐带动真实情绪，引发情感共鸣；其三，请学生亲自倒数打开现场监控、听钟表倒计时嘀嗒声等待动物回复等方式，让充满"悬疑"的故事情境更具真实感和氛围感，成功激发起学生的求知欲和探究欲。

上海市浦东新区德州二村小学校长 徐巍炜

第 ❸ 课　麻雀寻踪记

设计教师：上海市浦东新区明珠临港小学　　闵丽芬
指导教师：上海市浦东新区泥城小学　　　　唐华英

【活动对象】

小学三年级学生

【活动时长】

2+35分钟（2分钟预备时间）

【学情分析】

对麻雀充满好奇心，却知之甚少

三年级的学生喜欢大自然，对鸟类有着强烈的好奇心。很多学生见过鸟窝、听到过优美的鸟鸣。随着家乡环境日益改善以及临港湿地建设，我们身边的鸟类渐渐多了起来。虽然我和孩子们常常会交流有关鸟的话题，但说起之前本地常见的麻雀，他们的了解还是很有限的，且仅有的信息还是从父母祖辈那里听到的，比较零散。对于我们之前常见的麻雀，学生产生了较浓厚的兴趣，渴望了解这种从前常见、现在却很少见的鸟类。

【主题解析】

1. 认识麻雀的重要性，依法依规护航

《中华人民共和国野生动物保护法》规定，国家保护野生动物及其栖息地。禁止违法猎捕野生动物、破坏野生动物栖息地。麻雀属于"三有"动物，即国家保护的有重要生态、科学、社会价值的陆生野生动物。在2000年，麻雀便入选了国家林业和草原局组织制定的《国家保护的有益的或者有重要经济、科学研究价值的陆生野生动物名录》，属于国家保护动物，并被列入《世界自然保护联盟濒危物种红色名录》（IUCN）。捕捉麻雀属于违法犯罪行为，应该让青少年从小明确爱鸟护鸟是依法守法的表现。

2. 积极保护麻雀，维护生态平衡

历史上，麻雀曾被定为"四害"之一，一度濒危。现实生活中，很多地区以"炸麻雀""烤麻雀"为"美食"，造成对麻雀的大量捕杀和异地贩卖。麻雀种群受到较大生存威胁，过度捕杀麻雀也打乱了生物链平衡。保护麻雀这一物种，是维护自然生态平衡的重要一环。

3. 少年学法懂法，树立生态意识

学生能保护麻雀不仅是关爱生命的表现，更是对生态文明的深刻理解。麻雀虽小，却是生态系统中的重要一环。学会珍惜每一只麻雀，就是在守护我们共同的家园。这种关爱和行动，培养了学生的环保意识，也让他们更加明白生态文明的重要性。保护麻雀，就是保护我们共同的生态环境，让我们的地球更加美好。

【活动目标】

认知目标：
1. 了解麻雀的生活习性及生存现状。
2. 知道麻雀是生态链上的重要一环。

情感目标：
1. 认同麻雀是人类的朋友，也是应当受到保护的野生动物。
2. 树立保护鸟类、保护生态的意识。

行为目标：
1. 运用法律法规、植树造林等方式保护麻雀。
2. 学会用"吹鸟哨"呼唤麻雀回归。

【活动重点】

1. 知道麻雀是生态链上的重要一环。
2. 认同麻雀是人类的朋友，也是应当受到保护的野生动物。

【活动难点】

运用法律法规、植树造林等方式保护麻雀。

【活动准备】

学生准备：
1. 分成6个小组。
2. 确定好各组组长。

教师准备：
1. 收集相关资料，制作教学课件。
2. 设计案例学习单，准备"鸟哨"。

【2分钟暖场活动】

活动名称：感受麻雀的可爱之处，对麻雀少见发出质疑

一、欣赏麻雀国画

1. 师：同学们，老师给大家带来了一组国画，请你们欣赏。

出示图片：麻雀花鸟图。

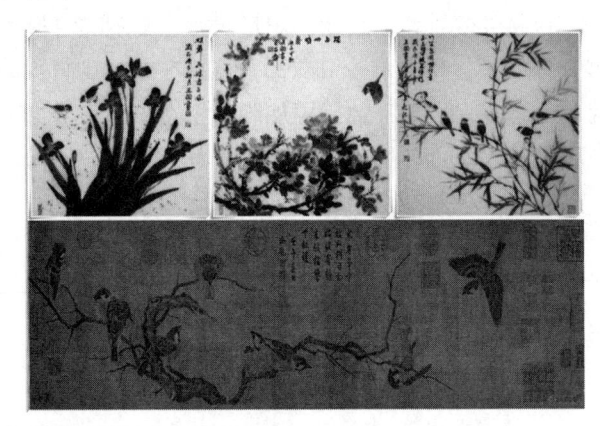

（学生欣赏麻雀花鸟图）

2. 师：大家发现没，其中的主角是谁呢？

生：是可爱的小麻雀。

3. 师：是的，麻雀是我们常见的飞鸟，不仅画中有，文章中也有呢！你瞧。

出示图片：跟麻雀有关的文章。

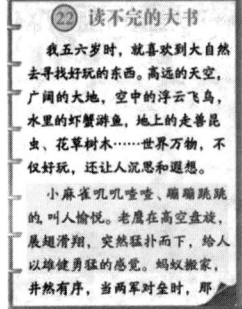

（学生浏览跟麻雀有关的文章）

二、探究麻雀的现状

1. 师：平时生活中，你见过麻雀吗？它们给你留下了怎样的印象？

生1：我在放学路上见过麻雀，它是一跳一跳的，飞起时速度很快。

生2：我知道麻雀，但很少看到。

2. 师：老师小时候也经常看到麻雀在房前屋后飞翔嬉戏，叽叽喳喳，十分惹人喜爱！可惜，现在麻雀不多见了！这是为什么呢？让我们把这个问题发给"慧点电视台"的小记者们吧，相信他们会帮我们找到答案。让我们兵分三路前往不同采访点，等待小记者的消息吧。

设计意图：通过国画欣赏和美文阅读，说一说自己印象中的麻雀感受，让学生对麻雀产生喜爱之情，继而探求麻雀现在的生存情况。

【活动过程】

一、关注麻雀现状，知晓禁止行为

1. 师：小记者给我们发来消息了。

播放视频1《记者接受探访任务》。

小新：哪里有新闻，哪里就有我们——慧点小记者！小朋友们好！我是慧点小记者小新。慧点电视台接到同学来电，需要我们探访麻雀。我们立即成立了"麻雀寻踪"三个小分队进行探访，请大家跟随我们的镜头，一起去看看吧。

板贴：麻雀寻踪记

播放视频2《小记者汇报》。

小队长1：我是小记者小雅，来自第一小分队。我们来到了花鸟市场，看，有些"爱鸟"人士可不是真的爱鸟，他们把麻雀变成了牢中玩物，囚禁笼中。麻雀失去了"人身自由"！紧接着，我们又来到古镇景区踩点，我们发现曾经蹦蹦跳跳的小麻雀被架在火上烤，竟然成了舌尖上的"牺牲品"！

小队长2：我是小记者小巧，来自第二小分队。我们走向田间地头，看到农民播撒带有剧毒标志的农药化肥和杀虫剂。这些可是杀害麻雀的隐形杀手，对它们的生存危害非常深远。

小队长3：我是小记者小胖，小朋友们可要做好心理准备！人们捕捉麻雀的现场真是不忍直视！它们用网围捕、黏贴，用电棒电击、敲打，残忍猎杀大量麻雀。

2. 师：听了小记者的采访，谁来说说麻雀不多见的原因。

生1：麻雀被捕捉后，作为宠物饲养。

生2：麻雀被田间的农药给毒死了。

生3：还有很多麻雀被残忍地猎杀，成为餐桌上的食物。

3. 师：麻雀被随意捕杀，成为宠物或食物，有的还被农药活活毒死。

板贴：肆意捕杀，滥用农药

4. 师：怪不得麻雀要落荒而逃呢。让我们继续关注"麻雀寻踪记"的后续报道。

设计意图：通过小记者"麻雀寻踪小分队"的汇集报道，用小记者的镜头呈现麻雀的遭遇，揭示其失踪的原因，从情感上唤起学生对麻雀惨烈遭遇的同情，并明确禁止捕猎和食用麻雀等伤害行为，引发学生对麻雀"为何被如此残忍对待"原因的思考追问。

二、回顾历史原因，正确对待麻雀

1. 师：麻雀失踪，除了人类的不恰当行为，其背后还有着历史原因呢，让我们继续跟着小记者一探究竟吧。

播放视频3《历史记录——"四害"与否引热议》。

小新：我们小记者在进行暗访的过程中，看到这些惨烈景象，立即与狩猎者进行了交涉，但意外的是，不少麻雀捕猎者都振振有词，说麻雀属于"四害"，他们这么做是为民除害。那么，大家认为麻雀属于"四害"吗？我们第二小分队随即开启了针对麻雀历史的调查，请大家继续收看由小新给您带来的纪录片。

播放视频4《纪录片——揭开麻雀历史误解、惨遭团灭真相》。

慧点小记者：在20世纪50年代，麻雀在我们国家遭受到了不公正的待遇。我们在学校图书馆找到了当时的影像资料——20世纪50年代，粮食紧缺，而麻雀爱吃谷物，因此和老鼠、苍蝇、蚊子一起被定为"四害"。

2. 师：当时麻雀被称为"四害"的主要原因是什么？

生1：麻雀喜欢吃粮食，它把粮食吃光了，人们很不喜欢。

生2：麻雀吃的粮食很多，当时粮食又很少，所以大家都要抓它。

3. 师：麻雀有吃粮食的习性，在那个特殊的年代，出现了"与人争粮"的情况。结果如何，让我们继续观看。

播放视频5《纪录片——灭麻雀的后果》：1958年2月12日，轰轰烈烈的"灭四害"行动开始了。据不完全统计，1958年全国消灭了2亿多只麻雀。不过，这种行为却遭到动物学家们的极力反对。1959年，我国本地的麻雀几乎到了要灭绝的境地。随之而来的是全国各地的害虫们，没有了天敌麻雀的制约，开始肆意繁殖生长。这使得很多地区的粮食作物因害虫的过度破坏而产量锐减，再加上人们环保意识不强，滥用杀虫剂、毁林开荒，引发了连续三年的大饥荒。可想而知，害虫带来的粮食损失远超麻雀吃掉的，或者说麻雀所吃掉的粮食完全可以忽略掉。后来，人们才真正懂得麻雀对农作物来说尤为重要。

4. 师：同学们，看了小记者的探寻结果，你们觉得麻雀是"四害"之一吗？

（学生举牌进行判断，认为是的举牌"√"，认为不是的举牌"×"。）

5. 师：说说你的理由。

生1：麻雀不是"四害"之一，它能吃掉很多害虫。

生2：麻雀不是"四害"之一，人们杀死了很多麻雀，可是粮食却变得越来越少了，都被害虫吃掉了。

6. 师：可是，麻雀吃掉的粮食也不少，一只麻雀每年要吃掉约4.5公斤粮食呢！

生1：麻雀是吃粮食，但它只在冬天吃，更多的时候是吃虫子的。

生2：麻雀吃的粮食跟害虫比，少多了。

出示数据对比图片：

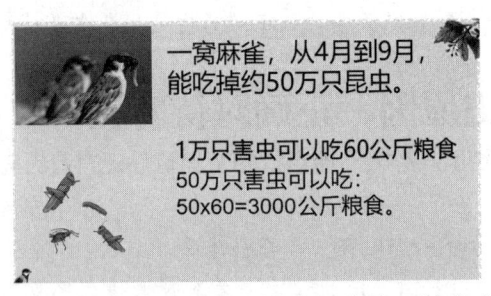

一窝麻雀，从4月到9月，能吃掉约50万只昆虫。

1万只害虫可以吃60公斤粮食
50万只害虫可以吃：
50×60=3000公斤粮食。

7. 师：你们真是一群明辨是非的孩子呀。没有了麻雀，就会出现"害虫肆虐，粮食减产"的情况。

板贴：害虫肆虐，粮食减产

8. 师：麻雀被当作"四害"之一，这是人们对它的误解。麻雀是自然界生物链上的重要一环，如果缺少了它，必然会引起生物链的波动，我们一定要好好保护麻雀。

出示图片：

板贴：生物链破坏

> **设计意图**：针对麻雀是否属于"四害"引发的争议，小记者展开调查，探寻背后的原委和真相。通过纪录片，学生发现麻雀对自然界的连锁影响，懂得理性、正确对待麻雀种群。

三、明确护鸟法律，学习护鸟方法

（一）学条例——知法守法，共创爱鸟人文环境

1. 师：随着人们生态意识的提高和法律法规的逐步健全，爱护麻雀也被立法了呢！如果有人做出伤害麻雀的行为，将会受到法律的制裁。

播放视频6《法庭纪实》。

小新：我们第三分队的小记者正在"法庭纪实"——"童心说法"栏目进行相关报道，让我们去看看吧。

播放视频7《铤而走险诱麻雀　法不容情罪难逃》。

慧点小记者：犯罪嫌疑人戴某某在没有办理狩猎证的情况下，擅自利用电子设备诱捕野生鸟类120只，之后被公安机关查获。经鉴定，被诱捕的120只鸟类均为麻雀，属于"三有"动物，即国家保护的有重要生态、科学、社会价值的陆生野生动物。近日，检察院以非法狩猎罪依法对其提起公诉。

2. 师：现实生活中，不少人有着跟犯罪嫌疑人戴某某一样的想法，认为捉捕几只麻雀没什么大不了。你是怎么认为的？

生1：麻雀是大自然中非常重要的一员，我们要保护它，不能去抓它。

生2：我们不应该抓麻雀，这样是不对的，是破坏环境的行为。

3. 师：老师发现，大家更多的是从生态角度分析。老师还想补充一点，他抓捕麻雀的行为违反了法律。让我们以小组为单位一起学习"捕猎麻雀刑罚"的相关法律条例，并结合条例进行分析。

出示材料1：

| 一、小组学习《中华人民共和国野生动物保护法》（简称《动物保护法》），对比案例适用哪条规定，可圈画相关内容。
　　第六条　任何组织和个人都有保护野生动物及其栖息地的义务。禁止违法猎捕野生动物、破坏野生动物栖息地。
　　第八条　教育行政部门、学校应当对学生进行野生动物保护知识教育。
　　第二十四条　禁止使用毒药、爆炸物、电击或者电子诱捕装置以及猎套、猎夹、地枪、排铳等工具进行猎捕。
　　第三十一条　禁止食用国家重点保护野生动物和国家保护的有重要生态、科学、社会价值的陆生野生动物以及其他陆生野生动物。 | 二、判定行为对与错，并说明法律依据
案例1　自家院内捕捉一只麻雀。
　　2020年1月19日，于某某购买了一张大约15米长、1.5米宽的鸟网后，擅自将鸟网架设在自家院内并猎捕一只麻雀。他将该麻雀放在自家的鸟笼内饲养。 |

（学生以小组为单位学习法律条例，并结合案例进行分析）

4. 师：案例1中的于某某在自家院内捕捉麻雀，放在鸟笼中饲养，大家对此有什么看法？

生1：我们小组认为于某某违法。依据《动物保护法》第六条和第二十四条，禁止猎捕野生动物，禁止使用捕鸟网猎捕。

生2：是的，于某某使用了15米长、1.5米宽的网捕捉麻雀，虽然只有1只，但也违法了。

5. 师：同学们能依据法律条例，抓住关键词进行判断，有理有据。让我们了解一下法庭对于某某的审判。

出示图片：

一、被告人于某某犯非法狩猎罪，判处拘役二个月，缓刑四个月。
二、涉案麻雀（死体）一只，依法予以追缴，作案工具鸟网一张，依法予以没收。

出示材料2：

6. 师：案例2中的王某某捕捉并食用了一只麻雀，被法院判了刑。大家觉得他触犯了哪些条例呢？

| 一、小组学习《中华人民共和国野生动物保护法》（简称《动物保护法》），对比案例适用哪条规定，可圈画相关内容。
　　第六条　任何组织和个人都有保护野生动物及其栖息地的义务。禁止违法猎捕野生动物、破坏野生动物栖息地。
　　第八条　教育行政部门、学校应当对学生进行野生动物保护知识教育。
　　第二十四条　禁止使用毒药、爆炸物、电击或者电子诱捕装置以及猎套、猎夹、地枪、排铳等工具进行猎捕。
　　第三十一条　禁止食用国家重点保护野生动物和国家保护的有重要生态、科学、社会价值的陆生野生动物以及其他陆生野生动物。 | 二、判定行为对与错，并说明法律依据。
案例2　只吃了一只麻雀，应当无罪。
　　2020年12月7日下午，王某某铺设两片粘网捕捉麻雀，共捕了四只麻雀，然后把麻雀放进钢灶里烧熟后食用。法院以非法狩猎罪判处王某某拘役二个月，缓刑四个月。
　　王某某不服判决，打算上诉。 |

生：我们小组认为王某某违法。依据《动物保护法》第六条和第三十一条，禁止食用野生动物，禁止使用捕鸟网猎捕。

7. 师：可是，王某某认为法院判得重了，他不服。

生：根据《动物保护法》第三十一条，王某某虽然只吃了一只，也是食用了，就是违法。而且法院已经轻判了，我以前看过一个大学生抓了国家二级保护动物（燕隼）就被判了十年呢！

8. 师：你们小组能基于实际情况，依法判定，真了不起！法庭现场也维持原判，我们一起看一看原因。

出示图片：

> 在禁猎区、禁猎期，使用禁用的工具"粘网"捕捉麻雀，就已经可以被认定为"情节严重"，构成非法狩猎罪。如果王某某捕捉的麻雀数目达到并超过了20只，那在量刑上，王某某所受到的刑罚就会偏重，在牢里待上几年也是有可能的。故维持原判。

9. 师：在第3个案例中，马鞍山市600年的美食为什么会消失呢？

出示材料3：

一、小组学习《中华人民共和国野生动物保护法》（简称《动物保护法》），对比案例适用哪条规定，可圈画相关内容。 第六条 任何组织和个人都有保护野生动物及其栖息地的义务。禁止违法猎捕野生动物、破坏野生动物栖息地。 第八条 教育行政部门、学校应当对学生进行野生动物保护知识教育。 第二十四条 禁止使用毒药、爆炸物、电击或者电子诱捕装置以及猎套、猎夹、地枪、排铳等工具进行猎捕。 第三十一条 禁止食用国家重点保护野生动物和国家保护的有重要生态、科学、社会价值的陆生野生动物以及其他陆生野生动物。	二、判定行为对与错，并说明法律依据： 案例3 600多年传统美食消失。 马鞍山市政法委成立森林公安检查室，发出保护野生动物宣传倡议书，组织开展麻雀保护行动。随着保护行动开展，该地有着600多年历史的传统名肴"炸麻雀"消失了。

生1：我们小组认为马鞍山市的做法是对的。依据《动物保护法》第六条和第三十一条，禁止猎捕野生动物，禁止食用野生动物。

生2：虽然"炸麻雀"是传统名菜，但好的传统要传承，不对的也要改正呀。

10. 师：说得好，任何事情都要建立在知法守法的基础上。

出示图片：

> 麻雀是益鸟，是受法律保护的野生动物，在维持生态平衡中起着重要作用，马鞍山市打了一场移风易俗的"麻雀保卫战"。如今街市上难寻"炸麻雀"这道特产的踪影，山林中也见不到捕鸟网和手持弹弓的捕猎者。

板贴：知法守法

11. 师：同学们，案例4中，小学生开展志愿巡护工作，你们是怎么想的呢？

出示材料4：

一、小组学习《中华人民共和国野生动物保护法》（简称《动物保护法》），对比案例适用哪条规定，可圈画相关内容。 　　第六条　任何组织和个人都有保护野生动物及其栖息地的义务。禁止违法猎捕野生动物、破坏野生动物栖息地。 　　第八条　教育行政部门、学校应当对学生进行野生动物保护知识教育。 　　第二十四条　禁止使用毒药、爆炸物、电击或者电子诱捕装置以及猎套、猎夹、地枪、排铳等工具进行猎捕。 　　第三十一条　禁止食用国家重点保护野生动物和国家保护的有重要生态、科学、社会价值的陆生野生动物以及其他陆生野生动物。	二、判定行为对与错，并说明法律依据 案例4　志愿者行动解救麻雀。 　　某小学开展志愿巡护工作，发现几只麻雀误飞进了玉米大棚，志愿者们合力救助，将大棚敞开，还它们自由。

　　生1：我们小组认为该小学的做法是对的。依据《动物保护法》第六条和第八条，任何组织和个人有保护野生动物的义务，学校应当对学生进行野生动物保护知识教育。

　　生2：虽然我们是小朋友，但也要从小学习保护鸟类，保护环境。

12. 师：说得真好，麻雀是"三有"野生动物，受法律保护。你们都是有社会责任感的小小好公民。

> **设计意图：** 法律是我们保护鸟类、保护生态环境最强有力的武器，是人人必须遵守的。本次活动，我们通过真实的案例重现，让学生不仅学习法律知识，而且自主分析判断，加深对法律的了解，提高爱鸟护鸟的环境保护意识。

（二）听规划——植树造林，营造良好生态环境

1. 师：学法知法，爱护鸟类，小记者们还了解到了更多保护鸟类的措施，让我们继续看报道吧。

播放视频8《保护麻雀宜居地　城市建设有规划》。

小新：麻雀家族和其他鸟类一样，喜欢茂密的树林、适宜的气候、足够的食物。可是，现在我们的高楼、小区越建越多，鸟类朋友在哪里安家呢？让我们一起来听听城市规划工程师爱鸟护鸟的措施吧。

城市规划师：小朋友们好！在城市建设的不断发展中，耕地和树林的减少对鸟类的生存是有一定影响的，所以我们正努力在发展建设的同时，进行科学规划，尽量不破坏原先的自然林或移植树木，保证绿地面积，保护好生态，维护好鸟类等野生动物的生存环境。保护生态环境，人人有责。

2. 师：我们全社会要为麻雀等鸟类营造良好的生态环境，具体可以怎么做呢？

　　生1：植树造林，让鸟类可以安家落户。

　　生2：减少使用农药杀虫剂，让鸟类的生存环境更安全。

生3：我们可以制作小鸟的房子，挂在树上，这样小鸟就有家了。

生4：平时，我们看见垃圾要主动捡起来。有了干净的环境，小鸟就会安家了。

3. 师：我们全社会要保护绿地、湿地和树林等宝贵的自然资源，减少使用危害鸟类的农药化肥，植树造林，守绿护林，共同营造适宜鸟类朋友生存的生态环境。

板贴：植树造林

设计意图： 本环节观看捕猎麻雀判刑的新闻纪实，共学保护野生动物的法律条款；听取在城市建设中的科学规划，树立保护自然资源的意识；号召学生从自身做起，知法守法，植树造林，营造和谐、共生的生态环境。

四、呼唤麻雀回归，你我共同努力

（一）听鸟哨——呼唤麻雀回归

1. 师：有了适宜的环境，让我们一起来呼唤麻雀的回归吧！

播放视频9《学习鸟哨技艺 呼唤麻雀回归》。

小新：原来对麻雀的保护已经立法，在城市建设时，也会科学考虑鸟类的生存环境。真希望麻雀能早日回到我们的身边。

朱伯伯：小朋友们，看到你们这么喜欢麻雀，我教给你们一个妙招，等自然环境越来越好，我们可以用吹鸟哨的方式和麻雀进行对话哦！

小新：太好了！朱伯伯的鸟哨技艺是上海市的非物质文化遗产，能见识一下，真令人高兴！

播放视频10《小记者向朱伯伯学吹鸟哨》：朱伯伯演示吹鸟哨的方法，学生跟着学习。

2. 师：眼见才为实，让我们跟着朱伯伯视频中的演示，看一看鸟哨，吹一吹鸟哨吧。

（学生以小组为单位，观察鸟哨材质、形状，了解鸟哨特点，组内推荐一人体验吹鸟哨。）

3. 师：吹鸟哨是需要练习的，欢迎同学们课后加入鸟哨组，跟着朱伯伯多多学习吧。小朋友们，借着动听的鸟哨声，你们要和麻雀朋友说什么啊？

生1：麻雀朋友，你们快回来吧！

生2：小麻雀，我想和你们交朋友，你们快回来吧。

板贴：小鸟

4. 师：在这婉转动听的鸟哨声中，我们不禁呼唤道——

生齐：麻雀朋友们，请回来吧，我们会保护你们的！

板贴：呼唤回归

（二）齐呼吁——爱鸟护鸟同努力

1. 师：小记者们的专题节目已经接近尾声，但保护鸟类的行为仍在继续。

播放视频11《爱鸟护鸟齐呼吁》：每年的10月9日是世界候鸟日，我们的小记者站开设了"鸟类保护"宣传栏。请大家积极行动起来，将"保护麻雀"和"爱护鸟类"的绘画、摄影等作品，投稿至小记者站。我们将举办"爱鸟护鸟"校园展览，并择期在"童闻天下"栏目进行相关报道和宣传。

2. 师：同学们，保护麻雀，爱鸟护鸟，保护生态环境，守护我们共同的美好家园，我们一起行动！

> **设计意图：** 在共同经历了麻雀寻踪的一系列活动后，通过聆听鸟哨声、设计爱鸟护鸟宣传海报，呼唤麻雀回归。让学生一起参与宣传爱鸟护鸟行为，让保护生态成为大家的共识和共同的行动。

【延伸教育活动】

1. 同学们以"保护麻雀，爱护鸟类"为主题，绘制图画或拍摄鸟类照片，投稿"慧点电视台"小记者站，参加校园展示活动。

2. "爱鸟护鸟"红领巾公益宣讲活动。少先队员在校园里普及相关知识，同时前往学校结对社区进行宣讲活动。

【板书设计】

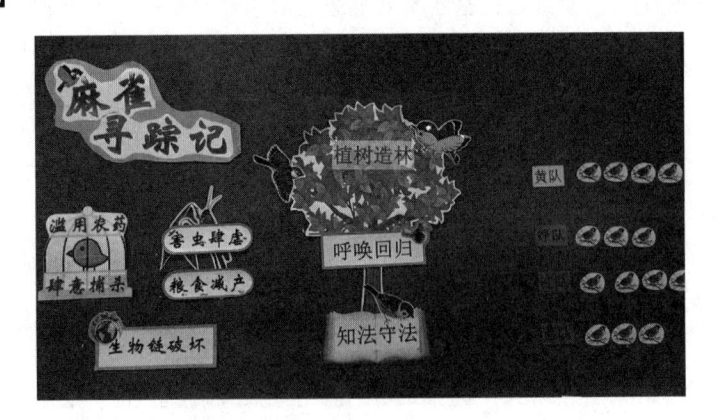

【点评】

新媒体赋能少年新主张

小小少年实践当代责任，小小新闻人传播社会正能量。红领巾电视台是现在很多学校的宣传媒体之一，通过学生的视角来发现新闻、报道新闻，也是让学生做社会小主人，进行正能量宣传的有效渠道。本节课运用"红领巾小记者"新闻报道这一形式，让学生更有参与感，也提升了学生当社会小主人，为生态环保做贡献的责任意识。

1. 新闻鲜活，体现学生独特视角

主题教育课中的主角都是和学生同龄的红领巾小记者，他们用儿童的视角采访、拍摄和报道关于麻雀的新闻线索，且这些新闻线索和学生的现实生活、所处环境等息息相关，更能打动学生，起到使学生"心领神会"的教育效果。

2. 形式丰富，解锁学生交互体验

课上的新闻报道节目，有"现场直击""历史记录""食物科普""法庭纪实""人物连线"等丰富的形式，使整台新闻节目更加真实，也方便学生了解"麻雀现状和历史""爱鸟护鸟立法""鸟哨传承"等活动内容。学生现实参与感非常强烈，由此而进行的各项体验、学习、交流、展示等也更真实生动。

3. 行动启迪，提升学生责任意识

通过红领巾小记者们的前方报道，学生们感受到通过少年的力量可以发现身边的事件，少年也可以传达更多正能量的声音。通过聆听、学习和感悟，相信他们也愿意去了解和实践，用自己的视角去观察和记录自然生活，表达少年主张，提升"我是社会小主人，我为生态环境保护发声"的责任意识并努力付诸行动。

上海市浦东新区泥城小学校长　唐华英

第❹课 "宠"物更要"宠"环境

设计教师：上海市浦东新区进才实验小学　顾小华
指导教师：上海市实验学校东校　　　　　凌洁敏

【活动对象】

小学四年级学生

【活动时长】

2+35分钟（2分钟预备时间）

【学情分析】

1. 对饲养宠物与生态环境关系的认识不足

四年级学生有一定的生态文明意识，他们知道保护地球生态环境的重要性，了解某些人类活动对地球生态的危害。学生对宠物饲养的基本常识有所了解，但往往停留在喂养和日常照顾的层面。对于宠物饲养与生态环境之间的内在联系，学生们普遍缺乏深入的认识和理解。尽管生态环境保护日益受到社会关注，但学生往往将其视为宏观概念，未能将其与宠物饲养联系起来。

2. 对科学环保饲养宠物的方式不了解

家中饲养宠物的学生不在少数，许多学生在饲养过程中并未遵循正确且环保的方式。这主要是因为学生们对于如何更科学、更环保地饲养宠物缺乏了解。一方面，多数学生更关注宠物的日常喂养和玩耍，却忽视了饲养过程中的环保问题。另一方面，学生们在生态文明意识方面的不足也是导致不正确、不环保饲养方式的原因之一。很多学生都没有意识到自己不正确的饲养行为对环境和生态会产生危害。

【主题解析】

1. 人类、宠物与自然，共存共生共同体

习近平总书记指出："人因自然而生，人与自然是一种共生关系，对自然的伤害最终会伤及人类自身。"自然与宠物的生态关系，实际上体现了人类与自然共生理念的一个微观层面。养宠物作为人类生活的一部分，其存在与自然环境息息相关，而人类对宠物的态度和行为，也在某种程度上映射了人类对自然的态度。

2. 尊重生命和自然，保护生态与环境

人类饲养宠物与生态文明之间存在相互影响、相互促进的关系。虽然宠物饲养可能在一定程度上对生态环境造成负面影响，但通过提高环保意识和优化饲养方式，我们可以将负面影响降到最低，甚至推动生态文明的建设。在饲养宠物的同时，保护生态与环境，共同构建人与自然和谐共生的美好家园。

3."宠"物勿忘"宠"环境，践行环保与低碳

学生了解并学习正确饲养宠物的方法，就是关爱宠物的表现，也对保护生态环境有着重大意义。学生作为生态文明建设的未来力量，他们的行为和态度对于推动生态文明建设具有重要意义。我们应该鼓励学生积极参与饲养宠物和生态文明建设活动，培养他们的环保意识和责任感，共同推动人类与自然和谐共生。

【活动目标】

认知目标：

了解不正确地饲养宠物给生态环境带来的危害。

情感目标：

1. 树立热爱自然、维护地球生态的环保意识。
2. 追求人与自然休戚与共的价值愿景。

行为目标：

1. 探索饲养宠物时减少破坏生态环境的方法。
2. 学会将爱护动物、保护生态环境与生活实际相联系。
3. 尝试在今后的生活中用实际行动保护地球生态环境。

【活动重点】

1. 了解不正确地饲养宠物给生态环境带来的危害。
2. 树立热爱自然、保护生态环境的主人翁意识。

【活动难点】

尝试在今后的生活中用实际行动保护地球生态环境。

【活动准备】

1. 收集相关资料，制作课件PPT。
2. 准备"表决牌""动植物对话译本"。

【2分钟暖场活动】

活动名称：叫号游戏，律动起来

1. 师：在正式上课之前，我们先做个游戏。请组长把桌上的挂牌分给组员，挂在脖子上时请把带有号码的一面朝外。我喊到哪个号码，这位同学就起立跟着我做动作。1号、2号展翅飞，3号、4号拍拍手，5号、6号甩甩手，7号、8号绕圈圈。

（学生根据教师叫号，起立，学做动作）

2. 师：大家反应真快！现在增加难度，让我们跟着音乐加上刚才的动作，一起律动起来。

（学生跟着音乐做律动操）

> **设计意图：** 利用叫号游戏和律动操热场，与学生建立良好的互动状态，调动学生情绪，同时安排好学生的序号，为之后教学活动的开展做准备。

【活动过程】

一、情景导入，招募人类观察员

1. 师：超级大变身！终于恢复我长耳朵的模样啦，大家猜猜我是谁？我是干什么的？

生1：一只兔子。

生2：动物园的管理员。

生3：表演童话。

2. 师：下面有请我的长官——狮子签证官跟你们解释吧！

播放视频1《狮子签证官自述》。

狮子签证官：人类朋友，你们好！我是动物王国的狮子签证官，主要负责宠物度假签证。每年都会有一些宠物和它们的主人申请来动物王国度假。自从去年动物王国加入"全球生态环境保护成员国"后，所有申请入境的宠物都要先通过"是否影响生态环境"的审核。今年，一些宠物的首次审核没有通过，它们的主人都提出了申诉。我们特别指派了兔子调查官Rabbit前往人类世界，邀请人类观察员共同参与这些宠物的最终审核工作。相信有人类观察员共同参与的审核，对宠物主人会更有说服力。

生：兔子调查官Rabbit。

3. 师：对啦！我就是兔子调查官。我们重新打个招呼吧，大家好！

生：你好，Rabbit。

4. 师：听说，你们都是热爱自然、爱护环境的人类朋友，我诚邀你们作为人类观察员，共同参与审核。请大家把挂牌翻过来，这是你们的观察员证件。时间紧迫，我们赶紧出发吧！为了消除大家旅途的疲倦，请各位观察员跟着乘务员小姐姐一起做做解压操。准备好了吗？Let's go！

播放视频2《一起去动物王国》：坐飞机和火车前往动物王国，欣赏沿途的美景，跟着左下角画中画里的乘务员小姐姐的示范做解压操。

（学生跟着视频一起做）

5. 师：各位观察员，欢迎来到动物王国，让我们赶紧前往签证处会议厅进行就职宣誓。请大家起立，手捧证件，跟我宣誓。

> **就职宣誓**
>
> 我宣誓：我志愿成为人类观察员，在审核中，始终坚持保护地球生态环境的原则。
>
> 宣誓人：XXX

（学生齐读）

6.师：请各位观察员拿起桌上的审核工具，在今天的审核过程中，你们将用此牌进行表决。

二、及时清理粪便，争做环保宠物主

（一）小讨论：宠物粪便是肥料，会不会污染环境

师：各位观察员，让我们正式进入审核议程。今天，我们要审核的案子有三类，第一类案子以宠物狗居多，比如金毛波波。它们的主人在遛狗时，从来不清理宠物的粪便，周围的居民都觉得他们这样的行为是污染环境。但是，他们自己却不以为意，对于首次审核不通过提出了申述。大家请看待审档案一，波波主人提出的申诉理由是什么？对于这个理由，观察员们在平时的生活中一定也遇到过，你们怎么看呢？

PPT出示：宠物粪便是肥料，不会污染环境

生1：我反对。宠物粪便又臭又脏，污染我们的环境。

生2：我支持。粪便确实可以做肥料。

生3：我反对。我记得粪便不经过处理，不能做肥料。

（二）小游戏：小组配音，倾听动植物心声

1.师：你们都说得有理有据。作为调查官，没有调查就没有发言权，于是我实地走访了住在波波家附近的动植物。我们来听听，它们是怎么说的。它们在说什么，大家一定听不懂。我已经进行了翻译，请大家按小组来给它们配音。你们的证件号就是你们配音的角色。

PPT出示：动植物对话译本（一）（二）（三）。

> **动植物对话译本（一）**
>
> 鸟群（全体观察员）：叽喳/叽喳，叽叽喳。
>
> 小鸟（1号观察员）：这里空气/真难闻，到处都是/狗屎味！
>
> 鸟群（全体观察员）：叽喳/叽喳，叽叽喳。
>
> 鸟妈妈（2号观察员）：粪便风干/随风飘，病毒细菌/是祸害！
>
> 鸟群（全体观察员）：叽喳/叽喳，叽叽喳。

> **动植物对话译本（二）**
>
> 小花（3号观察员）：春暖花开/花枯萎，谁挨狗屎/谁倒霉！
>
> 花花草草（全体观察员）：可恶可恶，真可恶！
>
> 小草（4号观察员）：谁说狗屎/是肥料？不经发酵(jiào)/坏土壤！
>
> 花花草草（全体观察员）：你看/你看！草地秃！

> **动植物对话译本（三）**
>
> 鱼弟弟（5号观察员）：粪便臭水/冲进河，消耗氧气/生氨(ān)气。
>
> 鱼群（全体观察员）：救命/救命，快窒(zhì)息！
>
> 鱼哥哥（6号观察员）：病毒细菌/溶于水，鱼儿得病/忙搬家。
>
> 鱼群（全体观察员）：讨厌/讨厌，真讨厌！

（小组活动，练习配音）

2. 师：亮开你们的嗓子，开始配音。一定要做到声情并茂啊！

（学生小组表演配音）

3. 师：听了动植物们的心声，各位观察员，请大家对波波主人的申诉进行表决，赞同还是反对？1、2、3，表决！

（学生举牌表决）

4. 师：各位观察员，我们对金毛波波此类案子的宠物狗进行最终审核。请再次举起你们的表决牌，1、2、3，表决！我们一起来郑重敲上拒签章。

（学生举牌表决，做盖拒签章动作）

5. 师：人类观察员们，如果遇到遛狗不清理粪便的宠物主人，该怎么劝告他们呢？

生1：宠物粪便会传播细菌、病毒，危害动植物，请主人及时清理。

生2：没有处理过的宠物粪便不是好肥料，会让花草不能生长，请你们清理干净。

生3：宠物粪便会污染水源，请不要让狗狗们乱拉屎。

6. 师：所以宠物粪便污染环境，请及时清理！

板贴：宠物粪便　及时清理

> **设计意图：** 有趣的配音游戏，让学生身临其境，了解宠物粪便对动植物的危害和对环境的污染，积极参与到劝导人们文明养宠物的行动中来。

三、了解碳足迹，营造宠物低碳生活

（一）了解碳足迹

1. 师：接下来，我们一起来审核第二类案子，波斯猫丽莎是这类案子的代表。丽莎唯一的爱好就是晒太阳，说它影响生态环境，确实匪夷所思。在接到案子的当天，我就给丽莎打了电话询问。这是丽莎的电话录音，我们一起来听一听。

播放音频1《丽莎的自述》：从表面来看，我是一只幸福的小猫，主人非常爱我。我有一柜子的衣服和各种帽子，但主人似乎忘了，我是一只猫，有自己的皮毛，是不需要太多衣服的。我每天吃三顿，除了猫粮还有各种零食，把我吃得都超重了，医生让我减肥，说超重影响健康，但主人总是怕我饿着，还是给我吃很多。每周，主人都会带我去宠物店洗澡美容，要知道猫天生爱干净，我每天都会把自己舔干净，经常水洗反而会伤害我的皮肤。几乎每天，主人都会开着车带我去兜风，你说我坐在车里，啥也看不见，兜啥风呀？抱着我散散步或牵着我遛个弯，不好吗？猫咪的心思，主人咋就不懂呢？

2. 师：丽莎的生活方式会影响生态环境吗？我实在是不太明白。你们知道吗？
生1：它的生活太浪费了。
生2：它洗澡会产生很多污水。
生3：可能是因为它的生活产生很多碳排放。

3. 师：你们说得都有道理。有关"碳排放"，我特地去请教了狮子长官。他给我发来了一段视频，说就是"碳足迹"。具体是什么意思，观察员们，请和我一起学习吧！

播放视频3《碳足迹》：碳足迹究竟是什么呢？就像我们走过雪地会留下足迹一样，碳足迹就是我们对地球留下的足迹，当然不是通过你的鞋，而是通过你的日常活动消耗能源所产生的二氧化碳排放量，碳排量越多，碳足迹就越大。比如，你在开车，你就留下了碳足迹，也就是开车耗油所产生的二氧化碳。但事实远不止如此，原油从地底下挖出来需要能源，加工原油制造我们能用的石油需要能源，运输石油也需要能源，甚至把石油放在你的油箱里，也需要能源，更不用说生产你这辆车本身所需要的能源了。消耗能源就会产生碳足迹，所以这些都是算在你头上的碳足迹。手机会有碳足迹，衣服会有碳足迹，吃饭娱乐，等等，都会有碳足迹。当然养宠物也会有碳足迹啦！

4. 师：观察员们，丽莎的生活方式会影响生态环境吗？
生：会的。丽莎主人的做法导致碳排量增多，就会影响生态环境。

5. 师：哦，原来宠物也是"消费者"，吃喝拉撒哪样都少不了。世界上有数以亿计的宠物，人类对宠物过度宠溺产生的大量碳排放，必然会对地球生态造成影响。那么波斯猫丽莎的最终审核，能通过吗？请举起你的表决牌。1、2、3，请表决，拒签！

（学生举牌表决）

设计意图： 通过猫咪对自己生活的自述，引导学生去发现问题，思考问题的关键成因，理解人类对宠物的过度溺爱造成高碳排的问题。

（二）宠物的低碳生活

1. 师：观察员们，作为丽莎的朋友，我多希望明年丽莎能通过审核啊，你们愿意帮帮她吗？一起来"减一减，换一换"，还丽莎一个低碳健康的生活吧！

PPT出示：

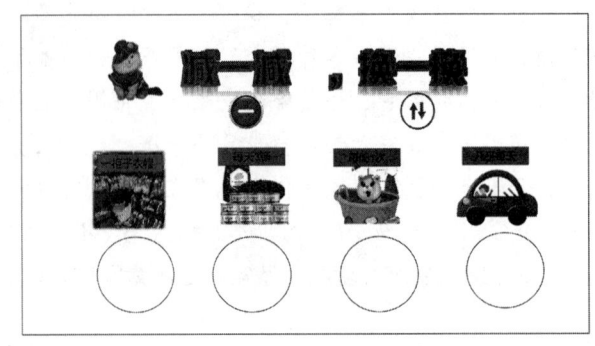

生1：我要把它满柜子的衣服换一换，换成几件衣服，它自己有毛，不需要很多衣服。

生2：我要把它每天3顿换成每天1顿，因为它已经超重了。

生3：我要把坐车遛弯换成出去散步。

2. 师：我可喜欢你们的设想了，相信丽莎也会喜欢的。我还要通过邮件把你们的方案发给所有高碳排的宠物主人，把"宠物减排、低碳生活"的理念推向世界。

板贴：宠物减排　低碳生活

> **设计意图：**通过"减一减，换一换"还猫咪一个低碳健康的生活，引导学生去寻找解决宠物高碳排的方法，培养节能减排、低碳生活的理念。

四、拒养野生异宠，保护地球生态

（一）灰鹦鹉的悲惨遭遇

师：就在刚才，狮子签证官将第三类案子升级为红色案例。因为我们收到了一只名叫咕咕的灰鹦鹉发来的求救视频，此视频是由某国的野生动物保护组织发来的。

播放视频4《灰鹦鹉自述》：救命！救命！我是一只灰鹦鹉。我被主人从偷猎者手中买来，成了他的异宠。由于孤单失群，我得了抑郁症，我几乎拔光了自己的羽毛。聪明的我们深受人类喜爱，巨大的购买需求引发了人类疯狂地捕猎和贩卖我们。捕猎者砍断了我们的羽翼防止我们逃走，为了降低运输成本，我们被关在狭小的箱子里，在交易中我的同伴很多都死去了。我们的族群在过去50年中数量下降了79%，在加纳境内，我们的族群出现了区域性灭绝。你们知道吗？每个生物在地球生物链上都有着属于自己的位置。一旦有生物灭绝，就会发生连锁反应，最终导致整个生态系统环境的崩溃。救救我们，救救所有野生异宠吧！

（二）饲养野生异宠的危害

1. 师：咕咕和它族群的遭遇让我震惊了。"残忍虐待""种群灭绝""生态系统崩溃"，这些字眼不断在我眼前闪现，作为地球生命之一，我已经无法用言语来表达此刻的心情了！观察员，你们此刻的心情又是怎样的？

动物系列

PPT出示：残忍虐待 种群灭绝 生态系统崩溃

生1：灰鹦鹉太可怜了。

生2：我也很愤怒。

生3：捕猎者太残忍了。

2. 师：我们吃惊地发现灰鹦鹉咕咕就是我们正在审核的第三类案件中的一个当事人。我们立即调阅了咕咕的审核档案，在档案中有咕咕主人发来的申诉邮件。

PPT出示：咕咕主人的申诉邮件。

亲爱的 Mrs. Rabbit：

　　你好！

　　我是咕咕的主人。对于咕咕的入境申请，第一次审核没有通过，我深感遗憾和不理解。我认为人类饲养珍稀野生动物作为宠物，可以更好地保护它们，给它们更好的生活。

　　在此，我提出申诉。

咕咕主人

2022年1月4日

---

3. 师：观察员们，对于咕咕主人的申诉理由，你们赞同还是反对？1、2、3，请表决。

（学生举牌表决）

4. 师：观察员们，作为人类，你能从你们的角度，帮我回复这封邮件吗？

生1：咕咕主人，人类饲养珍稀野生动物作为宠物，不能保护它们。

生2：咕咕主人，人类饲养珍稀野生动物作为宠物，激发了捕猎，给它们带来了很大的伤害，甚至死亡。

生3：咕咕主人，请不要养野生动物。……

5. 师：是啊！人类饲养野生异宠的行为并没有起到保护的作用，反而激发了异宠贸易，对野生动物造成了无尽的伤害，所以没有买卖才没有伤害。

板贴：没有买卖就没有伤害

6. 师：现在，咕咕在野生动物保护组织的帮助下，以野生动物的身份提出了入境申请。对于咕咕的入境申请，你们同意吗？1、2、3，表决。

（学生举牌表决）

7. 师：让我们用掌声欢迎咕咕回国。异宠贸易还会引发野生动物的物种灭绝，给地球生态带来巨大的灾难。据我们所知，人类的各国政府也在积极采取各种措施抑制异宠贸易，因为地球属于所有生命，既包括人类，也包括野生动物。

设计意图： 通过灰鹦鹉咕咕的悲惨经历，了解人类饲养野生异宠这一行为带给野生动物的伤害是巨大的。同时引导学生了解异宠贸易引发的连锁反应可能给地球生态带来的巨大灾难，进一步坚定学生保护地球生态文明的决心。

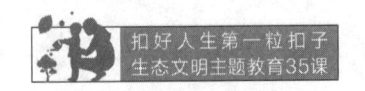

五、参加庆典巡游，为保护生态呐喊

1. 师：今天的审核工作圆满完成，感谢大家。通过今天波波、丽莎、咕咕这三类案子的审核，回到人类世界后，你们最想为保护地球环境做些什么？

生1：我要劝导养宠物的人及时清理粪便。

生2：我要劝我妈妈不要给宠物买很多衣服、吃很多东西，要节能减排。

生3：我要劝大家不要去饲养野生动物。

2. 师：你们真是地球生态环境保护的小卫士，与你们一起工作，我深感荣幸。从你们身上，我也学到了很多本领。

播放音频2《电话铃响》："狮子签证官，来电话了；狮子签证官，来电话了……"

3. 师：我的长官说审核结束后会给大家视频电话的，这不，电话来了。

播放视频5《狮子签证官来电1》：人类观察员们，我代表动物王国感谢你们专程赶来协助调查和审核。通过全程观看你们的审核过程，我对人类有了新的认识。在审核宠物入境申请时，我们觉得很多人类生态环境保护意识淡薄，我们很想去改变这种情况。而作为动物，与人类沟通又比较困难，因此，我们特别邀请了大家共同参与调查和审核。在这次审核过程中，我们深深地感受到了人类保护地球生态环境的信念和决心。地球是我们共同的家园，也是所有地球生物应该宠爱的大"宝贝"，让我们一起来呵护它吧！

4. 师：狮子签证官，我相信人类朋友一定会既"宠"物又"宠"生态环境的。

板贴：宠物更要宠环境+地球图片

播放视频6《狮子签证官来电2》：今天是个特殊的日子，是我们动物王国加入"全球生态保护成员国"一周年庆。市政厅大楼前正在举行庆典的巡游，请导播将镜头切到巡游现场，让我们和人类观察员们一起狂欢，一起为保护地球生态环境呐喊吧！

播放视频7《庆典巡游》：各种动物们的游行方队，一边高喊口号"绿色地球、生态家园，节能减排、低碳生活，保护环境、节约能源"，一边表演节目。

5. 师：呐喊声在哪里？

（学生随着视频中出现的口号一起呐喊："绿色地球、生态家园，节能减排、低碳生活，保护环境、节约能源。"）

6. 师：今天的会议到此结束，请观察员们有序离场，稍后会有专车送大家去巡游现场，再见啦！

> **设计意图**：通过参加庆典巡游这一虚拟情境，在欢乐的氛围中产生思想和情感的共鸣，进一步培养学生热爱自然、保护生态环境的主人翁意识。

【延伸教育活动】

开展"我是环保养宠宣传员"活动

1. 聊一聊：你眼中的环保养宠人。
2. 议一议：你身边的不环保宠物主行为。

3. 说一说：制定环保养宠宣传语。

4. 写一写：一份环保养宠公约。

【板书设计】

"宠"物更要"宠"环境

宠物粪便 及时清理　　宠物减排 低碳生活

没有买卖 就没有伤害

【点评】

冲突性反转　促思考提升

爱因斯坦说过，发现一个问题比解决一个问题更重要。如何让学生在主题教育课的情境中不断探索又敢于大胆质疑？顾老师设计的冲突性反转很好地促进了学生思维的提升，帮助学生更深刻地认识到维护生态文明的重要性。

1. **情境冲突，让学生沉浸其中**

课的伊始，顾老师就以一身兔子装扮亮相，招募现场学生为"人类观察员"，前往动物王国协助办理宠物破坏生态文明的案件。正当学生好奇这一有趣场景时，急促紧张的办案氛围陡然来临，让学生快速代入别样的身份，这种反转让他们使命感激增，并在办案过程中沉浸于"观察员"的角色，从而能够共情宠物世界。

2. **抉择冲突，助学生导而行之**

顾老师设计了全员式互动的方式，学生通过"Yes""No"表决牌对三类宠物案件进行表决，决定权掌握在"观察员"手中。我们发现，当选择权下放给学生，他们不仅不会滥用，反而会谨慎行使。这种抉择的冲突，不仅能让学生牢牢沉浸于情境中不脱离，更能让学生通过思考不断内化，进一步提升生态文明的意识。

3. **思维反转，促学生思辨能力**

灰鹦鹉咕咕的情境是本节课反转的一个亮点，让学生在野生异宠这一环节中摇摆于"Yes"和"No"之间。当双方观点产生分歧时，顾老师能够引导学生有理有据说出自身的观点，最后情境推动出现反转，让原先摇摆不定的"观察员"们统一举起了"Yes"。这一设计，不仅提升了学生的思辨能力，更有助于学生了解对他们来说有些遥远的野生异宠，坚定保护地球生态环境的决心。

上海市实验学校东校小学部德育主任　凌洁敏

第❺课 "海外来客"毁生态

设计教师：上海市民办尚德实验学校　　　曲辰霄
指导教师：上海市浦东新区周浦第三小学　杨丽丽
　　　　　上海市民办尚德实验学校　　　凌　露

【活动对象】
小学五年级学生

【活动时长】
2+35分钟（2分钟预备时间）

【学情分析】
1. 生态环境保护意识略浅薄，外来入侵物种认知待提升
　　五年级学生知道保护生态环境很重要，但对于生态环境和外来入侵物种的认知存在一定欠缺。部分学生对红火蚁等外来入侵物种的了解较少，甚至没有听说过，他们对于生态系统的相互关系和物种对环境的影响的理解有待加强。随着学生年龄的增长，五年级的学生有了更强的自主意识和探索欲望，对各类新奇事物都充满了好奇和新鲜感。但是，由于知识经验不足，学生在探索新奇物种时，会忽视外来入侵物种这一特殊种群所带来的危害，容易犯错又不自知，甚至受伤。

2. 高效利用成长关键期，筑小学生心中生态防线
　　小学阶段正是学生行为习惯以及意志品质形成的关键期，在此阶段进行生态文明教育能够达到事半功倍的效果。对五年级学生而言，外来入侵物种角度是一个很新颖的切入点。从学生的生活实际出发，通过主题学习，可以提升学生对红火蚁这一外来入侵物种的防范意识，使其掌握对待红火蚁的正确方法，得到更好的维护生态平衡体验，树立和践行"绿水青山就是金山银山"的发展理念。

【主题解析】
1. 外来入侵物种与生态文明的构建密切相关
　　我国是生物多样性最丰富的国家之一。但红火蚁、福寿螺、巴西龟等外来入侵物种数量的逐年上升，已经造成不同程度的自然灾难。目前我国的生态系统保护还需要加强外来物种入侵的防治工作，尤其是要加强生物多样性管理、保障生物安全。生态文明是指在经济社会发展中，坚持人与自然和谐共生，保护生态环境，实现可持续发展的理念。本主题

与环境保护、生态文明建设等方面的纲领性文件有密切关联，通过关注海外来客对生态系统造成的危害，呼吁人们加强生态保护，推动生态文明建设的实施。

2. 生态文明的建设需要广大学生的参与和努力

学生是未来社会的主力军，他们的环境意识和行为习惯对于生态文明的推动具有重要影响。通过该主题教育活动，学生能够了解外来入侵物种对生态的危害，认识到个人行为对环境的影响，进而培养维护生态平衡的积极性和保护生态环境的意识。教育活动的设计旨在引导学生正确对待外来入侵物种、运用不同方法解决问题，并树立正确的生态观。通过这些教育措施，学生能够积极参与生态保护，为实现生态文明的目标贡献自己的力量。

【活动目标】

认知目标：

1. 知道红火蚁和加拿大一枝黄花等生物是危险的外来入侵物种。
2. 了解红火蚁给人类和生态带来的危害。

情感目标：

1. 激发学生维护生态平衡的积极性，增强保护生态环境的认识。
2. 形成对待外来入侵物种的防范意识，树立正确的生态观。

行为目标：

1. 探究正确对待外来入侵物种的方法。
2. 尝试运用查找资料、实验等不同的方法去解决问题。

【活动准备】

学生准备：

1. 分成6个小组，确定好各组组长。
2. 准备一个笔袋，里面装好铅笔。

教师准备：

1. 收集相关资料，制作课件PPT。
2. 设计"红火蚁天敌资料卡""红火蚁资料笔记"，准备6份小组桌卡，准备"扭蛋盲盒""引进天敌战红火蚁实验器材"。

【2分钟暖场活动】

活动名称：抽扭蛋，定组名

1. 师：同学们，今天我们来玩个抽扭蛋的游戏。各组右侧第一位同学，请上来抽取1颗扭蛋。扭蛋里的名字就是你所在组的组名，然后根据组名，领取对应的小组旗帜。

（每组一位学生代表上台依次抽取扭蛋）

2. 师：请大家站成一排扭开扭蛋，汇报组名，领取组旗。

（学生代表汇报组名，领取组旗后归队）

3. 师：还有几个要求请看屏幕。

PPT出示要求：

> 1.资料筐内讨论资料2人一份，配合完成任务。
> 2.听到"开始"后再讨论，音乐停，讨论停。
> 3.每次完成作答获得小旗子一枚插在组旗旁。

设计意图： 借助学生日常生活中感兴趣的扭蛋游戏，以昆虫名称来为各组命名，既能让课堂气氛迅速活跃，也能让各组命名符合课堂的主题。

【活动过程】

一、"海外来客"危害大

（一）无知无畏易受害

1.师：同学们，我的邻居小尚和你们差不多大。他呀，是个非常喜欢在野外采集昆虫的昆虫迷。最近，他在研究小蚂蚁，爱挖各种蚂蚁窝，找不同的蚂蚁观察。今天，他和在农科院工作的老爸又出发去野外采集昆虫啦！

播放音频1《小尚掉以轻心》。

小尚：咦，这里有个突出地面很高的蚂蚁窝。这个蚁窝一定不一般，我要挖挖看，说不定有新收获！

爸爸：小尚，别着急，安全第一！

小尚：没事的，爸爸。我见过了那么多蚂蚁，都是没什么攻击力的。小蚂蚁，我来啦！

2.师：到底能不能挖？

生：不能，可能会被蚂蚁攻击。

3.师：莽撞的小尚根本没多想就伸手抓。真担心会不会出什么状况。

播放音频2《小尚住院1》。

小尚：爸爸，我怎么在医院了？

爸爸：你终于醒了。你从小就是过敏体质，今天被红火蚁注入毒液，都昏迷啦！

4.师：你们被虫子咬过吗？如果被咬，有什么感觉？

生：我被蚊子咬过，身上起了很大的一个包。

5.师：你有没有住院？

生：没有。

6.师：那么，大家知道红火蚁吗？

生：听说过，但知道的不多。

（二）被咬后果很严重

1. 师：为什么小尚被小小的红火蚁咬一口，会直接昏迷？

播放音频3《小尚住院2》。

小尚：这红火蚁伤人可真不轻，等我病好了，我得给"野采在行动"群里的伙伴提个醒。

爸爸：那等你好一点，给小伙伴们整理个"红火蚁人体危害小贴士"吧！

小尚：好，爸爸，帮我把诊断书拿出来。

2. 师：咱们一起来看看小尚的诊断书。请大家以小组为单位，帮小尚整理一下，被红火蚁蜇咬后都有什么症状。

PPT出示：诊断书。

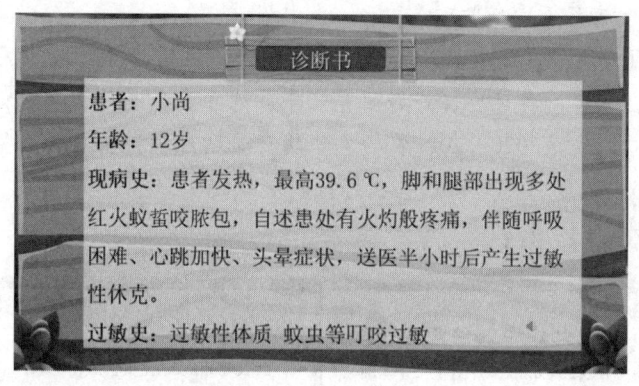

> **诊断书**
> 患者：小尚
> 年龄：12岁
> 现病史：患者发热，最高39.6℃，脚和腿部出现多处红火蚁蜇咬脓包，自述患处有火灼般疼痛，伴随呼吸困难、心跳加快、头晕症状，送医半小时后产生过敏性休克。
> 过敏史：过敏性体质 蚊虫等叮咬过敏

（学生以小组为单位，整理被咬症状）

生1：会发烧。

生2：被红火蚁咬，会起脓包，很疼。

生3：会呼吸困难、头晕、心跳加快。

生4：过敏体质的人被蜇咬，会昏迷，甚至死亡。

3. 师：你们整理得很全面。人被红火蚁蜇咬后，会发烧、呼吸困难、头晕、心跳加快、起脓包，过敏体质的人还会昏迷，甚至死亡。可是，小尚还是不敢相信小小的红火蚁会威胁他的生命！

播放音频4《小尚住院3》。

小尚：真没想到，这蚂蚁看起来才芝麻点大小，杀伤力却这么强！

爸爸：亏你平时总说自己很了解昆虫。它可不是普通蚂蚁，它叫红火蚁，它还有个外号叫"无敌的蚂蚁"，是外来入侵物种。我给你看看袁叔叔做的模型，你就明白刚才你都经历了什么。

4. 师：小尚刚才到底经历了什么？让我们和他一起看看袁叔叔做的模型。

播放视频1《袁叔叔模型》：你看，这是一只放大版的红火蚁和一个正在被它欺负的脚趾头。红火蚁会在抓住猎物的同时，撅起自己的屁股。准确地说，撅起的是腹部的这根螫针。它会对着猎物一顿刺，而且这根针还不是蜜蜂那种带着倒钩、看着很可怕、用一次就废了的针。这螫针的表面光滑，就像容嬷嬷的针，可以对你反复蜇、来回刺。每刺一次，毒囊都会释放出毒液，注入猎物体内。然后，它继续叮咬、蜇刺。当红火蚁的毒液刺激到我们的神经末梢，首先会感觉到火一样的烧灼疼痛。随后，被叮咬的地方就会出血、肿胀，出现水泡并且化脓！就算是小小一只你扛得住，可红火蚁这家伙很少单独出现，往往一出现就是一大群，人们一旦被它们同时蜇咬，就会备受折磨。

5.师：你们有什么感受？

生：红火蚁危害太大了，会让人受伤。

6.师：由此看来，红火蚁对人体的伤害可真大！红火蚁的窝不能碰！

板贴：人体健康受威胁

（三）生态环境被破坏

1.师：小尚出院了，看看他有什么行动。

播放音频5《生态环境受威胁》。

小尚：这次可亏大了，蚂蚁没采集到，还被蜇咬，住了2天院！太惨了！今天出院了，这红火蚁还有什么危害，我可要再好好研究一下。对了，爸爸笔记中有记录红火蚁危害的内容，我来翻翻看。这是2020—2022农场农作物产量明细和昆虫物种数量统计的折线统计图。原来，红火蚁还有这些危害呀！让我好好瞧一瞧！

PPT出示：数量统计图。

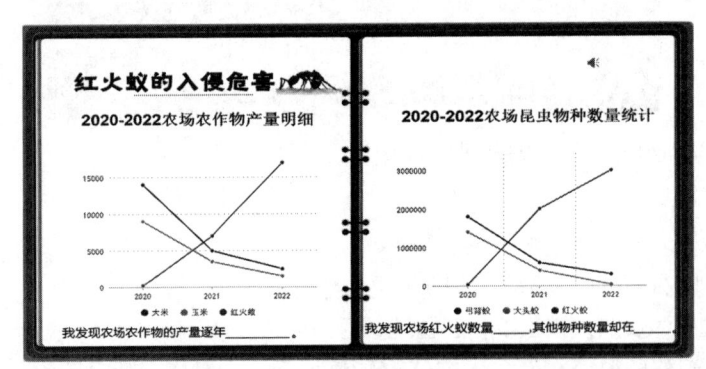

2.师：从折线统计图的变化上，你有什么发现？两两结对，完成图下的填空题。音乐结束后，请说说你们的答案。

（学生两两结对，看图填空）

生1：我们发现红火蚁的数量增加很快。

生2：红火蚁的数量一年年增多，弓背蚁和大头蚁的数量在一年年减少。

生3：我发现农场的农作物比如大米、玉米，产量逐年下降。

3.师：红火蚁的到来破坏了生态环境。它啃食植物的根茎，赶跑其他昆虫。根据农作物产量的变化，我们可以得出一个结论——红火蚁增多，农作物产量变少；红火蚁增多，物种多样性降低。

板贴：红火蚁↑ 物种多样性降低↓ 农作物产量下降↓

4.师：看来红火蚁对生态的破坏，可真大啊！

板贴：毁生态

（四）游戏巩固知危害

1. 师：小尚迫不及待地把红火蚁毁生态这一发现，分享给"野采在行动"群里的朋友。看，群里的讨论很热烈。

播放音频6《红火蚁知多少——闯关游戏》。

同学1：红火蚁的危害这么多，等开学后，咱们也得告诉自己班同学，一定要多加注意！

同学2：可现在是暑假，等开学后告诉他们，我怕有些内容忘记了，怎么办呀？

小尚：没关系，我爸爸做了个闯关游戏。玩过之后，保证大家记得又快又牢。到时候，还能让同学挑战一下，加深印象。小伙伴们，咱们一起玩起来吧！

2. 师：那咱们也来比一比，看哪组对红火蚁的危害了解最透彻！

PPT出示：闯关游戏。

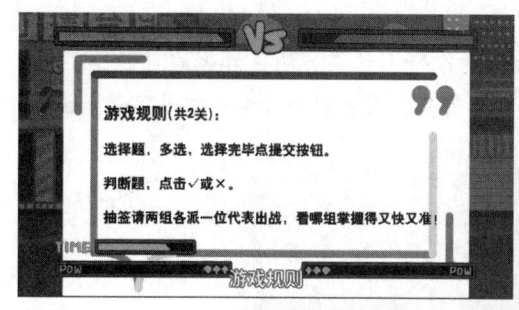

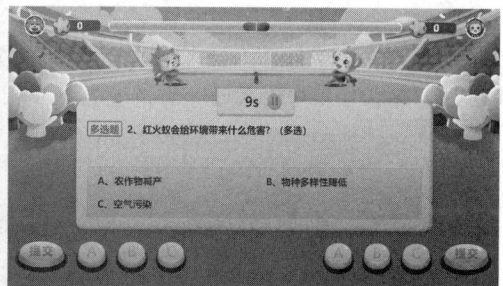

（学生代表参与游戏，其余学生场内互动）

3. 师：从游戏结果看，我们知道了红火蚁对人体和生态都有着严重的危害。它不但让农作物减产、物种多样性降低，还会让人体健康受到威胁。

板贴：危害

设计意图： 创设生活化情境，通过红火蚁模型视频，让学生直观感受到红火蚁是一种危险的外来入侵物种，初步认识红火蚁；探究折线统计图，学生会主动进行多角度观察、交流讨论、对比研究，发现红火蚁对农作物和生物多样性造成一定程度的危害，继而进一步明确红火蚁会给人类和生态带来的危害。

二、"海外来客"觅来源

（一）"蚁"从何处来

1.师：这么危险的红火蚁是哪来的？"野采在行动"群里的同学们有了新发现。

播放音频7《"蚁"从何处来》。

同学1：快看，快看，我找到一个超级棒的、了解红火蚁入侵来源的视频！

小尚：快发上来！

同学2：朋友们，看完咱们来接龙，红火蚁是怎么来到我国的？

播放视频2《漂洋过海的红火蚁》。

原产于南美洲的巴西、阿根廷等地的红火蚁，几十年来，随着国际贸易的发展，在世界上不断扩张自己的"领地"。目前，已经入侵到十几个国家和地区，入侵面积超过2300万公顷。

远在大洋彼岸的红火蚁是如何入侵中国大陆的？研究结果表明，红火蚁可能是多点、多次、多途径传入中国大陆，可能直接从美国或者南美，或者途经台湾、香港等传入的。

2.师：红火蚁是怎么来到我国的？

板贴：来源

生：坐着国际货运的轮船、飞机等运输工具。

板贴：国际运输

3.师：随着国际贸易的发展，运输方式的多样性给外来生物的入侵创造了极为有利的条件。原来，它们是"海外来客"！

板贴："海外来客"

（二）是否可入境

1.师：正好，小尚的"野采群"里布置了一个关于抵制海外来客的实践活动。让我们一起去瞧瞧。

播放音频8《把好国门关》。

同学1：小尚，暑假出国旅行的人越来越多，咱们"野采在行动"群里的实践活动——做"抵御外来入侵，把好国门关"的宣传，你打算去哪里完成呀？

小尚：我妈妈是海关监察员，今天，她的单位正好要举行一个提高全民防范意识的公众开放活动，让更多的人了解什么是不可携带的入境违禁物品。

同学2：带我们一起去吧！

小尚：好呀，我跟妈妈打个电话说一下。

妈妈：一会儿让爸爸送你们过来。你们在外面看监控，判断包裹里藏着哪些禁止入境的物品。

2.师：各小组，请派一位代表，和小尚他们一起找找禁止入境的物品吧！

PPT出示图片：

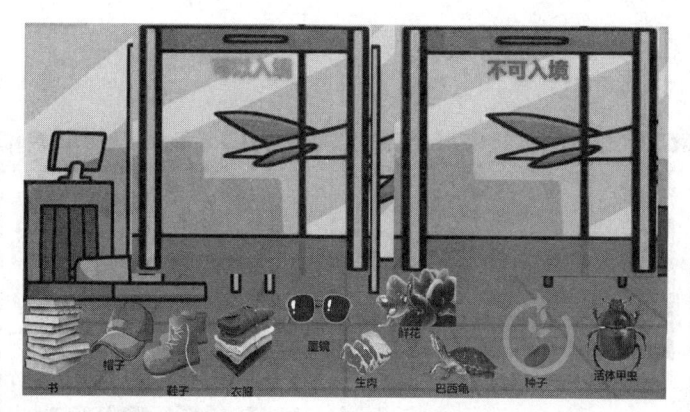

（学生代表判断，群策群力）

3. 师：带有危险性病菌及其他有害生物的动、植物及其产品是危险物品，不可入境。你们都做出了正确的判断。

PPT出示图片：

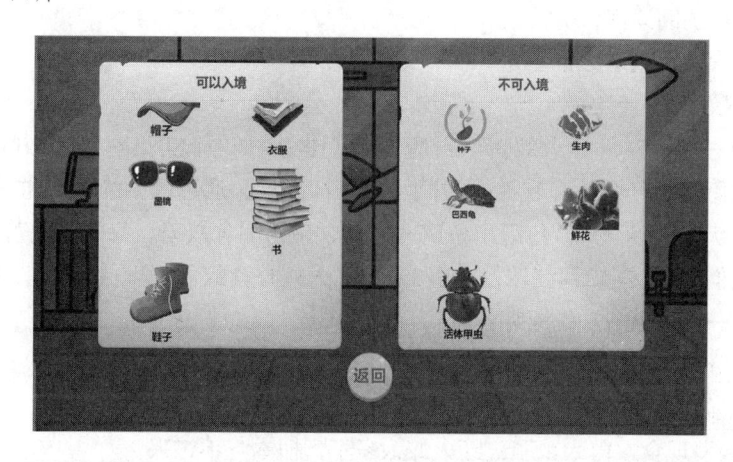

设计意图：闯关游戏活动中，台上学生判断，台下学生帮助，所有学生全程都有参与感，教学过程中产生一个个小高潮。同时，游戏也帮助学生对入境违禁物品有了更明晰的认识，从而提高防范意识。

三、"海外来客"严防治

（一）盲目行动不可取

1. 师：实践活动结束后，小尚回到家里，回忆起被红火蚁蜇咬的经历，他开始思考，对于已经入侵的红火蚁，我们又该怎么防治呢？他想找一个对付它的办法，大家听听看，是否可行？

播放音频9《引进天敌战火蚁》。

小尚：爸爸，红火蚁的天敌是谁？能不能让它吃光红火蚁？

爸爸：你看，笔记里记着呢！找找看，看完还可以和"野采群"里的伙伴做个小实验，检测一下你的方法是否可行。

PPT出示：红火蚁和食蚁兽。

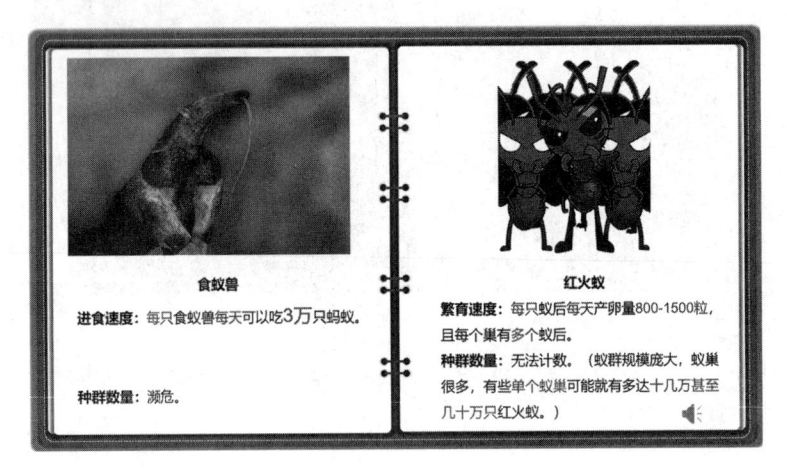

食蚁兽
进食速度：每只食蚁兽每天可以吃3万只蚂蚁。
种群数量：濒危。

红火蚁
繁育速度：每只蚁后每天产卵量800-1500粒，且每个巢有多个蚁后。
种群数量：无法计数。（蚁群规模庞大，蚁巢很多，有些单个蚁巢可能就有多达十几万甚至几十万只红火蚁。）

（学生自主阅读资料）

2. 师：红火蚁天敌是谁？

生：食蚁兽。

师：引进天敌对付红火蚁，可行吗？我们也来做这个实验吧。（教师拿出一个红球）这个红球假设是红火蚁，我请一位同学扮演红火蚁，通过倾倒红球的方式，模仿红火蚁成群出动的状态。接下来，每组再各请一位同学来扮演食蚁兽。每只食蚁兽一天可以吃3万只蚂蚁。我们就一次拿3颗红球，代表3万只红火蚁被食蚁兽消灭。那么，红火蚁到底能不能被天敌——食蚁兽成功消灭呢？

（学生分角色扮演）

3. 师：同学们，你们发现了什么问题？

生1：我发现食蚁兽太少了，红火蚁太多了，根本吃不过来。

生2：红火蚁的繁殖速度太快了，我们吃的速度赶不上它们繁殖的速度。

4. 师：看来，盲目行动不可取。

板贴：盲目行动不可取

（二）抵御入侵有办法

1. 师：听听"野采在行动"群里的队员们在讨论些什么。

播放音频10《抵御入侵有办法》。

小尚：伙伴们，红火蚁攻击力这么强，咱们不能眼睁睁看着它们破坏生态啊！

同学1：可咱们还是小学生，能有什么办法？对了，咱们"野采群"有个社团展示活动，要介绍抵御外来入侵物种的方法，咱们赶紧再想想。

同学2：对，赶紧想办法。

小尚：别急，我刚刚已经请教爸爸了。他给我发了两条和抵御外来入侵物种相关的信息，咱们看看能不能借助这些信息，想到适合小学生做的好办法，到时候就可以完成展示活动啦！

PPT出示图片：

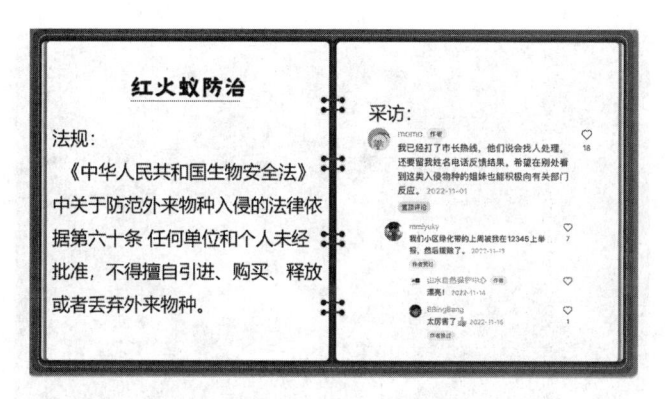

（学生自主阅读、讨论）

2. 师：如果在生活中遇到有人要购买或者放生外来入侵物种，你会怎么做？

生1：拨打12345，电话举报。

生2：劝他们不要买和放生，否则会造成环境污染，破坏生态链。

3. 师：《中华人民共和国生物安全法》中关于防范外来物种入侵的法律依据第六十条，"任何单位和个人未经批准，不得擅自引进、购买、释放或者丢弃外来物种"。当我们遇到在市场上非法买卖的外来入侵物种时，我们要科学处置，不要随意购买和丢弃。当我们发现周围环境中有外来入侵物种时，我们要及时上报，拨打市民热线12345。

板贴：防治　科学处置　及时上报

（三）保护生态我能行

1. 师：小尚和他的伙伴们在大家的帮助下完成了展示活动。为了感谢大家，小尚准备了生态标兵徽章送给大家。

（学生领取并佩戴生态标兵徽章）

2. 师：今天，我们和小尚一起认识了红火蚁以及一些和它类似、破坏性极强的外来入侵物种。知道了它们会破坏我们的生态，知道了它们的来源以及如何去用自己的力量保护我们的生态。希望大家在今后的生活中，多了解这方面的知识。让我们一起用自己的力量抵制外来入侵物种，保护我们的生态平衡。

> **设计意图：** 了解了红火蚁的危害后，学生的内心会不自觉地产生抵御红火蚁的想法，此时引导学生主动寻求正确对待红火蚁的方法，学生通过查找资料、模拟实验和交流讨论，最终解决了问题，学会了正确对待外来入侵物种，树立了正确的生态观。

【延伸教育活动】

师：课后，曲老师还想请同学们根据自己的兴趣，选择一个自己知道的外来入侵物种，查找资料，制作一份电子小报，让更多人了解外来入侵物种的危害。

【板书】

【点评】

"情境钥匙"让学生探寻科学生态更主动

保护环境、维护生态平衡属于社会公德教育的范畴，而小学阶段社会公德教育的内容离孩子们的生活较远。如何让学生理解生态平衡的重要性，知道外来物种入侵会对生态造成严重的危害，并自觉树立抵制外来入侵物种、保护生态环境的意识呢？

1. 第一把钥匙——情境生活化，探寻科学生态

在教学活动中，教师刻意融入或创造富含情感色彩、侧重直观形象的生动场景，旨在激发学生的特定情感反应与实际感受，以此辅助学生更好地领悟课程内容，并促进其心理能力的成长，是一种富有成效的教学策略。本堂课，曲老师选取了红火蚁这个危险的外来入侵物种，相信很多孩子没有见过。红火蚁对生态有什么危害？外来入侵物种对生态造成什么影响？专业的知识需要专业的人来讲，曲老师想到了农科院研究员、海关工作人员、模型制作师。他们如何走进课堂？曲老师就创设情景，以农科院工作人员的儿子小尚，一个喜欢并正在研究蚂蚁的同龄孩子和爸爸上山野采"邂逅"红火蚁，继而引出爸爸的好朋友模型师袁叔叔用形象的模型和生动的讲解帮助学生了解红火蚁的危害，再请海关工作的妈妈带小尚和朋友一起完成"把好国门关"的实践任务，巧妙地将各类专业人员请进了课堂。这个生活化的情境像一把钥匙，打开了探寻科学生态的大门。

2. 第二把钥匙——情境联动化，传播生态文明

整堂课，小尚爸爸为小尚及其伙伴提供的科研笔记、闯关游戏、模型讲解、观察实验等情境化活动一直贯穿始终，各项活动不但为探寻科学生态提供了专业的知识与指导，而且活动形式多样，联动感很强。学生陪同小尚"邂逅"红火蚁，遇到问题查看笔记、动手实验等，不但学到专业知识，在潜意识中还能领悟到，生活中遇到问题也要用行动来解决，这是很好的习惯。在课堂每一个活动环节后，曲老师都会带领学生总结提炼，学生们跟随情境陪小尚一起探究和解决问题。情境有联动，课堂有生成。不仅使学生在课堂上有学习，内化了知识，还拓展了课后活动。

上海市浦东新区周浦第三小学　杨丽丽

植物系列

植物，作为地球上最早诞生的生命形式，不仅让地球充满勃勃生机，更是与生态文明建设息息相关的重要元素。植物系列，为大家精心挑选了五篇教案，旨在引导学生们从多个角度认识植物，理解植物与生态文明之间的紧密联系。

首先，请一年级的学生跟随"哆啦A梦"探寻阳台绿化的奥秘，感受植物生长的奇妙，并初步了解植物对环境的贡献。接着，我们邀请二年级的学生一边玩"大富翁"一边学习植物养护的知识，了解植物的三大作用，培养对植物的关爱之情。进入三年级，我们将视野扩展到小区绿化，请学生学习如何参与小区绿化项目，在设计生态停车位的过程中，了解绿化对改善居住环境、提升生活质量的重要性。随着年级的升高，五年级的学生将面对更具挑战性的课题——生态廊道和拯救树木。他们将了解生态廊道在保护生物多样性、维护生态平衡中的作用，并学习如何在实际行动中拯救和保护树木，为生态文明贡献自己的力量。

植物是生态文明的绿色使者，它们不仅美化环境，更是地球生态循环的关键。从森林保护、湿地恢复，到草原治理、荒漠化防治，植物的多样性直接关系到生态的稳定。我们应珍惜每一片绿荫，积极参与植树造林，减少化肥农药使用，让植物自由生长，共同构筑美丽宜居的生态环境，以实际行动践行生态文明的理念。

第❻课 阳台探"秘"，绿色生"趣"

设计教师：上海市浦东新区航城实验小学　　王　琼
指导教师：上海市浦东新区唐镇小学　　　　陆燕华

【活动对象】
小学一年级学生

【活动时长】
2+35分钟（2分钟预备时间）

【学情分析】
小阳台，大机会

一年级学生好奇新事物、有一定的动手意向，对事物有直观的思维特点，普遍愿意接受新事物。经过调查，大多数学生家庭中有阳台，且都有合适的种植空间，但学生对阳台种植的好处知之甚少，也不知如何种植。绝大多数学生没有形成绿色生活的理念。本节课旨在通过课堂，初步让学生了解阳台种植的好处，并能主动参与到相关活动中去。

【主题解析】

1. 聚焦阳台环境，培育生态文明

《中小学德育工作指南》中提出中小学生态文明教育要引导学生了解祖国的大好河山和地理地貌，认识大自然，学会与大自然和谐相处。环境保护教育作为生态文明教育的一部分，重要性毋庸置疑。而阳台作为自然环境的一部分也应当成为我们关注的重点。我们应该加强阳台环境保护教育，培养小学生的环保意识，促进人与自然的和谐发展。

2. 阳台种植为引，树立环保理念

阳台是常见的居家场所，可以作为生态文明教育突破口。以探索阳台种植的好处为突破，引导学生了解阳台种植、参与阳台种植，树立尊重自然、顺应自然、保护自然的理念，从而提升学生的环保意识，让学生在对阳台种植产生浓厚兴趣的同时开展生态教育。

3. 践行绿色生活，共建生态文明

本节课中，学生通过阳台种植相关的学习活动，对阳台种植产生兴趣，进一步对绿色生活产生兴趣，从而形成绿色生活的理念。学生会意识到，只有从自身开始，积极主动倡导低碳、绿色的生活方式，才能促进生态文明建设；只有每个人都行动起来，才能真正推动生态文明的建设。

【活动目标】

认知目标：

1. 知道阳台种植具有美化环境、降噪护耳和气味清新的好处。
2. 明确保护生态环境要从我做起。

情感目标：

1. 对阳台种植产生兴趣，乐于阳台种植。
2. 形成绿色生活理念，积极倡导保护城市生态。

行为目标：

1. 说清阳台种植的好处。
2. 宣传阳台种植的绿色生活理念。

【活动准备】

学生准备：

1. 分成6个小组。
2. 确定各组组长。

教师准备：

1. 收集相关资料，制作课件PPT。
2. 准备板贴、信封（内有照片）、隔音箱、闹钟、薄荷、绿萝、手机、种子等。

【2分钟暖场活动】

活动名称：课前律动《小小花园》

1. 师：同学们好！接下来，老师会播放一首歌曲，请跟着节奏一起律动身体。如果可以的话，还可以边拍手边律动；如果你会唱，请你一边拍手、一边律动、一边唱。

播放音频《小小花园》。

把我们的小手变成花园，准备好了开始喽。

在什么样的花园里面，挖呀挖呀挖，

种什么样的种子，开什么样的花。

在小小的花园里面，挖呀挖呀挖，

种小小的种子，开小小的花。

在大大的花园里面，挖呀挖呀挖，

种大大的种子，开大大的花。

（学生根据自身情况律动）

> 设计意图：本节课的主题是阳台种植，在课前2分钟暖场过程中，播放学生耳熟能详的儿歌《小小花园》，种植相关的主题与本节课的内容交相辉映，拉近教师与学生之间的距离，缓解学生的紧张情绪，使学生以轻松、自然的心情投入课堂。

【活动过程】

一、拜访"大雄"瞧新家

1. 师：同学们，看，这是谁？我们熟悉的大雄，跟随着爸爸妈妈搬到了上海定居，大家一起鼓鼓掌，欢迎他来到美丽的上海吧！走，我们去大雄家看看，他们整理得怎么样了。

播放音频1《各执一词》。

大雄：终于把家里都整理完了。咦？好像缺了什么啊，家里怎么可以少了绿色呢！

大雄：爸爸妈妈，我们搬了新家，我很高兴。可是，新家的阳台上空荡荡的，一点绿色都没有，我们可以在阳台上种些植物吗？

爸爸：大雄，我们刚搬到上海，有很多事情要忙，而且现在的阳台很宽敞，也很不错啊！

大雄：这怎么行呢！阳台种植可是有很多好处的！

爸爸：是吗，那阳台种植的好处有哪些呢？

大熊：额……

2. 师：同学们，大雄被难住了。那你们知道阳台种植的好处有哪些吗？

生1：我们家的阳台摆放了很多植物，阳台变美了。

生2：植物能产生氧气，我们人类呼吸需要氧气。

生3：植物是绿色的，多看绿色，可以保护眼睛。

3. 师：大家说了许多，不过还有一些好处，可能大家还不了解。让我们和大雄一起去探索发掘吧！

板贴：阳台探"秘"

设计意图：通过学生所熟知的动画《哆啦A梦》中的角色导入，设置情境，并以探索阳台种植的好处为切入点，激发学生兴趣，引导学生投入有趣的阳台探"秘"活动中。

二、阳台种植好处多

（一）看一看，阳台种植美化环境

1. 师：对了，大雄的好朋友哆啦A梦懂的特别多，先听听它怎么说。

播放音频2《求助哆啦A梦》。

大雄：哆啦A梦，你得帮帮我！

哆啦A梦：知道啦！知道啦！这里有一本记录册，你每想到一个好处就记录下来。等你找到足够多的好处，就能说服爸爸啦！

大雄：可是……阳台种植到底有哪些好处呢？

哆啦A梦：大雄，别着急！先来看看我用时光相机拍的两张照片，你就能想到啦！

2. 师：老师手中的信封里，就有这两张照片。请组长打开信封，拿出照片，发给组员观察。大家对比照片中的两个阳台有什么不同之处。

63

PPT出示：两张照片。

（学生以小组为单位观察、比较）

3. 师：请你上台，在荧幕上圈出不同之处。

（学生圈画不同处）

4. 师：你发现了什么？

生：左边这张照片的阳台上空荡荡的，右边照片里的阳台上有很多花花草草。

5. 师：不同的阳台，你更喜欢哪个？

生：我觉得右边的阳台比左边的阳台漂亮多了。

6. 师：靠着时光相机，大家和大雄一起找出了阳台种植的第一个小秘密。阳台种植，让环境变得——

生1：阳台绿植让阳台变漂亮了。

生2：阳台变得更好看。

7. 师：是呀，有了这些花草绿植，原本光秃秃的阳台，变得更好看、更漂亮了。这些绿植美化了我们的生活环境。恭喜你们，发现了阳台种植的第一个秘密——阳台种植让环境变美！

板贴：美

（二）听一听，阳台种植减少噪声

1. 师：有了哆啦A梦的帮助，这次探"秘"之旅一定有趣极了！不知道大雄有没有记下第一项好处。

板贴：绿色生"趣"

播放音频3《求助静香》。

大雄：阳台绿植更美丽！哆啦A梦，阳台种植还有什么好处吗？

哆啦A梦：先别急，打个电话问问静香吧，我记得她家的阳台种了许多绿植，她一定知道。

电话声：嘟——嘟——嘟——

鸣笛声：嘀——嘀——嘀——

大雄：哎呀！根本听不清楚，真讨厌！

静香：大雄，你那边的鸣笛声好吵。

大雄：是啊，声音很响……咦？静香，你们家也靠近马路，你那里为什么听得清？

静香：我也不知道。

大雄：哆啦A梦！我们需要你！

哆啦A梦：给你一个"模拟箱"，这个盒子可以用来揭秘静香家安静的小秘密。

2. 师：瞧，这就是哆啦A梦所说的模拟箱。接下来，老师想请两位同学来当助手，第一位同学拿箱子，第二位同学打开闹钟，听声音。然后，请第二位同学再把闹钟放进箱子，由第一位同学合上箱子盖，听声音。两次测试时间各为10秒。其余同学也请竖起耳朵听一听，比较两次噪声在音量上有什么不同。

（两位学生和教师一起进行测试）

3. 师：同学们，你们发现了什么？

生：第一次闹钟声音响，第二次闹钟声音轻。

4. 师：你们的耳朵很灵敏。静香家的阳台绿植，就像模拟箱里的隔音棉一样，可以阻隔外面马路上的部分噪声，所以静香家受到的影响比较小。现在，谁知道阳台种植的第二个好处？

生：绿色植物可以让噪声变轻。

5. 师：这就是阳台种植的第二个秘密——阳台绿植能减轻噪声。

板贴：轻

（三）闻一闻，阳台种植空气清新

1. 师：感谢同学们找到了绿植小秘密。奇怪，大雄站在门口做什么？一起去看看。

播放音频4《快递》。

快递员：您好，野比大雄先生的快递，请开箱确认后签收。

大雄：好的，谢谢你。让我拆开来看看，里面是什么。

2. 师：快递盒内的植物已经放在你们的桌面上了。谁知道这盆植物的名字？

生1：是葱。

生2：是绿萝。

生3：是薄荷。

3. 师：恭喜你，答对了！薄荷是一种常见的绿植，请组长摘下一片叶子，给每位组员闻闻薄荷的味道，闻好后传给右手边的同学，最后由组长把叶子放进信封。然后，请举手说说你闻到的味道有什么特点。

（学生轮流闻薄荷，组长摘叶放信封）

生1：像牙膏的味道，有点清凉。

生2：我觉得很香。

生3：闻了之后，我感觉很清爽。

4. 师：以薄荷为代表的部分植物如金银花、薰衣草等，都具有独特的香气。天然的香气对我们的日常生活有很多好处。

板贴：香

（四）念一念，阳台种植好处多多

1. 师：阳台探秘大成功！有了这三个答案，相信大雄一定可以说服爸爸的。

播放音频5《好友对话》。

哆啦A梦：阳台种植足足有三项好处，理由可真充分！

大雄：而且为了方便记忆，我还把它改成了顺口溜。你听——

阳台种植好处多，爸爸你来听我说。

环境美丽声音轻，空气清新气味香。

你说种植灵不灵？灵——不——灵？

2. 师：大雄的顺口溜真不错，老师示范读一读，大家请听。

（学生听教师读顺口溜）

3. 师：和老师一起边拍手边读。

（学生拍手跟读）

4. 师：老师读前半句，同学们来读后半句。

（师生合作对读）

5. 师：大家拍手读一读吧！

（学生拍手自读）

6. 师：和你边上的朋友，来演一演大雄说服爸爸的片段吧。记得用上刚刚的顺口溜哦。记住，音乐停，活动停。

（学生合作演绎）

7. 师：现在，请大家以小组为单位，派一位同学扮演大雄，一位同学扮演爸爸，根据屏幕上的台词和黑板上的板书，加上动作，演一演大雄说服爸爸的场景。

PPT出示：说服爸爸。

（学生以小组为单位活动）

8. 师：同学们的表演真是令老师大吃一惊。你们用顺口溜的方法回答了阳台种植有哪些好处的问题。大家以后也可以通过这个方法告诉其他人阳台种植环境美、噪声轻、气味香的三大好处。

> **设计意图**："看一看"使学生直观地感受阳台种植美化环境的好处；"听一听"使学生了解阳台种植降噪护耳的好处；"闻一闻"薄荷香，链接学生生活实际，使学生感悟阳台种植给人们生活带来的香气。通过顺口溜，结合板书总结阳台种植的三个好处，以"演一演"的方法，训练学生宣讲阳台种植的好处，鼓励学生向他人宣传绿色生活的理念。

三、选择绿植要注意

1.师：同学们记住了这些好处，再一起来看看大雄，不知道他成功说服爸爸了没有。

播放音频6《意外横生》。

爸爸：原来阳台种植有那么多的好处啊！那倒是要考虑一下阳台的种植计划了。

大雄：耶！终于可以开始打造我们家的绿色阳台了。我要种上绿萝、小葱，我看中天竺葵好久了，家里从来没种过，我也想种它！

哆啦A梦：你别着急，大雄，你是不是忘了什么事？

大雄：什么事？

爸爸：你忘了吗？你小时候去别人家做客，玩天竺葵的时候发生了过敏现象，手当时又红又肿的，直到去了医院才好。因此植物是否适宜种植，是要因人而异的。

2.师：原来阳台种植大有讲究。不是所有植物都适合种植在阳台的，来听听它们的自我介绍吧！

播放视频1《自我介绍》。

仙人球：大家好，我是你们最熟悉的仙人球，我的叶片躯干上有尖锐的刺，如果把我放在阳台上的话，一定要注意安全哦！

绣球花：你身上都是刺，聪明的同学们一定会躲开。我是外形美丽颜色艳丽的绣球花，但我很容易引起过敏的症状，大家记得远离我，以免引起不适哦！

石蒜：我也是！我也是！我的鳞茎可是有剧烈毒性的，如果不小心吃进去，就会引起呕吐。

3.师：现在你们知道哪些植物不能种在阳台上了吗？看看大屏幕，请选出适合小朋友阳台种植的植物。老师将进行三秒倒数，合适用"圈"（双手在头顶合拢），不合适用"叉"（双手在胸前交叉）。

PPT出示：植物。

选出适合小朋友阳台种植的植物

1.石蒜　　2.绣球花　　3.薄荷
4.仙人掌　5.绿萝　　　6.紫金花

（学生用手势作判断）

4.师：大家看视频、学知识、答题目，知道有危险的植物不能选。那么，选择阳台植物的时候，要注意些什么呢？

生1：注意选那些不过敏的。

生2：选没有尖刺的。

生3：选没有毒的。

5. 师：你们说得都很对，这些植物有一定的危险。所以，我们要选择怎么样的植物呢？

生：安全的。

6. 师：大家都知道要选安全的植物，那我们怎么才能知道植物是否安全？

生1：可以问问爸爸妈妈。

生2：可以问老师或者上网查。

7. 师：老师给你们介绍一个很好用的软件，它的名字叫"形色"。当你有不认识的植物时，可以用它来进行拍照查询，可方便了，使用方法也很简单哦。老师邀请一位同学，拿起老师的手机，拍摄前面的植物，读出屏幕上植物的名字，找到介绍中有关是否有毒的字样，大声讲给大家听。

PPT出示：绿萝。

趣说花草

很多人都会买几盆绿萝放在家里，说绿萝能吸收甲醛！究竟是否可以呢？在刚装修完的房间里，绿萝能吸收空气中的苯、三氯乙烯、甲醛等。刚装修好的新居最好是多通风，配合摆放几盆绿萝，基本上就可以达到入住标准了。但是不能只依靠绿萝来吸收有害气体。如果是在办公室，绿萝能在新陈代谢中将甲醛转化成糖或氨基酸等物质，也可以分解由复印机、打印机排放出的苯。所以家中、办公室放几盆绿萝是好处多多。

（指名一生参与活动）

设计意图：通过过敏事件使学生理解进行阳台种植的时候，需要挑选安全的植物。借助日常生活，使学生产生共鸣。

四、你的阳台你做主

1. 师：今天，我们不仅帮助大雄找到了阳台种植的好处，还成功说服爸爸一起种植。大雄终于可以打造属于自己的绿色阳台了！

播放音频7《展示》。

大雄：一看到阳台上的这些绿植，心情都好起来了呢！

哆啦A梦：发个朋友圈记录一下吧！

2. 师：你们看，阳台上，植物们随风摇曳，家居环境变得更加美丽。大雄迫不及待地拍下了自己家阳台绿意盎然的照片，传到了朋友圈，还配上了刚刚的顺口溜。

PPT出示：大雄朋友圈。

植物系列

> 大雄
> 阳台种植好处多，
> 爸爸你来听我说
> 环境美丽声音轻，
> 空气清新气味香
> 全文
>
> 上海市

3. 师：大雄的阳台绿植获得了一百多个点赞，朋友圈吸引了很多朋友的关注！这不，静香也把照片发到了朋友圈。瞧，这是小夫、胖虎……他们家的阳台也种植了许多的绿色植物。这一个个朋友圈像是一滴滴绿色的水滴，汇聚成绿色的海洋。

PPT出示：好友朋友圈。

> 胖虎
> 我也来阳台种植！
>
> 小夫
> 来看看我家
>
> 静香
> 阳台种植真是好处多
>
> 英才
> 终于开花啦！
>
> 哆啦美
> 夜间也别у超级棒！
>
> 小忠
> 春天的阳台是绿色的

4. 师：今天，我们跟随大雄一起走进了阳台种植，知道了阳台种植让环境更美、让噪声更轻、让气味更香的三大好处，大家可以和周围人说说这些好处。希望同学们在之后的日子里，也能为绿色生态贡献出自己的一份力量。

设计意图：用发布朋友圈的方式深化本节课的生态主题，把看起来简单的家庭阳台种植进一步升华到城市生态文明。

【延伸教育活动】

师：愿意进行阳台种植的同学们课后可以到我这里来领取一些种子，大家将种子种植在自己家的阳台后，观察并记录下植物的生长过程，与他人一同分享阳台种植的喜悦。

【板书设计】

阳台探"秘" 绿色生"趣"

美 轻 香

【点评】

与童心同行，用童趣引趣

王老师以阳台探"秘"为主题，利用学生熟知的卡通人物"大雄"作为主题情境主角，使学生随着情境发展，从开始对阳台种植好处的一无所知，到最后如数家珍，与主人公一起学习成长，从而对阳台绿色种植生"趣"，树立绿色生活的理念。

1. 有视角，选用素材"儿童化"

教育家陶行知先生说过："我们必得会变成小孩子，才配做小孩子的先生。"要求教师用"学生的心灵"去感受，用"学生的大脑"去思考，用"学生的眼光"去看待，用"学生的情感"去体验。在第二个环节中王老师利用道具隔音箱，使学生马上就能找到阳台绿植与降噪隔音栏的相似之处。把"声音轻"这一阳台种植的好处，巧妙地用"听一听"的方式体现出来。王老师在选中素材、设计活动时关注到了学生的认知水平，站在儿童的角度去思考问题，设计活动。

2. 有趣味，总结归纳"儿童化"

王老师这节课的内容非常多，包含了阳台绿植的三个好处和一个要点。类似于"降噪护耳"等关键点，学生难以理解记忆，王老师就在课堂的总结归纳环节把三个好处变成了一首朗朗上口的顺口溜，充满趣味的同时，更符合一年级学生的年龄特点。学生们在念顺口溜的同时，已经把课堂的要点内化了。

上海市浦东新区唐镇小学课程教学部副主任　陆燕华

第❼课　"大富翁"之植物养护记

设计教师：华东师范大学第二附属中学前滩学校　郑黎莉
指导教师：上海市宣桥学校　　　　　　　　　　祝永华

【活动对象】
小学二年级学生

【活动时长】
2+35分钟（2分钟预备时间）

【学情分析】
1. 护绿认知还需提点
小学二年级学生对生态文明的认识处于基础阶段，还不太理解护绿行为背后的深层含义，比如可持续发展、生态平衡等。

2. 护绿行动仍需持续
二年级的学生，有的认为护绿不是自己这个年龄能做的事情，也有的没有认识到绿植对于城市绿化的重要作用。针对这个阶段的学生，我们可以通过一些生动的例子和实践活动来帮助他们更好地理解生态文明的重要性，让他们明白自己也是地球的一分子，应该为保护环境贡献自己的力量。

【主题解析】
1. 呵护一草一木，播撒生态种子
《德育工作指南》指出，要通过教育引导学生了解生态文明的重要性，形成尊重自然、保护自然的生态文明意识。旨在通过教育引导学生形成正确的生态文明观念和行为习惯，促进人与自然和谐共生。特别是在青少年心中播撒生态文明的种子，引导其从呵护身边的一草一木做起，从现在做起，把生态文明意识贯穿进日常的行动中，养成保护环境的好习惯。

2. 创建绿色家庭，营造绿色氛围
植物养护与生态文明之间存在密切的关系。通过加强植物养护工作，促进环境保护和生态平衡，保护生物多样性，推动生态文明建设的深入发展，实现可持续发展的目标。小学生缺乏对植物基本生长需求的认识，缺乏持续的养护意识。可以通过多种方式来引导小学生提高对植物养护的认识，帮助他们树立正确的环保意识和生命观念，形成绿色环保的

理念，感受人与自然和谐相处的美好模式。

3. 爱护家庭绿植，践行绿色理念

对低年级学生而言，绿植养护是进行生态文明建设的一个很好的切入点。从学生生活实际出发，使其通过主题学习，在价值观念上获得新的生态文明认识，在情感上获得更好的绿植养护体验，在行为上获得有效绿植知识的提升，进一步践行绿色发展理念。

【活动目标】

认知目标：

1. 了解植物有降温、净化、美化环境的作用。
2. 懂得养护班级植物的方法。

情感目标：

1. 明确植物对生态文明的重要性。
2. 激发对植物的养护意愿。

行为目标：

1. 制定合理有效的植物角养护公约。
2. 合作创编儿歌，形成爱绿护绿的好风尚。

【活动重点】

了解植物有降温、净化、美化环境的三大作用。

【活动难点】

1. 制定合理有效的植物角养护公约。
2. 形成爱绿护绿的好风尚。

【活动准备】

学生准备：

8人小组分工等。

教师准备：

音频和视频材料、板贴、财富积分、绿植、PPT制作等。

【2分钟暖场活动】

活动名称： 选择"植物小卫士"

1. 师：今天，老师将带大家玩一个特殊的"大富翁"游戏。游戏开始之前，老师想先做个关于植物的小调查，家里养过植物的同学请举手。

（生举手）

2. 师：植物养得好的同学请举手。

（生举手）

3. 师：看来，绝大部分同学家里都养过植物。其中，部分同学的养护本领还很强。那就请这几位"养护高手"贴上植物贴纸。你们将成为今天活动的临时组长，稍后要带领好自己的组员，积极并有序地参加活动哦！

（学生贴贴纸）

设计意图：通过了解学生养护绿植经历，挑选合适的组长，为后续活动有序开展打下基础。同时，引出情境，满足学生好奇心，激发游戏兴趣。

【活动过程】
一、导入"大富翁"游戏——明规则，引情境

1. 师：谁知道"大富翁"的游戏怎么玩？
   生1：选角色，根据掷的色子点数前进。
   生2：完成任务，就可以获得积分。
2. 师：我们先来了解一下今天这个"大富翁"的游戏规则。（1）选择人物角色；（2）点击色子，根据点数前进；（3）抽取任务卡，回答植物知识小问答；（4）答对奖励"财富积分"。让我们一起来一场"大富翁"的游戏吧！

板贴："大富翁"之植物养护记

设计意图：通过游戏"试体验"了解游戏规则，满足好奇心，激发游戏兴趣。本节课通过"大富翁"游戏情境的创设让学生通过游戏挑战的方式增进对绿植的了解，激发爱绿护绿兴趣。

二、"细心"护植物——树立意识

1. 师：让我们邀请一位同学掷色子。
   （生掷色子）
2. 师：色子数是2。
   PPT出示：色子走动2格，出现"挑战卡"。

播放视频1《摘花》。
绿咕力：哇！真漂亮！姐姐，这是什么花呀？
姐姐：这是牡丹花，是中国的国花哦！
绿咕力：真漂亮啊！我要摘一朵带回家。

姐姐：绿咕力，不可以哦！

绿咕力：漂亮！绿咕力喜欢！就一朵，就一朵！绿咕力插到花瓶里，天天看！

3. 师：请你告诉绿咕力，他可以摘花吗？为什么？

生：他不能摘花。因为我们不能破坏绿化。

4. 师：绿咕力很喜欢这些牡丹花，舍不得离开了。你能给他一些好的建议吗？

生：他可以把花画下来或者拍照拍下来。

5. 师：在平时生活中有没有见过不爱护植物的现象呢？你会怎么做呢？

生：我看到有人会折树枝，我会及时劝阻，告诉他不能破坏树枝，否则树会枯死。

6. 师：你说得很有道理，绿咕力的行为不文明，漂亮的花不能摘，因为植物对我们很重要！你们都是植物"小卫士"，我要给你们每个人点个赞！

设计意图： 在情境中引入学生所需所喜的教育元素，引导学生发现生活中的不文明现象，并与之产生思想和情感共鸣，使学生对学习的内容产生浓厚兴趣，融入创设的情境化学习场域中。

三、"用心"知植物—— 明确作用

（一）看视频，知作用

1. 师：下面，我们邀请这位"植物小卫士"继续掷色子，并读出要求。

（一名学生上台掷色子）

PPT出示：色子滚动，出现"机会卡"。

生：机会卡——看视频，回答问题。

2. 师：植物的作用是什么，让我们走进"植物"的故事，去找答案吧！

播放视频2《植物的作用》。

我是一棵小绿植，告诉你一个秘密，我和我的绿植伙伴们对生态环境的作用可大着呢！

我们可以做"空调器"。因为叶片能进行光合作用，吸收空气中的二氧化碳，放出氧气，使空气清新。我和很多小伙伴都可以24小时释放氧气，例如仙人掌、长寿花、虎皮兰、多肉、滴水观音等。

我们还是"净化器"。君子兰、绿萝、吊兰、常青藤、虎皮兰这些小伙伴都能吸附灰尘、吸收有害气体，特别是装修产生的甲醛和烟雾。我们会起到很好的调节空气的作用，保持室内空气清新。

爱美的我们更是"美容师"！我的小伙伴有的造型优雅，有的叶片美观，有的颜色鲜艳，可以美化环境，还能帮你调节心情，舒缓压力，保护视力。

你愿意和我们做朋友吗？

3. 师：你们看得特别投入！现在知道植物的作用是什么了吗？让我们来小组讨论，从6张图片中找出表示植物作用的图片，20秒倒计时结束后抢答发言。

PPT出示：

净化器　扩音器　加热器　空调器　美容师　理发师

（学生小组讨论）

生1：植物可以调节温度。

生2：植物可以发生光合作用，释放氧气，吸收二氧化碳，净化空气。

生3：植物有美容功能，可以美化环境。

4. 师：生活中有一句俗语，"大树底下好乘凉"，说的就是植物调节温度的作用，所以它们就是我们生活中不可缺少的"空调器"！植物可以净化空气、减尘降噪，它们就是生活中的"净化器"！植物能美化环境，带来美好心情，还是一位"美容师"！你真是一位智多星，一支花儿送给你！你观察得真仔细，这支花儿送给你！我喜欢你的回答，我也很喜欢植物这位"美容师"，美丽的花儿送给你！（随机评价）

板贴：空调器　净化器　美容师

5. 师：我们一起来念一首儿歌。

PPT出示：

植物就是"小魔仙"。

本领大，有魔法。

"空调器"，调温度。

"净化器"，净空气。

"美容师"，美环境。

（学生念儿歌）

（二）找不同，促理解

1. 师：同学们顺利完成了任务卡，请同学掷色子，并读出要求。大家继续挑战哦！

（一名学生上台掷色子）

PPT出示：色子滚动，出现"智慧卡"。

生:"大富翁"智慧卡任务——看图片,找出不同,答对奖励。

2.师:下面有几组对比图,看看谁的眼睛最敏锐,能找到不同之处。

出示图片:

(学生观察图片)

生1:这两张图显示不同的环境,气温不同。有植物的地方,温度低。植物可以做生活中的"空调器"。

生2:第2组图片显示相同的房间,但空气污染指数不一样。有盆栽的房间,指数低。植物可以净化空气,是"净化器"。

生3:最后一组图片,同样是别墅,但有绿植的更美丽。植物可以美化环境。

3.师:植物在我们的生活中可以调节温度、净化空气、美化环境,真是一位本领大的"小魔仙"!

设计意图: 以游戏为情境,通过任务驱动,借助各种生动有趣的活动形式,引导学生认知和理解。看视频,知道植物的作用;借故事,吸引注意力;玩游戏,直观地感受植物带来的变化,增加学生情感体验的同时,也提升了成效。

四、"慧心"学养护——制定公约

1.师:这位同学是"火眼金睛",请你掷色子继续前进,抽取任务卡后,读出要求。

(一名学生上台掷色子)

PPT出示:色子滚动,出现"好运卡"。

生："大富翁"好运卡任务——帮植物解决问题，可以得到奖励。

2. 师：还记得刚才那位绿咕力同学吗？这些植物都在他的班级植物角里，它们遇到了哪些问题呢？让我们一起看看情景剧，找出班级植物角管理的问题。

播放视频3《班级植物角日常情景剧》：同学们下课抢着为植物大量浇水；有位同学随意摘下植物的叶子；放假一个月，无人照料植物；一位同学用酒精消毒植物，并随意挖土；几位同学下课追逐打闹，砸坏植物。

3. 师：绿咕力和同学们看到植物角的植物出现了问题，很着急，赶紧制定了一份《植物角管理公约》。他们制定的公约正确吗？我们来玩一个游戏，判断一下。

PPT出示：《森林运动会》游戏规则。

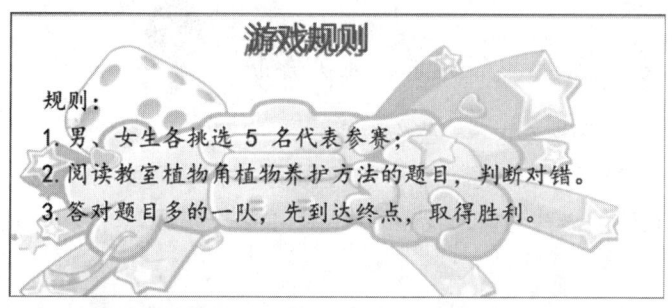

> **游戏规则**
> 规则：
> 1、男、女生各挑选5名代表参赛；
> 2、阅读教室植物角植物养护方法的题目，判断对错。
> 3、答对题目多的一队，先到达终点，取得胜利。

课件出示游戏《森林运动会》。

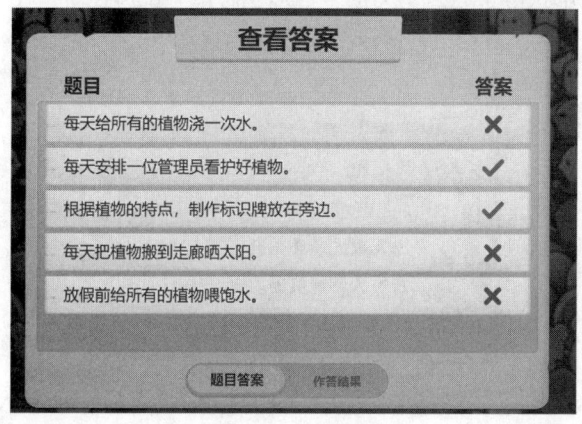

题目	答案
每天给所有的植物浇一次水。	✗
每天安排一位管理员看护好植物。	✓
根据植物的特点，制作标识牌放在旁边。	✓
每天把植物搬到走廊晒太阳。	✗
放假前给所有的植物喂饱水。	✗

（学生玩游戏，作判断）

4. 师：在大家的帮助下，绿咕力和他的同学们定下了《班级植物角养护公约》，我们一起来听一听。

PPT出示：

植物角管理公约
1. 制作标识牌；
（植物名称：浇水量：晒太阳：其他：）
2. 科学浇水、晒太阳；
3. 安排管理员，每天看护。

（学生学习《班级植物角养护公约》）

5.师：我想这些好方法对你们班级的植物也一样有帮助吧！小小一盆花，孕育责任心，让我们给植物多一些呵护，我们的班级就会多一份绿意，我们的生活就会多一份美好。

> **设计意图：**找班级管理问题，定管理公约的活动，帮助学生解决班级实际问题，与生活场景联系起来。这些丰富的活动以任务的形式展开，搭建起学习支架，有效达成活动导行目的。

五、"爱心"添绿意——升华主题

（一）学儿歌，增内化

1.师：看着你们都获得了这么多奖励，老师也想试一试掷色子。（老师掷色子）

PPT出示：色子滚动，出现"均富卡"。

均富卡
念儿歌，学会儿歌，
所有人得到奖励。

2.师：这次，我抽到了"均富卡"——念儿歌，学会儿歌，所有人得到奖励。看看谁的小耳朵最灵敏，小脑袋转得快。老师看到每位同学都高高地举起了小手，一起来念一念吧！

PPT出示：

植物作用大

植物就是"小魔仙"。

本领大，有魔法。

"空调器"，调温度。

"净化器"，净空气。

"美容师"，美环境。

"小魔仙"，作用大。

"小魔仙"，人人夸。

（学生齐念）

3. 师：真了不起！你们完成了"均富卡"的任务，顺利完成游戏，都是"大富翁"！小组可以用"财富积分"领取绿植奖励啦！

（二）课后延，升主题

1. 师：希望通过今天的活动，同学们能在生活中有爱绿护绿的意识，争做植物养护"大富翁"。

PPT出示："四心"待植物。

争做植物养护

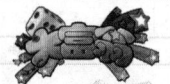

"细心"——细心发现生活中不爱护绿植的行为，及时制止；

"用心"——用心记住植物作用小儿歌，并分享给爸爸妈妈；

"慧心"——智慧制定植物角管理公约，建设"绿色班级"；

"爱心"——爱心养护好绿植，并和同学们交流养护心得。

2. 师：小小一盆花，孕育责任心。愿所有养护的植物都可以长出最绿的叶、开出最美的花、结出最甜的果，带给我们更美好的生活！大家共同创造绿色生活，携手打造绿色家园，为生态文明建设贡献自己的一份力量！

> **设计意图**：儿歌符合低年级学生认知特点和成长规律，用朗朗上口的儿歌让学生内化并加深理解植物的作用，并通过课后延伸活动，激发学生爱绿护绿的情感。引导学生从知识认识转向行为实践，在行为实践指导中践行生态文明理念，符合学生能力水平，具有可接受性和可操作性。

【延伸教育活动】

1. 发现生活中不爱护绿植的行为，及时制止。

2. 用心记住《植物作用大》小儿歌，并分享给爸爸妈妈。
3. 用智慧制定植物角管理制度，建设"绿色班级"。
4. 用爱心养护好绿植，并和同学们交流养护心得。

【板书设计】

【点评】

游戏闯关来PK　植物养护共前行

习近平总书记号召我们要做生态文明建设的实践者、推动者。对低年级学生而言，绿植养护是贯彻生态文明建设的一个很好的切入点。这节课，郑黎莉老师结合二年级学生的心理特点，选取了学生熟悉的棋类游戏——"大富翁"，创设了闯关的游戏情境。整节课趣味满满，活力十足。

1. 游戏闯关增趣味

孩子们在趣味十足的闯关中，接受"挑战卡""机会卡""智慧卡""好运卡""均富卡"等通关升级的"奖励"而逐步走近绿植。学生在这充满趣味的活动中收获满满，在价值观念上提升了生态文明认识，在情感上获得了绿植养护体验，在行为上激发了绿植养护意愿。

2. 轮流掷"色"添活力

郑老师以"一生掷色，全体前进"的方式，连接各项挑战活动。以游戏闯关的形式，将看视频知对错、听故事找不同、找问题定公约、学儿歌深内化等活动渗透其中，帮助学生了解绿植与生态文明的关系，也将"爱绿护绿"的主线贯穿其中。

3. "富翁"是你也是我

郑老师选择的素材源于学生生活，无论是"摘花"，还是"植物角公约"，都能使学生迅速进入情境。学生在辨析讨论中进行思维碰撞，在认知冲突和思想对话中激发道德反应，获得道德体验，从而促进道德发展，生态文明的种子在孩子心中自然萌生发芽。游戏的大结局是大家的闯关胜利，更是一位位养护绿植"大富翁"的成功诞生。

上海市宣桥学校　祝永华

第 8 课　少代会提案之社区护绿计

设计教师：上海市浦东新区南汇外国语小学　　倪翡斐
指导教师：上海市三灶学校　　　　　　　　　富士英

【活动对象】
小学三年级学生

【活动时长】
2+35分钟（2分钟预备时间）

【学情分析】
1. 忽视植物对生态环境的作用
三年级学生对社区绿化有初步认识，知道一部分常见植物的名称，但不清楚植物对于社区生态环境的重要性，对破坏公共绿植的行为并不在意。

2. 社区环保主人翁意识淡漠
三年级的学生由于年龄尚小，生活经验不足，对于社区中因车位扩建而挤占绿化、破坏绿植的现象，往往不知所措。他们容易忽视对社区植物的关注、照顾和养护，不了解社区绿化与生态环境和人类活动之间的紧密联系。事实上，社区绿化的破坏对人类生活有着极大的危害，但他们维护社区生态文明的意识相对薄弱。因此，我们需要加强这方面的教育，引导他们认识到保护社区绿化的重要性。

【主题解析】
1. 生态文明建设从娃娃抓起
习近平总书记在二十大报告中提出："推动绿色发展，促进人与自然和谐共生。"大自然是人类赖以生存发展的基础。尊重自然、顺应自然、保护自然，是全面建设社会主义现代化国家的内在要求。生态文明建设要从娃娃抓起，小学生作为生态文明建设的后备力量，其参与和贡献对于推动生态文明建设具有重要意义。

2. 爱绿护绿有益于人类生存
小区的绿化状况与居民们的日常生活紧密相连，息息相关。绿色植物的除尘、降噪、净化空气、美化环境等作用能使小区内生态环境得到改善，城市的生态平衡得到保障。人类对植物保护力度越大，越有利于人类生存，同时对构建生态文明具有至关重要的意义。

3. 从养护小区公共绿化做起

小区是与学生日常生活息息相关、与学生亲密接触的绿色生态环境。设计绿色停车位与园林绿化空间有机结合，可达到高绿化、低碳环保的效果。增加小区绿化面积，锻炼学生的动手能力和实践能力，进一步激发他们构建绿色生态文明的愿望，形成人与自然和谐相处的生态文明意识。

【活动目标】

认知目标：
1. 了解小区绿化的作用。
2. 认识垂直绿化、生态停车位等绿化方案对提升小区绿化和实用性的双重作用。

情感目标：
1. 喜欢植物，激发保护小区绿化的意愿。
2. 形成人与自然和谐相处的生态文明意识。

行为目标：
1. 发挥想象力和创造力，动手为小区增添绿化。
2. 参与设计绿色生态车位等多种绿化方案。

【活动重点】

1. 喜欢植物，激发保护小区绿化的意愿。
2. 形成人与自然和谐相处的生态文明意识。

【活动难点】

1. 发挥想象力和创造力，动手为小区增添绿化。
2. 参与设计绿色生态车位等多种绿化方案。

【活动准备】

学生准备：
1. 分成6个小组，确定好各组组长。
2. 每人准备一支铅笔。

教师准备：
1. 收集相关资料，制作课件PPT。
2. 设计"小区调查记录表"，准备"生态车位材料包"。
3. 伴奏道具：小铃铛、小沙筒、小响板、三角铁。

【2分钟暖场活动】

活动名称：植物猜猜乐

1. 师：小朋友们，上课前我们先来做个游戏，名字叫"植物猜猜乐"——看绘画，猜植物。那我们开始喽！看，这是什么？

PPT依次出示4张植物手绘图。

（学生看图）

生1：这是仙人掌。

生2：第二张是爬山虎。

生3：第三张是荷花。

生4：最后一张是向日葵。

2. 师：仙人掌爱强光，适合放在阳台上；爬山虎生长速度快，好养活，常长在大树边、墙边；古往今来，赞美荷花的诗可真不少，杨万里是这样赞美荷花的，"接天莲叶无穷碧，映日荷花别样红"；向日葵能长出美味的瓜子，还能净化空气。

> 设计意图：课前暖场活动通过生动有趣的游戏"植物猜猜乐"，激发学生的学习热情，拉近与学生的距离，打破陌生感。黑白素描图画到彩色图画的转变，有视觉冲突，吸引学生注意力。在谈话中了解小区常见植物外形、生长环境、作用等，为后面的活动做铺垫。

【活动过程】

一、发现问题，绿化被侵占

1. 师："春色满园关不住，幸福小区花常开，居民朋友乐开怀。"可是最近一个星期天，小居民小莲发现了一个大问题，是什么呢？

播放视频1《小区生态成问题》。

小莲在小区里快步走。

乐乐：小莲，你怎么走这么急，去干什么呀？

小莲：乐乐，妈妈让我下楼放松眼睛，可这里一点儿树荫也没有，太阳晒得我好热呀！我想到小花园里去坐一会儿。

小莲来到小花园。

小莲：啊呀，这怎么跟我以前看到的小花园两个样了，花坛空空的，连草坪也变得光秃秃的了？

乐乐：你不知道啊，前几天我妈妈就说这个花园不再种花草，准备改造成停车位。她倒是很开心，说再也不用担心抢不到车位了。

小莲：怎么可以这样！嗯，学校接下来正好要召开少代会，作为中队代表，我要提交一个保护绿化的提案。如果其他队员居住的小区也有绿化被侵占的问题，可以跟我一起附议。

  2. 师：队员们，你们小区的绿化怎么样？有侵占的现象吗？

    生1：我们小区绿化很少，空地大多用来停车子。

    生2：我们小区里有花坛、绿化带，可里面光秃秃的，没有种什么。

    生3：我们小区乱停车现象严重，把草坪都压坏了。

  3. 师：看来，大家居住的小区绿化也存在问题。小莲已经把问题记录在提案表上，提出了"社区护绿计"，大家愿意附议吗？同意的请举手！

  （学生举手附议）

板贴：少代会提案 社区护绿计

  4. 师：好，请你来代表中队签字。

  出示图片：

> 附议人：三（　）中队全体队员

  （学生代表签字）

> **设计意图**：通过观看视频知道小区侵占绿化、了解队员小区绿化情况、寻找附议人签名等环节，创设情境，活跃课堂气氛，从而引导学生关注身边小区绿化问题，既提高了学生的学习兴趣，又增强了学生保护小区绿化的生态文明意识。

二、递交提案，植物很重要

  1. 师：提案贴近学生生活实际，反映了队员们对社区生态的关注。少代会召开在即，小莲郑重地向辅导员递交了提案。两天后——

  播放视频2《递交提案》。

  乐乐：小莲，我给你带来一个好消息、一个坏消息，你想先听哪个？

  小莲：当然先听好消息！

  乐乐：好消息就是，你的提案被选中啦，队员们都附议。你的想法真是太好了！

  小莲：那，坏消息呢？

  乐乐：嗯，坏消息是辅导员觉得你写得还不够详细。

  小莲：不够详细？

  乐乐：是的，辅导员要你把理由写得再详细一点，说清楚你为什么会提出这个提案。

  2. 师：没过两天，辅导员来找小莲。谁来帮小莲把理由说清楚？

    生1：因为小区绿化对我们很重要。

    生2：绿化能让环境更优美。

  3. 师：绿植有什么作用？

    生1：绿植可以净化空气。

    生2：看到绿色植物，我的心情会很舒适。

生3：多看植物对眼睛好。

板书：空气清 环境美 身健康 心情好

4. 师：多看植物有益身心！小莲同学是行动派，为了研究植物对社区生态的作用，已经带领红领巾调查团走进ABCD四个小区展开调研了。让我们现场连线——

播放音频1《拨号音》：嘟嘟嘟……数据正在传送中，请及时记录！

5. 师：调研数据传送过来了，请及时记录。

PPT出示：小区数据记录单。

1.请结合调研数据，明确各小区的绿化覆盖率、PM2.5指数、噪声分贝和居民心情。
2.组长带头记录，其他组员补充。

小区名	绿化覆盖率	PM2.5指数	噪声（分贝）	心情（哭脸、笑脸）
A				
B				
C				
D				
结论：				

（学生以小组为单位，拿出记录单，明确要求）

播放视频3《红领巾调查团调研数据》。

小莲：收……咳咳……收到，我是红领巾调查员小莲。A小区绿化覆盖率不足10%，绿化很少，检测到PM2.5数值300，噪声分贝值75。阿嚏……阿嚏……

乐乐：我是红领巾调查员乐乐，收到！我在B小区，小区绿化覆盖率20%，PM2.5显示110，噪声分贝值65。

小明：我是红领巾调查员小明，我在C小区调研。小区绿化覆盖率30%，PM2.5是80，噪声分贝值50。

小丽：我是红领巾调查员小丽，我身处D小区，这里空气清新，时不时能听到欢快的鸟叫。你们猜小区绿化覆盖率多少？高达45%，PM2.5显示只有23，噪声分贝值仅为30。

小丽采访拎着鸟笼的爷爷：爷爷，请问您是这个小区的居民吗？小区绿化感觉怎么样？

爷爷：我们小区绿化很好，鸟语花香。整个小区整洁干净，我以前住在老小区，那里没什么绿化，走在路上，鞋底沾满泥沙。自从搬到这儿，空气真的好，嗓子也舒服多了，每天遛遛鸟，心情好！

（学生以小组为单位填写数据）

6. 师：通过调研，大家有什么发现？

PPT出示调研数据。

生1：小区绿化面积越大，空气的净化率越高。

	绿化覆盖率	PM2.5	噪声	心情
▲D	45% 高	23 小	30 小	
C	30%	80	50	
B	20%	110	65	
A	不到10%	300	75	

结论：

生2：居民的心情更好。

生3：小区绿化面积越大，噪声越小。

生4：人感到舒服。

7.师小结：绿化对社区生态有重要作用，值得保护。

设计意图：以学生为主体、教师为主导，通过参与红领巾调查团、分组记录数据、探究绿化植物对社区生态的重要作用。活动注重体验感，让学生有话可讲、有话能讲、有话敢讲。教师在对学生进行教育的过程中点拨、引导，让学生在认知层面上得到提升。

三、复审提案，护绿有对策

1.师：有了数据的支撑，提案的理由更令人信服了。大家看看，还需要补充什么？

播放视频4《讨论对策建议》。

小莲：啊呀，太好了！你看，"保护小区绿化"正是大家都很关心的话题。我们的提案理由很充分。

乐乐：是呀，让我们一起把对策建议填完整吧！

小莲：好的。小区哪些地方可以增加绿化呢？

乐乐：河里可以种植物吗？

2.师：小区哪些地方可以增加绿化，大家有什么想法和建议吗？

生1：围墙可以利用起来，种点爬山虎。

生2：小区的自行车棚，是不是可以增加绿化。

生3：我觉得屋顶、阳台上都可以增加绿化面积。

3.师：大家能想到利用垂直空间增加绿化面积，而且，爬藤植物既环保又好养活，很明智。大家还能拓展小区顶层空间，这样绿色又环保。让我们动手一起来装扮小区绿化空间。

出示：小区绿化展望图。

(小组代表参与希沃游戏：拖动爬藤、盆栽等植物图片装扮小区)

4. 师：有效利用墙面空间，真巧；屋顶花园，真美；阳台绿化，真赞；河道植物又增加了不少绿化面积，真妙！在队员们的保护下，绿化更茂盛了。

播放视频5《小区生态越来越好》：小区围墙上种满了蔷薇花，大门的栏杆上爬满了垂直绿化，家家户户的阳台上种植绿化，小区绿化面积增加，生态越来越好。

5. 师：大家有什么感言想说一说？

生1：感觉空气变得清新了。

生2：阳台花园真美啊！可以吸引很多的小鸟来树上筑巢。

6. 师：小区里绿化植物增加不少，清新空气迎面扑来，生态环境也越来越好了。

板贴：增添绿化生态好

设计意图：创设复审提案、增加对策的情景，借助多媒体创设希沃白板游戏，动手增添绿化，鼓励学生跳出传统思维框架，发挥想象力和创造力。旨在培养学生的环保意识，让他们在日常生活中能够主动关注并参与环保行动。

四、解决根源，车位有妙招

1. 师：小区的绿化增加了，可之前的停车位问题也需要解决。

播放视频6《生态停车位的设想》。

乐乐妈妈：宝贝，你们的提案让小区绿化增加不少，真不错！不过，车子还是没地方停。

邻居：是的呀！不解决停车问题，不行。

小莲：把车子停树木中间，用树木做间隔。

2. 师：大家能帮忙想办法吗？

生1：造一个立体车位。

生2：可以在车位之间种树，用树木作为间隔。

3. 师：以生态环保为先，不破坏小区绿化，将绿化树木和停车空间相结合，这就是"生态停车位"。大家有没有兴趣动手搭一个？搭建完成后，请将成果展示在讲台上哦！

PPT出示设计要求。

1. 结合材料盒的选材，在组长带领下，讨论、搭建生态停车位。
2. 组长派一位学生代表交流停车位的设计思路。
3. 音乐停，小组活动结束。

(学生以小组为单位，结合任一材料包进行设计。4组材料包分别为：①模拟小区草坪设计图、小车模型、小树模型、砖块模型若干；②小区一角模型、小树模型、纸盒模型、小车模型若干；③小区花园景观模型、小花架模型、小树模型、爬藤植物模型、小车模型若干；④小区一角模型、小树模型、小车模型若干)

4. 师：让我们通过希沃拍照、投屏功能，看一看大家的生态停车位，请设计师上台介绍设计思路！

生1：今天我们组给大家带来的是草坪砖生态停车位，我们的设计理念是在不压坏小草的前提下，利用草坪停车。草坪砖比小草高，留有一定空隙，可以保证停车时，车轮不会压到小草。

生2：大家好，我们组设计的生态停车位叫立体车位。我们是这样想的，小区地面空间不够，这么多辆车子并排停不下；同时，又不能砍掉旁边的小树，我们想是否可以利用可升降的立体车位，往上层增加停车空间。

生3：我是第三组的设计师，我们设计了花架生态停车位。因为看到小花园里有花架，下面空间挺大的。保留花架上原有的爬藤植物，还能给车子遮阴，一举两得。

生4：同学们，我们第四组设计的是树木间隔生态停车位。它的特点是在树木间隔之间设计停车位，完整地保护了小区绿化带，也整合了小区绿化，实现了环保和实用相结合。

5. 师：队员们的设计真赞，既增添绿化改善了小区生态环境，又在保留小区原有绿化的基础上改造了停车位，解决了绿化被挤占的问题，没有破坏一花一草，绿色又环保。

板贴：保留绿化不破坏

> **设计意图：** 分组搭建生态停车位，阐述设计理念，学生实实在在地体验了一回生态设计师，设计理由充分、有依据、有对策、有创意，进一步激发构建绿色生态文明的愿望，形成人与自然和谐相处的生态文明意识。

五、终审提案，努力有回报

1. 师：在大家的帮助和努力下，好消息传来啦！
播放视频7《设计社区护绿宣传儿歌》。
小莲：辅导员给我们发来信息啦！
辅导员：你们的提案内容完整、理由充分、对策周详，有数据、有设计，我要推荐这份提案到区里评选"十佳提案"。现在呢，还有一个任务要布置给你们，就是要设计一个参……
同学们：太好啦！我们把提案中的关键内容写进儿歌里，让大家边唱边记住。

2. 师：我用《两只老虎》的旋律来编儿歌，你们和我一起试试吧！
PPT出示：社区护绿宣传儿歌。

少代会提案之社区护绿宣传儿歌

增添绿化，增添绿化，＿＿＿＿，＿＿＿＿，

保留绿化，＿＿＿＿，＿＿＿＿、＿＿＿＿、＿＿＿＿！

3.师：增添绿化，增添绿化。

　　生：生态好，生态好。

4.师：保留绿化——

　　生：不破坏，空气清、环境美、身健康、心情好！

5.师：我们合作很成功！接下来，请以小组为单位演唱儿歌。

播放音频2《两只老虎》旋律。

增添绿化，增添绿化，生态好，生态好，

保留绿化，不破坏，空气清、环境美、身健康、心情好！

　　（学生以小组为单位唱儿歌）

6.师：儿歌编好了，拿出伴奏道具唱一唱！让我们一起爱绿护绿，行动起来吧！

　　（学生借助伴奏道具唱儿歌）

> **设计意图：** 从师生配合创编儿歌，到小组合作创编儿歌、用乐器伴奏等形式，把整堂课的主题升华呈现，学生参与度高，是当堂对学生从认知到情感，再到行为提升的检验和反馈。

【延伸教育活动】

1.师：希望大家争当各自小区的护绿宣传员，把《社区护绿宣传儿歌》推广到各个楼栋。

2.结合自己小区实际，向物业人员提出维护生态车位、增添绿化、制作宣传标语牌等建议，为后续养护小区绿化出谋划策。

【板书设计】

【点评】

板书无言,"旨"在其中

倪老师的主题教育课"少代会提案之社区护绿计"设计巧妙、活动丰富,尤以板书为佳。主要有以下特点:

1. 静态表达,呈现思路

这堂课以幸福小区为背景图,在此基础上,根据学生的课堂生成,形成板书。从静态角度来说,倪老师在教学过程中为帮助学生理解掌握主题内容,将核心信息利用黑板以凝练简洁的文字、符号、图标等进行了具象化的呈现,成为学生主题教育学习过程的思路呈现,同时也概括出了整堂课的主旨。

2. 动态凝练,高度概括

板书能根据课堂生成,进行动态过程的总结凝练。探讨植物给环境带来的好处这一环节,学生畅所欲言,各抒己见。倪老师及时将学生的发言总结成"空气清""环境美""身健康""心情好"等关键词并进行板贴、板书,既醒目又富有概括性。

3. 精心布局,充满美感

倪老师注重板书的及时性、概括性,也注重板书的美观化。她巧妙地将板书布局成标题区、主板书区、副板书区等。在标题区鲜明地板贴课题"少代会提案之社区护绿计",主板书区是对学生两大课堂活动的总结——"增添绿化生态好""保留绿化不破坏",副板书区则是学生提炼的关键词。如此布局,巧妙点题、条理清晰,不仅提纲挈领,而且重点突出,符合学生的认知特点,具有画龙点睛之效。

上海市三灶学校德育干事　富士英

第❾课　拯救树木A计划

设计教师：上海市浦东新区东波小学　奚佳婧
指导教师：上海市浦东新区晨阳小学　谈　冰

【活动对象】
小学五年级学生

【活动时长】
2+35分钟（2分钟预备时间）

【学情分析】
1. 知之不多
五年级学生对植树护林作用的认知往往停留在表面。大部分学生知道植树护林能够绿化环境、清新空气，但对于更深层次的生态环保理念，如防风固沙、保护自然物种、防止水土流失等方面的了解相对有限。学生对这些概念有所耳闻，但具体的作用和重要性并不清楚。

2. 行之甚少
除了理论知识的不足，五年级学生在植树护林方面的实践经验也相对匮乏。部分学生在学校或社区组织的植树节活动中，参与过一些简单的爱绿护绿方面的活动，但这样的机会并不多，且往往缺乏深入体验，更谈不上以自身行为对自然生态环境做出贡献。

【主题解析】
1. 生态文明教育的重要性
党的二十大报告中指出，我们要坚持绿水青山就是金山银山的理念。这不仅是对人与自然和谐共处的理念传承，更是贯穿每个人一生的教育观。生态文明教育是传授环保知识、培养环保意识的过程，更是塑造人与自然和谐共生价值观的关键环节。对于中小学生而言，他们不仅承载着中国生态文明建设的希望，更是未来构建人类美好家园的中坚力量。

2. 植树护林的意义
在生态文明教育的实践中，植树护林不仅是一项生态工程，更是一项功在当代、利在千秋的伟大事业。树木是地球的绿色肺脏，不仅能够有效缓解温室效应、净化空气、改善水质，还能为野生动植物提供栖息地，保持生物多样性。然而，树木的生长需要时间和耐心，一棵成年的树木往往需要十年甚至几十年的时间才能长成。如果我们不加以保护，随意砍伐和破坏树木，将会对未来的生态环境造成严重的破坏。

3. 树木和日常生活的紧密联系

《中小学德育工作指南》中提到，要引导学生养成良好生活和行为习惯，具备保护生态环境的意识，加强节约教育和环境保护教育。树木与我们的日常生活息息相关，是人类赖以生存的重要基础。在日常生活中，我们可以通过节约用水、减少一次性木制品的使用、选择环保家具等方式来减少对树木的消耗。我们还可以积极参与植树造林、保护森林等公益活动，为保护生态环境贡献自己的一份力量。

【活动目标】

认知目标：

1. 了解过度砍伐树木对生态环境造成的破坏。
2. 判别是否需要砍树，知道原因。
3. 懂得植树护林对生态环保的作用，对我们日常生活的重要意义。

情感目标：

1. 激发学生热爱树木、敬畏自然的情感。
2. 提升学生植树护林的意识和责任感。

行为目标：

1. 形成保护树木、爱绿护绿的生活方式。
2. 参与到植树护林的行动中，共同守护美丽家园。

【活动重点】

1. 了解过度砍伐树木对生态环境造成的破坏。
2. 判别是否需要砍树，知道原因。
3. 激发学生热爱树木、敬畏自然的情感。
4. 形成保护树木、爱绿护绿的生活方式。

【活动难点】

1. 懂得植树护林对生态环保的作用，对我们日常生活的重要意义。
2. 提升学生植树护林的意识和责任感。
3. 参与到植树护林的行动中，共同守护美丽家园。

【活动准备】

学生准备：

分成6个小组，确定好各组组长。

教师准备：

1. 收集相关资料，剪辑视频、合成音频、制作多媒体课件。

2. 设计"资料包"，准备实验材料、板贴纸、记号笔。

【2分钟暖场活动】
活动名称： 翻翻乐认树名

1. 师：上课之前，我们来玩一个"翻翻乐认树名"的游戏。瞧，这里有六张大树卡片，选择其中一张，说说这棵树的名称吧。

出示图片：

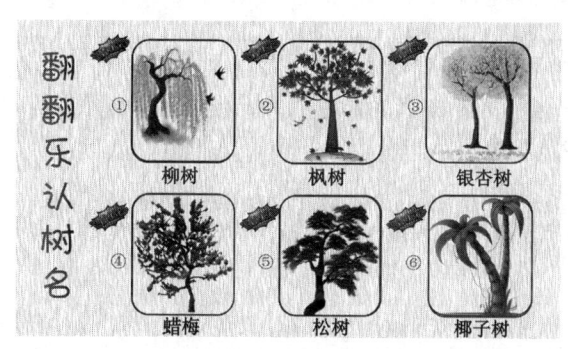

（学生看卡片说名称：柳树、枫树、银杏树、蜡梅、松树、椰子树）

2. 师：翻翻乐，乐一乐！看来，这些树木都难不倒大家！你们都答对了。

> **设计意图：** 五年级的学生有了强烈的求知欲，他们对自然界充满好奇，尤其是与我们生活息息相关的树木。在2分钟暖场活动中，通过"翻翻乐认树名"的小游戏，让学生在轻松愉快的氛围中认知树木的名称，为后续引出本课保护树木的主题内容、培养他们的环保意识和实践能力打下坚实基础。

【活动过程】

一、情境导入，初识危害

1. 师：今天，有一棵小树来到了我们的课堂上，你们看——
播放音频1《小树和绿精灵的对话》。

小树：我是小树，美丽的森林就是我的家。以前，我和伙伴们过着无忧无虑的生活，轻松又自在。可是，今天早上，我醒来后突然发现身边的伙伴不见了踪影，连平时和我一起玩耍的绿精灵也不见了，我现在好孤单呀！绿精灵，绿精灵，你在哪里呀？

绿精灵：小树小树，我终于找到你了。我看见，昨天晚上来了一伙人，他们拿着锯子、铲子，开着大卡车，把你的兄弟姐妹都砍下来带走了。

2. 师：哎呀，小树的兄弟姐妹都被砍下来带走了，这样下去，对小树的生活环境会造成怎样的影响？

生1：小树的兄弟姐妹都被砍下来带走了，小树就没有朋友了。

生2：树木被破坏，空气也会变差。

生3：小树失去家园了，小动物们也是。

3.师：是啊，树木被肆意砍伐、破坏，对人类、动物、生态环境都造成了极为严重的影响，让人揪心。

> **设计意图：** 课堂伊始，设计小树和绿精灵对话的情境，设置悬念，引发学生的探究欲和好奇心。以问答的方式，让学生初步了解过度砍伐对生态环境造成的严重影响，从而在思想上让他们体会到树木对生态的重要性。

二、合作闯关，了解作用

1.师：问题如此严重、情况如此紧急，可怜的小树就这么孤零零的。

播放音频2《寻找能量球》。

小树：我美丽的家园竟然会变成这样，这样下去，我不仅失去了兄弟姐妹，还会失去家园的。我该怎么做才能解救出我的兄弟姐妹，守护我们的家园呢？绿精灵，快帮我想想办法吧！

绿精灵：对了，小树，听我的祖先说，在巡护森林过程中，我们可以找到能量球，积攒四个能量球就能换取小树苗，让森林重新焕发生机了。但是，能量球在森林深处，需要经历重重障碍才能得到，你愿意冒这个险吗？

小树：为了解救我的家人，为了守护家园，我什么都不怕。

2.师：小树和绿精灵为了拯救家园准备去搜寻能量球了！他们这么勇敢，小朋友们，展示大家能力的时候到了，让我们加入小树和绿精灵的"拯救树木A计划"，一起出发吧！

板贴：拯救树木A计划 小树、绿精灵图片

（一）第一关：空气

出示第一张通关文书：

第一关"空气"，请准确说出树木对空气的影响，就能获得一个能量球。通过此关，才能继续前行。

播放音频3《空气》。

小树：咦，怎么跳出了两个奇怪的符号，这是什么呀？

1.师：同学们，你们认识这两个符号吗？

生：CO_2是二氧化碳，O_2是氧气。

师：真厉害呀，这么特殊的符号都没把你难住，看来你平时积累真不少。

播放音频4《特殊符号》。

绿精灵：爸爸妈妈告诉过我，树木家族有一种神奇的力量，可以吸收二氧化碳，制造氧气，就是我们刚才看到的两个符号。

2.师：哦！原来是这样啊！可它们和空气有什么关系呢？还是问问小百科吧！

播放视频1《树木的光合作用》：绿色植物是地球上产生光合作用的No.1，树木更是一种令人感到惊奇的生物，它们会从土壤中吸取水分、从大气中吸收二氧化碳，当树木接受了太阳光的照射之后，就会产生光合作用。最棒最棒的一点就是，光合作用的副产品就是人类生存所必需的氧气，正是因为这些树木制造出了氧气，才使得我们可以在地球上自由自在地生活下去。

3. 师：看了小百科的介绍，现在，你知道树木与二氧化碳、氧气究竟有什么关系吗？谁能上来贴一贴？

（学生到黑板上贴一贴树木与二氧化碳和氧气之间的关系）

板贴：太阳、二氧化碳、氧气、箭头图片

生：树木在光合作用下能吸收二氧化碳，并释放人体所需的氧气。

4. 师：除此以外，树木密密麻麻的枝叶犹如一个巨大的筛子，同学们想一想，树木还能对空气中的哪些污染物起到阻挡和吸附的过滤作用呢？

生1：马路边的树木可以吸附一些汽车尾气。

生2：工厂里高高的烟囱会排放出污染气体。

生3：空气中会有扬尘和灰尘等。

5. 师：同学们，你们很会观察生活。瞧，公园有那么多的树木，它们能释放大量的氧气。当你漫步其中，会有什么感受呢？

生1：当我和爸爸妈妈漫步在绿树成荫的小路上，我觉得空气很清新。

生2：我去过世纪公园，被一片片绿色拥抱着，我感觉呼吸也很放松。

6. 师：现在，请你们在板贴纸上总结树木对空气的作用。

生：净化空气，吸收二氧化碳。

（学生交流并贴板书）

播放音频5《祝贺》：恭喜你获得第一颗能量球！

板贴：净化空气，吸收二氧化碳

7. 师：太棒啦，让我们一起为第一小组鼓鼓掌吧！树木和人类生活在同一个星球上，它们是生态环境的好帮手，它们能净化空气，给我们带来一片舒适。

（二）第二关：风沙

1. 师：首战告捷！第二关有什么挑战等着小树呢？让我们拭目以待！

播放音频6《风沙》。

呼呼，狂风阵阵……

小树：啊呀！好大的风！

绿精灵：小树！快抓紧我！

小树：绿精灵，你在哪里啊？风沙迷了我的眼睛，我好难受啊！

绿精灵：小树，我在这儿。别着急，我来给你戴上护目镜！

出示第二张通关文书：

第二关"风沙"，请选择树木种下，并准确说出树木对风沙的作用，就能获得一个能量球。通过此关，才能继续前行。

播放数字故事1《沙漠中的树》。

沙棘的特性是耐旱、抗风沙，可以在盐碱化土地上生存，因此被广泛用于水土保持。花棒根系生长能力强，有很强的耐干旱和抗风蚀性，是优良固沙植物。梭梭树抗旱、耐高温，有"沙漠卫士"之称，成林后固沙作用好。胡杨是荒漠地区特有的珍贵森林资源，有耐干旱、抗风沙的特性。

小树：哎呀，我戴上了护目镜，可是眼前还是一片模糊。该选择哪些树木呢？

2. 师：同学们，看仔细，让我们一起帮助小树吧！

生1：我选择沙棘、花棒。

生2：我选择梭梭树和胡杨。

3. 师：为什么要选择这些树木种在沙漠中呢？我觉得椰子树也很不错。

生：因为这类植物都有耐干旱、抗风沙、根系生长能力强、有很好的固沙作用等特性。而椰子树喜欢多雨的环境，无法在沙漠中生存。

4. 师：不同的植物有不同的特性，相信一定还有其他植物能在沙漠中生存，老师希望等你们长大以后，去探索、去发现。

5. 师：瞧，在沙漠中种下成片树林后，可以有效抵挡大风的侵袭。这些植物根系发达，能够牢牢地抓住沙地土壤。然而，在沙漠中种树可不是一件容易的事，有一群人想让沙漠变绿洲，他们被称为"治沙人"，让我们一起去了解"治沙人"的故事。

播放视频2《致敬"治沙人"》：什么是家？家不只是你出生的地方。四万亩沙漠中的脚印，践行着一条无须言明的家训："每家都有一个孩子，一直干下去。"他们让信仰随血液传承流淌，他们让希望从脚下蔓延至远方。他们在这里出生，也让这里为他们重生。他们是古浪县八步沙六个普通的老汉，他们也是老汉身后一代又一代的治沙人。

6. 师：看了视频，你有什么感受？

生1：治沙人一代接着一代干，前赴后继。

生2：爱绿护绿，需要我们每个人行动起来。

生3：治沙人持之以恒地治理着风沙，不怕辛苦、不怕累。

7. 师：一代又一代的治沙人，通过不断的努力，让荒无人烟的沙漠变得绿意盎然，是我们学习的榜样，生态文明需要每个人的努力！现在，你能总结树木对风沙的作用了吗？在板贴纸上写下你们的答案吧。

生：防风沙。

（学生交流并贴板书）

板贴：防风沙

播放音频7《祝贺》：恭喜你又获得一颗能量球！

8.师：答对了！让我们为第二小组点一个大大的赞！

（三）第三关：自然物种

1.师：有了大家的支持，小树和绿精灵高兴得欢呼起来！它俩信心满满，很快就来到了第三关。

播放音频8《自然物种》。

小树：胜利就在眼前，绿精灵，快走快走！咦，这是什么？

绿精灵：我看看，我看看。这是小动物们留下的3封信呀，可是，我和小树都不认识字，它们到底要告诉我们什么呢？

2.师：这3封信就在我的手中，哪位同学愿意来读一读？请大家猜一猜，是哪些小动物给小树和绿精灵写了信。

生1：我的家在高高的大树上，我带着孩子们筑巢做窝，树上的野果、虫子就是我们的食物，大树是我们最信赖的朋友。

生2：我喜欢生活在树洞里，松果是我最喜爱的美食。一年之中，我会在寒冷的冬季冬眠，用树叶堵住洞口就能为我保暖。

生3：我喜欢在大树上筑巢安家，等到春暖花开的时候，我可以采花蜜。珍珠梅、丁香都是我的最爱。

3.师：恭喜第一第二小组获得鸟类资料包，恭喜第三第四小组获得哺乳动物资料包，恭喜第五第六小组获得昆虫资料包。请同学们小组合作，思考资料包中的问题，并在板贴纸上总结树木对自然物种的作用吧。

出示资料包：

鸟类资料包

树木是鸟儿的乐园。鸟儿可以在树上筑巢安家、自由生活、繁衍后代。同时，它们也会啄食树上的寄生虫，为树木生长保驾护航。树和鸟之间形成了和谐共生的关系。

（1）大树可以让鸟类_____、_____、_____。

（2）树木对自然物种的作用：_____。（请在板贴纸上写出）

昆虫资料包

昆虫与树木的关系，以营养、栖息和运输三者最为重要。昆虫从树木获得食物是最原始的生态关系。

但树木为昆虫提供良好的生活环境同样是重要的，除影响昆虫对食物的选择外，还对昆虫有生态保护作用。

（1）树木能让昆虫_____、_____、_____。

（2）树木对自然物种的作用：_____。（请在板贴纸上写出）

哺乳动物资料包

哺乳动物和树存在互利互助的关系，树木为它们提供栖息场所，有些哺乳动物把窝安置在树上，吃树叶、果实。动物吃果实可以帮助植物种子传播，有些哺乳动物的粪便有利于树木生长。

(1) 没有了树木，哺乳动物会失去_____，失去_____，失去_____。

(2) 树木对自然物种的作用：_____。（请在板贴纸上写出）

（学生小组合作、共同学习资料包中的内容并思考问题、讨论商议，在板贴纸上总结树木对自然物种的作用，并派代表上台交流）

生1：大树可以让鸟类筑巢安家、自由生活、繁衍后代。树木能为鸟类生存带来养分。

板帖：为生存带来养分

生2：树木能让昆虫有营养、栖息和运输食物。

板帖：可以给昆虫营养、栖息和食物

生3：没有了树木，哺乳动物会失去栖息场所、失去家园、失去食物。树木和自然物种之间是互利互助的关系。

板帖：互利互助

播放音频9《祝贺》：恭喜你获得第三颗能量球！

4. 师：鸟类、昆虫、哺乳动物、国家各类保护动物都喜欢在树林里安家，广袤的树林是保护自然物种的天然屏障。没有了树木，动物就没有家园，地球上的整个生态系统也会遭到破坏，这就是树木对自然物种的作用啦！恭喜大家，你们的小组合作非常成功！

（四）第四关：水土

1. 师：终于到达最后一关，离胜利的曙光又近了一大步！

播放音频10《水土》。

小树：最后一轮啦！冲呀！

绿精灵：冲呀，冲呀！

出示第四张通关文书：

第四关"水土"，准确说出树木对水土的作用，就能获得一个能量球。通过此关，才能到达终点。

小树：我只知道，我们树家族是离不开水和土的。但是，要说到我们对水土的作用，还真是没听说过啊！

2. 师：最后一关可把小树给难住了，也许，水土流失的模拟实验就能帮助我们找到答案。你们瞧，教室两边的实验桌上，有两个尺寸相同的长盒，取相同体积的土，堆在水槽一侧，在一个土堆上覆盖植被，然后用洒水壶模拟下大雨，比较观察土堆的情况和水的情况。请同学们小组合作，共同完成实验，仔细观察实验过程，并在板贴纸上写下树木对水土的作用，开始吧！

（学生小组合作，完成实验）

3. 师：从实验中，你发现了什么，为什么会这样？

生1：带有绿植的盒子中流出的水速度较慢，这是因为绿植挡住了水，让它流得更慢。

生2：带有绿植的盒子中流出的水相对清澈透明，说明带有绿植的泥土不容易被水冲走，所以更清澈。

4. 师：谁来总结树木对水土的作用？

　　生：防止水土流失。

板贴：防止水土流失

播放音频11《祝贺》：太棒了！获得了四颗能量球！

5. 师：土地表面有植被的覆盖以后，能分流降雨、缓冲冲刷、有效预防水土流失。举起你们获得的能量球，让我们一起数一数，一二三四五六，超过四颗啦！恭喜大家帮助小树和绿精灵闯关成功！

> **设计意图：** 通过和小树、绿精灵一起参与巡护地收集能量球的环节，让学生亲身进入情境中，充分调动积极性，开动脑筋、积极思考、小组合作来参与闯关游戏，并以四个关卡对应树木的四项作用和好处，给学生留下深刻印象，最终收集能量球获得小树苗。

三、动脑思辨，知晓树木的合理利用

1. 师：能量加满，获得小树苗！

播放音频12《集满能量球》。

小树：太好了，太好了！终于集齐能量球，获得小树苗了！

绿精灵：只要我们把小树苗种下，精心照料，不用多久，森林将恢复绿意盎然，你的兄弟姐妹都会回到我们身边的！

小树：我们树家族的好处这么多，人类不能再砍我们了！

2. 师：你同意小树的观点吗？小组讨论，说说你们的想法吧。

　　（学生小组讨论）

3. 师：同意的小组请举有"√"的牌子，不同意的举有"×"的牌子。接下来请派小组代表说说你们的看法。

　　生1：我同意小树的观点，我们小组认为树木很重要，如果树木被大量砍伐，我们呼吸到的氧气会减少。

　　生2：我觉得树木不仅是人类的好朋友，还对生态环境有很大的帮助。

4. 师：谁能针对XX同学说的这个观点，来提出你的想法呢？

　　生3：我不同意小树的说法，我们生活中，还是有很多物品需要用到木质材料的，比如家具、铅笔。

　　生4：我选择中立，我觉得我们可以砍树，但要适量。

5. 师：树木是我们的好朋友，在我们的生活中，很多地方都要用到它们。但是，在满足需要的时候，要合理砍伐、不过度砍伐，否则，会造成对生态环境的破坏。这就是可持续发展的原则。

> **设计意图：** 通过小组讨论、思辨，对要不要砍树发表看法，让学生知晓树木在生活中的用处和益处。通过激烈的讨论，激发学生的探究兴趣，既学习了树木小知识，又养成了爱绿护绿的好习惯。

四、身体力行，积极参与爱绿护绿

1. 师：看，在大家的帮助下，小树和绿精灵齐心协力种下了一棵又一棵树苗，小树苗慢慢地长大了。

播放音频13《森林重新焕发生机》。

小树：太好了，太好了！我的兄弟姐妹们回来啦！我太想念你们了！

绿精灵：小树，虽然你的兄弟姐妹回来了，但是我们的森林很大很大，还有好多朋友没有回来，光靠我们两个种树是不行的。

小树：绿精灵，你不要发愁。我再想想办法！

2. 师：同学们，你们知道在平时生活中，我们还能通过哪些方式爱绿护绿吗？谈谈你心目中最棒的"A计划"吧！

生1：3月12日是我国的植树节，每年这一天公园、学校都会举办各种各样的植树活动，我们可以积极参与。

生2：在微信平台上参与绿化认建认养，"云认养"园里的一棵树，为爱绿护绿献一份力。

生3：用低碳行为换取能量，可以在蚂蚁森林上"云植树"。

生4：在平时学习生活中，我们要善用纸张，节约用纸。

3. 师：大家真厉害！这些"A计划"都在为我们传递充满绿意的生态环境，植树护林是一件国家大事，我们敬爱的习爷爷和人民群众一起，也加入了爱绿护绿的行动中！

播放视频3《习爷爷植树》：习近平向大家挥手致意，拿起铁锹，走向植树地点。随后同国家林业和草原局负责同志以及首都干部群众、少先队员一起忙碌起来。挥锹铲土、培土围堰、提水浇灌，习近平接连种下油松、白玉兰、小叶白蜡、碧桃、海棠等多棵树苗。

4. 师：习爷爷亲力亲为，相信我们心中也种下了保护生态文明的种子。如今，祖国大地的绿植越来越茂盛，美丽中国一片绿意盎然，让我们和小树、绿精灵一起去看一看吧！

出示图片：

贵州道真大沙河自然保护区　　吉林红石国家森林公园　　东台黄海国家森林公园

绿水青山就是金山银山

新疆贾登峪国家森林公园　　湖北鄂坪水库旅游风景区　　内蒙古柴河自治自然保护区

（学生欣赏图片）

5. 师：党的二十大报告中指出，我们坚持绿水青山就是金山银山的理念。我们每个人都要行动起来，做生态文明的实践者。老师相信，每个小朋友心中都有个最棒的"A计划"。课后，我们可以把植树护林的作用和好处告诉家人、朋友，号召大家一起，加入爱绿护绿的行列，为生态环境贡献一份力量。

> **设计意图：** 通过畅谈"A计划"，鼓励学生积极参加到植树护林的行动中、加入爱绿护绿的队伍中，为生态文明出一份力，为我们所生存的环境献一份力。十年树木，百年树人，愿每个种下梦想的孩子都能收获希望，树立植树护林的环保意识，增强热爱自然、敬畏自然的情感。

【延伸教育活动】
　　1. 制作一张关于植树护林的海报，张贴在学校板报或者社区公告栏。
　　2. 号召大家爱护身边的一草一木，努力营造充满绿意的生态环境。

【板书设计】

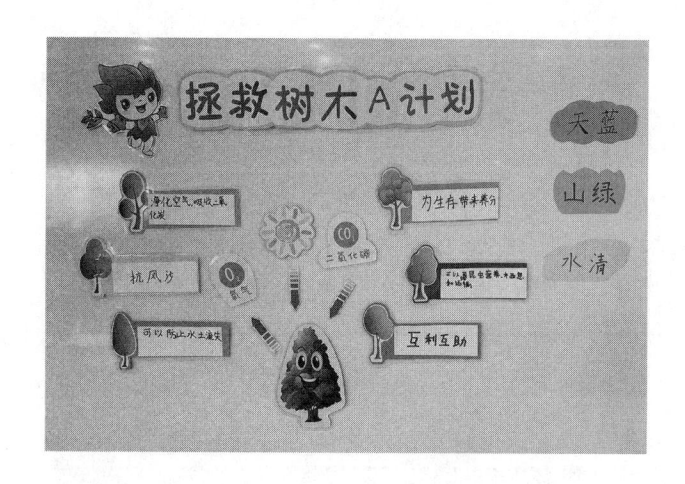

【点评】

找准思辨点　培养思辨力

课堂中，我们要找准思辨点，培养学生的思辨力。

1. 思辨——树木好处多

奚老师以蚂蚁森林收集能量球种树为情境，以小树、绿精灵为人物线索，开展了多样的教学形式，引导学生思辨树木对空气、风沙、自然物种和水土的作用和好处，让学生在活动中自然而然地感悟和提炼，并能内化于心，外化于行。

2. 思辨——树木砍不砍

当学生了解到树木家族的好处那么多，小树提议：人类不能再砍树了！那我们究竟该不该砍树呢？这是本节课中最大的矛盾点，也是一个能引起学生好奇和思考的思辨点。奚老师巧妙地抓住这一矛盾点，让学生围绕"砍"与"不砍"，对小树的观点进行比较辨析。同时，也引导学生保持好奇心和探究欲，学会联系生活实际，学会负责任、有条理、重依据地表达自己观点和立场，以理服人。当学生倾向某个观点时，教师可以适时询问学生是否有不同意见，让课堂充分"辨"起来。培养小学阶段高年级学生的思辨能力，要把讨论环节做深做透，让学生充分"辨"起来，在不断讨论的过程当中，达到真理越辩越明的目的。

3. 思辨——今后怎么做

何为"A计划"？A有No.1、最好、最棒的意思，"A计划"就是孩子们在平时生活中了解的或是自己能做到的爱绿护绿最优的方式。在了解了树木对空气、风沙、自然物种和水土的好处之后，引导孩子们联系平时的生活，如植树节活动、云植树、节约用纸、循环使用等，这些"A计划"都在为我们传递充满绿意的生态环境保护意识。

上海市浦东新区晨阳小学德育主任　谈　冰

第⓾课　道路廊道　绽放生机

设计教师：上海市浦东新区张江高科实验小学　　吴佳妮　朱咏梅
指导教师：上海市浦东新区张江高科实验小学　　　　　徐留芳

【活动对象】
小学五年级学生

【活动时长】
2+35分钟（2分钟预备时间）

【学情分析】
探究廊道：从未知到认知的勇敢之旅

通过对本校五年级学生进行的随机抽样调查，发现60%的学生对于道路廊道并不熟悉，尤其对其在生态环境中所起到的作用更是知之甚少。道路廊道可以降低碳排放、减少空气污染，有助于恢复生态系统、提升城市美观性等。当今社会，孩子们好胜心与求知欲都十分旺盛，他们敢于向未知发起挑战，习得新知识的能力都比较强。作为班主任应该适时引导，帮助学生明确探究目标，鼓励学生朝着未知勇敢进发。

【主题解析】
1. 保护生态　促环境持续发展
《中小学德育工作指南》强调，小学中高年级的学生应具备保护生态环境的意识，必须树立尊重自然、顺应自然、保护自然的生态文明理念。随着人类社会的不断发展，环境问题日益突出，全球生态环境的保护迫在眉睫。加强生态环境保护，不仅是为了保护自然生态系统的完整性和稳定性，更是为了维护人类社会的可持续发展。

2. 走进廊道　渗透绿色环保理念
廊道建设是生态文明建设的重要组成部分，有利于推动绿色发展，有利于人与自然的和谐发展。将道路廊道有关理念和知识渗透到学生的学习和生活中，鼓励并推动学生走近道路廊道，保护生态文明，积极参与生态文明的建设，为生态环境的可持续发展做出贡献势在必行。

3. 从我做起　助力生态文明建设
一代代的生态人用自己的智慧和才干，为人类生态文明发展作出了不可磨灭的贡献。青少年应以他们为榜样，从自我做起，从点滴做起，让"保护生态环境"成为一种主动意识，一种自觉行为，一种社会风尚，努力实现人与自然的和谐发展，为构建道路廊道和生物多样性保护网络，提升生态系统质量和稳定性而不断努力。

【活动目标】

认知目标：

1. 认识到环境问题的严重性及保护生态环境的重要性。
2. 知道道路廊道的功能与特点。

行为目标：

1. 寻找身边的道路廊道，计算浦东20年来人均占绿面积。
2. 撰写新闻稿进行播报，尝试为生态人撰写颁奖词。

情感目标：

1. 感念生态人的勤劳付出。
2. 形成尊重自然、顺应自然、保护自然的生态文明理念，并付诸行动。

【活动重点】

1. 认识到环境问题的严重性。
2. 知道道路廊道的功能与特点。

【活动难点】

1. 认识到保护生态环境的重要性。
2. 形成尊重自然、顺应自然、保护自然的生态文明理念，并付诸行动。

【活动准备】

学生准备：

分成6个小组。

教师准备：

1. 收集生态环境图、森林覆盖率数据图、生态人介绍等相关资料，制作课件PPT。
2. 准备符合班级人数的记者证和一张报纸。
3. 摆放好"植物保护被"实验的材料：一份土壤、一份覆盖着枯树叶和树枝的土壤、一份绿植覆盖的土壤和一杯水。

【2分钟暖场活动】

活动名称：大风吹

1. 师：老师想与大家一起来做个游戏——"大风吹"。游戏规则是，当老师说"大风吹"，所有同学回应"吹什么"；老师说"吹某一特征的人"，符合这些条件的同学需要马上离开自己的座位，去抢占别人的座位。因为老师也会加入你们的游戏，所以，最终会有一位同学没有座位。游戏开始——大风吹！

生：吹什么？

2. 师：吹走穿蓝色衣服的同学。

（穿蓝颜色衣服的学生离开自己的座位，去抢占别人的座位）

3. 师：这位同学，虽然你没有在游戏中获胜，但你成了今天的幸运儿——一名记者团团长！请你行使团长的权利并宣读屏幕上的授牌词。

生：我宣布，现在进行小记者授牌仪式，请大家佩戴好记者证。（停顿会儿）在接下去的活动中，大家将化身为小记者，每个小组都是一个记者团，互动积极的记者团会获得一颗星，得星最多的记者团将会直接晋升为金牌记者团，获得神秘礼物。

（学生佩戴记者证）

4. 师：请你回到记者席位。感谢团长宣读游戏规则。此刻，大家变身为小记者，请互相介绍一下——"我是小记者……"。

（学生互相介绍）

5. 师：上课，起立！同学们好。

生：老师好！

设计意图：通过"大风吹"抢占座位的游戏，迅速拉近教师与学生之间的距离，同时让学生佩戴小记者证，相互介绍，为发布会做充分的准备。这种组织形式能激发学生的活动兴趣，奠定整堂课的情感基调。

【活动过程】

一、地球之变

1. 师：各位记者，欢迎大家参加"生态产品3.0时代"现场发布会，我是主持人吴老师。我们的生态产品3.0发布会即将进入倒计时，让我们一起大声喊出——3，2，1！

生：3，2，1！

2. 师：首先，让我们用热烈的掌声，隆重请出客户——地球爷爷，以及新产品的供货商代言人——低碳贝贝。

播放音频1《地球爷爷的烦恼》。

低碳贝贝：地球爷爷，您好！欢迎欢迎！

地球爷爷：亲爱的贝贝，你好！

汽车喇叭声1：滴——滴——滴——

汽车喇叭声2：叭叭叭——

汽车喇叭声3：吱——

低碳贝贝：地球爷爷，您怎么面容苍老，两眼无神啊？

地球爷爷：孩子啊，爷爷病了！

（地球爷爷鼻子一酸，忍不住哭了）

低碳贝贝：爷爷，您别哭。您到底得了什么病？

地球爷爷：20年前的我可是身强体壮、英俊潇洒。可如今……城市噪声让我不堪其扰，血压越来越高；过量的汽车尾气让我血脂噌噌上涨；绿意越来越少，血糖也居高不下，成了典型的"三高"患者。除了这些，我还得了肺病、皮肤病、血液病……咳咳咳——

出示图片：

3. 师：地球是我们赖以生存的家园，地球爷爷为什么会如此灰头土脸、日渐憔悴呢？
生1：汽车排放出大量的尾气，空气被污染了，地球爷爷很伤心。
生2：人们燃烧垃圾，污染大气层。
生3：工厂烟囱排放出的烟、工业废气，还有随意丢放的垃圾，都让地球爷爷越来越憔悴。

4. 师：类似的场景，你们有没有看见过？
生1：我家门前的一条小河，曾经被工厂排出的废水污染了，鱼死了好多。
生2：我的邻居弟弟为了方便，有时会直接往楼下扔垃圾。

5. 师：原来，地球爷爷在为我们付出的同时，还遭遇了太多的破坏，消耗了太多的精气神。

设计意图：结合图片，从地球爷爷的讲述中感受周遭生态环境的变化，懂得良好的生态环境对我们生存家园的重要性，初步唤醒学生的环保意识和责任意识。

二、新品介绍

1. 师：哎，地球爷爷的身体每况愈下，真让人忧心。
播放音频2《谁来帮帮我》。
地球爷爷：再这样下去，我命不久矣！
低碳贝贝：地球爷爷，您不要太难受。此次发布会我们带来了生态新产品3.0，邀请您深入体验，相信一定能帮到您。
地球爷爷：什么新产品？真的那么神奇吗？
低碳贝贝：地球爷爷，这是我们生态产品3.0版本的说明，您可以初步了解一下。
PPT出示：产品说明。

【名称】道路廊道

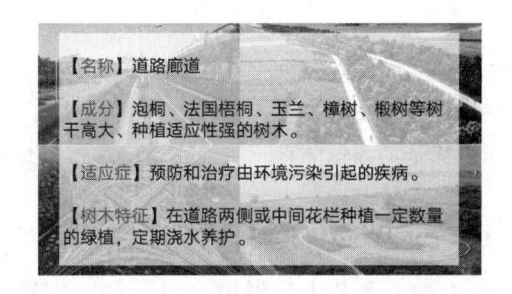

【成分】泡桐、法国梧桐、玉兰、樟树、椴树等树干高大、种植适应性强的树木。

【适应症】预防和治疗由环境污染引起的疾病。

【树木特征】在道路两侧或中间花栏种植一定数量的绿植，定期浇水养护。

2. 师：哪位记者愿意帮地球爷爷读一读？

（学生读产品说明）

3. 师：看了产品说明书，在座的记者朋友们是不是也对生态3.0新产品更有兴趣了呢？你们瞧，随着大屏幕数字的滚动，将有两位记者充当产品体验官，可上台来参与"对对碰"抢答游戏。让我们一起大声喊出——3，2，1，停！请大家核对手中的入场券，幸运记者请上台。游戏开始，两位记者要在10秒内快速点击问题的答案，开启与新产品的热身运动，最后得分高者胜出。

PPT出示：大屏幕数字。

（学生喊数字）

PPT出示："对对碰"游戏。

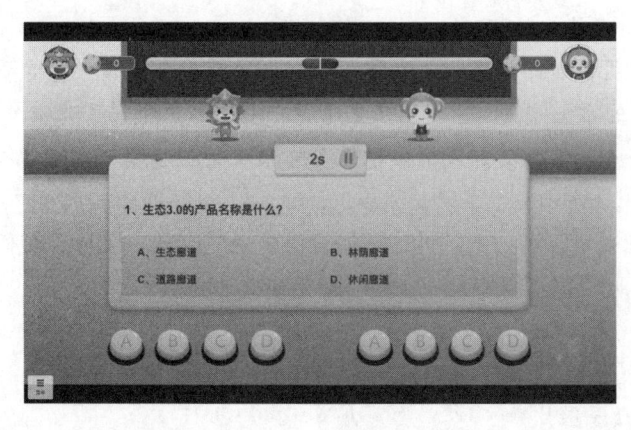

（"幸运记者"上台玩游戏）

4. 师：祝贺这位记者获得胜利！请回到记者席位。想必大家已经对这款生态3.0新产品有了初步的了解。

> **设计意图**：通过"对对碰"抢答游戏，激起学生的学习兴趣与积极性的同时，也将道路廊道的知识点融于游戏中，增加了课堂的趣味性，让学生在游戏中学习到知识。

三、产品作用

（一）调节大气温度

1. 师：适合地球爷爷的产品才是最好的产品。新产品真能让它重焕光彩吗？让我们拭目以待。

播放视频1《初识道路廊道》：在生态产品3.0投入使用之前，这里只是一条光秃秃的马路。后来，我们在马路两旁、花坛四周种植绿化，建设道路廊道之后，这里变得绿意盎然，生机勃勃。

播放音频3《新产品体验1》。

地球爷爷：贝贝，生态产品3.0版本的确很吸引人，但是，真的能让我恢复健康的体魄吗？

2. 师：记者朋友们，道路廊道到底对地球爷爷有什么帮助呢？

生1：种植大量树木，地球爷爷能呼吸到新鲜的空气。

生2：有了道路廊道，原本光秃秃的马路变得绿意盎然，地球爷爷看起来更精神了。

生3：廊道上的植物枝叶繁茂，为地球爷爷吸收了一部分阳光，调节了大气的温度。

板贴：调节大气温度

3. 师：感谢记者朋友们的智慧碰撞。是呀，有了这茂盛的枝叶替地球爷爷遮挡阳光，地球爷爷肯定不再发烧啦！

（二）防止水土流失

1. 师：新产品初体验给地球爷爷留下了好印象。

播放音频4《新产品体验2》。

地球爷爷：贝贝，道路廊道听起来很不错。可随着我年纪增长，骨质疏松的毛病越来越困扰我——大量的水土流失，土壤层越来越薄，土地资源受到了破坏。

低碳贝贝：爷爷，您放心，我们做过很多临床研究。这款产品绝对能保护您的钙质不流失，和骨质疏松说byebye。

2. 师：道路廊道可以有效改善地球爷爷骨质疏松的症状。下面，我们通过"土壤保护被"实验来证实。哪位记者愿意来配合我一起完成这个实验？

（学生举手）

3. 师：有请这位记者，请你大声说出这三个瓶子有什么不同之处。

PPT出示三个瓶子图片：

植物系列

生：第一个瓶子里有泥土；第二个瓶子里除了泥土，还有一些落叶、小树枝；第三个瓶子里面有小草，生长很茂盛。

4. 师：现在请这位小记者依次往三个瓶子里面倒水。

（学生参与"土壤保护被"实验）

PPT出示希沃投屏，并展示实验结果：

5. 师：台下的记者们观察一下，三个瓶子渗出的水有何不同？

生1：第一个瓶子和第二个瓶子渗出的水都是泥土和杂质。

生2：第三个瓶子因为土地表面有植被覆盖，渗出的水比较清澈。

6. 师：你们观察得真仔细。有了绿植覆盖之后，土壤能分流降雨、缓冲冲刷。这也是绿植可以充当"土壤保护被"、保持水土不流失的主要原因。这款新产品果然不同寻常。

板贴：防止水土流失

（三）降低噪音

1. 师：感谢记者朋友的参与，为我们更立体地呈现了道路廊道的魅力。

播放音频5《新产品体验3》。

地球爷爷：贝贝，我神经衰弱，听不得汽车喇叭等噪声。道路廊道这个产品在这方面有什么作用吗？

2. 师：记者朋友们，你们觉得道路廊道在这方面有什么作用？让我们听听贝贝的介绍。

播放音频6《贝贝介绍降噪功能》。

低碳贝贝：爷爷，这款新产品也能满足您这方面的需求。让我带您实地考察，用数据赢得您的支持和信赖。

109

播放视频2《降低噪音》。

绿化带对隔音降噪到底有没有作用？今天我们就一起测试一下。我们现在在辅路旁边，测试噪声到底有多少。

（工作人员测试辅路旁边的音量，为86.4分贝）

现在，我们来测试一下这个绿化带的宽度。

（工作人员测量绿化带宽度）

刚刚，我们测量了这个绿化带，长度50米。现在，我们走到边上的楼栋旁边测试一下音量。

（工作人员走到楼栋旁测音量，为56.4分贝）

通过这前后的数差，可以感知到这个绿化带对降噪是有作用的。50米的绿化带，在降噪功能上成效显著，能降低30分贝。

3. 师：看来，这款3.0生态产品——道路廊道，不仅在研发上瞄准市场需求，同时在功能上提供了有力的支撑，为地球爷爷带来了降低噪声污染的功效。下面，就请各位小记者将廊道的作用以通讯报道的形式呈现出来，让更多的人知道吧！

板贴：降低噪音

新生态3.0　亮点无限

新生态3.0道路廊道，亮点无限，优点多多。它不仅可以_____；可以_____；还可以_____。这是一款相当符合市场需要的新产品，期待它对生态的改变。

小记者_____报道

（学生手持话筒，进行通讯稿的播报）

设计意图： 通过视频、现场采访、实验对比，学生了解到道路廊道的建立需要大量的植树造林，进一步了解植树造林给人们生活带来的好处，明白道路廊道建设的重要性。

四、研发团队

1. 师：谢谢你，用文字向我们传递了有价值的信息，请回到记者席位。

播放音频7《感恩生态守护者》。

地球爷爷：贝贝，谢谢你！新产品令我焕然一新！这款新产品谁设计的？我要好好感谢他们。

低碳贝贝：地球爷爷，下个月的"感动中国"十大人物颁奖典礼上，他们也会在广大观众面前亮相。请您看视频。

播放视频3《感动与幕后英雄》。

有这样一群人，他们为城市道路建设默默付出。无数个白天，他们实地考察，顶着烈日与风雨测量勘探；无数个夜晚，他们伏案设计，为城市道路设计出片片绿意。无数次的商讨，无数次的推翻，无数次的模拟，设想变成现实，为我们带来如此美丽的道路。

又有这样一群人，用一把把扫帚扫出了城市的文明；用一个个簸箕端出了城市的整洁。每天清晨，奏响了劳动乐章的第一个音符。当你呼吸着新鲜的空气，漫步在干净的道路旁，你会感叹，这座城市真美！

这一切，都是这群智慧的、勤劳的平凡人的结晶！没有他们，城市将黯然失色！

地球爷爷：原来有那么多默默无闻的生态守护者啊！我想为他们写颁奖词。

2. 师：记者朋友们，那些默默无闻的生态守护者是谁呀？

生1：是廊道设计师，他们夜以继日设计图稿，规划方案。

生2：是环卫工人，他们不辞辛劳地清扫街道、修枝剪叶。

3. 师：下面，让我们为这群默默无闻的设计师和无私奉献的"城市美容师"撰写颁奖词。请你和身边的记者一起讨论。

（学生讨论并撰写颁奖词）

4. 师：的确，正是他们的努力付出，让人与自然紧密相连，给居民带来美的享受的同时，也让城市绽放出勃勃生机。

板书：绽放生机

> **设计意图：** 颁奖词的撰写要求学生从内心出发，表达对"生态人"的感激之情。这一活动能够培养学生的感恩心态，让他们学会珍惜和尊重他人的付出和贡献，同时在参与过程中深化对生态问题的理解和认识，激发参与生态文明建设的积极性和动力。

五、新品推广

1. 师：伴随着越来越多道路廊道的建设，地球爷爷的"身体状况"肯定会发生大改变，同时，我们的生活也将更舒适。

播放音频8《新产品投入使用》。

低碳贝贝：地球爷爷，浦东新区是我们最早开始新品测试的区域。从他的巨大改变来看，我们生态3.0产品已经很成熟了，您可以放心使用。

地球爷爷：耳听为虚，眼见为实。道路廊道对于浦东的环境有什么改变啊？

2. 师：地球爷爷的质疑不无道理，请你围绕这块浦东区域图，说说在哪些地方见过道路廊道呢？

PPT出示浦东区域变化图：

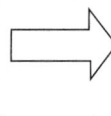

生1：我生活在张江地区，这儿就有许多道路廊道。

生2：我经常去滴水湖露营。那里的生态特别好，道路廊道随处可见。

3. 师：各位记者，新产品投入使用后，浦东人均占绿面积有了巨大的改变。请看大屏幕，请你们找找浦东新区历年来森林覆盖率数据的变化。

PPT出示浦东新区历年植物覆盖率数据、人均占绿面积比对图：

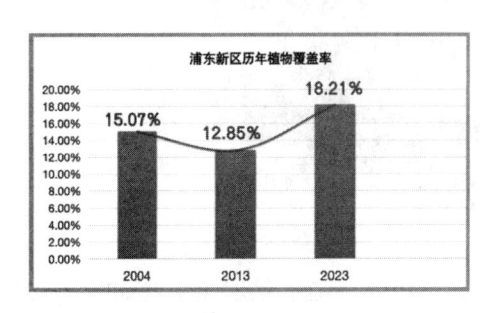

（学生看数据找变化）

生1：2004年森林覆盖率是15.07%。

生2：2013年下降到12.85%。

生3：2023年森林覆盖率达到了18.21%。

4. 师：记者朋友们真是火眼金睛！森林覆盖率从2004年的15.07%，连续五年不断下降到2013年的12.85%，随后节节攀升，到2023年直达18.21%。怪不得低碳贝贝说浦东的生态有了改变。人均占绿面积也发生了变化，从原来的人均0.54平方米，跨越到了如今的12.9平方米。下面，我们将把这些改变呈现给地球爷爷。请每组派一位小记者上来体验，0.54平方米的一张报纸可以站几位同学。要求脚平稳站立在报纸上，直至报纸不再容纳。

（学生参与体验）

5. 师：那么12.9平方米又可以容纳多少人呢？我们来估算一下。

（学生估算）

生：一张报纸可以容纳7人站立，1平方米约容纳13人，12.9平方米约容纳169人。

6. 师：刚才的互动体验，让我们直观地感受到了浦东20年来绿植覆盖率的变化。下面就请各位记者将这惊人的改变，用通讯报道的形式呈现给广大读者。

PPT出示：通讯稿。

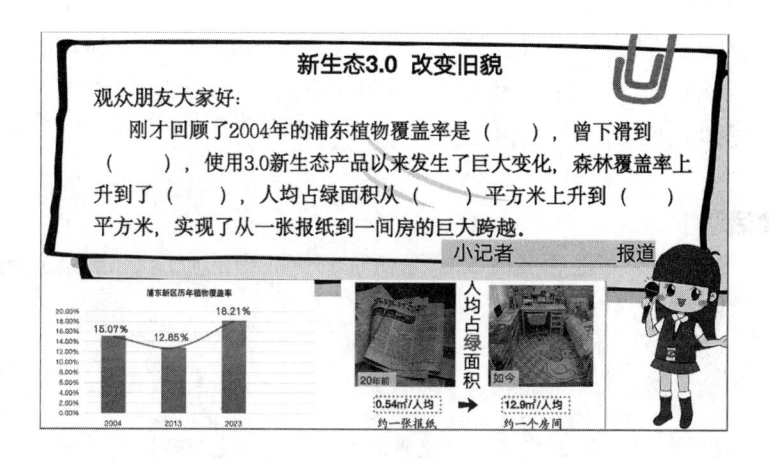

> **新生态3.0 改变旧貌**
>
> 观众朋友大家好：
>   刚才回顾了2004年的浦东植物覆盖率是（   ），曾下滑到（   ），使用3.0新生态产品以来发生了巨大变化，森林覆盖率上升到了（   ），人均占绿面积从（   ）平方米上升到（   ）平方米，实现了从一张报纸到一间房的巨大跨越。
>
>   小记者＿＿＿＿报道。

（学生完成通讯稿）

7. 师：现在，有请资深小记者来做分享。

生：观众朋友，大家好！刚才，我们回顾了2004年浦东植物覆盖率是15.04%，曾下滑到12.85%。使用3.0新生态产品以来，浦东发生了巨大的变化，森林覆盖率上升到了18.21%，人均占绿面积从0.54平方米上升到12.9平方米，实现了从一张报纸到一间房的巨大跨越。小记者王**报道。

8. 师：记者是新闻阵线的传声筒。感谢王记者用真实、具体的数据，向我们诠释了人们爱绿、植绿、护绿，改善环境、美化自然的举措。此次发布会中，大家现场聆听，亲身感受，相信也会像地球爷爷一样，对生态产品做出最公正的评价。

播放音频9《再续合约》。

地球爷爷：生态新产品太好啦！我对我的身体充满了希望。这款产品我非常满意，我要马上签约下单，请尽早发货！

低碳贝贝：好的！好的！谢谢地球爷爷的支持。等待您的五星好评和买家秀。未来，我们还会研发4.0的产品，欢迎您成为我们的VIP客户！

9. 师：各位记者们，客户的满意才是对商家最大的赞誉！请大家背靠座椅，双手自然垂下，用最舒服的姿势，一起观看一下道路廊道作用的介绍视频，见证这美好的时刻吧！

播放视频4《道路廊道作用介绍》。

媒体朋友们，让我们深呼吸，静静聆听。

百鸟争鸣，欢庆着一天的来临。微微的风儿吹拂而来，道路两旁的树木苍翠茂密，在晨光的掩映下更加迷人。片片绿叶输送出无限的新鲜氧气，这里就是天然的氧吧，让我们深深吸一口气，慢慢地呼出，清新的空气、青草的味道，合着阵阵花香，直入心脾。

听，潺潺的流水声；看，大片的林木，其间一条大路蜿蜒向前，像丝带穿越林间。

透过车窗，满眼绿色，顿觉疲累瞬间消失。

生态廊道的建立，大量树木花草的种植，降低了嘈杂的声音，令我们呼吸到了新鲜的空气。周遭的一切变得宁静而美丽，令人心旷神怡。

10. 师：有一种魅力叫道路廊道！生态廊道已然成为我们这座城市的新标签！感谢各位来到今天的生态产品发布会现场。未来，我们将努力开发升级产品，绘画出生态产品的新蓝图！今天的发布会到此结束。最后是我们的彩蛋时间，请得星最多的记者上台，由团长为他们颁发"金牌记者"荣誉证书和奖品——种子盲盒。再次感谢大家的参与！

（课堂表现最佳的小组学生上台领奖）

【延伸教育活动】

走一走，看一看，实地感受生态廊道在我们生活中的应用，自主选择推广方式并交流。

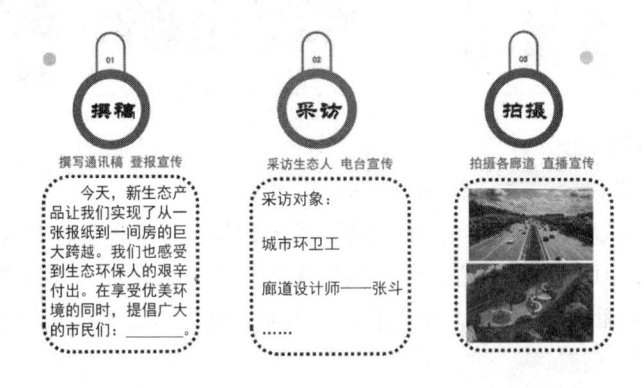

01 撰稿　撰写通讯稿 登报宣传

今天，新生态产品让我们实现了从一张报纸到一间房的巨大跨越。我们也感受到生态环保人的艰辛付出。在享受优美环境的同时，提倡广大的市民们：＿＿＿＿。

02 采访　采访生态人 电台宣传

采访对象：
城市环卫工
廊道设计师——张斗
……

03 拍摄　拍摄各廊道 直播宣传

【板书设计】

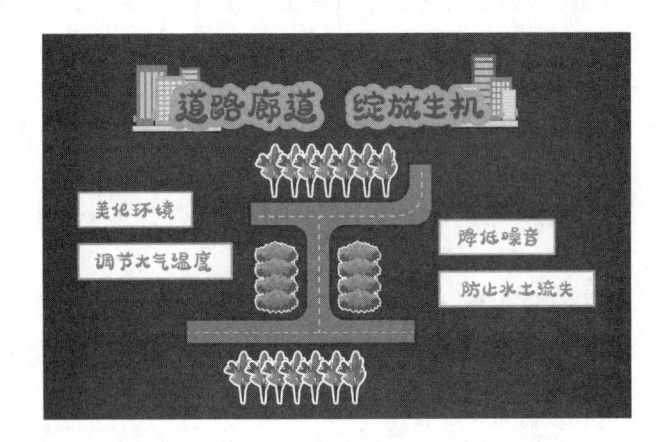

道路廊道 绽放生机
美化环境
调节大气温度
降低噪音
防止水土流失

【点评】

让学生"动"起来，让主题教育课"活"起来

主题教育课就像一场精彩纷呈的盛宴，因活动而精彩。吴老师结合学生的特点和班级的实际情况，在一个小小的教学空间里，巧妙地打通虚拟与真实，连接现在与未来，实现知行合一。通过丰富多样的活动形式，吴老师成功地达成了教育目标，收获了令人满意的教育效果。

1. 脑袋动一动——知识碰碰乐

通过生动有趣的"对对碰"抢答游戏，学生在轻松愉快的氛围中初步接触了"道路廊道"这个陌生的词汇。游戏中，吴老师精心准备了一些关于道路廊道的知识点，并邀请两位小记者进行抢答，不仅让学生在游戏中学到了知识，还增加了课堂的趣味性和互动性。

2. 双脚动一动——报纸上的惊喜

为了直观呈现1平方米的空间大小，吴老师组织学生双脚站立在报纸上。随着越来越多的学生站上报纸，课堂掀起了小高潮，学生也亲身感受到了浦东20年来植物覆盖率的惊人变化。这种互动体验让学生更直观、更深刻地理解了道路廊道的作用。

3. 小手动一动——新闻小达人

在实践活动后，学生以通讯报道的形式向观众详细介绍了植物覆盖率的变化和道路廊道的作用。创设新闻发布会这一情境，起到了画龙点睛的效果。学生们在实践中深入体会到了道路廊道的重要性，整个过程既充实又有趣。

上海市浦东新区张江高科实验小学学生发展中心副主任　徐留芳

资源系列

  在我们生活的世界中，资源无处不在。从脚下坚实的人行道到遥远而富饶的湿地，从垃圾的回收再利用到倡导绿色消费环保的理念，乃至我们日常生活中节约用水用电，它们都与生态文明息息相关。资源系列精选了五篇教案，旨在引导广大学生深入理解资源与生态文明之间的紧密联系。

  小学一年级学生以垃圾分类为主题，培养环保意识和实践能力；二年级学生探索人行道颜色的秘密，了解它的材料与环保意义；三年级学生围绕一次性用品展开学习，探讨其背后的资源浪费和环境污染问题；四年级学生将接触到绿色消费的理念，学习如何在日常生活中践行节约资源、保护环境的理念；五年级学生走进湿地的世界，感受湿地对生态平衡的重要作用。

  资源是生态文明的基石。除了本系列所涉及的主题，我们还可以从水资源的珍惜利用、森林的守护与恢复、可再生能源的开发与利用等多个角度，深入理解资源的有限性和珍贵性。这样，人与自然才能和谐共生。让我们一起走进这个资源的世界，从生活点滴做起，为生态文明贡献力量，守护美丽地球。

第 11 课　　环保小精灵大战嗡嗡怪之"分"出胜负

设计教师： 上海戏剧学院附属浦东新世界实验小学　　朱巧静　奚李婷
指导教师： 上海市浦东新区观澜小学　　　　　　　　曹丹红
　　　　　　 上海市浦东新区晨阳小学　　　　　　　　谈　冰

【活动对象】

小学一年级学生

【活动时长】

2+35分钟（2分钟预备时间）

【学情分析】

1. 垃圾分类有难度

对于一年级学生而言，因年龄尚小，理解和记忆能力相对有限，他们在对垃圾进行分类时，往往感到困惑和难以掌握。具体来说，他们在识别不同垃圾类别和遵循每种垃圾的分类标准上存在困难。日常生活中我们可以观察到，学生们在处理垃圾时，常常显得较为随意，他们可能不清楚应将垃圾投放至哪种颜色的垃圾桶中，从而导致了一些错误的投放行为，如将水果皮投入干垃圾桶中等。

2. 趣味启蒙来普及

这种现象的深层次原因，一方面是学生对环保的认识不够深入，他们可能并不清楚随意丢弃垃圾所带来的危害；另一方面，他们也未能充分理解，垃圾分类在推动生态文明建设中所扮演的重要角色。因此，我们需要通过更加生动、有趣且易于理解的方式，向学生普及垃圾分类的知识，并加强他们的环保意识，使他们能够真正认识到垃圾分类的重要性，并付诸实践。

【主题解析】

1. 倡导履行分类义务

《上海市生活垃圾管理条例》第四条规定："本市生活垃圾按照以下标准分类：可回收物、有害垃圾、湿垃圾、干垃圾。"第七条规定："单位和个人应当积极参与绿色生活活动，减少生活垃圾产生，履行生活垃圾分类投放义务，并承担生活垃圾产生者责任。"《中小学德育工作指南》中也强调生态文明教育，推动实行垃圾分类。作为一名上海小公民，有义务履行垃圾分类，承担起垃圾分类的责任。

2. 助力生态文明建设

在上海实行垃圾分类前，国家就提出了要努力养成垃圾分类的好习惯，以改善生态环境，为绿色和可持续发展做出贡献。实行垃圾分类，可以将可利用的垃圾变废为宝，减少资源浪费，同时处理有害垃圾，防止污染和扩散。因此，垃圾分类意义重大，是生态文明建设中的重要一环。

3. 践行绿色环保行动

对于低年级学生而言，垃圾分类是贯彻生态文明建设的一个很好的切入点。从学生的生活实际出发，通过主题学习，提升其垃圾分类投放的意识，使其掌握垃圾分类的正确方法和技巧，从而能体验到更安心、更舒适的生活环境。这有利于学生践行绿色环保可持续发展的理念，真正在行动中予以落实和持续。

【活动目标】

认知目标：

1. 识别上海市的四类垃圾桶。
2. 知道四种垃圾的特点。

情感目标：

1. 明确垃圾分类有助于生态文明建设。
2. 树立环保意识，愿意养成垃圾分类好习惯。

行为目标：

借助不同方法，对垃圾进行正确分类。

【活动重点】

1. 识别上海市的四类垃圾桶。
2. 借助不同方法，对垃圾进行正确分类。

【活动难点】

树立环保意识，愿意养成垃圾分类好习惯。

【活动准备】

多媒体课件、四类垃圾桶卡纸、派对垃圾小卡片。

【2分钟暖场活动】

活动名称：热身游戏"拍手歌"

1. 师：小朋友们好，我是朱老师，平时我可喜欢玩"拍手歌"了。请一位小朋友上来，跟我一起玩玩热身游戏"拍手歌"。

出示图片：

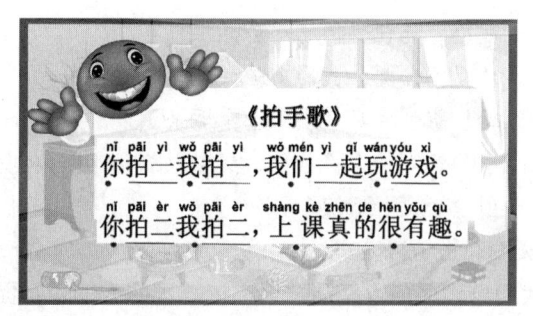

（一名学生上台与教师一起做热身游戏）

2. 师：哇！底下的小朋友也已经跃跃欲试了。快和小伙伴比一比，谁玩得又快又好，跟身边的同学组队，一起玩"拍手歌"吧！

（学生两两结对，玩热身游戏）

> 设计意图：师邀请学生一起玩热身游戏"拍手歌"，既调动了学生参与课堂活动的积极性，又为后面学习富有教育意义的《垃圾分类拍手歌》做了铺垫。

【活动过程】

一、垃圾不分类

1. 师：咦，谁来啦？

PPT出示图片：环保小精灵——皮卡丘。

生齐：皮卡丘。

2. 师：听说，小精灵皮卡丘最近正在积极参与"环保小达人"的评选。告诉你们一个小秘密，今天，它还要开生日派对呢！走，我们去瞧瞧！

播放音频1《小精灵过生日》。

小精灵：香喷喷的烤鸡、热乎乎的奶茶、金黄酥脆的炸薯条、酸酸甜甜的意大利面和松软可口的生日蛋糕，还有这么多来为我庆祝的朋友。今天的生日派对真是太开心啦！

朋友们：祝你生日快乐！祝你生日快乐！祝你生日快乐，祝你生日快乐！

（画面转入黑夜）

小精灵：热闹了一天，朋友们都回家去了。哎呀，这一地的垃圾，怎么办呢？不管了,太累了,全部丢到一起吧,先让我休息一会儿再说。

嗡嗡怪:哇哈哈哈,垃圾不分类,我们更强大。

小精灵:好臭——天哪!脏兮兮臭烘烘的嗡嗡怪来了!脏死啦——

3. 师:哎呀,怎么回事呀?为什么脏兮兮、臭烘烘的嗡嗡怪会到小精灵的家里来呢?

生1:因为小精灵把垃圾都丢到一起了。

生2:因为小精灵没有把垃圾分类。

4. 师:两年前,我们身边很多人乱扔垃圾,造就了强大的嗡嗡怪家族!市政府实施垃圾分类后,大家乱扔垃圾的现象有所改善,嗡嗡怪家族已悄无声息。不过,最近这个家族又一次活跃起来,出现在大街小巷。小精灵算是遇上难缠的对手了。

板贴:小精灵大战嗡嗡怪之"分"出胜负

> **设计意图:** 本节课的一大特点就是派对情境贯穿始终,小精灵皮卡丘和反派人物嗡嗡怪作为一年级小朋友熟悉的卡通人物,他们之间围绕"垃圾分类"展开的战斗吸引了小朋友们的注意力,让小朋友们在有趣的对战游戏氛围中主动学习"垃圾分类"的相关知识。

二、垃圾怎么分类

(一)认识四类垃圾桶

1. 师:小精灵与嗡嗡怪的这场战斗,究竟谁会取得最终的胜利呢?臭烘烘的嗡嗡怪想要占领小精灵的家,小精灵会怎么接招呢?

播放音频2《小精灵不知道四类垃圾桶》。

小精灵:受不了啦!好脏好臭啊!我要赶紧去小区垃圾房,把这些垃圾全部分类投放,赶走嗡嗡怪!

(小精灵扛起垃圾)

小精灵:哎哟,重死我了,终于到小区垃圾房了。糟糕!这四个垃圾桶上分别写了什么呢?

嗡嗡怪:哈哈哈!小精灵,你连字都不认识,还想分类投放垃圾,做梦吧!

小精灵:哼,我一定有办法分清四类垃圾桶。让我好好想想……

2. 师:同学们,你们有什么好办法分清四类垃圾桶吗?

PPT出示图片:四色垃圾桶。

生1：红色垃圾桶装的是有害垃圾；蓝色垃圾桶装可回收垃圾；棕色垃圾桶装湿垃圾；黑色垃圾桶装干垃圾。

生2：我根据垃圾桶上的图案来分清装什么垃圾。

3. 师：你们想的办法多有意思啊！红色垃圾桶装有害垃圾。红色像火一样，很危险。蓝色垃圾桶装可回收物。蓝色像大海一样，里面有很多宝藏。它的名字很特别，我们再叫叫它。

生：可回收物。

4. 师：你们说得真响亮！棕色垃圾桶装湿垃圾。棕色就像泥土一样，湿哒哒易腐烂。黑色垃圾桶装干垃圾。黑色很神秘，不容易发生腐烂。

播放音频3《小精灵邀请你学习〈拍手歌〉》。

小精灵：哎呀，想起来了，上次听到的《拍手歌》，就是在讲四类垃圾桶的颜色和名字嘛！哈哈，十万伏特，出来吧，《拍手歌》！

播放视频1《垃圾分类拍手歌》。

拍手歌
你拍一我拍一，红有害，蓝回收。
你拍二我拍二，棕湿湿，黑干干。
你拍三我拍三，四种颜色要记清。
你拍四我拍四，垃圾分类很简单。

5. 师：红有害，蓝回收，棕湿湿，黑干干，好有趣！我们也一起来学着唱，跟你身边的小伙伴拍起手来。音乐停，你就停。

（学生两两结对唱《垃圾分类拍手歌》）

6. 师：哪对小伙伴，想上来和小精灵一起唱？

（生举手、上台唱《垃圾分类拍手歌》）

7. 师：你们学得好快，相信小精灵也一定学会了。老师请四位小朋友给黑板上的四个垃圾桶贴上名字，谁来试试？其他小朋友，我们一起唱《拍手歌》，帮他们回忆一下。

（生上台贴垃圾桶名字，台下学生齐唱《拍手歌》）

板贴：四个垃圾桶及其名字

（二）尝试分类遇难题

1. 师：看来《拍手歌》真的很有用呢！小精灵，真有你的！加油赶走嗡嗡怪！

播放音频4《小精灵不会分类》。

小精灵：嗡嗡怪，我牢牢记住了四类垃圾桶的区别，吃我一次小电击！

嗡嗡怪：哎哟，别得意太早！

小精灵：嗡嗡怪这个讨厌的家伙，身上实在太脏了！我得快点把垃圾分好类。电池是有害垃圾，可乐罐是可回收物，面条是湿垃圾，脏纸盆是干垃圾，薯片包装袋是——薯片包装袋是什么垃圾呢？算了，先分其他的。鲜花、蛋糕、矿泉水瓶……哎呀，惨了惨了，完蛋了！剩下的垃圾我都不会分啊！

嗡嗡怪：小精灵，就算你记住四个垃圾桶又怎么样，派对上的这些垃圾你不还是不会分！哈哈哈哈！我们可以留下来喽！

2. 师：难道，小精灵要输了吗？派对上的这些垃圾，该扔到哪个垃圾桶里呢？小朋友，先小组讨论一下，试着将派对上的垃圾分类投放到桌面上的四个垃圾桶里。音乐停，游戏停。

出示图片：

（学生以小组为单位进行活动；一组学生上讲台在希沃平台上操作）

3. 师：同学们，你们分的和讲台上的同学一样吗？

生齐：一样。

（三）寻找分类好办法

1. 师：对于部分垃圾的分类，我们还存在着疑惑。看来，得想办法学会垃圾分类。

播放音频5《分类小妙招》。

小精灵：我可不想输给嗡嗡怪，如果有垃圾分类的小妙招就好了！对了，不是还有一首《垃圾分类歌》吗！嗡嗡怪，你别嚣张，等我听完《垃圾分类歌》，学到妙招，看我怎么对付你！哈哈，十万伏特，出来吧，《垃圾分类歌》！

播放视频2《垃圾分类歌》：猪猪不爱吃那就是干，纸巾和餐具全部都算。猪猪很爱吃剩菜剩饭，这些湿垃圾里都包含。干湿有点犯难，如何判断湿或是干？最主要是看他们最后腐不腐烂。有害的垃圾都很危险，电池和灯管全部都算。还有些垃圾多多益善，比如可乐罐可以卖钱。

2. 师：相信机灵的你们，一定把这些好办法记住了！干垃圾和湿垃圾该怎么区分呢？

生：看腐不腐烂。腐烂的是湿垃圾，不腐烂的是干垃圾。

3. 师：难度升级啦！有害垃圾和可回收物怎么区分呢？

生：很危险的垃圾是有害垃圾，可以回收卖钱的垃圾是可回收物。

板贴：很危险 可卖钱 会腐烂 不腐烂

4. 师：同学们，蓝色的垃圾桶，它的名字很特别——"可回收物"。为什么要叫它可回收物，而不是可回收垃圾呢？

生：回收后，我们可以再利用。

5. 师：来，按照垃圾分类的"小妙招"，再看看自己的小组都分对了吗？之前上台展示的小组，请你们再上来一次。看看这次都分对了吗？

（学生检查）

6. 师：《垃圾分类歌》的小妙招真厉害。大家学习后，全分对啦！

出示图片：

（四）了解分类小帮手

1. 师：小精灵应该也能学会分类小妙招，让我们把小妙招告诉它吧！

出示板书：

（学生朗读板书）

播放音频6《小精灵得意得太早》。

小精灵：哈哈，找到啦，我找到垃圾分类小妙招了。剩下的垃圾难不倒我！

嗡嗡怪：咦，沙发底下还有垃圾没清理干净。小精灵，别高兴得太早，哇哈哈哈！

小精灵：天哪，我太不小心了！让我好好看一看，这不是大核桃壳吗？大核桃壳这么硬，是干垃圾？不对不对，区分干垃圾和湿垃圾是要看它们腐不腐烂。大核桃壳是包裹大核桃的皮，是会腐烂的湿垃圾吧？哎呀，谁能告诉我，大核桃壳到底是什么垃圾啊？

2. 师：这下，小精灵遇到难题了。小朋友，碰到难分的垃圾时，你们会想到哪些好方法呢？

生1：我会询问家长。

生2：我会上网查。

3. 师：老师悄悄地告诉你们喔！其实手机上有很多实用的垃圾分类小程序，像这个"垃圾分类管家"小程序，不仅能语音识别垃圾，还能拍照识别，可方便了！老师早上正好剥了几个大核桃吃。看，我这就用"垃圾分类管家"的拍照识别功能，现场来试试。

（老师打开小程序，对准核桃拍照）真的识别出来了，原来大核桃壳是——干垃圾。

设计意图： 通过《垃圾分类拍手歌》熟悉的旋律、贴近生活的歌词，让一年级的孩子在唱唱玩玩的轻松氛围中，牢记上海市的四类垃圾桶。在寻找垃圾分类小妙招时，小朋友通过小组合作说一说、贴一贴，尝试总结垃圾分类的方法，将教师的教转变为自己的学，提升参与度和积极性，循序渐进掌握方法和技巧。

三、坚持垃圾分类

1. 师：有了"垃圾分类管家"这个小帮手，这下，可难不倒小精灵了。

播放音频7《小精灵的第二次胜利》。

小精灵：总算全分对了。嗡嗡怪，看你还有什么好说，再吃我一次电击！

嗡嗡怪：可恶可恶，竟然还有垃圾分类的查询小程序。我的能量越来越少了！哼！我们不服气！我再去上海的其他地方看看，只要大家乱丢垃圾，我们家族就能重新恢复能量了！

小精灵：嗡嗡怪，你别做梦了。小朋友们和爸爸妈妈一起努力，垃圾分类做得可好啦！

播放视频3《小区垃圾分类成效显著》：小区垃圾房内，大人和小孩都能自觉地进行垃圾分类。四色垃圾桶摆放得井井有条。好习惯养成，棒棒的！小区多美多干净啊！

2. 师：嗡嗡怪想留在上海，看来难度有点大哦！那么，我们怎么才能让它们永远不回来呢？

生1：我们要进行垃圾分类。

生2：我们要坚持下去。

3. 师：是的。大家一起努力，坚持垃圾分类，一定能消灭嗡嗡怪！小精灵，快抓住机会赶走嗡嗡怪！

播放音频8《小精灵的第三次胜利》。

小精灵：嗡嗡怪，这下我看你怎么办！看我的大招——超强电击！

嗡嗡怪：啊！好讨厌的感觉啊！我一定会回来的！

设计意图： 小精灵与嗡嗡怪围绕派对垃圾的每一次"拉锯战"都扣人心弦。三次大战越来越激烈，激发起小朋友们的探究兴趣，他们能积极参与到课堂中来，同时也从三次大战中意识到了坚持垃圾分类、树立环保意识的重要性。

四、垃圾分类有意义

1. 师："环保小达人"的颁奖仪式开始啦！请同学们仔细听听小精灵的参选感言，等会儿，老师要请你们来做小评委。

播放视频4《小精灵的参选感言》。

小精灵：今天是"环保小达人"的颁奖日，好激动啊！想起那天跟嗡嗡怪的战斗，真是好险。打败嗡嗡怪可真不容易啊！还好我用心学习垃圾分类的知识，现在，我已经把四类垃圾桶和分类小妙招都记得牢牢的！听说21天能养成一个好习惯。今天，已经是我坚持垃圾分类的第33天了！我不仅要继续坚持下去，还要让更多的人知道垃圾分类的好处，让嗡嗡怪家族再也回不来！还有一个小秘密告诉你们——垃圾分类还能变废为宝！做好垃圾分类，既可以节省土地，又能避免污染，减少嗡嗡怪的产生。小小举动，就能还自己一片碧水蓝天。垃圾分类，让我们一起行动起来吧！这就是我的参选感言，希望大家能投我一票！

2. 师：小评委们，你们会投小精灵一票吗？准备给小精灵投票的同学，请举手，并说说你的理由。

生1：小精灵坚持垃圾分类33天了，嗡嗡怪也不会再出现了。

生2：他认真学习垃圾分类，把不同颜色垃圾桶的类别都记得牢牢的，还知道了垃圾分类的小妙招，所以我准备给他投票。

3. 师：看来，大家和小精灵一样，都知道了垃圾分类的方法和作用。当当当当——让我们揭晓最终结果！哇，小精灵通过自己的努力，真的评上了"环保小达人"，让我们用掌声恭喜他！

（学生鼓掌）

板贴：环保

4. 师：今天，我们一起见证了小精灵打败嗡嗡怪，并最终评上了"环保小达人"。大家也从课上收获了很多垃圾分类的知识，老师要奖励每个同学一张皮卡丘贴纸。希望今后你们也能够像小精灵一样，成为一个"环保小达人"。

> **设计意图**：邀请学生当小评委，讲讲投票给小精灵的原因，其实是帮助学生对本节课学习收获的一次梳理，除了引导学生要像小精灵一样坚持垃圾分类之外，也让学生初步明白了垃圾分类的深远意义。

【延伸教育活动】

师：大家回家后，请将家中的垃圾进行正确分类，投放到小区的四类垃圾桶里，并且坚持下去。这小小的举措，就是大家爱护上海、爱护地球的大大行动哦！

【板书设计】

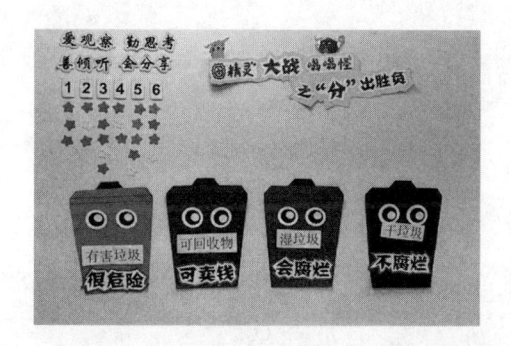

【点评】

歌曲改编，助教学目标达成

本课题目为"环保小精灵大战嗡嗡怪之'分'出胜负"，主要人物是小精灵皮卡丘、双弹瓦斯嗡嗡怪，主要内容为两者的三次大战，主要目的是"分"——垃圾分类，且在三次大战中正确分类，决出胜负。

1. 课前儿歌改编，做好铺垫

正式上课前，老师将改编的《拍手歌》作为热身游戏，为学生们营造活跃的氛围。学生们一边按照节奏拍手，一边唱拍手歌，既调动了学生参与课堂活动的积极性，同时还为之后的教学内容做好铺垫，打下基础。

2. 课中儿歌改编，重点突出

在课堂中，老师为了让学生分清四类垃圾桶，精心改编了一首儿歌《垃圾分类拍手歌》，将垃圾分类知识巧妙地融入孩子们熟悉的儿歌中，使学习垃圾分类变得有趣而易于理解。

老师通过多种方式引导学生参与，如领读、自读以及同伴互读等。在轻松欢乐的氛围中，学生们反复唱着《垃圾分类拍手歌》，逐渐熟悉并牢记了上海市的四类垃圾桶。学生们在唱儿歌的同时，不知不觉地掌握了垃圾分类的知识。

3. 课后儿歌运用，落实分类

课后，奚老师布置了任务，让学生们按照《垃圾分类拍手歌》所唱，将家中的垃圾正确分类，投放到小区的四类垃圾桶里，让课堂中所学真正落实到生活实际当中，让每一个孩子能够养成正确垃圾分类的好习惯。

本课作为生态文明课程"资源系列"中的一节，除了引导学生正确垃圾分类之外，还想启迪学生垃圾分类的深远意义——垃圾分得对就是宝，能再产生很多有用的资源。所以最终目的是在"分"中见胜负，在"分"中明道理。

上海市浦东教育发展研究院德育教研员　姚瑜洁

第12课 "舒平美"人行道冠名齐行动

设计教师：上海市浦东新区万科实验小学　　方俊秀
指导教师：上海立信会计金融学院附属学校　韩　英

【活动对象】
小学二年级学生

【活动时长】
2+35分钟（2分钟预备时间）

【学情分析】
生态知识的缺乏

二年级小学生随着年龄的增长，开始逐渐意识到环境保护的重要性。他们能够理解一些简单的环保知识，对一些受到人类破坏的生态环境，受到威胁和伤害的动植物也会产生同情和关爱的情感。由于在学校、家庭和平时的社会生活中，学生接触的有关人行道的知识都是比较少的，加上二年级的小学生生活经验比较少，对于天天接触的人行道发生的巨大变化感触不深，也意识不到改造人行道就是一项生态文明建设工程。因此，可以从人行道发生的变化入手，对二年级学生进行生态文明教育，提升他们的生态道德素养。

【主题解析】
1. 生态工程——生态文明主要内容
《中小学德育工作指南》中指出"小学低年段要教育和引导学生保护环境，爱惜资源，养成基本的文明行为习惯"。在了解生态工程建设的过程中，学生需要关注环境问题、关注社会公益事业等，因为这种参与过程能够让学生感受到自己对于社会和环境的责任，从而培养他们的社会责任感和公民意识。

2. 人行道——生态工程代表之一
《中共中央　国务院关于全面推进美丽中国建设的意见》中提出："建设美丽中国是全面建设社会主义现代化国家的重要目标，是实现中华民族伟大复兴中国梦的重要内容。"人行道建设也是生态文明理念在城市规划中的具体体现，不仅要考虑交通要求，还要注重环保和生态可持续性发展。近年来，上海市人行道空间净化工作持续推进，人行道的变化每个市民都有目共睹。二年级学生对于身边的人行道认识上的不足，从某种角度上看，是对生态资源的忽视，需要教师及时教育和引导。

3. "舒平美"——让我们生活更美好

通过"舒平美"人行道冠名齐行动活动，既可以调动二年级学生参与活动的热情，也可以让他们在活动中切实感受到生态人行道改建后既给我们的生活带来了便捷舒适，又改善了我们的生活环境。这样贴近生活的生态主题教育也有助于促进学生的全面发展，提高他们的综合素质，使其形成可持续发展的生活理念。

【活动目标】

认知目标：
1. 知道人行道的含义、种类。
2. 了解人行道不同颜色所代表的意义。

情感目标：
1. 感知人行道发生的变化，体会生态建设给我们带来的便利和美好。
2. 愿意从身边做起，从小事做起，用实际行动保护生态环境。

行为目标：
1. 明确人行道舒服、平坦、美观的三大标准，能根据不同环境选择适合铺设的砖块。
2. 形成主动保护人行道的意识，学会爱护、维护人行道等生态环境的方法。

【活动重点】

感知人行道发生的变化，体会生态建设给我们带来的便利和美好。

【活动难点】

愿意从身边做起，从小事做起，用自己的实际行动保护生态环境。

【活动准备】

学生准备：
1. 分成6个小组，确定好各组组长和每个人的序号。
2. 准备一个笔袋，里面装好铅笔。

教师准备：
1. 收集有关人行道改建前后等方面的图片和资料。
2. 整理与主题活动有关的歌谣或儿歌。
3. 收集有关破坏人行道的图片。
4. 制作PPT图片和视频。

【2分钟暖场活动】

活动名称：看谁反应快

1. 师：同学们，今天分小组活动，我们来给每个小组排排序吧！发现你座位上的数字秘密了吗？你们每个人的座位上都有属于自己的数字秘密，快速看下，我们来玩叫号游戏。

（学生听序号举牌）

2. 师：叫号游戏同学们表现非常棒，下面我们再一起玩个喊口号游戏吧。我说"我能行"，你们快速接出"我最棒"，看谁反应快。下面的活动过程中，小朋友们要是听到我说"我能行"，也快速接出"我最棒"，并立刻安静坐好。我们一起来试一试吧。

3. 师：我能行！

生：我最棒！

【活动过程】

一、寻找"舒平美"

（一）什么是"冠名"

1. 师：未来电视台"乐哈哈节目组"受上海市路政局委托，要制作一档关于"人行道冠名"的电视节目。小朋友们，你们知道"冠名"是什么意思吗？

生：冠名就是冠军。

2. 师：你回答问题积极，老师要给你冠名"积极星"的称号了。但冠名不是冠军哦！让我来告诉大家，冠名就是在某种事物前面加上某个称号。比如，最近我们二（3）班同学表现特别棒，学校授予我们文明班流动红旗，我们班就是被冠名"文明班"的称号了。今天我们的节目就是要在参选者中挑选出最符合"舒平美"要求的人行道，然后给它们加上"舒平美"的称号。让我们叫响活动任务——"舒平美"人行道冠名齐行动！

（学生齐喊："舒平美"人行道冠名齐行动！）

板贴："舒平美"人行道冠名齐行动

（二）岗前培训

1. 师：方老师通过竞聘成为这次电视节目的主持人。节目组还需要一些大众小评委，主持人带着你们一起去竞聘，怎么样？要想成为大众小评委，还需要完成三个小挑战哦。

出示问答题：

> 什么是人行道？
> 人行道分几种？
> 冠名"舒平美"的标准是什么？

生1：人行道就是平时我们走的道路。

生2：马路上画着横道线的。

生3：人行道就是人过马路的行走路线。

生4：冠名"舒平美"的标准就是很美、很平整。

2. 师：大家的回答究竟对不对呢？节目组为大家准备了岗前培训。让我们一起扫一扫二维码来完成吧。

播放音频1《认识人行道》。

人行道就是供行人走的公共通道。

类别包括道路人行道、公园步道、健身绿道和人行天桥等。

舒服、平坦、美观的人行道就可以冠名"舒平美"啦。

3. 师：岗前培训有必要，当场考证也少不了。大众小评委们，资格认证马上开始了，请答题。

出示问答题：

> 人行道是什么？
> 什么是公共通道？马路上的斑马线是人行道吗？
> 人行道家族成员包括哪些？

生1：车子不能走的，供行人走的道路。

生2：在室外的公用的道路是公共通道，斑马线不是人行道。

生3：人行道家族成员有道路人行道、公园步道、健身绿道、人行天桥等。

（三）点兵点将

1. 师：恭喜各位大众小评委们，资格认证第一环节顺利通过！节目组还希望各位大众小评委对铺设人行道砖块的大小、颜色、材质有更多的了解，特意给大家准备了"点兵点将"的游戏活动，请大家选出适合铺设人行道的砖块。"点兵点将"第一轮大赛，准备——开始！这一组砖块中，点兵点将，你们点哪个，为什么？

出示图片：

生1：点兵点将，点大的这块砖，因为大的砖块铺出来会更平整。

生2：点兵点将，点第二块砖，这块砖平整，而且干净。

2. 师：大众小评委们，根据不同砖块，节目组进行了模拟铺设，你们发现有什么不同？

出示图片：

生：小的砖块铺出来凹凸不平，没有大的砖块铺出来平整。

3. 师：哇！主持人要给你们点赞！看来我们选择砖块铺设路面，第一标准就是——

生齐：平坦。

板贴：平坦

4. 师：第一轮大赛，大众小评委们一下子就点中了一名大将，太棒啦！接下来，进入第二轮大赛，这轮"点兵点将"你点哪一个，请说清点它的原因。

出示图片：

生：彩色的铺设出来会很美观。

5. 师：小评委迅速发现了，选择砖块的另一个重要标准是——

生齐：美观。

板贴：美观

6. 师：作为主持人，我做了很多功课。我知道，上海目前的彩色人行道有红色、蓝色、绿色和黄色等。其中，不同颜色蕴含着不同含义。跟着主持人一起来欣赏视频，了解颜色背后的秘密，然后，请一名小评委来完成配对游戏挑战哦！

播放视频1《人行道颜色特殊意义》：彩色人行道是配合周围建筑的特点，如海派、金融、复古、仿旧、现代以及休闲等来搭配的。红色路面和附近的红色建筑文化，蓝色路面和附近的蓝色建筑文化都相得益彰；健身绿道和公园主要采用绿色路面，黄色主要用于盲道。人行道周围还增设了绿化带提升景观，改建步道兼具了休闲功能，变得更有温度、更具人性化了。

出示连线题：

红色	健身绿道、公园
绿色	盲道
黄色	红色文化
蓝色	蓝色建筑

（两名学生依次回答）

7. 师：全对啦！太棒了！即将进入第三轮"点兵点将"大赛。这一轮，你们需要选出最适合铺设人行道的砖块种类。这两块分别是普通砖和透水砖，点兵点将，你点谁，为什么？

出示图片：

生1：我选择透水砖。下雨的时候，水会往地底下漏。

生2：我选择非透水砖。砖块看上去比较硬，不会碎。

8. 师：究竟谁说的是正确的，我们一起用实验来验证。请两名大众小评委上来做实验，再请两名小评委来观察，其他小评委仔细观看大屏幕投出来的实验过程。我们会在这两块不同的砖上面都倒上相同计量的水，请负责观察的小评委摸一摸砖块上面、小动物脚底和放在砖块下面的纸有什么变化。

（两名学生按要求做实验，其余学生认真观察）

生1：非透水砖上面的水都在砖面上。小动物脚底下是湿的，下面的纸是干的。

生2：透水砖上的水很快就下去了。小动物脚底下是干的，下面的纸是湿的。

9. 师：各位大众小评委们，通过实验，你们有什么发现吗？我们应该选哪一种砖块来铺设道路呢？

生：选透水砖来铺设路面，因为透水砖砖块上面的水很快渗透下去了，行人走在上面不会滑；非透水砖如果遇到下雨天，行人走在上面脚底容易打滑，会摔跤。

10. 师：你太会思考啦，给你冠名"思考星"。节目组专门给我作过培训。通过培训，我知道很多透水砖都是用废旧的材料加工成的，具有可循环、再利用的低碳特点。另外，这种砖块孔隙大，透气透水，还有降低噪音的效果。用透水砖铺设路面，不但实现了雨水的循环利用，节约了水资源，而且还有助于修复城市的生态环境！希望这种低碳环保的透水砖能得到推广，运用到更多的人行道上。砖块湿漉漉，会让我们觉得不舒服，所以第三个标准是——

生齐：舒服。

板贴：舒服

（四）培训考核

1. 师：大众小评委们，经过岗前培训和"点兵点将"活动，下面主持人要对大家做一个培训考核。如果全部答对，咱们就上岗！

PPT出示三个任务：

第一个任务：判断正误

人行道就是供行人走的公共通道。（   ）

人行道就是特指马路上的斑马线。（   ）

第二个任务：选一选

下列有哪些是人行道家族成员？

道路人行道   人行天桥   机动车道   健身绿道   自行车道   公园步道

第三个任务：选一选

能被冠名"舒平美"的人行道必须具备哪些特征？

舒服   平整   积水   凹凸不平   有垃圾   美观

---

2. 师：请大家接受挑战！

（分组请学生完成三个希沃游戏）

（五）颁发证书

1. 师：大众小评委们，你们太棒啦！岗前考核顺利过关！节目组要给你们颁发"大众评审团"席卡啦，请每组的1号评委上前领取席卡。一起为成为大众小评委的自己鼓鼓掌。

（各组1号学生上前领卡；学生齐鼓掌）

2. 师：在冠名评选之前，请先全体起立，右手握拳放在太阳穴旁，一起宣誓——"我是大众小评委，今天评选的标准是舒服、平坦、美观。"

（全体学生起立宣誓）

出示内容：

我是大众小评委，今天评选的标准是舒服、平坦、美观。

设计意图：电视台评选活动是二年级学生喜闻乐见的形式，通过角色代入、岗前培训等形式调动学生参与的热情，达成认知目标中的"知道什么是人行道，了解人行道的种类和人行道不同颜色所代表的意义"。"点兵点将"活动也是二年级学生喜闻乐见的形式，通过"点兵点将"活动，学生对铺设人行道砖块的大小、颜色、材质有了更多的了解；希沃游戏让学生在游戏中对什么是人行道、人行道的种类和冠名要求有了进一步认识。

二、评选"舒平美"

（一）评选

1. 师：选好了"将"，也完成了岗前考核，下面主持人宣布，评选环节正式开始！大众小评委们，还记得评选标准是什么吗？

　　生：舒服、平坦、美观。

2. 师：哇！参赛选手们的积极性太高啦，我一下子收到这么多报名的信息。经过激烈的PK，最后有四名选手进入评选环节。各位大众小评委们，这四名选手带着他们的自我介绍向我们走来啦！

　　（学生听四名选手的自我介绍）

　　播放视频2《自荐》。

　　道路人行道：评委们好！我是1号选手，你们每天上下学都在我身上走来走去，是不是感觉我既平坦又美观？请一定要选我哦！

　　公园步道：大家好，我是2号选手，你们在公园散步时就离不开我，我的兄弟姐妹们五彩斑斓的，可好看啦！我肯定符合"舒平美"的要求，一定要投我一票哦。

　　健身绿道：大家好，我是3号选手。每个人都很喜欢到我这儿来健身，你们一定要选我哦！

　　人行天桥：Hi！我是4号选手！为了给你们带来舒适的体验，我每一层台阶都是精心修造的。请给我冠名"舒平美"吧，评委们请记得选我、选我、选我，我是4号哦！

3. 师：四名选手介绍完了！现在请大家跟着主持人一起来给四位选手做出评价。请拿出桌上的评选标准，依据标准，以小组为单位展开讨论，作出评价。如果三条标准都符合，就可以给这位选手冠名"舒平美"啦！

　　生1：1号选手既平坦又美观。

　　生2：2号选手我在公园散步时也见过。

　　生3：3号选手的颜色挺好看，可路面不平整。

　　生4：4号看着就舒服。

4. 师：四位选手都符合标准吗？哪个小组有不同的想法？

　　生：我们组认为3号不符合要求，它的砖块都翘起来了，不平坦，也不美观，走在上面肯定不舒服。

5. 师：谢谢你们组告诉大家3号选手不能冠名"舒平美"的原因！接下来，主持人正式宣布，成功获选的三位选手是1号、2号和4号。掌声向他们表示祝贺。

> **设计意图**："点将台""冠名赛"环节环环相扣。观看视频、对比图片，都可以让学生感知到人行道发生的巨大变化，体会到生态建设给我们生活带来的便利和美好，从而完成本次活动重点。

（二）保护"舒平美"

　　播放视频3《3号选手诉苦》。

　　未冠名成功人行道：主持人，不好意思，我忍不住想插几句话了。我很不幸，原来我也是舒服、平坦、美观的。现在,我变成这样了,能怪我吗!

出示图片:

1. 师:大众小评委们,这条人行道为什么生气啊?

   生:他原来很好看,后来被破坏了,就变得很难看。

2. 师:大众小评委们,你们平时有见到过这样的情况吗?如果看到了,你会怎么想,怎么做呢?

   生1:把放在盲道上的自行车推走。

   生2:告诉这些人不能在路面上涂鸦。

   板贴:讲文明 要保护 齐提醒

3. 师:节目组发来一张被破坏的人行道图片,请大众小评委们来帮它复原成"舒平美"的模样。谁想来试一下?

   出示图片:

   (学生上前复原人行道)

4. 师:真棒!给你冠名"动脑星"!小评委们,你们用实际行动保护了人行道。工人叔叔阿姨精心为我们铺设了生态人行道,我们每一个人都应该讲文明,不随意破坏;如果看到不文明的行为,我们要适当提醒;遇到严重的破坏行为,经劝阻无效,可以给市道路运输局写信或打12345市民热线,提出自己的意见和建议。

设计意图: 二年级的学生喜欢娱乐节目,"动手复原人行道"这样的形式让学生在轻松欢快的情境中,知道要从身边做起,从小事做起,用自己的行动保护生态环境。本环节突破了此次活动的难点,并达成本次活动的情感目标和行为目标。

三、冠名"舒平美"

1. 师：感谢各位大众小评委积极参与节目录制，因为你们的优秀表现，本次活动非常成功；感谢精心为我们铺设生态人行道的叔叔阿姨们，因为他们的辛勤付出，才有了这么多舒平美的人行道。节目组为了让更多的人知道并参与到保护"舒平美"的行动中来，想编写歌曲《舒平美》，请大众小评委们帮忙一起来填下歌词吧。

出示题目：

> 来，走出来，好不好，我们一起走。
> 舒服，平坦，美观，我们一起走。
> 保护人行道，一起来行动。

（学生边读边填歌词）

2. 师：最后，节目组还想为本次活动录个宣传曲，让我们一边欣赏获评"舒平美"的人行道集锦，一边唱响《舒平美》，一起去寻找、发现更多的"舒平美"，让更多的人行道成为"舒平美"。

播放音频2《舒平美》。

> 来，走出来，好不好，我们一起走。
> 舒服，平坦，美观，我们一起走。
> 保护人行道，一起来行动。

（生齐唱）

3. 师：摄影师，请给我们所有参与节目录制的大众小评委们一个特写，我们来拍一张合影。大众小评委们，一起喊出我们的任务——"舒平美"人行道冠名齐行动，期待下次节目我们再相见。

（生齐喊——"舒平美"人行道冠名齐行动）

设计意图： 歌曲的改编引入是对本节课内容的总结，也使整节课情境更完整。

【延伸教育活动】

师：做个有心的小市民，如果看见随意乱扔垃圾、破坏公共设施、在公共场所乱涂乱画、随意践踏草坪等破坏生态环境的不文明行为，请及时提醒或向环保局等部门提出意见。

PPT出示：

> 环保部门联系方式：
> 1. 微信公众号"12369环保举报"；
> 2. 热线电话12345、12369；
> 3. 上海市生态环境局门户网站"网上举报"栏目。

【板书设计】

【点评】

教具见智　生态生辉

教具，不仅是知识的载体，更是启发学生探索欲望的媒介。方俊秀老师的这堂主题教育课，通过巧妙运用教具，创新教学模式，激发学生的学习兴趣和积极性，引领学生深入探索生态文明。

1. 握证在手，肩负责任

在接受完上岗培训考核后，方老师精心设计了一份"大众评委证书"，并赠予了在场的学生们；接着，小评委们在老师带领下举行上岗宣誓。这一环节，仪式感浓重，让每一位持证上岗的小评委都怀揣着使命，认真地履行着责任。颁发上岗证的设计让学生有了明确的任务和责任感，也让他们在实际的评选活动中，有了思考和判断的空间，深化了对人行道建设和生态文明的理解。

2. 智问水砖，探秘科学

方老师用透水砖与非透水砖，开启了一场智慧的探索旅程。巧妙的小实验，虽然实际操作和近距离体验的学生是4人，但老师通过现场投影的方式让全班学生直观感受到两块砖的吸水情况，辨析了透水砖和非透水砖铺设在路面的体验感。学生们直观地了解了透水砖的特殊性，领会到生态人行道设计的原则。在这场旅程中，每滴水珠都饱含知识，课堂实验犹如智慧的种子，在学生心中生根发芽，亲身实践体验使他们更深刻地领悟到生态文明的深远意义。

3. 研判评价，加深理解

在争当"舒平美"的人行道选手环节，方老师妙手生辉，创设了"生态研判表"评价表格。这张表格不仅仅是一份评分表，更是一份沉甸甸的责任，学生们需要对参选的人行道选手的舒适性、平坦性和美观性进行独立评价。在评价的过程中，学生不仅是决定者，也是实践者，对生态文明理念的理解也更加深入。

教学如绘图，巧思显匠心。方俊秀老师以一张张上岗证、一块块透水砖、一份份"生态研判表"，巧妙地构建出一个生动活泼的生态文明主题教育课堂。在她的课堂中，教具不仅是知识的载体，更是激发学生探索欲望的媒介，学生通过实践、互动、探索，真正感知生态文明的魅力，理解生态文明的重要性。

上海立信会计金融学院附属学校副校长　韩　英

第 13 课　一次性大王变变变

设计教师：上海市浦东新区园西小学　奚玲玲
指导教师：上海市实验学校东校　　　徐澄怡

【活动对象】
小学三年级学生

【活动时长】
2+35分钟（2分钟预备时间）

【学情分析】
一次性用品的"爱恨情仇"

三年级学生在日常生活中接触到很多一次性用品，并因为一次性用品的方便、轻巧而经常使用。但是，大部分学生使用过后，便直接丢弃了，并没有意识到制造这些一次性用品浪费大量森林资源的同时，也会对自然环境造成危害，继而影响生态和谐；而使用过后的丢弃行为，还会造成二次环境污染，破坏生态环境。

【主题解析】
1. 一次性用品，生态教育当务之急

《中小学德育工作指南》明确指出：要引导学生了解人类自身行为对环境所产生的正面与负面的影响；有忧患意识，对影响环境的行为采取节能、环保等审慎的态度；自觉践行可持续发展理念，做力所能及的有关环境保护的事情。一次性用品的普及使用不仅导致了大量非可再生资源的快速消耗，还加剧了生产过程中的能源消耗和废弃物排放，对自然环境造成了难以逆转的损害。这些资源的过度消耗和环境的破坏，已经对全球生态平衡和可持续发展构成了严重威胁。因此就这个话题开展主题教育有其必要性和紧迫性。

2. 一次性用品，生态观念破坏之首

生活中随处可见一次性用品的过度使用。在快餐、外卖、网购商业模式的席卷下，一次性用品的消费越来越大，也渐渐影响着学生的生活习惯和消费观念，但这与建设资源节约型和环境友好型社会的理念是背道而驰的。一次性用品对资源的浪费和破坏是非常巨大的。

3. 替换一次性，生态文明和谐之美

因此，要改变生活观念，首先要从学生入手。从学生的生活实际出发，以情境为载

体，让学生从认知上转变固有的一次性用品观念，提升对一次性用品的生态认识；从情感上获得节约资源的生态体验；从行为上习得替换一次性用品的生态方法，知行结合，感受生态和谐之美，养成绿色环保的生活方式，并使之成为一种环保的新时尚，形成一种环保的好品质。

【活动目标】

认知目标：
1. 知道生产加工一次性筷子的步骤。
2. 了解一次性用品的利与弊。
3. 懂得一次性用品会浪费森林资源，破坏生态环境。

情感目标：
1. 愿意在家自觉不用、在外想办法少用一次性用品。
2. 树立节约资源的生态环保理念和意识。

行为目标：
学会将一次性用品替换成常用生活用品。

【活动重点】

1. 了解一次性用品的利与弊。
2. 懂得一次性用品会浪费森林资源，破坏生态环境。

【活动难点】

1. 愿意在家自觉不用、在外想办法少用一次性用品。
2. 树立节约资源的生态环保理念和意识。

【活动准备】

学生准备：
1. 分成6个小组，确定好各组组长。
2. 准备一支铅笔。

教师准备：
1. 收集相关资料，制作课件PPT。
2. 设计并准备好手举牌、角色盲卡、评价奖章。

【2分钟暖场活动】

活动名称："听奏大王"游戏

1. 师：嗨，同学们好！我们今天来做一个"听奏大王"的小游戏。耳朵听，做动作，既要专注，又要迅速。

（学生伸出双手，做好拍节奏的准备）

2. 师：先学老师拍节奏——拍拍桌，拍拿放。跟老师一起做2遍。会了吗？接下来，竖起耳朵，双手准备，先听再做，看谁是真正的听奏大王！先来挑战青铜级别——拍桌，拍拿放。恭喜大家顺利晋级到白银级别——拍拍桌桌，拍拿放。

（学生先模仿练习，再听音拍节奏）

3. 师：看来大家都是了不起的听奏大王啊！相信大家在接下来的活动中，也都会是专注大师！

【活动过程】

一、情境导入，交流经验

1. 师：上课！今天我们要认识一位新朋友，他可是一位吃货大王。

PPT出示：大王图片。

2. 师：他也是一位三年级的小学生。上周末，他和班里同学外出野餐，你们猜猜他带了哪一块桌布，为什么？猜一次性桌布的请举红牌，猜常用性桌布的请举绿牌。一二三，开始！这位举红牌的小朋友，请你来说说原因。那位举绿牌的小朋友，请你来说说你的想法。

（学生举起红牌或者绿牌）

生1：一次性桌布，因为轻巧。

生2：可反复使用的桌布，因为环保。

3. 师：你们真会思考，请大家轻放下牌子！想不想知道吃货大王究竟选了哪一块？想知道的，请坐正。

（学生放下牌子，端正坐姿）

4. 师：这个吃货大王呀，其实也是一位名副其实的一次性大王。

板贴：一次性大王的图片和文字

5. 师：今天他们家里要开火锅派对了，一次性大王正得意地哼着小曲儿，写着一次性用品清单呢！你们听！

播放音频1《"一次性大王"就是我》。

一次性，一次性，全部一次性，一次性碗筷，一次性刀叉，卫生又轻巧。

一次性，一次性，全部一次性，一次性桌垫，一次性毛巾，好用又方便。

6. 师：请大家来找一找有哪些一次性用品。

生1：一次性碗筷、一次性刀叉。

生2：一次性桌垫和一次性毛巾。

7. 师：你还见过哪些一次性用品？

生1：一次性口罩、一次性鞋套。

生2：一次性杯子、一次性眼镜布。

8. 师：你们的生活经验真丰富。现在啊，一次性用品在我们的衣食住行中随处可见，难怪一次性大王认为，这些一次性用品卫生又好用，又——

生齐：轻巧，方便。

板贴：轻巧 方便

> **设计意图**：通过一次性用品使用经验的交流，学生知道一次性生活用品的基本概念和优缺点，也为后面一次性筷子造成的资源浪费和破坏埋下伏笔。

二、趣味活动，了解危害

（一）看视频，知过程

1. 师：一次性大王看着自己写的清单，抱着它满意地睡去了。梦里，他来到了"筷子镇"。

播放音频2《老树的哭泣》。

老树：呜呜呜……

一次性大王：咦？是谁在哭呀？

老树：是我，呜呜呜……我是筷子镇上唯一幸存的老树。自从一次性筷子加工厂来到我们小镇，我的朋友们一个个离我而去，我现在孤零零地守在这里，身体也在一天天枯萎，只剩下沧桑的树干和枯黄的叶子。天空灰蒙蒙的，连一只小鸟也没有。

大王：老树爷爷，你别这么伤心，来，拿张一次性纸巾擦擦眼泪吧。

老树：哎呀呀，你还给我用一次性纸巾，就是这些一次性的纸巾、纸杯、纸盘、筷子把我们小镇给害惨了！小镇居民们个个都怨声连连。

板贴：老树的图片

2. 师：一次性大王怎么也想不明白，一次性用品方便又轻巧，怎么会惹祸呢？火眼金睛来推理。请一位小朋友上台来点击图片中的蛛丝马迹，进行推理。

生1：制作一次性用品需要用到很多树木。

生2：塑料包装会污染环境。

3. 师：你们说的都很有道理，可是一次性筷子加工厂负责人却不以为然。听，加工厂门口吵起来了。

播放音频3《小镇居民的控诉》：

加工厂负责人：别胡说，我们可都是合规合法操作的，我们一小时就能生产3000双筷子呢！深受人们的喜爱。

小鸟：这个加工厂来了以后，不知道为什么大树都不见了，害得我无家可归！真可恶！

小草：咳咳咳，这个加工厂来了以后，空气中到处都是灰尘，我讨厌这个加工厂！

泥潭：这个加工厂真可恨！自从它来了以后，我就再也没干净过，整天又脏又臭，真烦人！

4. 师：双方各执一词，互不相让。我们也来站站队，你支持哪一方呢？支持加工厂的请坐正，支持小镇居民的请起立。

（学生自主选择起立或者坐端正）

5. 师：看来大家非常支持小镇居民，请坐。刚才这位小朋友毫不犹豫地起立支持小镇居民，请你来说说理由。

生1：因为一次性筷子加工厂对环境有污染。

生2：因为小动物们都受到了伤害。

6.师：谢谢你的思考，你们和小镇居民想一块儿去了。情绪激动的居民们为了让加工厂关停，截取了一段有力的视频证据。

播放视频1《一次性筷子的生产过程》。

第一步：砍树。第二步：切割。第三步：漂白。

7.师：看完视频，老树爷爷更激动了。

播放音频4《老树爷爷的觉悟》。

老树：这下我终于知道了，原来就是这些生产过程，把我们小镇居民都给害惨了！

8.师："生产步骤刮刮刮"，到底是哪些生产步骤害惨了这些小镇居民？请一位小朋友来帮助老树刮一刮，并说出步骤。

（生上台刮卡并说步骤：（1）砍树；（2）切割；（3）漂白）

（二）辩辩辩，知危害

1.师：大王趁大家看宣传片的时候，偷偷地站到了加工厂的队伍中，而居民们的情绪更激动了。生产过程辩辩辩，一起去看看。

PPT出示：Round 1 砍树

2.师：你们知道吗？以一所3000人的学校为例，如果每个人一日三餐都使用一次性筷子，一天要砍掉3棵大树，一个学期需要砍掉几棵大树？"高高低低，你我竞猜"，请三位小朋友来挑战一下。

PPT出示：以一所3000人的学校为例，如果每个人一日三餐都使用一次性筷子，一天要砍掉三棵大树，一个学期就要砍掉_____棵大树。

（学生进行数字竞猜游戏）

生1：200棵。

生2：1500棵。

生3：300棵大树。

3.师：300棵大树，恭喜你答对了。原来要砍掉这么多大树啊！不仅如此，小鸟还带来了更有力的证据。

播放数字故事《小鸟的控诉》：一棵生长了20年的大树可以制造3000双筷子，而我国每年要消耗一次性筷子450亿双。这样算下来，每年需要砍伐大约2500万棵树，比一个世纪公园的树都要多。

4.师：大王看到如此惊人的数据，眼睛瞪得大大的，他终于知道了，原来……

生1：原来生产一次性筷子要砍掉很多树。

生2：原来一次性筷子的危害这么大。

5.师：是啊，一次性筷子的大量生产使得树木被大面积砍伐，林耕土地被大规模占用，森林资源被大大消耗和浪费。

板贴：浪费森林资源

6.师：恭喜小镇居民赢得了第一关，让我们跟随着小鸟一起挥动翅膀，庆祝一下！

PPT出示：Round 2 切割

7. 师：第二回合又开始了，加工厂的切割环节迫害了很多居民。小草也带来了有说服力的证据。

播放音频5《小草的控诉》。

小草：哎，咳咳咳，咳咳咳……我今天又咳得这么厉害了！这可恶的灰尘啊！

播放视频2《灰尘的危害》：我是波黑战争的硝烟，我是星球的微粒，我是火山的灰烬，我是中世纪武士们铠甲上掉落的铁屑。你有你的洁癖，我有我的坚持。你可以轻视我的渺小，但你无法忽略我的存在。我是小D，他们都叫我灰尘，我的身体只有百万分之一毫米，一个针鼻对于我来说就是一个鸟巢体育场。我的个头虽然小，但是力量却很大，当我和无数个小伙伴聚集在一起的时候，就会形成沙尘暴；当每立方厘米的空间能够聚集1016个灰尘黑手党时，空气中的灰尘含量就能超过人类承受标准的40倍，有谁能抵挡我们的进攻？至于近年来备受国人关注的PM2.5，更是我们一手操控的恐怖袭击。

8. 师：小草为什么讨厌加工厂呢？

生：小草讨厌加工厂是因为切割木材的过程中会扬起灰尘，使小草无法呼吸。

9. 师：在切割木材的过程中会产生扬尘，污染环境，空气总是灰蒙蒙的。看着四处飞扬的灰尘，大王惊恐失色。恭喜小镇居民赢得了第二关，小镇居民的气势更高涨了，让我们跟着他们一起举起右手，大声喊："浪费资源，污染空气！关停工厂，还我家园！"

PPT出示：Round 3 漂白

10. 师：好不容易挺过前面两关，更大的挑战还在后面呢！

播放音频6《泥潭的控诉》。

泥潭：漂白的过程不仅让我变成了一片枯竭的泥潭，还给其他居民带来了不小的伤害。

11. 师：漂白过的水对小镇居民有什么影响？"漂白危害找找碴，男生女生大比拼"，哪两位愿意上台来挑战？底下的男生女生也有任务哦，请你们为他们当智囊团，大声地帮助他们。

（生上台比赛）

12. 师：大王看到这样的结果，也是瞠目结舌。猜猜他在想什么？

生1：人喝了被漂白过的污水，会生病。

生2：用被漂白过的污水浇灌植物，植物会枯萎。

生3：小动物喝了被漂白过的污水，会失去生命。

13. 师：漂白的过程会对居民、植物和动物产生危害。一次性筷子的生产过程不仅会浪费森林资源，还会破坏生态环境。

板贴：破坏生态环境

14. 师：恭喜大家连过三关，帮助小镇居民获得了工厂危害辩辩辩的胜利。听奏大王们，跟着老师的节奏一起为自己鼓鼓掌吧！再和同伴相互庆祝一下，击掌说"耶"吧！

（三）换用品，还美貌

1. 师：看到此情此景，大王非常震惊。

播放音频7《老树的诉求》。

大王：原来使用一次性筷子要付出这么大的代价啊！现在的小镇真是太可怕了！

老树：孩子，你帮我想想办法，把我们当初美丽的小镇变回来吧！

2. 师：聪明的小侦探们，你们有什么好办法让现在的小镇变回美丽的小镇？

生1：多种树。

生2：少用一次性筷子。

3. 师：大王和你们想一块儿去了。他想把一次性用品替换成常用生活用品。我们来"生活用品对对碰"，一起去帮助大王吧！先请小朋友们组内讨论，将可替换的常用生活用品的图片找出来，看谁更快。音乐停，讨论停。开始！

板贴：替换

PPT出示活动单：

家庭火锅餐具清单	
一次性筷子	一次性杯子
一次性勺子	一次性桌布
一次性餐盘	一次性毛巾

（学生替换火锅餐具）

4. 师：我看到这组最快，派个代表来交流一下。其他同学一起喊出魔法口号："一次性，一次性，变变变！"

生齐：一次性，一次性，变变变！

（一位小组成员上台说一说"生活用品对对碰"的替换过程。同时，另一位成员上台点击PPT中家庭火锅餐具清单的相应位置，完成替换）

生1：我们小组的同学用常用性筷子替换了一次性筷子，用常用性玻璃杯替换了一次性杯子，用常用性调羹替换了一次性勺子，用常用性桌布替换了一次性桌布，用陶瓷餐盘替换了一次性餐盘，用常用性毛巾替换了一次性毛巾。

5. 师：你们真会观察生活，更会动脑思考。真了不起！

PPT出示：替换完成后的清单图片。

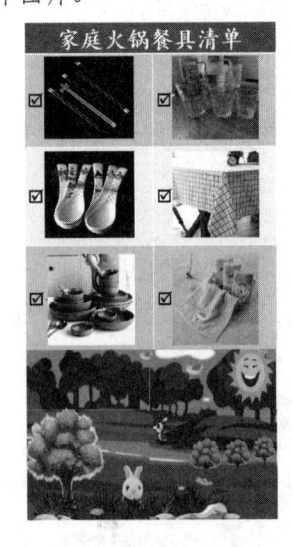

6. 师：咦，大家仔细看看火锅清单，发现了什么？
生齐：大王的清单变了！

板贴：变

7. 师：瞧，大王的眼前出现了一幅美丽的画面。这难道是……
播放音频8《老树的心声》。
老树：哎呀，这不就是我记忆中的那个美丽的小镇吗？太好了，变回来了，变回来了！

8. 师：看，原本灰蒙蒙的天空，现在蓝得像一汪海水。乌云不见了，太阳露出了微笑，白云在空中飘浮着。原本光秃秃的树木，此刻枝繁叶茂，把清清的小河都染绿了。原本枯萎的花草正茁壮生长，随风舞动。小动物们又回来玩耍啦！美丽的小镇又回来啦！小镇居民们兴奋地开展了"美话"小镇的朗诵活动，请每位小朋友填写一张角色盲卡，在小组里有感情地朗读，然后每组推选一位小镇居民代表上台朗诵，台下的居民们一起诵一诵感受。音乐停，你就停。现在请从信封里抽取角色盲卡，开始！

（学生抽取角色盲卡，并组内交流）

PPT出示：角色盲卡。

| 太阳：我每天都能和_____相伴，真是太快活了！ |
| 白云：我每天都飘浮在_____的天空中。瞧，我多自在！ |
| 大树：我和我的朋友们展开_____的树叶，为居民们带来了_____。 |
| 小河：我每天都_____的。小动物们都喜欢在我周围玩耍！ |
| 小鹿：我每天都有吃不完的_____，生活在小镇上真是太幸福啦！ |
| 小鸟：这里有_____的阳光，有_____的空气，有_____的小河，还有许多大树，这里就是我的家。 |

PPT出示：现在小镇的图片。

9. 师：大家准备好了吗？请六位小镇居民代表按角色顺序上台，台下的居民们请跟着台上相应角色进行朗诵。朗诵大会现在开始。

（学生戴上相应角色头饰，开始角色表演）

10. 师：哇，通过大家的努力，现在的小镇不仅环境变得更美丽了，居民们的心情也更美啦！老树爷爷看到小镇美好的一切都回来了，激动万分。
播放音频9《遇见美丽的小镇》。
老树：孩子，谢谢你帮我找回原来的筷子镇。
大王：筷子镇原来这么美丽啊！我真不该使用这么多一次性用品。

11. 师：一次性大王对自己经常使用一次性用品感到惭愧，于是他下定决心，想要彻底改变。

板贴：变

设计意图： 通过看视频、猜数据、演一演、找找碴、换用品、拼照片等活动，让学生知道加工生产一次性筷子的过程，感受一次性用品会消耗大量的森林资源，破坏生态环境。

三、总结提升，寻找对策

（一）辩一辩，说方法

1. 师：这时，大王梦醒了。

播放音频10《妈妈竟然也是"一次性大王"》。

妈妈：大王，来吃火锅了！

大王：哦，原来我刚才在做梦，还好只是一个梦。一次性用品真是太可怕了！

妈妈：大王，你列的一次性用品清单可省了我不少力。

大王：妈妈，一次性用品危害大，我们别用了！

妈妈：你不懂，一次性用品多方便啊，等下吃完都不用洗碗了，餐布一拎，往干垃圾桶里一扔，多省时多省力！

大王：哎，我该怎么办呢？我太难了……

2. 师：结合刚刚的常用性清单，其实也不难。我们在自己的实际生活中该如何正确使用一次性用品呢？

PPT出示：在家—— 在外——

生1：在家的时候，基本上不太需要用到一次性用品。

生2：在家的时候，可以用经常使用的物品。

生3：在外的时候，有时候需要用到一次性用品，比如餐巾纸，但可以用毛巾、手帕代替。

生4：在外的时候，有的一次性用品可以多用几次，循环使用。

3. 师：大家的想法真不错！一次性用品的使用要合理，在家尽量不用，在外可以想办法少用！

板贴：在家不用 在外少用

（二）改歌词，树行动

1. 师：你们真会动脑筋！大王受到了启发，知道该怎么劝妈妈了。

播放音频11《大王的觉悟》。

大王：妈妈，我梦里的筷子镇在一次性用品消失后变得可美了，使用一次性用品会毁了这样的美景，我们在家就别用一次性用品了，可以用常用性的物品。你看，我都把这些常用品找出来了！

妈妈：这么美丽的景色，我也不想破坏它。听你的建议，我们在家就用常用生活用品！

大王：光我们家不用一次性用品可不行，我要把我唱的《一次性用品歌曲》歌词改一改，唱给学校的同学听，唱给身边的人听，要让大家一起行动起来！

2. 师：我们一起来行动，改改大王的歌词吧！请同学们两两组合进行讨论。

PPT出示：

一次性，一次性，在家（   ）它。常用性（   ），常用性（   ），好用又环保。

一次性，一次性，在外（　　）它。（　　）了资源，（　　）了环境，（　　）使用它。

3. 师：我爱填歌词，谁来填填看？

（学生两两合作，上台表演）

4. 师：大王激动极了，邀请大家一起唱。

播放音频12《"一次性大王就是我"的转变》。

一次性，一次性，在家不用它。常用性筷子，常用性毛巾，好用又环保。

一次性，一次性，在外少用它。浪费了资源，破坏了环境，替换使用它。

（学生齐唱）

5. 师：一次性大王的改变感染了身边的每一个人，大家都亲切地称他为"环保小王子"。今天我们也跟着大王一起变变变，在今后的实际生活中少用一次性用品，节约资源，让生态意识成为一种新时尚。

板贴：变

6. 师：瞧，第____小组获得的皇冠最多，成为我们今天课堂里的环保小组，掌声送给他们。

设计意图：通过辨一辨、改歌词等活动，学生将内化了的、改变了的环保意识落实到实际生活中，达到知行合一。

【延伸教育活动】

师：环保小王子一家，现在都养成了尽量少用一次性用品的好习惯。但我们的现实生活中，还有不少人在过度使用这些一次性用品。让我们在班级中进行一次"减少使用一次性用品宣讲"活动，自由组队成立宣讲团，并搜集相关资料，为家人、同学、朋友进行生态文明的环保宣讲。

设计意图：通过倡议书活动，更好地将资源循环利用、生态文明的环保意识进行拓展延伸，引导学生形成一种环保的好品质。

【板书设计】

【点评】创意丰富的活动让课堂"活"起来

奚玲玲老师执教的是一堂聚焦资源浪费的生态文明主题教育课。她用贴近学生生活的情境贯穿课堂——一次性大王三次改"变",学生在感受、思考、合作与分享的过程中提升认知,明理而行。她设计的丰富创意的活动是这堂课"活"起来的动力源泉。

1. 浸润式活动,设计新颖有趣

奚老师创设了符合三年级学生年龄特点的人物一次性大王及情境,在整个情境之中学生们沉浸式地参与活动。形式活泼有趣、符合生活实际的同时,又让整个课堂充满了活力和魅力。

2. 递进式活动,充满教育价值

整堂课的推进过程中,奚老师设计了"站站队""高高低低你我竞猜""生产步骤刮刮刮""漂白危害找找碴""生活用品对对碰""美话小镇朗诵会""改歌词"等丰富并有创意的活动,环环相扣,引导学生参与体验,在活动难度逐步推进的过程中不知不觉地渗透生态意识,产生教育价值,最终寓教于乐,达成目标。

3. 多样式活动,呈现团队合作

奚老师设计了多次学生团队合作的活动,培养了学生的团队合作精神。这些活动由知导行,由心导行,让学生们在"做中学",在"行中悟"。同时,让学生既要懂得道理,又要作为实践者在课后将道理带给自己身边的人,让他们也一起参与其中,从而达到"知行合一",提升学生的生态文明素养。

上海市实验学校东校　徐澄怡

第 14 课 绿色消费生态行

设计教师：上海市康城学校　　　　　李　敏
指导教师：上海市浦东新区傅雷小学　张志英

【活动对象】
小学四年级学生

【活动时长】
2+35分钟（2分钟预备时间）

【学情分析】

1. 简单的日常习惯认知
四年级的学生已经具备了一定的表达能力和独立思考能力，他们能够借由自己的生活经验，对日常生活表达、思考；他们对家庭生活有了一些了解，比如消费习惯、处理各种垃圾的习惯等。

2. 片面的绿色消费认知
学生目前对"绿色消费"的认知还存在一定的片面性，比如他们的购物习惯偏向"精美包装的礼盒"和"快捷方便的一次性用品"，甚至有些学生认为绿色消费就是购买有机绿色产品。他们没有认识到绿色消费的含义涵盖广泛，比如减少不必要的消费、选择环保产品、支持可持续生产的消费方式等；他们也无法将个人的消费行为与保护环境联系起来。

【主题解析】

1. 倡导绿色消费，推动生态文明
党的二十大报告指出，我国要实施全面节约战略，发展绿色低碳产业，倡导绿色消费，推动形成绿色低碳的生产方式和生活方式。绿色消费又称"可持续消费"，它倡导适度节制、保护环境，更有益于人的健康的消费方式。绿色消费是生态文明建设的重要环节，通过绿色消费行为可以减少资源浪费、降低环境污染、促进可持续发展。因此，绿色消费是建设生态文明的重要推动力。

2. 实践绿色消费，共筑美好未来
学生群体与生态环境息息相关，他们的成长和发展需要健康的生态环境，健康的生态环境也需要他们的保护。现实生活中，中小学生是庞大的消费群体，也是绿色消费潜在的

主力军。学生形成绿色消费理念，积极践行绿色消费观，有助于保护他们成长所需的健康的生态环境，也有助于增强他们自身的环保意识和责任意识。因此，学生应该在日常生活中形成绿色消费的理念，养成绿色消费的习惯，进而保护生态环境，为构建美好生活贡献自己的力量。

【活动目标】

　　认知目标：
　　1. 理解绿色消费是节约资源、保护环境、有益健康的消费方式。
　　2. 懂得人人参与绿色消费对于生态文明建设的意义。
　　情感目标：
　　1. 认同绿色消费的理念，感受绿色消费方式对生态文明建设的重要意义。
　　2. 愿意宣传绿色消费并积极参与绿色消费活动，与同学、老师、家人共同建设生态文明。
　　行为目标：
　　1. 掌握适当的绿色消费方式。
　　2. 通过小组合作，制定"绿色消费购物清单"。

【活动重点】

　　认同绿色消费的理念，掌握适当的绿色消费方式。

【活动难点】

　　1. 制定"绿色消费购物清单"。
　　2. 愿意宣传绿色消费并积极参与绿色消费活动，与同学、老师、家人共同建设生态文明。

【活动准备】

　　学生准备：
　　1. 分成6个小组，确定好各组记录员和发言人。
　　2. 准备一个笔袋，里面装好铅笔。
　　教师准备：
　　1. 收集相关资料，制作课件PPT。
　　2. 设计"物业记录本""超市商品宣传单"，准备"红色马甲""绿色消费小卫士勋章"。

【2分钟暖场活动】

1. 师：上课之前，我们先来玩个游戏热热身。

游戏名称：头颈头脑齐开动

游戏规则：

（1）观看屏幕上出现的词语，倒计时结束时，屏幕上的词语消失。

（2）抢答说出记住的词语。

（学生转动头颈，观看屏幕上出现的词语并记住）

2. 师：颈部运动完毕，你记住了几个词语？

（学生抢答）

3. 师：太厉害了，你们的记忆力都很好。

> **设计意图**：让学生参与抢答活动，活跃课堂气氛，活动中渗透一些与本节课相关的词语，让学生渐入佳境，上课时"有话可说"。

【活动过程】

一、了解冲突

1. 师：看来，今天的职业体验肯定是难不倒你们了！我先做自我介绍，我是快乐小区的物业主任李阿姨。你们的班主任老师告诉李阿姨，"双减"政策实行以来，学校为你们安排了很多有意思的社团课和体验课。这不，今天学校就把李阿姨请来，带你们进行一次特殊的"职业体验"。今天这份工作可不一般，你们的岗位是物业管理员，任务是协助李阿姨的工作。做我们这份工作啊，就是要帮业主解决困难，发现小区里存在的问题，还要做好各种宣传工作！就比如李阿姨最近正在小区宣传"建设生态文明城市"，哎，我来考考你们，你们知道什么叫"生态文明"吗？

生1：生态文明就是要讲文明。

生2：生态文明就是要保护环境。

生3：生态文明就是种植绿化。

2. 师：你们说对了一半，今天李阿姨就给大家科普一下……稍等，我接个电话。喂，小刘你好！

播放音频1《物业小刘来电》。

小刘：李阿姨，物业这两天接到了四五个投诉电话，他们是来投诉15号楼小头爸爸一家的。有两个业主现在亲自到物业来了，你快回来吧！

3. 师：好的，我马上过来。各位物业管理员，这话还没说完，活儿就来了。请大家佩戴好自己的"工作证"，我们一起回物业办公室看看。

播放音频2《业主的投诉》。

业主：你们物业怎么回事啊？小头一家的垃圾常常堆在走廊，不仅影响邻居走路，还散发出怪味。我们打了几次电话投诉，怎么不解决啊？今天我们还带来了照片，你们自己看看！

4. 师：真抱歉！各位物业管理员，你们来看这些照片。照片上都是些什么？

板贴：业主拍的证据照片——一箱发霉的水果、塑料袋和桶、礼盒

生1：照片上有一些霉掉了的水果。

生2：我看到一些塑料袋和塑料桶。

生3：还有一些拆封的礼盒。

5. 师：两位业主，你们说的情况我知道了，我们现在就去小头家了解情况。呀，看来小头一家堆放在走廊的东西还不少。怎么会这样？

生1：塑料袋有可能是每次买菜带回来的。

生2：烂掉的橘子可能是买得太多了。

6. 师：你们分析得很有道理。走，我们赶紧去15号楼。

（教师移动站位暗示转场）

出示课件画面：画面转至小头爸爸家门口。

7. 师：小头爸爸，你们好。我是物业李阿姨，我身后是物业新来的管理员们。最近物业收到了一些投诉你们家的电话。

播放音频3《小头爸爸家的疑惑》。

小头爸爸：不可能啊？我们家很讲文明的，怎么可能被投诉？

围裙妈妈：就是，我们家还是五好家庭呢！邻里关系很灵光的！

8. 师：小头爸爸，你先不要急，业主们拍了一些照片。物业管理员们，你们跟小头爸爸反馈一下情况。

生1：小头爸爸，有业主在你家门口的走廊拍到了一箱发霉的水果。

生2：是的，边上有很多塑料袋和塑料桶。

生3：我们还看到有一些拆封的礼盒。

> **设计意图：** 引导学生认真倾听音频内容，仔细观察业主提供的"证据"，思考情境中居民投诉的原因。

二、解决问题

（一）辨别是非，找出问题

1. 师：这些垃圾可逃不过我们的眼睛。小头爸爸，这些是不是你家堆放在楼道的

垃圾？

播放音频4《小头爸爸家的辩解》。

围裙妈妈：这些垃圾堆放在楼道，是还没来得及扔。这些都是小问题，就拿那个塑料袋来说吧，每次去超市、叫外卖都有塑料袋，还有洗衣液的桶，这个空瓶用完了也派不上什么用场，堆放在楼道，攒多了下次一起扔掉。

小头爸爸：楼道里的一篮子橘子是因为买多了吃不完，最后烂掉了。吃坏掉的水果对身体不好！现在条件好了，浪费一点就浪费一点了，又不是花不起那个钱。

2. 师：还真是被你们猜对了！小头爸爸家堆放的塑料制品那么多，是什么原因？会造成什么样的后果？

生1：是他们买太多了。

生2：塑料品用得太多，对环境不好。

3. 师：关于这个塑料制品问题嘛……你们看看，我们小区大屏幕上有相关法律的宣传！来，我们一起读给小头爸爸和围裙妈妈听一听。

播放视频1《上海市关于进一步加强塑料污染治理的实施方案》：各单位和个人结合生活垃圾分类工作，做好对塑料废弃物回收利用的支持，禁止各类单位或个人随意堆放、倾倒塑料废弃物，造成环境污染。

（师生齐读政策）

播放音频5《小头爸爸的疑问》。

小头爸爸：我们家就是扔点塑料而已，没有你们说的那么夸张吧。再说了，我一个人扔点塑料，能对环境造成什么影响呢？

4. 师：你们认同小头爸爸的话吗？

生1：不认同，塑料袋不环保，不易降解。

生2：不认同，塑料袋堆积得多，容易造成白色污染。

生3：不认同，每个家庭都扔塑料袋和塑料制品，地球上的环境就会被污染。

（二）分析问题，优化习惯

1. 师：对，每个人都扔点塑料，就是在破坏地球上的环境，地球是我们共同的家，我们应该爱护她！那你们说说，你家也会使用塑料制品吗？你们家平时有什么好的做法？

生1：我家会使用的，但是妈妈说塑料桶可以循环用的，比如买替换装或做成收纳桶。

生2：我们家的塑料袋是反复利用的，或者把它们当垃圾袋用，不会直接扔。

2. 师：物业管理员真有办法！原来塑料制品可以循环用。李阿姨想把这个做法编成一句顺口好记的句子，我们一起想一想并写下来。

生1：塑料制品循环用。

生2：塑料制品循环好。

生3：塑料循环利用好。

3. 师：你们遍的顺口溜真不错！请一位物业管理员来帮我们记下来。

（记录员补充板书内容）

4. 师：刚刚我们看到走廊里有一箱烂掉的橘子，小头爸爸还说，现在家庭条件好了，浪费就浪费了，你们怎么看？

生1：浪费本身就是一种不文明的行为。

生2：浪费食物就是浪费地球资源，肯定是错误的行为。

生3：你浪费一点，他浪费一点，世界上的资源就这样被浪费完了。

5. 师：你们说得在理呀。小头爸爸他们门口烂掉的橘子，既是浪费资源，又给邻居造成了困扰。浪费资源，我李阿姨第一个不同意。你们家平时有这样食物浪费的情况吗？

生1：我们家有时候也会浪费一些蔬菜和水果。

生2：有时候奶奶看到门口菜店蔬菜便宜打折，就会多买，但是好多天不吃就坏掉了。

生3：爸爸买菜的时候常常不看重量，买得特别特别多，吃不完发霉只好扔掉，所以妈妈责怪他浪费！

6. 师：那你们谁家有好办法可以防止浪费行为？

生1：我们家水果蔬菜从来不多买，吃多少买多少，这样就不会浪费了。

生2：我妈妈从不因为打折贪便宜买太多，她说如果最后扔掉了等于没占到便宜。

（三）整合办法，梳理重点

1. 师：你们家的做法真是太好了。原来，小头爸爸家是因为不合理的消费方式带来了不健康的生活习惯，这下小头爸爸家被投诉的真正原因可算是找到了。

播放音频6《小头爸爸的"恍然大悟"》。

小头爸爸：李阿姨，这下我们知道为什么会被投诉了。可是以后我们要怎么改正呢？

2. 师：我们来把这些好做法编成顺口溜，这样方便小头爸爸和居民们记住。你们快帮李阿姨想一想。

生1：塑料制品循环用，食品不要买太多。

生2：买东西切忌贪便宜，塑料品不要随意扔。

生3：塑料，塑料，say bye bye！浪费，浪费，say no no！

（记录员补充板书内容）

板书：塑料制品循环用 食品不要买太多

3. 师：哈哈！你们编的顺口溜又好记又有意思！李阿姨真是太佩服了！我们刚刚说到的塑料循环用，其实是在保护环境；食物不要买太多，其实是在节约资源。这些啊，就是绿色消费的做法。践行绿色消费，就是在为建设生态文明出一份力！

播放音频7《小头爸爸的误解》。

小头爸爸：李阿姨，绿色消费我知道的呀，就是买绿色食品吃嘛。我们家经常买的，比如说保健品、有机蔬菜等。可是，这和生态文明建设又有什么关系？

4. 师：哎呀，这绿色消费，哪里只是买绿色食品吃啊！绿色消费里面的学问可大了！物业管理员们，你们知道为什么李阿姨说"践行绿色消费就是在建设生态文明"吗？

生1：因为绿色消费保护环境。

生2：因为绿色消费节约资源。

5. 师：你们对绿色消费的意义理解得很到位。不过我们小区还有很多居民像小头爸爸一样，对绿色消费的做法还不是很清楚。正好你们在，今天就帮李阿姨在小区宣传宣传，怎么样？好嘞！那我们一起"绿色消费生态行"！

板书：绿色消费生态行

设计意图： 通过"证据"的展示，引导学生思考这些垃圾产生的原因，鼓励学生说出自己家的做法，由课堂延伸到学生实际生活；再通过商讨、总结正确的做法，让每位学生有参与感。让记录员记录下来，提高学生课堂参与度，让"职业体验"更逼真。

三、制定清单

1. 师：看，这就是我们物业在小区里摆的"绿色消费指示点"。接下来就要请各位物业管理员和李阿姨一起动口、动手、动脑，大力进行宣传。来，我们一起喊口号"居民朋友们，大家快来参加绿色消费活动啦！"

生齐：居民朋友们，大家快来参加绿色消费活动啦！

播放视频2《围裙妈妈的购物清单》。

围裙妈妈：哎，等等，我正要在手机下单购物，你们先帮我看看我的购物车。第一个是野餐垫，下周我们一家要去野餐，买一次性野餐垫使用方便，用完了就可以扔；草莓上市了，我和大头儿子最喜欢吃草莓了，我选了个漂亮的礼盒装，生活要有仪式感嘛；我还选了两桶坚果，老少皆宜，每天吃点坚果对大脑和心脏有好处的；最后呢，是大头儿子爱喝的牛奶在搞活动，买六瓶有优惠。

2. 师：哇，满满当当的购物清单！物业管理员们，请你们在小组内讨论一下，围裙妈妈这些商品是不是符合"绿色消费"？

（生展开小组讨论）

生1：我们小组认为一次性野餐垫要换掉。一次性商品是塑料品，污染环境。

生2：虽然一次性野餐垫很方便，但这属于白色污染。

生3：有些人在野餐结束后，就把一次性野餐垫遗留在草坪。

3. 师：我们通过搜索App发现，店内有两种型号的野餐垫，该选哪一种？

生1：选择"非一次性"的那款野餐垫。虽然贵一点，但是可以用很多次，不会污染环境的。

生2：非一次性商品一直都能用，还是划算的。

4. 师：好嘞，我们这就把围裙妈妈的野餐垫换成非一次性野餐垫。那么礼盒装草莓呢？是否符合绿色消费？

生1：购物车里的精美草莓礼盒装，我们觉得有点包装过头了。

生2：我们认为，既然围裙妈妈说是买来和儿子一起吃的，那她可以选择散称的草莓。

5. 师：这个李阿姨同意，自己家里吃的不需要精美包装，刚刚有位物业管理员说得好，这图片上的有点过度包装了，我们看看分量怎么样。

　　生1：礼盒包装的实物分量才900g，就要69元；而散称的500g只要18元。

　6. 师：你们分析得太好了！我们给她换成散装草莓，同样的分量价格还更优惠呢！我们赶紧把这一条也记下来吧。

　　（记录员补充板书内容）

板书：过度包装要不得

　7. 师：下面的坚果你们觉得怎么样？

　　生1：坚果属于绿色食品，全家都能吃。我妈妈说每天吃点坚果对我的大脑好、对爷爷奶奶心脏好，所以我们认为购买坚果是合理的。

　　生2：我们小组也同意，绿色食品全家都能吃，坚果保质期长，可以买两桶。

　8. 师：是的，坚果属于绿色食品，每天吃一点有益健康，你们的生活常识真是丰富！给你们点赞！我们把这一条做法也记下来！

　　（记录员补充板书内容）

板书：绿色食品益健康

　9. 师：再看看清单里的牛奶这个商品，围裙妈妈看到促销，一下子选购了六瓶，这样合适吗？

　　生1：生鲜品要先看一下生产日期和保质期。

　　生2：图片上牛奶的保质期显示七天，生产日期是五天前，还有两天就要过期了，到时候又要扔掉造成浪费，建议买两瓶。

　10. 师：你们平时买生鲜都会看生产日期吗？真是个好习惯！那我们给她选购两瓶。围裙妈妈，物业管理员们已经按照绿色消费的做法，帮您优化了一下购物清单，您看还满意吗？

　　播放视频3《围裙妈妈的"绿色消费清单"》。

　　围裙妈妈：李阿姨，谢谢你们优化了我的购物清单。一次性野餐垫是塑料品，会污染环境，我怎么没考虑到呢！这个草莓还是选散称的好，既没有过度包装，还能自己挑选大小。牛奶是生鲜商品，不能因为促销忘了看保质期啊！看来，我们之前的消费方式确实不对，绿色消费还能给我们家省不少钱呢！

　11. 师：物业管理员们，刚才围裙妈妈夸绿色消费省钱，你们还发现了什么优点？

　　生1：绿色消费还能保护环境。

　　生2：绿色消费有益身体健康。

　　生2：绿色消费让我们更加文明，让城市更加美好！

　12. 师：是的，省钱、有益健康，还保护环境，不仅对我们自己有好处，对城市建设也是桩好事！绿色消费优点多多，我们也赶紧参加到绿色消费活动中。来，跟李阿姨一起看看屏幕上的活动要求。

　　出示任务要求：

> 1.仔细阅读所给的购物情境。
> 2.制定符合"绿色消费"做法的购物清单并说明原因。

（生以小组为单位制定清单，发言人代表上台作展示说明）

生1：我们组完成的是小明周末招待朋友的购物单。我们为他选了大瓶的饮料、大包装的膨化食品和可循环利用的餐盘。饮料倒出来喝，喝不完还可以保存几天，不会造成浪费；大包装的食品可以分享，拒绝小包装，减少塑料袋的使用。

生2：我们组为玲玲开学的文具购物清单做了优化。我们选择了一些简单实用的文具，不选择带塑料挂件的或者花里胡哨塑料装饰的，文具是用来写字的，实用性比较重要。

生3：我们完成的是端午节物业工作人员看望老年人的购物清单。我们选择了散称的饼干、粽子和糕点，没有选择豪华包装。因为食物只需要品质有保障就好，不讲究包装豪华，有些礼盒过度包装是浪费资源。

> **设计意图：** 引导学生结合绿色消费的做法，联系自己的实际生活，判断所给的购物清单是否符合绿色消费理念，通过集体讨论给出修改意见，归纳绿色消费的做法，再以小组为单位制定绿色消费购物清单，把理念运用到实际，真正做到学用结合；最后鼓励学生用自己的话将"绿色消费"说清楚、讲明白，加深对绿色消费的认识和认同。

四、巩固所学

1. 师：你们制定的绿色消费购物单太棒了！看来，你们已经把绿色消费理念牢记于心了呀！李阿姨给你们点赞！哎呀，王书记发信息来了！

播放音频8《王书记的消息》。

王书记：李阿姨，我是王书记。我听群众反映你们快乐小区新来的物业管理员很不错，在小区里宣传绿色消费，还热心地帮助居民制定购物清单。绿色消费是生态文明建设重要的部分，需要人人参与！我代表镇里向你发放绿色消费小卫士勋章。

2. 师：孩子们，你们听听，我们的绿色消费宣传工作得到了王书记和小区居民的肯定，还得到了勋章！课后请班长分发给同学们！我们的默契配合让工作顺利完成，快和身边的同事击掌吧！今天你们还帮李阿姨编了一首简单好记的"绿色消费"顺口溜，我们响亮地读一读怎么样？等等，李阿姨再加上两句。

板书：绿色消费有学问　生态文明你我他

生齐：塑料制品循环用，食品不要买太多。
　　　过度包装要不得，绿色食品益健康。
　　　绿色消费有学问，生态文明你我他。

3. 师：你们说说，如果大家都践行绿色消费，这个城市、这个地球会发生什么变化？

生1：大家都绿色消费，周围的环境就变好了。

生2：绿色消费了以后，塑料袋、塑料桶用得少了，地球上白色污染也少了。

生3：大家都绿色消费，商品简洁包装，节约了地球资源。

4. 师：我仿佛已经看到那么美好的画面了！为了快乐小区的生态文明建设，也为了保护地球的生态环境，我们要坚持——

生齐：绿色消费！

5. 师：最后，李阿姨要留一个小小的任务给你们。

课件出示任务要求：

任务名称：完成一张绿色消费宣传海报

任务要求：

①海报中有标题，有文字、图片标志；

②文字顺口好记，图片标志简单醒目。

---

6. 师：今天的职业体验就要结束了，不过我们的绿色消费宣传才刚刚开始。今天回家后，请你们跟父母介绍一下绿色消费，与他们分享绿色消费的做法。上海是个美丽的城市，生活在这个城市，我们不仅要以身作则，做好绿色消费，更要担当起宣传使者，像李阿姨一样号召更多的人参与到绿色消费中来。如果你们有兴趣，可以把设计的小报在老师的帮助下，张贴在校园里、小区里，让更多的人看到、知道、做到。那李阿姨就送你们到这里，我又要去小区里巡逻了，我们下次再见！

设计意图：以"设计绿色宣传海报"为课后延伸任务，考查学生对于本堂课重点的把握、所学内容的整理和概括的能力，让学生把课堂与实际生活联系起来，学以致用。

【延伸教育活动】

完成绿色消费宣传小报。

【板书设计】

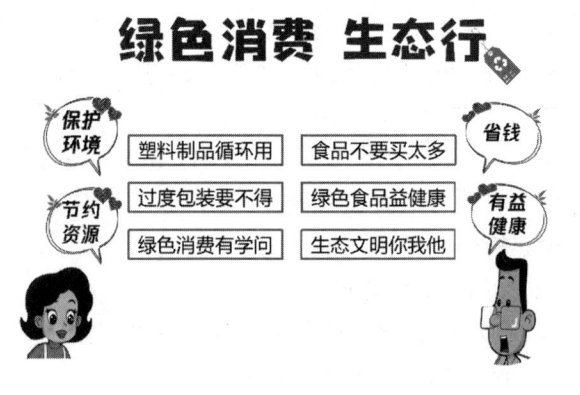

绿色消费 生态行

保护环境　塑料制品循环用　食品不要买太多　省钱

节约资源　过度包装要不得　绿色食品益健康　有益健康

　　　　　绿色消费有学问　生态文明你我他

【点评】

创设真实情境，让课堂回归真实

李老师这节关于绿色消费的主题教育课凸显了一个字：真。

1. 人物"真"

课中李老师扮演的"李阿姨"角色，从人物动作到谈吐，都经过李老师的精心设计。看得出来李老师在课前花了大量的时间观察模仿，社区阿姨志愿者的说话风格和动作习惯等都和教师有所不同，李老师在这个部分拿捏得很到位，她和蔼可亲的教态深受学生们的喜爱。

2. 情境"真"

社区是大部分学生日常生活的所在地，小区里的各种公益活动他们也见到过不少，因此本堂课的情境设置一下子把他们拉回到"日常生活"中，熟悉又亲切。李老师作为"物业负责人"带领学生在社区开展职业体验，边学习新理念，边在社区里解决一个个的难题，整节课学生的收获颇丰，成就感满满。

3. 任务"真"

在课的前半部分，学生刚进入情境和人物角色，李老师就设计了相对简单的任务"动眼和动口"（观察和辨别是非）。通过在活动中得到肯定的评价，学生快速进入人物角色中。后半部分的任务则上升为"动脑和动手"（制定绿色消费购物单），并要结合他们对绿色消费的理解给出原因，最后总结成一首顺口溜，将本节课的重点内容进行清晰的梳理概括。李老师设计的任务难度螺旋上升，逐级加深。真实的情境带动真实的任务，学生最后都能出色地完成。

主题班会课强调创设真实情境，是因为主题教育就是为了让学生去解决真实生活中碰到的问题。本节课李老师通过"职业体验"这样一种新颖的活动方式，让学生"亲临"矛盾现场，亲自解决矛盾，再由矛盾延伸向正面宣传，是一条完整、积极的故事线。本课堂活动形式丰富多样，问题设定自然且开放，对于四年级的学生来说，他们的生活经验足以让他们发挥，课堂氛围轻松。教师及时的肯定评价让学生充满学习动力和自主性，在课堂结束前引出很多大胆的创意和想法。整堂课立足于生态文明教育，又以任务型课堂呈现，培养了学生综合素养，是一节优质的主题教育课。

上海市浦东新区傅雷小学德育主任 张志英

第15课　湿地不"失"

设计教师：上海市实验学校附属光明学校　　卫黎敏
指导教师：上海市浦东新区进才实验小学西校　邓曲萍

【活动对象】
小学五年级学生

【活动时长】
2+35分钟（2分钟预备时间）

【学情分析】
1. 学生对湿地缺乏系统性的了解
根据中国环境网（2024年）提供的数据，上海现有湿地面积共7.27万公顷，是一个建在湿地上的城市。很多上海学生在日常生活或短途旅行中见到过湿地，但对于湿地的特点、作用、保护与修复等内容没有进行过系统的了解，对国家大力推进湿地全面保护和有效管理的战略任务，关注得也比较少。

2. 学生已经具备初步的生态意识
学生在低年段时，已在学校开展过的"节约资源""保护周边环境""爱护公物"等教育活动中，习得相关的生态知识，具备初步的生态意识。现在，学生进入五年级，已具备一定的生活经验，进入了成人式的道德认知阶段。他们能对自己和他人的行为做出深入的道德判断和评价，能够理解和运用关于湿地保护的道德规范和原则。

【主题解析】
1. 湿地资源是国家持续发展的重要基础
湿地是自然界最富生物多样性的生态景观和人类最重要的生存环境之一，具有巨大的环境功能和经济效益。党的十八大以来，习近平总书记多次在考察中强调湿地保护和修复的重要性。党的二十大报告指出：推行草原、森林、河流、湖泊、湿地休养生息。2022年6月1日实施的《中华人民共和国湿地保护法》总则中也提出："加强湿地保护，维护湿地生态功能及生物多样性，保障生态安全，促进生态文明建设，实现人与自然和谐共生。"

2. 湿地保护是生态文明建设的重要方面
生态保护、修复是生态文明建设的一项基础性任务。加强生态文明建设，就要提升生态系统多样性、稳定性和持续性，要加快实施重要生态系统保护和修复重大工程。湿地与森林、海洋并称为全球三大生态系统，健康的湿地生态系统是国家生态安全体系的重要组成部分，保护和修复湿地是生态文明建设的重要方面。

3. 湿地教育是生态文明教育的重要内容

引导小学生了解湿地的特点、湿地的作用和湿地的危机，可以让学生懂得保护湿地生态、保障生态安全、促进生态文明建设的重要意义。这有助于引导学生认识大自然，学会与大自然和谐相处，形成文明的自然观和健康文明的生活方式。

【活动目标】

认知目标：

1. 知道湿地的特点、作用和面临的各种危机。
2. 了解湿地保护对生态平衡的重要价值，懂得湿地保护的重要意义。

情感目标：

1. 感受湿地的生态之美，树立保护湿地生态的责任意识。
2. 愿意从自身做起，加入保护湿地生态的志愿行动。

能力目标：

1. 结合湿地危机，探究保护湿地的方法。
2. 学会并宣传湿地保护的知识，做文明的湿地游客。

【活动重点】

1. 知道湿地的特点、作用和面临的各种危机。
2. 懂得湿地保护的重要意义。

【活动难点】

1. 树立保护湿地生态的责任意识。
2. 愿意加入保护湿地生态的志愿行动。

【活动准备】

学生准备：

1. 每8个同学分为一组。
2. 确定好各组组长。

教师准备：

1. 收集相关资料，制作课件PPT和板书贴。
2. 制作视频、音频资料。

【2分钟暖场活动】

活动名称：分享国庆出游计划

1. 师：国庆节马上要到了，大家有什么出游计划？请说说理由。

生1：我们打算去四季如春的云南。

生2：我们要去北京，爬长城，看故宫。

生3：我们去成都，看可爱的熊猫。

2.师：云南气候宜人、风景秀丽；北京有许多名胜古迹，可以去感受深厚的文化底蕴；成都除了国宝熊猫，还有很多好吃的、好玩的。感谢同学的分享，请为自己的小组贴上一个点赞贴纸。

板贴：湿地

设计意图： 通过师生互动激发学生学习的兴趣，营造良好的课堂氛围，建构良好的师生关系。

【活动过程】

一、寻找湿地

（一）走近大美湿地

1.师：卫老师准备去一个有水的地方——湿地。

播放视频1《大美湿地》：湿地是万物生灵的摇篮和家园。

2.师：今天，邀请同学们和老师一起走进湿地，感受自然之美。

（二）天鹅滨鹬相遇

师：凉爽的秋天来临了，候鸟们开始了它们的迁徙。在浩浩荡荡的候鸟队伍中，飞来了两只可爱的小鸟，听——

播放音频1《掉队的小天鹅》。

小天鹅：我是一只小小，小小鸟，想要飞呀飞，却飞也飞不高。

大滨鹬：早上好呀，小天鹅！一听声音，就知道是你。

小天鹅：大滨鹬，太好了，终于见到熟人了！我不小心掉队了，现在又累又饿，满脑子想的都是我爱吃的水草、小鱼和小虾。

大滨鹬：冬天快来了，我们找个地方歇歇脚，一起过冬吧！

小天鹅：那我们该去哪里过冬呢？

大滨鹬：我找了几个地方，不知道合适不合适。

（三）选择过冬之地

1.师：我们帮它们一把，把不适合小天鹅过冬的地方拉进树洞里，好吗？谁来读游戏要求？

PPT出示游戏要求：

1.从六张图片中，选出不适合小天鹅过冬的地方。
2.将对应的图片拉进树洞里，并说明理由。

（学生朗读要求）

PPT出示图片：

（学生游戏，并陈述理由）

2. 师：你认为哪几个地方不合适，为什么？

　　生1：我认为沙漠、高山不合适，因为这两个地方的水很少。

　　生2：我觉得大海不合适，因为海水比较深，而且海水是咸的。

3. 师：你们找得又快又准。看，他们保留的这几个地方，有什么共同之处吗？

　　生：这里有水。

　　师：请把湿地"水"的部分贴在黑板上。

　　（学生拼部分湿地图）

4. 师：水能为小天鹅提供什么？

　　生：水能为小天鹅提供它喜欢的水草、小鱼和小虾。

5. 师：除了水，还有什么？

　　生：还有陆地。

　　师：请把湿地"陆地"的部分和"水"的部分拼在一起。

　　（学生拼部分湿地图）

6. 师：在"水"和"陆地"的上面，还有蓝蓝的"天空"，请一位同学把"天空"拼上去。

　　（学生拼部分湿地图）

板贴出示湿地拼图：

7. 师：看，这就是适合小天鹅生活的地方——湿地。湿地是开放水域与陆地之间过渡性的生态系统，还包括低潮时，水深不超过6米的沿海地区。湿地水域里有丰富的水生植物，还有很多大部分时间生活在水域底部的底栖动物，这些都是天鹅喜欢的食物。

板贴：湿地图

（四）了解湿地作用

1. 师：听起来，湿地是个不错的选择，那小天鹅和大滨鹬有什么想法呢？

播放音频2《大滨鹬推荐湿地》。

小天鹅：沙漠、高山和大海都不是我的菜。那就它了，湿地！

大滨鹬：我也推荐你去湿地。湿地很适合我们过冬，它还有"地球之肾"的美称呢！

小天鹅："地球之肾"？

大滨鹬：来来来，听听专家是怎么说的吧！

播放视频2《湿地的作用》。

湿地被称为"地球之肾"，它的作用有保护生物多样性、调节大气、净化水质、调节径流、提供食物及工业原料等。湿地可作为直接利用的水源或补充地下水，能有效控制洪水、防止土壤沙化。它能吸收大量的二氧化碳，并释放氧气，有效调节了大气。湿地像天然的过滤器，当含有毒物和杂质的流水经过湿地时，缓慢的流速有利于毒物和杂质的沉淀和排除，从而改善环境。

湿地复杂多样的植物群落，为野生动物，尤其是为珍稀、濒危野生动物提供了良好的栖息地，是鸟类、两栖类动物繁殖、栖息、迁徙、越冬的场所。

同时，湿地又向人类提供食物、能源、原材料和旅游场所，是人类赖以生存和持续发展的重要基础。

2. 师：大滨鹬为什么推荐湿地呢？请大家玩个"快速判断"小游戏。老师邀请两位同学上台，一个代表小天鹅，另一个代表大滨鹬，同时答题。

（学生代表完成希沃游戏）

PPT出示图片：

湿地热身运动会	
湿地被称为"地球之肾""鸟类的天堂"	✓
湿地可以保护生物的多样性	✓
湿地不可以调节大气	✗
湿地可以净化水质	✓
湿地能为鸟类提供适宜的生存环境和丰富的食物	✓
湿地不是人类赖以生存的基础	✗

3. 师：你们两个答得很不错，老师为你们点赞。大家一起来看下答案，让我们来为湿地点点赞。先请大家说一说，你了解到的湿地作用。然后再写下来，贴在黑板上。

生1：湿地可以调节大气。

生2：湿地可以净化水质。

生3：湿地可以保护生物多样性。

生4：湿地能为鸟类提供适宜的生存环境和丰富的食物。

（学生把湿地作用写在板贴上，并贴到黑板上）

板贴：保护生物多样性、调节大气、净化水质、为鸟类提供生存环境和食物

4.师：湿地可以保护生物多样性，也是人类赖以生存的基础；湿地可以调节大气，净化水质，所以它被称为"地球之肾"；湿地还能为鸟类提供适宜的生存环境和丰富的食物，所以湿地还被称为"鸟类的天堂"。

设计意图： 自然引出"湿地"这一学习主题，以小天鹅寻找理想的过冬之地为线索，通过创设情境——小天鹅和大滨鹬对过冬地点的选择，激发学生探究和思考；通过湿地拼图，引导学生了解湿地的特点；通过视频、游戏和点赞活动，引导学生了解湿地的作用，知道湿地对生态环境的影响和意义。

二、湿地危机

1.师：说到"天堂"，小天鹅听了就有点心动了呢！

播放音频3《崇明东滩湿地》。

小天鹅：湿地可真是好地方！上海有湿地吗？

大滨鹬：每次来上海，我都会去崇明东滩湿地过冬。那里环境好，吃的多。

小天鹅：真有这么好吗？我等不及了，我们赶紧去吧！

大滨鹬：行，我一边飞，一边再给你介绍介绍。

播放视频3《生命之源》：这是崇明东滩湿地国家级鸟类自然保护区。它位于长江入海口，在上海崇明岛的最东端。这里由大片的滩涂和辽阔的河口水域组成，是长江口规模最大、发育最完善的河口型潮汐滩涂湿地。每年的春天，这里会吸引亚太地区的各种鸟儿来休憩生活。保护区里还散布着众多的农田、鱼塘、蟹塘和芦苇塘。一到夏天，浮游生物、底栖动物、鱼类、昆虫都开始活跃起来。这里四季分明，年均气温15℃左右。即使到了寒冷的冬天，这里的水面温度也一般不会低于1℃。由于得天独厚的地理条件和优美的环境，这儿成了孕育生命的摇篮。

播放音频4《湿地危机》。

大滨鹬：小天鹅你看，前面就是东滩湿地了。

小天鹅：我看看，我看看。大滨鹬，你骗我！这里可没你说得这么好。大量繁殖的互花米草挤压了其他植物的生存空间，我都找不到能吃的食物了。

大滨鹬：奇怪，我印象中的东滩湿地可不是这样的呀！

小天鹅：崇明东滩湿地到底遭遇了什么，怎么会变成这样呀？

2.师：比较这两张照片，找到不一样的地方，圈出来。思考这些情况会造成什么后果？

PPT出示图片：

（学生观察两张图片，圈出不一样的地方，并思考后果）

生1：我发现有人用无人机喷洒农药。农药可能会污染湿地。

生2：我发现有人乱扔垃圾，水变脏了。水质变差，很多鱼就会死掉。

生3：我发现有人捕鸟。人类一直捕鸟，鸟就会越来越少，可能会灭绝。

生4：我发现长了很多互花米草，小天鹅会找不到爱吃的食物。

板贴：农业污染 乱扔垃圾 人类捕鸟 外来物种

3. 师：同学们真是火眼金睛，找出了两张照片的不同。农民把部分湿地变成了耕地，过多的农药会造成农业污染；有人乱扔垃圾，使湿地的水质变差了；鸟类减少就会破坏湿地的生态平衡；外来物种互花米草侵占了原有动植物的生存空间。这些都会破坏湿地的生态环境，导致各种湿地危机。

> **设计意图**：学生通过图片比较了解湿地危机，在教师的引导下了解崇明东滩湿地所面临的问题。在学生心中埋下保护湿地生态文明是每个人的义务和责任的种子，也为后面的环节做铺垫。

三、湿地保护

（一）退耕还湿

1. 师：现在，湿地遭到了破坏，大滨鹬和小天鹅该何去何从呢？

播放音频5《回到过去》。

大滨鹬：我真的太难过了，东滩湿地的情况一年不如一年。

小天鹅：我有一个"时光机"。要不，我们穿越回去，看能不能阻止这一切。

大滨鹬：真的吗？那真是太好了！

（小天鹅打开时光机，两人回到了十几年前的东滩湿地，听到了"轰隆隆，轰隆隆"割稻机的声音。）

小天鹅：好吵呀，这是什么声音？

大滨鹬：是收稻机在收稻呢！

小天鹅：原来就是他们把湿地变成了耕地，破坏了湿地的生态环境。

大滨鹬：他们只是占用了一点点湿地，应该不会有太大的影响。

2. 师：同学们，占用一点点湿地，会不会对湿地生态造成影响？让我们一起去湿地体验一下吧。谁来读一下活动要求？

PPT出示：活动要求。

> 1. 各小组在"湿地"上种水稻、种小麦、盖房子或铺路。
> 2. 完成后,请各组根据老师要求,按顺序将自己的"小湿地"拿到讲台上,与其他组的"湿地"合并在一起。
> 3. 轻拿轻放。
> 4. 音乐停,体验结束。

(学生体验"湿地开发")

3. 师:民以食为天,粮食在哪里?请这组先拿上来,你们组种的是什么?

生:种了一些水稻。

4. 师:看,只是占用了一小块湿地,还有很多湿地呢!我们还可以开垦一些湿地,请其他组把你们种的"水稻"和"小麦"拿上来。

(各小组把自己开发的"小湿地"拿到讲台上,与其他组的"湿地"合并在一起)

5. 师:收成真不错,秋天真是一个收获的季节;这么多房子,人有地方住,粮食也有地方储存了。要致富,先铺路,条条大路通湿地。

6. 师:体验完了,让我们再来读一读大滨鹬刚才说的话"他们只是占用了一点点湿地,应该不会有太大的影响"。我们现在来站站队,觉得大滨鹬说得对的,双手抱圆,觉得大滨鹬说得不对的,双手比叉。一、二、三,站队!

(学生根据自己的判断抱圆或比叉)

7. 师:大家都表达了自己的意见,现在请说说理由。

生1:我觉得它说得对,因为有很多地方是湿地,占用一点没有关系。

生2:我觉得不对。即使每个人占用的湿地不多,但是占用的人多了,湿地也会逐渐减少,慢慢消失。

生3:现在湿地已经越来越少了,如果再占用湿地,生态环境就会遭到破坏。

8. 师:你们说得对。看讲台前的这片"湿地",每组只占用了一小块,结果,整片湿地都消失了。为了避免这种情况,国家出台了一些法律法规,我们一起来读一下。

PPT出示图片:

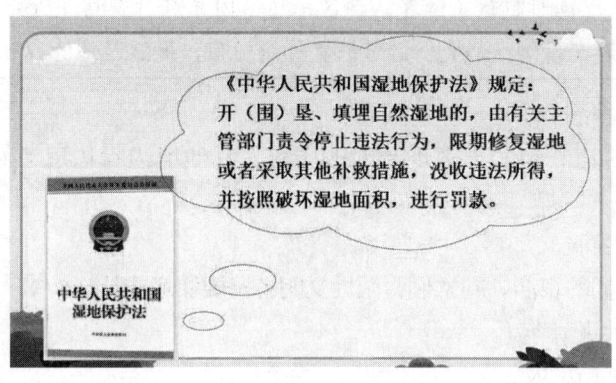

《中华人民共和国湿地保护法》规定:开(围)垦、填埋自然湿地的,由有关主管部门责令停止违法行为,限期修复湿地或者采取其他补救措施,没收违法所得,并按照破坏湿地面积,进行罚款。

(学生齐读)

（二）文明游览

1. 师：在国家有关部门的管理下，东滩湿地进行了修复工作，被占用的湿地重新焕发了生机。

播放音频6《文明游览》。

大滨鹬：看，这片耕地又重新焕发了生机，真是太好了！

小天鹅：我就想待在这里，不准备离开了！

大滨鹬：我们喜欢这里，大家也都很喜欢。最近，来这旅游的人很多。但是，有人乱扔垃圾，有人离我们近距离，这些都让我有点害怕。

小天鹅：我也是，怎么办，怎么办，我该往哪飞呀！

大滨鹬：咦，他们是谁呀，好像是什么专家。听，他们在说什么？

小天鹅：我听不见。他们到底在说什么呢？

2. 师：小天鹅和大滨鹬听不清楚专家在聊什么。请同学们扮演专家，再现场景。谁来读一下表演要求？

PPT出示：表演要求。

> 1.每组选出四位同学，分角色表演。
> 2.感情投入，表情丰富，适当加上肢体语言。
> 3.音乐停止，彩排结束。

（学生朗读要求）

3. 师：请每个小组根据要求进行排练，音乐停，排练结束。

PPT出示：剧本内容。

> 旁白：鸟类专家去东滩湿地考察，但由于游客众多，这次生态之旅一无所获。
> 专家1：这次的生态考察，什么鸟也没看到，光看见人了。他们大声喧哗、着装鲜艳、垃圾乱扔，这些都会影响候鸟的栖息和繁衍。
> 专家2：游客活动区距离绝大部分的候鸟栖息区，至少有三四公里的距离，如果游客在游客活动区域活动，应该影响不大。
> 专家3：可是，他们超越了游客活动区，还用闪光灯对着鸟儿近距离拍照，鸟都被吓走了。我建议制作一个文明游览的宣传短视频，提醒湿地的游客们。

（学生分组排练）

4. 师：下面，请一组同学再现当时的场景，其他组边看边思考湿地文明游览的注意点。

（学生剧本表演）

5. 师：感谢你们的表演。同学们，湿地文明游览要注意些什么？

生1：不能大声喧哗。

生2：不能乱扔垃圾。

生3：不能离鸟太近。

生4：不能开闪光灯拍照。

6. 师：下面，让我们把这些注意事项，录制成一个湿地文明游览的宣传短视频。请一位同学来读录制要求。

PPT出示：录制要求。

> 1. 每组思考2—3条湿地保护宣传语（不要/要……），并派一个代表参与视频录制。
> 2. 全体同学一起说："我是湿地小卫士，请文明游览湿地。"
> 3. 各小组代表每人说一句宣传语，注意不要重复。

（学生分组讨论，并选出代表录制宣传视频）

生1：湿地是鸟类的天堂，请不要大声喧哗。
生2：湿地可以调节大气、净化水质，请不要乱扔垃圾。
生3：湿地是鸟类的家园，请不要离鸟太近。
生4：湿地为鸟类提供适宜的生存环境，请不要捕鸟。
生5：湿地是鸟类的家园，请不要开闪光灯拍照。

（学生录制宣传短视频，并一起回看宣传短视频）

师：同学们合作制作了湿地文明游览宣传短视频，希望你们也能成为文明的湿地游客。

播放视频4《湿地文明游览宣传短视频》：我是湿地小卫士，请文明游览湿地。湿地是鸟类的天堂，请不要大声喧哗。湿地可以调节大气、净化水质，请不要乱扔垃圾。湿地是鸟类的家园，请不要离鸟太近。湿地为鸟类提供适宜的生存环境，请不要捕鸟。湿地是鸟类的家园，请不要开闪光灯拍照。

设计意图：创设大滨鹬和小天鹅穿越时空回到过去解决湿地危机的情境，学生们共同探究保护湿地的方法，通过多种方式阻止湿地危机的发生，成为保护湿地、保护候鸟的一员。

四、湿地安家

1. 师：在大家的共同努力下，东滩湿地危机解决了。小天鹅和大滨鹬决定穿越回2023年，在东滩湿地过冬啦。重启时光机！

播放音频7《崇明东滩过冬》。

大滨鹬：你看，现在的崇明东滩湿地鸟飞鱼跃，环境十分优美，真是太赞了！今年我们一起在东滩湿地过冬吧！

小天鹅：我也有同感，我对今年的冬天充满期待！

大滨鹬：听说上海还有很多小型的湿地，要不，我们也去看一看吧！

小天鹅：上海还有哪些湿地呀？

2. 师：同学们，你们知道吗？

生1：南汇嘴湿地公园。

生2：金海湿地公园。

3. 师：大滨鹬和小天鹅找到了哪些湿地呢？

播放音频8《找到更多的湿地》。

大滨鹬：上海还有很多小型的湿地，比如西沙国家湿地、金海湿地、南汇嘴湿地、后滩湿地、滨江湿地等。

小天鹅：真是太棒啦！我一定要去走一走，看一看，感受湿地的生态之美。

4. 师：它们找到理想的过冬地点，真令人高兴！湿地作为人类最重要的环境资源之一，滋养着地球上的万千生灵。保护和修复湿地，不仅是在守护野生动植物赖以生存的家园，更是在守护人类可持续发展的未来。希望我们都能成为保护湿地、守护候鸟的一员，让我们的湿地不"失"，未来可期。

板贴：不"失"

设计意图： 通过小天鹅和大滨鹬最终选择东滩湿地安家的情境推进，让学生感受东滩湿地危机解决后，水草丰美、人鸟共处的和谐美好。

【延伸教育活动】

师：课后，同学们可以围绕"湿地生态文明"成立生态研习小组，走近身边的小池塘，了解更多有关湿地的知识，为保护湿地献一份力。

设计意图： 鼓励学生课后去周边的湿地感受生态之美，并成为保护湿地的一员。

【板书设计】

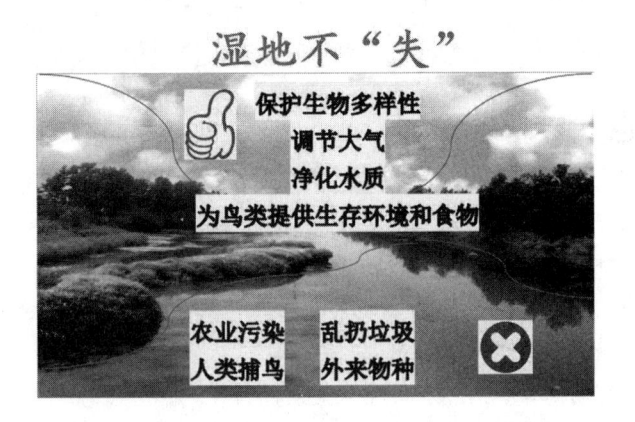

湿地不"失"
- 保护生物多样性
- 调节大气
- 净化水质
- 为鸟类提供生存环境和食物

- 农业污染
- 乱扔垃圾
- 人类捕鸟
- 外来物种

【点评】

"四境合一"悟生态之美

卫黎敏老师执教的"湿地不'失'"，是一堂聚焦湿地生态资源保护的主题教育课。

整堂课让人印象最深的是情境教学的合理运用。在开展情境教学时,卫老师从传统的"场境"构建入手,逐步引入"声境、图境和意境",通过"四境合一"的方式,形成更富沉浸感、更富启发性、更富带动力的优质情境。

1. 身临湿地,感悟"场境"之美

教学情境,即综合利用多种手段营造学习氛围,使学生产生一定的情感反应。本课围绕"湿地保护"这一主题,以小天鹅寻找理想过冬家园为线索,通过创设情境,让学生身临其"境"。学生走进东滩湿地,感受湿地的生态美好,也感受生物的多样性;了解湿地对于迁徙候鸟和人类发展的重要性,理解人与自然和谐共存的重要性,感悟湿地保护是生态文明建设的重要一环。

2. 游戏互动,体验"声境、图境"之美

情境教学中,卫老师运用图片、视频等可视化素材,创造真实的"声境"和"图境"。学生把静态的知识结构转化为头脑中的动态真实情境。本课中,卫老师通过运用希沃游戏和点赞评价等互动手段,有效激发了学生的参与热情,提升了课堂的活跃度。同时,借助投屏技术,进一步增强了学生的学习体验感。

3. 体验活动,升华"意境"之美

卫老师在巩固和反思的环节,利用退耕还湿的体验活动替代了传统的说教式教学,使学生在体验中深刻领悟占用湿地对湿地生态的负面影响。在活动过程中,学生对超越于"情境"的"意境"进行深度地体验,在层层问题的启发及体验下,激活了思维的火花,在心中对湿地环境保护的重要意义也有了更深的认知。

上海市浦东新区进才实验小学西校浦东新区班主任带头人　邓曲萍

节约系列

　　节约，作为一种古老而朴素的智慧，不仅关乎个体的生活方式，更是生态文明建设的重要一环。每一滴水、每一度电、每一粒粮食的节约，都是对地球的一次温柔抚慰。

　　我们针对不同年段特点，设计了五堂"节约系列"的生态文明教育课。一年级以"节约用纸"为主题，引导学生关注纸张浪费问题，珍惜纸张，做生态文明的小使者；三年级以"节约铅笔""节约口罩"为主题，培育节约环保的好少年；四年级以"节约粮食"为主题，减少粮食浪费，践行"光盘"行动，形成绿色消费新风尚；五年级以"节约用电"为主题，引导学生学会绿色减排的生活方式，为构建绿色家园贡献自己的力量。

　　节约教育是一项系统工程，还涉及节约用水、节能减排、节约能源等多个方面。通过系统的设计和教育的实施，培养学生养成节约习惯，深入理解节约与生态文明之间的紧密联系，为可持续发展助力！

第 16 课　一"纸"之约

设计教师：上海市秋萍学校　　　　　　陆伟姣
指导教师：上海市浦东新区张江镇中心小学　秦蓉子

【活动对象】

小学一年级学生

【活动时长】

2+35分钟（2分钟预备时间）

【学情分析】

1. 环保认知的缺乏

一年级新生缺乏建立事物之间联系的能力。大部分学生知道纸张来自树木的简单概念，但是对于树怎样变成纸张，生产过程需要哪些环节，以及过度生产纸张所带来的不利因素等方面的认识比较缺失，缺乏把节约纸张和生态环境联系起来的认知能力。

2. 环保习惯的缺失

随着生活条件的不断提高，学生在用纸时习惯地"大方"，经常会出现用完好无损的白纸折纸、乱涂乱画的现象，有的甚至会从作业本上撕纸下来随意使用。可见，在日常生活中学生尚未养成节约用纸的好习惯。

【主题解析】

1. 生态文明，至关重要

习近平总书记指出：绿水青山就是金山银山。党的十九届五中全会指出，节约可以提高国家的资源利用效率，是实现可持续发展的重要手段之一，节约是推动生态文明建设的有效途径。生态文明教育是《中小学德育工作指南》的德育内容之一，要加强节约教育和环境保护教育，开展大气、土地、水、粮食等资源的基本国情教育，帮助学生了解祖国的大好河山和地理地貌。可见，生态文明教育是学生成长中的重要一环。

2. 保护环境，节约开始

节约是生态文明建设的重要组成部分。由生态环境部、中央文明办等五部门联合发布的《公民生态环境行为规范（试行）》中，列出了一系列节约用纸的行为规范。以生活中最普通的一张白纸为切入口，对一年级学生进行节约教育和环保教育，使学生了解节约用纸不仅有助于保护环境和促进可持续发展，也是实现生态文明建设目标的重要途径之一，节约与我们的生活密切相关，更与环保紧密相连。

3. 节约用纸，由小及大

一张白纸，藏有打开绿色生活的多种方式。造纸属于高耗能、重污染行业，少用一些纸，就能少砍一棵树；少污染一吨水，就能留住一片绿。节约纸张就是在保护大树、保护水资源。在学习生活中，学生每天都会接触和运用到白纸，引导学生掌握节约用纸、合理用纸的方法，养成节约用纸的好习惯，做到节纸环保，就是在为保护青山绿水做贡献。

【活动目标】

认知目标：

1. 知道树木和水是制造纸张的材料。
2. 了解过量造纸会造成水污染严重的情况。

情感目标：

1. 热爱大自然，激发主动保护环境的情感。
2. 树立不浪费纸张、节纸用纸的意识。

行为目标：

1. 践行节约用纸的行为。
2. 合作完成节纸儿歌，形成节约和环保的意识。

【活动重点】

1. 了解过量造纸会造成水污染严重的情况。
2. 懂得节约用纸是保护生态环境的行为。

【活动难点】

热爱大自然，激发主动保护环境的情感。

【活动准备】

学生准备：

用红色、绿色、黄色、紫色、蓝色、橙色飞行旗帜将学生分成6组，确定组长。

教师准备：

1. 收集相关资料，制作课件PPT。
2. 设计"飞行旗帜"，准备"美术作品素材"。

【2分钟暖场活动】

活动名称： 造型大比拼

1. 师：同学们好，我是陆老师。课前，我们先进行一个热场游戏——造型大比拼。用你喜欢的表情和动作演一演吧。

出示照片：

（学生集体跟做2遍）

> **设计意图**：设计观看照片做相应表情和手势动作的活动，既能增添趣味性，也能为后面的课堂活动做铺垫。

【活动过程】

一、学习飞行口令

1. 师：咻，这是什么？

2. 师：一（1）班的小朋友想不想成为驾驶它的飞行员？
   生齐：想。

3. 师：只有输入飞行口令，你才能驾驶它哦。
   播放音频1《飞行口令》：请输入飞行口令，123，坐坐稳，小飞机，起飞了！

4. 师：我是指挥官陆老师，我已准备完毕。123，坐坐稳，小飞机，起飞了！你们都是飞行员，准备好了吗？一起来激活飞行口令！
   生齐：123，坐坐稳，小飞机，起飞了！

5. 师：各位飞行员请注意，遵守飞行规则完成任务，就可以移动小飞机向前一格，若不遵守飞行规则，小飞机就要后退一格。

> **设计意图**：本环节是让学生学会飞行口令，本节课的课堂纪律也始终围绕着飞行口令，它既是激发学生对本堂课的兴趣的一把"钥匙"，同时也是加强学生之间的集体意识、增强团队协作精神的"打气筒"。

二、折飞机的风波

（一）生活中的纸

1. 师：哇，真是太惊喜了，今天乐迪要和我一起开启飞行之旅。

播放视频1《小青青的困难》。

乐　迪：我是世界上最快的飞机，我要飞得更高更远。

小青青：（电话声）嘟……乐迪乐迪。我是环保小镇的小青青，向你发出求助信号。

乐　迪：以最快的速度飞行，乐迪来了。

小青青：乐迪，今天老师布置了环保活动，折环保纸飞机，需要自己找纸完成。我该用什么纸呢？

2. 师：谁来告诉乐迪，这次活动的主题是什么？

生：环保折纸飞机。

3. 师：飞行员们，想想生活中有哪些地方需要纸。

生1：写字用的作业本。

生2：我家里有报纸。

生3：我经常画画用的美术纸。

……

4. 师：大家观察得真仔细。生活中还能看到购物的纸袋、快递盒、包书纸等等，生活中到处都有纸，纸的用处可真广。

板贴：一张纸，用处广

（二）纸飞机评价

播放视频2《包裹里的纸》。

乐迪准备了美术纸、报纸、打印纸放在快递里，送到小青青手中。

乐　迪：我是世界上最快的飞机，包裹到达环保小镇。小青青，快来签收。

小青青：到底选哪一张呢？

1. 师：飞行员们，你们会怎么选呢？用手势1、2、3表示，准备，出！

（学生用手势做出选择）

2. 师：看来，选2号报纸的票数最多，看看它的得分。请输入飞行口令。

生齐：123，坐坐稳，小飞机，起飞了。

3. 师：2号纸飞机获得三颗星，飞行员说说你的想法。

生1：报纸两面都用了，再用来折飞机一点都不浪费。

生2：报纸好看，不需要再画颜色了。

4. 师：是呀，报纸两面都用到了，做成纸飞机正合适。

板贴：两面用，做手工

播放音频2《小青青的飞机》：

小青青：乐迪，来看看我选择的3号白纸做的纸飞机呀。

小青青：我的纸飞机也不差啊，怎么才得一颗星？

5. 师：咦？小白纸只得了一颗星啊！飞行员们，知道为什么吗？

  生1：小青青是白纸，其他两个都有颜色。

  生2：白纸做的不好看。

6. 师：颜色是得分的主要原因吗？

  生1：小青青用新的纸做的。

  生2：小青青太浪费了，白纸还可以写字。

  生3：小青青应该拿用过的纸做小飞机。

  生4：这次活动是"环保纸飞机"，小青青不环保。

（三）第一个车间：选材料

1. 师：是啊，刚刚我们就知道了活动主题是"环保"，小青青用白纸不符合要求哦，让乐迪来告诉小青青。

  播放音频3《回忆活动要求》。

  乐 迪：小青青，你别忘了这次的主题是环保哦，你用白纸是不是太浪费了？

  小青青：哼！不就是一张白纸嘛，到处都有，有什么稀奇的？

  乐 迪：可不要小看这一张纸，你知道纸是怎么做出来的吗？

  小青青：我还真不知道呢。

  乐 迪：那我们一起去造纸作坊看看吧。

2. 师：飞机又要起飞喽，快输入飞行口令。

  生齐：123，坐坐稳，小飞机，起飞了！

3. 师：这里有很多材料，飞行员们用手势判断，是造纸用的材料就比"√"，不是造纸用的材料比"×"。

  出示判断游戏：

4. 师：原来，造纸需要树木、水和人力啊。有了材料，我们就可以跟乐迪一起学造纸了。输入飞行口令——

  生齐：123，坐坐稳，小飞机，起飞了！

  播放视频3《纸张生产过程》。

乐迪：以最快的速度飞行，小青青，我带你学造纸吧。

①清洗。把造纸植物纤维放入水中清洗，使其脱胶。②蒸煮。加入石灰水，加温促烂。③捣碎。植物纤维切碎，捣烂。④搅拌。将植物纤维搅拌至完全溶解在水中。⑤捞纸。使用帘床捞取纸浆。⑥烘干。把湿纸烘干，揭下来就是可以书写的纸张了。

5. 师：飞行员们，你们看得真仔细，大家知道造纸的步骤了吗？

（6位组长将手中的步骤进行排序）

6. 师：看来造纸确实很复杂，真是不容易啊。

7. 师：为了让大家更了解造纸，我们将其中一个环节进行实验。你们看，这是直接使用化学试剂处理好的纸絮，飞行员猜猜老师制造这张纸用到了多少水？请你们用手势1、2、3做出选择。

出示图片：

（学生用手势做出选择）

（四）第二个车间：造纸实验

1. 师：我们开始实验操作吧，其他飞行员观看直播。谁愿意成为乐迪的小助手上台做实验？

（一位学生上台）

2. 师：下面，请这位飞行员先倒一杯水，让纸絮完全融化在水里。

（学生动手操作）

3. 师：下面，让我来采访一下飞行员，感觉怎么样？

生：水不够，搅不动。

4. 师：那就一瓶水，你现在感觉怎么样？

生：还是不太行。

5. 师：最后请你倒入一桶水。恭喜选择一桶水的飞行员。

（五）第三个车间：产生污水

1. 师：我看到想让纸絮完全融化，你使劲地搅拌一圈又一圈，有什么感觉？

生：我太累了。

2. 师：是啊，太累人了，而且需要很多时间。实验还没结束，我们观看视频。

播放视频4《过滤纸浆》：搅拌纸絮直至完全溶解在水中，然后用滤网将纸浆捞起，最后将实验的水过滤出来。

3. 师：看，这桶水还干净吗？

　　生：已经脏了。

4. 师：是啊，用这个方法制造这一张小白纸耗费很多人力和物力，还会产生污水。

播放音频4《一本作业簿的污水》。

　　乐　迪：制造一张纸需要大量的时间、人力、材料，还会产生污水。

　　小青青：哦，那制造一本作业簿会产生多少污水？

　　乐　迪：小青青，我们一起来数一数，1桶、2桶、3桶、4桶、5桶……10桶。

　　小青青：哇，原来这么薄薄的一本作业簿竟然产生这么多污水。

5. 师：每位飞行员的书包里都会有这样的作业本，这么多作业本会产生大量的污水。可是，我们的生活确实离不开纸。随着科技的进步，现代大工厂造纸的机器能大批量地生产纸张。那造纸产生的污水该怎么处理呢？输入飞行口令——

　　生齐：123，坐坐稳，小飞机，起飞了。

6. 师：把水排到这些地方，你们同意吗？为什么？

出示图片：

　　生1：不同意，小鱼很伤心，水被污染了。

　　生2：不同意，小花很难过，污染真大啊。

7. 师：纸张生产过程中还会产生其他污染，如果这些污染不处理就会破坏环境、影响生态。

板贴：少污染

设计意图：利用判断游戏，使学生在游戏过程中既能享受乐趣，又能巩固所学知识。学生实践操作造纸实验，了解纸张的来源、生产过程，亲身体会造纸过程很复杂，需要耗费大量的人力、物力及时间。观看完造纸视频后，通过小组合作接力的方式，将造纸的步骤排序，既提高了学生的课堂参与度，又使课堂氛围活泼有趣。

三、纸的妙用

（一）节约，从我做起

播放音频5《有什么大不了》。

　　乐　迪：这些污水都会对环境有危害。小青青，现在你知道要节约用纸了吧。

小青青：我就浪费一张纸，有什么大不了的呢？只要其他人多节约一点，不就好了吗？

1. 师：飞行员们，同意小青青想法的比"♡"，不同意的比"×"。说说生活中有没有浪费纸的现象。

（学生用手势表达）

生1：我同意，就浪费一张无所谓。

生2：同学问我要纸，我会撕一部分给他。

生3：我不同意，每个人都扔一张，也会浪费很多。

生4：有些人拿了纸乱涂乱画，这是浪费。

2. 师：如果每个人都和小青青一样浪费一张纸，会怎么样呢？

播放视频5《每人扔一张》：每个人扔一张纸，扔掉的纸越堆越多，最后形成了一座"纸山"。

3. 师：看到这些，飞行员们，你有什么话劝劝小青青？

生1：小青青，你的想法不对，我们还是要节约用纸的。

生2：如果每个人只想自己浪费，别人节约，是不行的。

生3：浪费纸，会对环境有破坏的，不可以这样。

生4：小青青，我们还是一起节约用纸吧。

（二）废纸装订成册

1. 师：你愿意节约一张纸吗？

生：我愿意。

2. 师：请把你桌子上的美术纸递给我，谢谢。

3. 师：还有哪组飞行员愿意节约一张纸？就把你桌上的活动单交给老师。

（学生将美术纸交给教师）

4. 师：看，惊喜来了。两个组的美术纸夹起来，就能做成一本——

生1：画画本。

生2：美术本。

5. 师：把它做成画画本，你会画在哪里？

生：空白的地方。

6. 师：这真是一个绝妙的好主意，快来夸夸自己"我真棒"。来，飞行员们，让我们一起参与节约用纸的行动吧。输入飞行口令——

生齐：123，坐坐稳，小飞机，起飞了。

板贴：三人行，节约纸

（三）节纸的约定

播放音频6《恍然大悟》。

乐　迪：小青青，现在你知道你的纸飞机才得一颗星的原因了吧！

小青青：我终于明白了，我决定从现在就开始节约用纸。

乐　迪：小青青，我们约定一起节约用纸吧。

小青青：可是乐迪，还有什么节约用纸的好方法呢？

1. 师：飞行员们，还有节约用纸的好方法吗？

　　生1：纸巾用多少，拿多少。

　　生2：用过的画纸，可以包书本。

　　生3：只用了一面的纸，反面可以画画。

　　生4：我将一张纸折成几个部分来画画，这样就不浪费了。

　　生5：我奶奶以前用过了的纸袋就扔了，爸爸说这样太浪费了，所以现在她用环保袋。

2. 师：飞行员们的想法很有创意，你们都有节约用纸的环保意识。

板贴：护环境

> **设计意图**：用"乐迪"和"小青青"这两个人物拉近与学生的距离，在视频中制造矛盾分歧，使学生发散思维、产生联想、分析得出节约纸张就是保护环境的结论。利用生活中学生看到的节约行为总结优点，加深学生对节约纸张的认识，并引导学生转化为实际行动，形成良好的环保习惯。

四、欣赏祖国风景

1. 师：我们一起去看看祖国的青山绿水吧。激活飞行口令——

　　生齐：123，坐坐稳，小飞机，起飞了！

播放视频6《浏览祖国青山绿水》。

乐　迪：我要飞得更高更远，小青青，一起去欣赏祖国的青山绿水。

小青青：今天的飞行之旅收获真大啊，你看，飞过一片大森林了。

乐　迪：只要我们一起行动起来，每节约一张纸，就保护了一片森林。

小青青：对的，每一张小白纸都来之不易，我一定会牢牢记在心里的。

2. 师：飞行员们，美丽的青山绿水需要大家一起来守护，让我们用实际行动来践行一"纸"之约。

板贴：一"纸"之约

3. 师：请欣赏纸的装饰品。

　　（学生观看）

4. 师：让我们一起朗读节纸小妙招。

出示儿歌：

jié　zhǐ　xiǎo　miào　zhāo
节　纸　小　妙　招

一　张　纸，用　处　广。

两　面　用，做　手　工。

三　人　行，节　约　纸。

少　污　染，护　环　境。

185

（学生朗读两遍，搭配相应手势）

5. 师：恭喜橙色飞行队、蓝色飞行队、红色飞行队和黄色飞行队完成飞行任务抵达终点。其他飞行员也别气馁，老师为所有飞行员积极参与的精神而鼓掌！大家要记住今天的快乐飞行，从现在就开始节约用纸。

> **设计意图**：学生通过视频体验浪费纸张的后果，意识到纸张是一种有限资源，能将浪费纸张与对环境的影响联系起来；最后通过歌唱《节纸小妙招》，搭配手势动作进行知识点的回顾和总结，加深学生对节约纸张重要性的理解。贯彻习近平生态文明思想，学生牢固树立和践行绿水青山就是金山银山的理念。

【延伸教育活动】

师：回家以后用废纸做手工，和爸爸妈妈分享节纸小妙招。制作创意作品，一起办一场"作品展览"吧！

【板书设计】

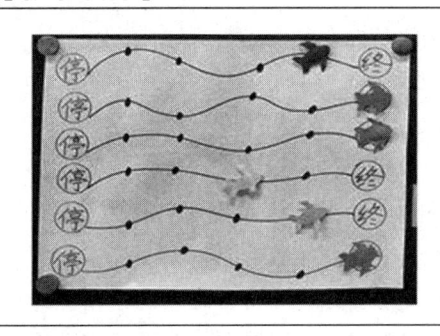

一"纸"之约

一张纸，用处广。
两面用，做手工。
三人行，节约纸。
少污染，护环境。

造纸步骤：

清洗　蒸煮　捣碎　搅拌　捞纸　烘干

【点评】

口令得当，课堂有序

课堂口令在德育主题课教学过程中具有重要的作用。利用简短、有力、易于记忆的口令，能够迅速引导学生的行为和思维，帮助学生快速进入下一段情境的思考状态或情感体验。

1. 巧用"口令"，规范课堂秩序

一年级新生活泼好动，有效注意时间较短，缺乏一堂课的持续关注力。这个年龄段的孩子对新事物充满好奇，喜欢探索和尝试。而德育主题课对于一年级学生可能是一个全新的概念，面对不同于常规课堂的主题教育课，他们可能只感受到课堂的活泼、热闹，却不明白课堂深层次的含义。口令的使用可以加强师生之间的情感联结，营造积极向上的课堂氛围。"123，坐坐稳。小飞机，起飞啦！"这种清晰明了、朗朗上口的口令同时搭配飞行手势，学生非常喜爱。通过口令的反复使用，学生逐渐形成条件反射，有助于良好习惯的养成。陆老师充分调动口令，既激发了学生对本堂课的兴趣，又加强学生之间的集体意

识、增强团队协作的精神。

2."口令"评价，调动学生情绪

一年级学生的情绪变化也是快速且直接的，因此积极的评价反馈对于他们来说非常重要。本课堂始终围绕着飞行之旅的情境，每个学生都是飞行员，每个小组有对应颜色的小飞机，飞机在棋盘上向前飞行的过程就是一种激励机制，将学生成功完成学习任务比作飞机安全着陆，让学生在安全的环境中尝试和犯错，然后通过评价来提供反馈。评价不仅是对过程的反馈，也是对结果的肯定。同时，陆老师也始终强调团队合作的重要性，就像飞机机组需要协同工作一样，学生在小组学习中也应该相互支持。这种评价推动学生良性竞争，增强学生的自信心和学习动力，推动他们追求更好的课堂表现。

教学不仅是知识的传递，更是情感的交流。陆老师利用小飞机的口令巧妙地构建出一个生动活泼的生态文明主题教育课堂，既加强了与学生之间的情感交流，又可以激发学生的兴趣，增强他们的学习动力，帮助他们建立自信，促进他们的全面发展。

上海市张江镇中心小学副校长　秦蓉子

第17课　小口罩，大生态

设计教师：上海市浦东新区荡湾小学　　黄春华
指导教师：上海市周浦镇第三小学　　　张旭红

【活动对象】
小学三年级学生

【活动时长】
2+35分钟（2分钟预备时间）

【学情分析】
1．"口罩污染"正成为最大污染源？
疫情以来，口罩逐渐成为每个人的生活必需品。目前口罩的消耗数量巨大，随之产生的"口罩污染"日趋严重。一只普通的一次性医用口罩可佩戴时间只有2至4小时，然而，当人们将其丢弃后，它的旅程才刚刚开始——据环保专家预估，其彻底被降解的时间或长达300—400年。用过的口罩除了混入生活垃圾，还有一部分被随意丢弃而直接进入我们的环境，这无疑会大大加重环境负荷，让生态环境更加失衡。

2．三年级学生的节约意识要提高
对于三年级学生而言，节约就是珍惜身边的每一种资源，不浪费。如何找到切入口对小学生进行有效的节约教育、有效的生态文明教育？从学生身边熟悉的小口罩着手。我所带教的三年级学生，他们或受家长传统观念的影响，或受同伴盲目攀比之风的影响，存在着要戴最高级的口罩，戴得越厚越多越安全的错误观点。目前，小学生中浪费口罩的现象比较普遍，对小学生的相关教育迫在眉睫。

【主题解析】
1．生态文明从节约开始
党的十八大以来，以习近平同志为核心的党中央把生态文明建设作为关系中华民族永续发展的根本大计：坚持人与自然和谐共生，推动发展方式绿色转型，坚持把节能低碳发展作为解决生态环境问题的治本之策。

2．节约从身边的小口罩开始
我们国家作为人口超级大国，每天各类物资的消耗量是惊人的，其中的浪费也是惊人的，所以节约对生态文明的创建起着重要的作用。口罩几乎成了生活必备品，一定程度上，口罩就是我们的"保护神"！一只普普通通的口罩，需要的原材料、制作工序、时间可不少。校园内、社会上存在严重浪费口罩的问题，疫情已基本结束，我们要节约口罩而不滥用。研究表明，如果每个人每天都使用一个一次性口罩，一年后将产生66000吨受污染的塑料废弃物，其对气候变化的影响是使用非一次性口罩的10倍。口罩，居然成为全球最大污染源！如何引导学生正确科学使用口罩、物尽其用、节约口罩，从而构建文明医疗生态系统，是一项迫在眉睫的工作。

3. 生态文明教育对小学生的意义重大

生态文明教育的根本目的在于，认知、诠释"自然—人—社会"的关系及其生态意义，并能够运用生态哲学和生态法则分析判断各类活动的合理性，进而自觉践行生态文明行动。以"口罩"为切入点对学生进行生态文明教育，就是引导学生理解节约的真正意义，为生态文明贡献自己的力量。

【活动目标】

认知目标：

1. 知道口罩制作所需原料、生产、运输的基本常识。
2. 了解节约口罩的常用方法。

情感目标：

树立环保意识，懂得节约口罩就是保护生态文明。

行为目标：

1. 学会根据不同场所、不同需求选择合适的口罩。
2. 学会正确保管、处理口罩的方法。

【活动准备】

收集相关资料，制作多媒体课件。

【2分钟暖场活动】

活动名称： 课前聊一聊

师：Hi，大家好，玩过漂流瓶聊天吗？来，抽一个吧。

（学生玩游戏，抽取漂流瓶问题并回答）

生1：疫情时我阳过，太痛苦了，很多时候只能在家待着。

生2：每次出门，一定要戴口罩，我妈囤了一大堆口罩。

生3：我不喜欢戴口罩，戴口罩太闷了。

> **设计意图：** 通过和学生畅谈过去两年的疫情，引发学生对"口罩时代"的集体回忆，激发学生的学习兴趣，营造良好的课堂氛围，建构良好的师生关系，并自然引出口罩这一学习主题。

【活动过程】
一、按需选口罩
（一）创情境——戴N95口罩

1. 师：疫情时期外出活动可太难了。瞧，"十五分钟幸福生活圈"小队活动开始了。

播放视频1《戴口罩的困惑》。

小明：我是最靓的仔，十五分钟幸福生活圈，小队活动真精彩。今天，每月一次的楼组小队活动终于轮到我做主持人了，啦啦啦，啦啦啦。早就盼着这一天了，昨晚兴奋得没睡着，别提多高兴了！妈妈和奶奶也很激动，正忙着洗水果呢！今天小伙伴们第一次来我家，我去门口接他们。

小明：哇，凡宝，你戴的是N95吧？

凡宝：是啊是啊，别提了，我妈妈说一次性口罩太薄了，不安全，我们家都戴N95口罩，高级别，安全系数妥妥的。

2. 师：同学们，凡宝戴了什么口罩？

生：凡宝戴了N95。

3. 师：Bingo。同意凡宝戴N95的比"♡"，不同意的比"×"。全体准备，1，2，3，出。

（学生集体判断，出手势）

4. 师：你不同意，为什么？

生：我不同意，戴N95太闷了。

（二）巧分辨——按需选

1. 师：看来大家的观点不一，那今天就来聊聊小口罩的那些事。

板贴：小口罩

播放视频2《按需选口罩》。

小明：可我没有戴N95口罩，那我是不是就很危险了？

凡宝：明宝，危险了！You are dangerous，戴我的N95吧，防护等级超高。

小明妈妈：小朋友们好，欢迎来我们家。刚才我听到你们的讨论了，其实戴口罩是有科学依据的。

小伙伴：医生妈妈，医生妈妈，那你给我们说一说吧。

小明妈妈：好的，那今天的读书活动我先做一个分享吧。

佩戴口罩是公众预防病毒感染的重要手段。我们应该按照暴露风险等级选择合适的口罩类型，适当地佩戴口罩，不过度防护，提高口罩使用效率，减少资源浪费。如果您属于较高暴露风险的医护人员，有必要使用医用防护口罩或KN95等级防护口罩。如果您在机场、地铁、超市等人员密集场所工作，属于中等暴露风险人员，建议佩戴医用外科口罩。如果您处在普通室内、工厂车间等环境，一般属于较低暴露风险人员，建议佩戴一次性医用口罩。如果您本人健康，在居家通风良好的、人员密度低的场所，可以不佩戴口罩。

小明妈妈：今天大家都听得很认真，医生妈妈来考考你们。

2. 师：游戏时间到，这些场所戴不戴口罩，谁想来应战？
出示图片：

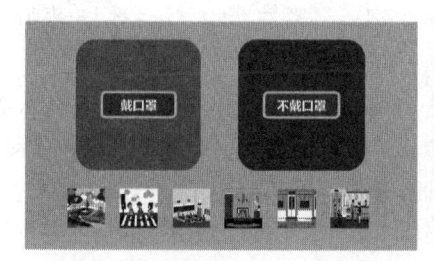

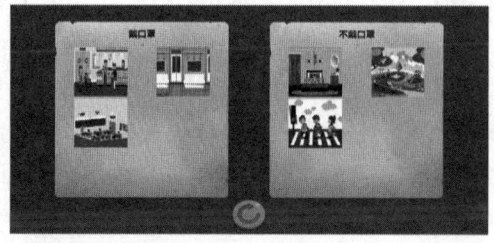

（学生完成希沃游戏，选择场景图片判断戴不戴口罩）

3. 师：真是闯关小达人。特殊时期，小小口罩作用大，不同场所先判断，按需选择不浪费。看来今天的活动和口罩"杠"上了。

板贴：按需选

> **设计意图**：从队员们戴口罩的困惑着手，通过医生妈妈的专业分享和游戏活动让学生知道有些场所不用戴口罩，一般室内场所戴一次性医用口罩，特殊场所才有必要戴医用防护口罩，从而避免不必要的口罩浪费。

二、合理用口罩

（一）创情境——戴双层

播放视频3。

凡宝：哎，现在我知道戴N95是真没必要。

小明：小乐，你怎么戴了两个口罩？

小乐：我妈妈说，一个口罩不够，至少要戴两个口罩，双层保护。

1. 师：小乐戴了什么口罩？

　　生：戴两个口罩。

2. 师：戴两个口罩你支持吗？支持的比"♡"，不支持的比"×"。1，2，3，出。

　　（学生集体判断，出手势）

3. 师：为什么不支持戴两个口罩？

　　生：不支持，因为戴一个口罩就够了。

（二）算一算——合理用

播放视频4。

小明：Stop, stop。听我说，我昨天在人民网公众号上读到一篇文章。我马上找出来分享给你们。人民网科普报道，同时戴两个口罩能双倍防护吗？真相是不能，佩戴两层口罩不仅不能增加安全性，而且还可能因为口罩之间互相摩擦造成佩戴移位，影响口罩的气密性。

1. 师：下面请我们的班长来做一个权威解答吧，请！

　　生：佩戴两层口罩不仅不能增加安全性，而且还可能因为口罩之间互相摩擦造成佩戴移位，影响口罩的气密性。

191

2. 师：气密性，第一次听到这个词，这可超出了我的认知，哪位学霸了解？

　　生：不知道。

3. 师：知之为知之，不知百度知。百度上有个口罩气密性实验，让我们先来听一听规则。

　　规则：一张餐巾纸垂直固定在支架上。两个学生参与实验，一位学生戴口罩吹餐巾纸，第一次戴一个口罩吹，第二次戴两个口罩吹；另一个学生观察餐巾纸有没有被吹动。

4. 师：请两位同学模仿操作实验，一起去见证一下吧！

　　（学生实验：一个学生先戴一个口罩吹挂着的餐巾纸，然后戴两个口罩吹餐巾纸；另一个学生观察餐巾纸有没有被吹动）

5. 师：我的首席小观察员，你有什么发现？

　　生：戴一个口罩吹，餐巾纸没有动；戴两个口罩吹，纸动了。两个口罩的气密性比一个差，白白浪费一只口罩。

6. 师：观察仔细，思考严谨，看来戴双层口罩没必要。一个口罩保护足够，戴两个就是浪费。话不多说，按照每人每天浪费一个口罩计算，如图所示，小组合作，一起算一算吧。

出示PPT：

	凡宝 （1人）	全校 （1000人）	上海 （25000000人）
1天			
10天			
100天			

（学生小组合作，一起算一算并分享计算结果）

7. 师：人口多浪费惊人。据央视财经网统计，疫情期间全世界每个月要用掉1290亿个口罩，平均每1分钟要用掉300万个，这样的浪费太惊人。让我们从自己做起，节约口罩，合理使用。

板贴：合理用

三、小制作，不简单

1. 师：小队活动还在继续……

　　播放视频5《口罩便宜无所谓》。

　　凡宝：既然口罩需求那么多，那为什么不多生产点呀？

　　小乐：是啊，一个小口罩就几层布，巴掌大一小块，也不是高科技新能源，看上去很简单嘛。

　　凡宝：就是就是，分分钟就能生产出来。多生产，随便用。

2. 师：分分钟就能生产一只口罩，YES or NO？1，2，3，出。

（学生集体判断，出手势）

3. 师：看来意见不一，让我们一起来认真观察。

播放视频6《一只口罩的生产》。

小明：这个问题可难不倒我，我去请我的最强后援团——我的老爸，他可是专业人士。

小明爸爸：孩子们，生产一只口罩可不简单。

一只小小的一次性医用口罩，需要的原料可不少，无纺布、鼻梁筋、耳挂、滤纸。无纺布是其中最关键的原料，那无纺布是由什么组成的呢？它是由石油和木材组成的。原材料发往工厂，一般要2—3天。进入工厂的无菌车间进行生产，最快也要7—10天，因为口罩还要经过最重要的灭菌处理。最后到药店出售还要经过2天左右。人力、物力可不少。小口罩，不简单！

4. 师：看，小明爸爸的口罩生产一览表，有原料采集、工厂生产、物流运输，小组合作，一起完成。

出示PPT：

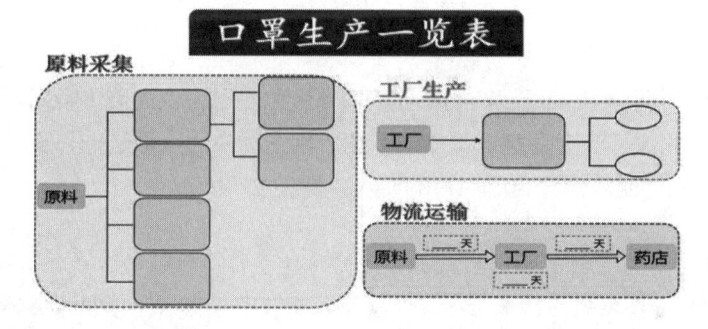

出示规则：

抽取盲盒三选一（原料采集、工厂生产、物流运输）。根据视频6内容把图片贴到相应的方框内，完成工序并说一说。音乐起，小队开始行动；音乐停，小队活动停！

（学生小队合作，完成表格并组内总结要点）

5. 师：各小组选派一名代表上来分享，哪个小组先来？

（各小队派一名代表上台分享）

6. 师：生产一只口罩简单吗？为什么？

生：口罩制作不简单，需要消耗很多的原材料和人力，而且时间也很长。

7. 师：看了小组探究活动，听了大家的总结，老师发现口罩制作真不简单，需要的人力物力可不少。地球资源是有限的，所以为了节约有限的地球资源我们可以怎么做？

生：节约口罩。节约口罩就是节约有限的资源。

设计意图：通过做一做实验、算一算浪费的口罩数量、了解口罩制作等一系列活动，让学生直观感受口罩的制作是不简单的，我们国家对于口罩的需求量是巨大的，节约口罩就是节约有限的地球资源。

四、科学重复，能节约

1.师：说起节约，谁能比得上咱老一辈呢？看，最节约的小明奶奶来了。

播放视频7《戴过还能戴吗？》。

奶奶：小宝啊，你说得对，生产一只口罩不容易，奶奶最见不得浪费，我一个口罩要戴一星期，舍不得扔。正好我要去社区医院配药，把你刚刚才戴了几分钟的口罩给我戴吧。你刚刚那个口罩才用了几分钟，多可惜啊，别再浪费一只新口罩了。

凡宝&小乐：小明奶奶，这不卫生，不能再戴了。

奶奶：我孙子戴过的，又没毛病，奶奶不怕。刚才你们不是说了嘛，我们国家有那么多人，要节约。

小明：奶奶，我用过的，不安全。

2.师：自己孙子戴过的奶奶能戴吗？同意奶奶做法的比"♡"，不同意的比"×"，1，2，3，出。

（学生判断，出手势）

3.师：自己孙子戴过的口罩，奶奶为什么不能戴？

生1：别人的口罩不能戴。

生2：万一小明是传染源，奶奶戴他的口罩就危险了，也会被传染病菌的。

4.师：看来，大家的安全意识妥妥的，在日常生活中别人戴过的、脏的、破损的口罩不能再戴。我们只能重复佩戴自己用过的口罩，且次数不能过多。

> **设计意图**：通过呈现小明奶奶戴小明戴过的口罩的错误节约方式，引导学生养成节约使用口罩的好习惯，从而真正达到节约口罩，节约医疗资源，保护生态环境的目的。

五、会保管，防污染

1.师：我们要节约，但更要安全有效。

播放视频8《小队实践》。

小乐：小明奶奶，小明戴过的也不能戴，口罩上残留的飞沫和细菌容易引发交叉感染。

奶奶：孩子们，你们说得对。戴别人戴过的口罩非但没有节约，反而会引发交叉感染，生病住院就得不偿失了，还不如好好保管，一个口罩能多用点时间。

小明：今天，我们小队活动的实践任务就是——口罩小调研。

2.师：口罩小调研，这四个问题有谁了解吗？

出示PPT：

关于口罩的调研报告

原材料	
降解	
乱扔的后果	
要做的	

生1：口罩的原材料是无纺布、鼻梁筋、耳挂、滤纸。

生2：口罩的降解，我不清楚。

生3：乱扔口罩会污染环境，我不太确定。

生4：我们要做到节约口罩，不乱扔口罩。

3. 师：看来，我们对这个熟悉的小口罩还不够了解哦，让我们回到"十五分钟幸福生活圈"现场吧。

播放视频9《小队活动实践报告》。

小乐：口罩保管的秘诀被我发现了，向内对折，放入原包装袋或干净的收纳袋里。

凡宝：平常用过的口罩，折好扔进口罩专用回收桶。

小明：如果乱扔口罩，口罩流向海洋，最终会对生态环境造成严重的污染。

口罩是一种塑料制品，也是一次性消耗品，因此，口罩在海洋中降解需要450多年。这不仅直接污染了环境，甚至还让许多动物因此而丧生。2020年9月，动物学家就在巴西的海岸发现了一只死亡的企鹅。他们对企鹅进行解剖之后，惊讶地发现其胃里竟然有一只N95口罩。

小明："十五分钟幸福生活圈"关于口罩的调研报告新鲜出炉了。

4. 师：调研报告新鲜出炉，谁来掀开它的面纱？

生1：口罩的原材料是塑料制品，不容易降解，降解需要450年左右。

生2：乱扔口罩会造成动物死亡、环境污染。

5. 师：调研报告真精彩，但老师却很震惊。想不到，一只小小的口罩对生态环境的破坏力那么大。我们要节约口罩不乱扔，科学重复会保管。说到保管，一起学习一下吧。

板贴：会保管

播放视频10《保管口罩》：同学们，口罩临时摘下，怎样保管才能继续使用呢？自备收纳袋或干净信封，将口罩向内对折，放入信封里。保管正确，延长使用。

6. 师：老师送给每位同学一个新信封作为口罩的临时保管袋，同桌一起练一练保管口罩，开始行动吧。

（生按照视频演示，把自己用过的口罩向内对折，再放入干净信封）

7. 师：保管小达人都是棒棒哒！快看，小明他们编了首《节约口罩小秘诀》。

播放视频11《节约口罩小秘诀》。

小明：哈哈，口罩的节约小秘诀被我们发现了。

齐说：小口罩，按需选，合理用，会保管。

8.师：让我们和小伙伴们一起分享节约小秘诀吧。
   生：小口罩，按需选，合理用，会保管。
9.师：最近几年，"口罩污染"已经成为地球上最大的污染源。全世界那么多人，如果每个人浪费一个口罩，就会给我们的环境和社会带来巨大的影响和破坏。每个人节约一小步，就能推动社会文明一大步。节约使用口罩就是保护生态环境，小口罩，大生态，从我做起，开启口罩节约行！

板贴：保护生态环境 大生态

【延伸教育活动】

同学们，请根据今天的上课内容，完成下面的口罩思维导图。

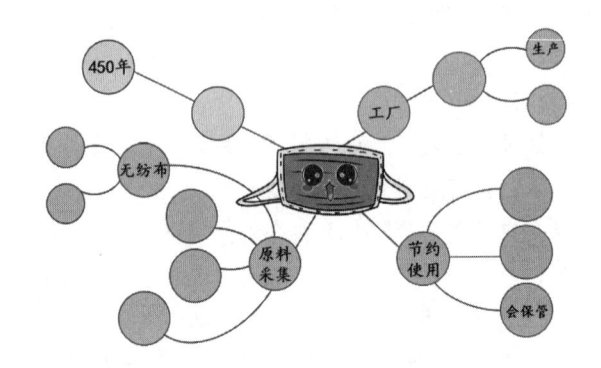

【板书设计】

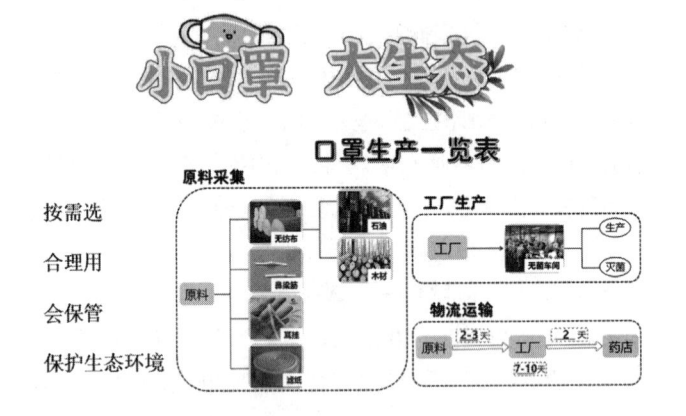

【点评】

来于生活 用于生活

教学内容要来源于生活，贴近学生才能引发学生的兴趣，启发学生去探索。黄老师的这节主题教育课，抓住学生生活中的一件常用物品，通过前期的精心准备，创设恰当的情境，引导学生深入探索节约口罩，结合生活实际进行生态文明教育。

1. 把握了一个字"近"

著名教育家陶行知先生说过："生活即教育。"不管是选主题，还是设计活动内容，都要从学生生活中来，才能够教育引导学生。本课贴近学生生活，虽然现在不强制要求佩戴口罩，但生活中口罩还在使用，那么为什么要用？怎么用？本节主题教育课让小学生知道了节约口罩的意义，并学到了节约口罩的小秘诀。

2. 体现了一个字"行"

行是知之始，知是行之成。主题教育课的目的不仅停留于学生的知识层面，关键要让他们在行为中落实。本节课，黄老师设计了丰富的学生活动，如希沃游戏、气密性实验、小组合作算一算、口罩生产流程图、调研报告等，让学生在实践中逐步了解口罩制作的不易，知道了节约口罩的具体方法。所以"行"是"知"的归宿，也是"知"的检验和体验。

3. 抓住了关键字"情"

课堂伊始，黄老师就结合"漂流瓶聊天"的游戏激发了学生的回忆，瞬间把孩子们拉回到那个难忘又艰辛的时期，引发了学生的情感共鸣，一下子拉近了师生关系，激发了学生的学习兴趣。本节课围绕"十五分钟幸福生活圈"小队活动这个情境展开，小队活动在小明家开展，小明妈妈、爸爸及奶奶热情招待小队成员，让我们感受到家长对同学们的关爱。其中小明奶奶为了节约，戴小明戴过的口罩，方法虽然是错误的，但小明奶奶的节约意识潜移默化地影响着孩子们，这样的设计真正联系生活实际激发学生的情感。

上海市浦东新区教育发展研究院　姚瑜洁

第18课　"笔笔"皆是宝

设计教师：上海浦东新区民办正达外国语小学　　陈金凤
指导教师：上海市浦东新区德州二村小学　　　　徐巍炜

【活动对象】
　　小学三年级学生

【活动时长】
　　2+35分钟（2分钟预备时间）

【学情分析】
　　1. 铅笔浪费现象的透视
　　铅笔，是三年级学生最为熟悉的文具用品。然而，在与学生的日常亲密互动中，我发现学生浪费铅笔的现象比较普遍。比如：随意丢弃、故意掰断或啃咬铅笔、铅笔丢了不及时找等。久而久之，原本方便大家学习的班级"文具百宝箱"逐渐变成了"失物招领盒"，无人认领的铅笔越积越多。据不完全统计，开学短短一个月，"百宝箱"已"收留"了近50支铅笔。

　　2. 浪费行为背后的思考
　　随着社会生活水平的日渐提高，一支小铅笔对于一个孩子和一个家庭而言或许不算什么。殊不知，这种浪费现象的背后，却藏着大大的教育契机。自二年级第二学期起，学校积极组织各班开展生态文明教育系列活动，结合三年级"环保小达人，绿色生活我践行"主题，我顺势引导，加强对学生的生态文明教育。

【主题解析】
　　1. 每一位学生皆为守护生态家园的天使
　　生态文明教育是以节约教育、环保教育、国情教育为主要内容的教育。它是人的一生中顺应自然的人性教育，符合今天的终身教育观。通过拯救大自然而拯救人类自己，是生态文明建设的出发点与归宿点。中小学生不仅是中国生态文明建设的后备力量，更是未来人类美丽家园的建设者。因此，每一位学生只有从身边的点滴小事做起，学会节能环保，才能为生态文明建设贡献出自己的一份绵薄之力，聚沙成塔，成为积极守护美丽家园的小天使。

　　2. 每一支铅笔都是积蓄生态资源的动能
　　国务院"十四五"规划明确指出：坚持绿水青山就是金山银山理念，坚持节约优先、保护优先,守住自然生态安全边界。一支小铅笔,涉及诸多自然资源和生产工序。一支小铅笔其实代表的就是一份生态资源。班级学生不爱惜铅笔、浪费铅笔,从某种角度来看,就是不珍惜宝贵的生态资源,亟须教师及时引导和教育。

3. 每一个行为皆是绘就生态图谱的纽带

《中小学德育工作指南》明确指出:引导学生养成勤俭节约、低碳环保的生活习惯,形成健康文明的生活方式。一支小小的铅笔背后,蕴藏的是一幅绿色家园的美好蓝图。引导学生正确使用铅笔,不仅是培养一种行为习惯,更是连接学生内部学习世界和外部生活世界的一条纽带。它可以助力中年级学生在通向生态文明建设的"绿色起跑线"上,用更多健康绿色的行为方式,共绘生态图谱,守护美丽家园。

【活动目标】

认知目标:

1. 了解铅笔的历史、生产原料及制作工序,知道小小铅笔来之不易。

2. 懂得浪费铅笔就是浪费生态资源的道理,明确节约铅笔对于生态文明建设的重要性。

情感目标:

1. 激发学生对身边物品的珍爱之情。

2. 提升节能环保意识,激发爱护绿色地球的责任感。*

行为目标:

1. 反思自身不当行为,学习使用铅笔、爱护铅笔的好方法。

2. 合作创编儿歌和公益主题曲。

3. 参与21天争章行动,养成对物珍惜、勤俭节约、低碳环保的生活习惯,形成健康文明的生活方式。*

说明:打*号的目标为发展性目标,并非本节班会开完后学生就能达成的目标,而是通过后期班级各种活动学生逐步形成的行为目标。

【活动重点】

了解铅笔的历史、生产原料及制作工序,知道小小铅笔来之不易;反思自身不当行为,学习使用铅笔、爱护铅笔的好方法。

【活动难点】

懂得浪费铅笔就是浪费生态资源的道理,明确节约铅笔对于生态文明建设的重要性。

【活动准备】

学生准备:

1. 分成6个小组,确定好各组组长。

2. 准备一个笔袋,里面装好铅笔。

教师准备：

1. 收集相关资料，制作课件PPT。

2. 设计"铅笔专列""探究包"，准备"失物招领盒""铅笔盲盒"。

【2分钟暖场活动】

活动名称：小组节拍大PK

1. 师：小朋友们好！你们一共有几个小组呀？

   生：六个小组。

2. 师：接下来，我们玩个小游戏，先跟老师做一遍。双手节拍打起来，12、123，12、123……加快速度再来两遍。

   （学生集体跟做几遍）

3. 师：接下来，六个组就要大PK了。组长和组员们一起连续打3遍节拍，声音响亮、节拍整齐的小组获胜。

   （六组学生依次展示）

4. 师：恭喜PK成功的小组。看，要想取得最后的成功，小组成员之间就要齐心协力。

> **设计意图：** 通过这个简单又热闹的PK赛，不仅调节了课堂气氛，也为后面的小组合作做好了充分的准备。

【活动过程】

一、小铅笔，大控诉——铁证如山现真相

1. 师：同学们，听说地球上有个叫铅笔王国的地方，那里空气清新，树木茂盛，是铅笔们的快乐家园。大家想不想去云参观铅笔王国呀？

   生：想！

2. 师：看，谁来了？

   播放音频《小铅笔们的控诉》。

   喷嗖：且慢！我们铅笔王国不欢迎你们！据我所知，你们对我们铅笔家族很不友好。近期，铅笔王国的福利院里来了好多无家可归的铅笔。你们先听听这段采访录音吧——

   小铅笔1：呜——呜——呜，几天前，我从小主人的课桌上滑落到地面，他就再也不找我了。

   小铅笔2：你哪有我惨啊，不知谁太用力，竟然把我掰成了两段。

   小铅笔3：别提了，我的主人只要一写作业就开始咬我，把我咬得遍体鳞伤后就抛弃我了，真是太无情了。

   喷嗖：真没想到，你们竟然如此对待铅笔王国的子民。这件事惊动了国王，他正式委派我——喷嗖，作为铅笔王国的"环保大使"负责调查这件事。看，这是我从你们教室带回来的证据，我要为这些福利院的铅笔们讨个说法！

（一）初探证物，明数量

1. 师：呀！这不就是我们教室讲台上的"失物招领盒"吗，赶紧来数一数，里面究竟"收留"了多少支可怜的铅笔，让喷嗖先生（对应铅笔英文Pencil）如此生气。

（学生与教师一起数数，一直数到第30支）

2. 师：天哪，竟然有那么多支！同学们，这还不是最多的一次，有一次，我在"失物招领盒里"找到了50多支铅笔呢！

（二）再探证物，描状貌

1. 师：我想请两位同学上来看一看、摸一摸这些"无家可归"的铅笔！

（小组学生代表上前，依次从"失物招领盒"里取出一支铅笔）

2. 师：小朋友，你手里的铅笔是怎样的？

生1：我看到的这支铅笔是坑坑洼洼的，好像被人咬过了。

生2：我手里的这支铅笔好像还是新的，就是铅笔头已经断了。

（三）三探证物，显现状

1. 师：你平时掉过铅笔吗？那你是怎么做的？

生1：掉过，后来找不到就不找了呀，反正妈妈给我准备了很多铅笔。

生2：我也掉过铅笔，后来发现被人踩过了，太脏了，我就不要了。

2. 师：我们做个现场小调查吧！大家回想一下，有过"掉了铅笔就不找"的请出剪刀，"随意丢弃过铅笔"的请出石头，"故意损坏过铅笔"的请出布。我说1、2、3，你们再出相应的手势哦！

（学生用"剪刀、石头、布"三种不同的手势回应）

3. 师：同学们的手势回应，让我们找到了小铅笔为什么会来到"失物招领盒"的真相。正如同学们所讲的掉了不找、随意丢弃，甚至故意损坏铅笔，这其实就是在浪费铅笔啊！根据同学们的手势回应，这样的浪费现象还真不少呢！难怪环保大使喷嗖先生这么生气！

板贴：浪费

设计意图： 美国教育家杜威倡导的"儿童本位论"提出要建立"适合儿童身心发展的课堂"。为了使整堂课的节奏更为紧凑，提升学生学习兴趣，在班会课开始就引入了铅笔王国的成员——喷嗖先生。接着，由喷嗖先生抛出人类没有善待小铅笔的证据——"失物招领盒"，用学生熟悉的生活场景拉近课堂与学生的距离，进一步激发学生的求知欲和参与度。

二、小铅笔，大工程——浪费背后大代价

（一）情境推进，讨说法

1. 师：同学们，喷嗖先生不仅带回了物证，还要当众控诉他听到的来自小朋友们不友好的说法——

播放音频《小朋友们不友好的说法》。

"不就是铅笔吗？哪儿没有啊，有什么稀罕的！"

"我不就是浪费了一支铅笔吗？又不值多少钱！"

"不就浪费一支小铅笔吗，能有什么严重的后果？"

喷嚏：听听你们讲的这些话，你们也太小瞧我们铅笔家族了吧！我强烈要求你们搭乘"铅笔专列"，去深入了解我们的铅笔家族。

2. 师：同学们，准备好了吗？看，"铅笔专列"来了！

生：准备好了！

（二）铅笔专列，知根底

第一站：起源站——"前世"知多少

播放专列音频《起源站》：欢迎乘坐"铅笔专列"，本次列车共3站，现在我们来到的是第一站——起源站。欢迎大家前往列车中心的互动区，在这里，不仅可以体验到石头、树枝和铅笔的不同书写感受，还可以探寻铅笔的起源。

1. 师：同学们，还等什么，赶快打开课桌上的探究包，分别用里面的三件物品来写一个"大"字，体验开始！

（学生依次体验用石头、树枝和铅笔来写字）

2. 师：我来采访一下你们的书写感受。

生1：我刚才体验用石头写字，这块石头又硬又粗糙，手感很不好，也写不出字。

生2：我用树枝写字，虽然很用力，但只能写出一个淡淡的"大"字，很不方便。

生3：我分别体验三种物品写字，还是用铅笔写字最快，最方便。

3. 师：是呀，发明铅笔的人真了不起，给我们的学习带来很大的便利。看来，我们之前还真的是小瞧了铅笔！那么，铅笔究竟是什么时候发明的呢？一起伸出手指，摁下屏幕上的"揭秘"按钮吧！

（学生齐做"摁"的手势）

播放视频《铅笔的"前世"》：铅笔起源于2000多年前的古希腊时期。1564年，在布洛迪尔山谷有人发现了一种称为石墨的黑色矿石，可以写字，故称为"标记石"。后来人们将石墨棒插入钻好的小木棍中，就制成了与今天的铅笔相近的铅笔。

出示判断题：

> 铅笔只有1000年的历史。（　　）
> 法国化学家将石墨用粘土混合，制成了极好看又耐用的铅笔芯。（　　）

（学生做手势表示对错）

4. 师：为专心听讲的你们点赞！我们成功揭秘了铅笔的起源。原来铅笔已经有2000多年的悠久历史了。看来我们真不能小瞧了它们啊！

第二站：工厂站——"今生"不容易

播放专列音频《工厂站》：接下来，我们来到的是第二站——工厂站。你们知道制作铅笔的原材料有哪些吗？生产一支铅笔又需要经过多少道工序呢？等你来寻找答案哦！

1. 师：让我们再次摁动屏幕上的"揭秘"按钮。
（学生齐做"摁"的手势）
播放视频《铅笔的"今生"》。
小铅笔原本生活在茂密的森林里，一天清晨，一棵棵粗壮的大树相继倒下，被锯成了一段段，抬上了卡车。
工人们在车间流水线上忙碌着，经过100多道工序，铅笔就诞生了，它们的身体里还多了一根黑色的石墨棒，身体外边也被刷上了漂亮的油漆。
出示填空题：

| 铅笔的原材料主要由（　　）和（　　）组成。 |
| 生产一支铅笔要经过（　　）道工序。 |

2. 师：同学们，谁从视频中找到了答案？
生1：木头和石墨棒组成。
生2：100多道工序。
3. 师：通过刚才的学习与探究，我们知道了铅笔背后的资源构成有——
生齐：森林资源，石墨、油漆等，还有劳动资源。

板贴：森林资源 石墨、油漆资源 劳动资源

第三站：终点站——"浑身"皆是宝

播放专列音频《终点站》：
欢迎大家来到第三站——终点站。你能想象浪费铅笔的背后究竟要付出怎样的代价吗？相信本站的体验会给你留下深刻的印象。

1. 师：让我们再次摁动屏幕上的"揭秘"按钮吧！
（学生齐做"摁"的手势）
播放视频《浪费铅笔的背后……》：铅笔主要是由木材和石墨构成的，生产铅笔通常需要树龄在15年以上的树木，大量浪费铅笔的背后就是在浪费森林资源啊！如果森林面积大量减少就会导致土壤流失、全球变暖、物种消失等，这简直就是生态灾难啊！（未完待续……）
2. 师：同学们，原来这是一部没有拍完的影片，不如，让我们来续编结局吧！谁来读一读要求？
（学生小组合作补充剧本；每人认领一个角色；小组合作排练；音乐结束，彩排结束）
3. 师：同学们，剧本就在你们的桌上。"铅笔专列"最终开往何处，取决于续编结局里"终点站"的生态环境。开始排练吧！
（各组学生阅读剧本内容，开始分角色排练）
4. 师：音乐停，时间到，有请举手人数最多的第三小组。先来介绍一下你们扮演的角色吧！
第三小组学生：我扮演伐木工人，我扮演小鸟，我俩扮演大树，我们扮演路人。
5. 师：好的，开始你们的表演！

（第三组学生表演路人成功劝说伐木工人不要砍树，让小鸟重新有个家）

6. 师：让我们为称职的小演员们点赞，根据他们续编的故事结局，"铅笔专列"终点站将开往一个绿意盎然的世界。接下来，有请第五小组。来，介绍一下你们扮演的角色吧！

第五小组学生：我扮演小企鹅，我扮演冰川，我俩扮演伐木工人，我们扮演森林。

7. 师：好的，开始你们的表演！

第五组学生表演伐木工人过度地砍树导致土壤流失、气候变暖、冰川融化，小企鹅没有家了。伐木工人突然意识到保护环境的重要性，开始种树。渐渐地森林又回来了，环境变好了。

8. 师：这组小演员们真了不起，短短的时间里居然创编出了这么生动的故事结局，最终"铅笔专列"还是开往了美好的生态家园。

9. 师：同学们，如果你现在听到同学对小铅笔不友好的说法，你想对他说什么？

生1：铅笔的主要用料是木材，我们浪费铅笔就是在破坏森林资源。

生2：现在我知道了，浪费铅笔就是在浪费森林资源。如果森林减少就会导致土壤流失、全球变暖等，这简直就是生态灾难啊！

10. 师：浪费一支铅笔的背后，其实就是在浪费宝贵的森林资源，还有石墨、油漆资源，劳动资源等。每一支小铅笔，就是一份宝贵的生态资源。浪费铅笔就相当于破坏我们赖以生存的空间啊，难怪一棵棵大树都倒下了呢！

> **设计意图**：借助富有趣味和挑战的搭乘"铅笔专列"的方式，将抽象概念进行具象化表达，"起源站""工厂站"引导学生深入了解铅笔的"前世""今生"，获取新的认知；"终点站"帮助学生直面浪费本质，引发思辨，探讨浪费铅笔背后所付出的资源代价，直抵学生心灵。

三、小铅笔，大环保——不丢不损再利用

播放音频《喷嗖先生出难题》：你们的表现让我刮目相看，但铅笔王国福利院里的铅笔们还在伤心呢，如果你们能解决这一难题，铅笔王国的大门将向你们敞开。

1. 师：同学们，让我们赶紧想想办法吧。看，老师将平时闲置的包装纸做成了盲盒，里面究竟藏着什么呢？请各组组长上台抽取盲盒，与组员们一起讨论拯救铅笔的好办法。

（各组组长依次上台抽盲盒，选取小任务，小组内展开讨论）

2. 师：请大家来交流一下你们的好办法吧！

生1：我们小组的铅笔现状是被掰断了，我们的好办法是用胶带把被掰断的铅笔缠绕起来，继续使用。

生2：我们小组的铅笔现状是被啃咬得伤痕累累，我们的好办法是用超轻黏土给笔杆做一个保护套。

生3：我们小组的铅笔现状是丢失后无法被寻回，我们的好办法是给铅笔贴上姓名贴，设立铅笔监督员，每天放学前及时清点铅笔数量。

3. 师：听了同学们的分享，我要为你们的环保意识点赞。刚才大家讲到的"不丢弃、

不损坏、再利用"其实就是拯救铅笔的好办法。

板贴：不丢弃　不损坏　再利用

4. 师：为你们的奇思妙想点赞！请组长再检查一下盲盒，你会发现里面还藏着一件"宝贝"。找到了吗？快和大家分享吧！

生1：我发现盲盒的侧面有一句话——小小铅笔要爱惜。

生2：我发现盲盒的底部有一行字——小心爱护不（　　　），括号里我填"啃咬"。

生3：我也找到一句话，我给这句话补充完整就是铅笔头子不（废弃）。

生4：我在盲盒盖上发现一句话——勤俭环保从我起。

5. 师：原来盲盒藏的就是刚才大家分享的好方法，让我们把这些好方法编成一首儿歌，一起来读一读！

出示PPT：

小小铅笔要爱惜，

随意玩笔不可取。

小心爱护不啃咬，

铅笔头子不废弃。

小小铅笔要爱惜，

勤俭环保从我起。

（小组接龙朗读儿歌，全班集体朗读儿歌。）

播放音频《喷嗖先生的邀请》：哇，这首儿歌可真不错。身为铅笔王国的环保大使，我肩负着宣传环保的神圣使命。我决定郑重邀请你们，参与环保宣传片主题曲的拍摄，让更多的小朋友加入环保队伍。

6. 师：同学们，那就让我们跟着熟悉的旋律，一起唱起来吧！

（学生拍手齐唱儿歌）

7. 师：环保儿歌唱完了，同学们，课后该怎么落实到行动上呢？

生1：课后，我会及时去"失物招领盒"认领铅笔。

生2：今晚回家后，我会在每一支铅笔上贴好姓名贴，尽量做到不掉笔。

生3：以后，我写字时再也不"虐待"小铅笔了，把它们咬得坑坑洼洼实在不应该。

四、畅想未来，护家园

1. 师：看，喷嗖先生来了——

播放音频《喷嗖先生的奖励》：为了感谢大家，我决定赠送你们一张VIP车票，前往我们铅笔王国的秘密基地。愿未来，我们能更加友好地相处。

2. 师：谢谢喷嗖先生，你的期待也是我们共同的愿望。让我们赶紧去秘密基地吧！

播放视频《未来的环保铅笔》：铅笔的顶端有一个胶囊，它可以被放入三株植物的种子。铅笔不能够继续书写，不用将它扔掉，而是可以选择种铅笔。将其埋在土中每天浇点水，晒点阳光，仅仅需要几天的时间，就能够长出绿意盎然的小芽。而它是怎么发芽的呢？当铅笔顶端被放入土中，使用者对其进行浇水，水流会将胶囊溶解，种子也随之释放。

3. 师：铅笔王国的秘密基地真是令人大开眼界。同学们，此刻你又想到了什么？

生1：我也想成为一名环保设计师，这份工作太有意义了。

生2：真没想到，一个小铅笔头还能发挥如此大的作用，我以后不会随意乱丢了。

4. 师：同学们，一支小铅笔，来得不容易，我们要珍惜。其实，每天陪伴我们的学习用品还有很多，钢笔、橡皮、直尺、书本等，我们都要珍惜，因为浪费它们都意味着付出生态资源的代价。你们看，我们从一支笔到一堆笔，从一棵树到一片森林，从珍惜铅笔到珍惜身边的物品，从一个人的努力到一群人的齐心协力，乃至全人类的共同努力，都在保护我们共同的生存家园——地球。

板贴："笔笔"皆是宝

> **设计意图：** 在积极引导学生完成前两个环节"铅笔的前世今生"之认知和情感充分铺垫的基础上，借助"拯救无家可归的小铅笔""制定一份共同约定"等方式，及时导行，激发思维碰撞，引导学生保护生态环境，学会节能环保要从身边的点滴小事做起，促进知行统一。

【延伸教育活动】

师：在接下来的三周里，我们要启动"21天'生态文明小卫士'"的争章行动，争取人人都能争得这枚宝贵的勋章。

21天"生态文明小卫士"争章行动

时间 要求	周一	周二	周三	周四	周五
保管好所有的学习用品					
不随意损坏学习用品					
循环再利用学习用品					
评价标准	如果你每周能争到12—15☆，那恭喜你争得一枚勋章。				

【板书设计】

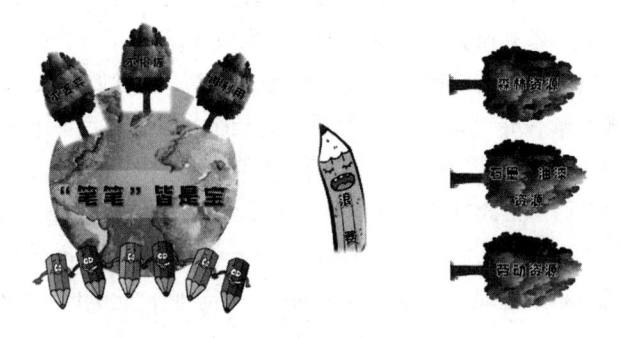

【点评】

"一"以贯"新" 笔笔可为

一、"一波三折"的课始情境设计，打开学生链接生态家园的新视界

小学生好奇心和求知欲强，他们对周围事物有强烈的敏感性和认知上的积极性。根据他们的这一特点，陈老师在主题班会开始设计了铅笔王国喷嗖先生"亮证据——讨说法——送宝物"的情境，即刻激发了学生的兴趣，活跃了班会气氛。通过小铅笔"大控诉""大工程"到"大环保"这一波三折的情境设计，学生体验、思辨和践行，打开了链接生态家园的新视界。

二、"一线贯穿"的课中体验活动，激发学生探索生态家园的新动力

喷嗖先生是这堂课穿针引线的人物，整堂课学生们的关注点、兴趣点和思维碰撞点始终围绕着创设的情境。在"一线贯穿"的体验活动中，学生们了解了铅笔的文化历史和制作过程，感悟了铅笔的来之不易，滋生了爱物惜物之情；面对"盲盒"积极讨论寻求解决问题的办法，体会了爱护资源、变废为宝的低碳环保理念，增强了解决问题的能力；打开脑洞，设计未来的环保铅笔，培养创新意识。在与小铅笔"同呼吸共命运"的沉浸式体验中，学生始终是主体，其中没有教师的空洞说教，有的是学生的亲历实践、亲身体验和亲自感悟，德育在体验的潜移默化中自然发生。

三、"一反常态"的课后学生反响，促进学生保护生态家园的新行动

课后，班级悄然发生了变化：学生们主动认领"失物招领盒"里的铅笔，动手修补尚能使用的"废铅笔"；不少学生为"21天'生态文明小卫士'"争章行动贡献金点子；还有学生去一年级宣传节约使用铅笔的好方法……这些"一反常态"的行为，不正是陈老师开设这堂主题班会课的初衷吗？

上海市浦东新区德州二村小学书记、校长　徐巍炜

第❶❾课　光盘，我们的"态"度

设计教师：上海市浦东新区进才实验小学西校　　邓曲萍
指导教师：上海市浦东新区教育发展研究院　　　姚瑜洁

【活动对象】
小学四年级学生

【活动时长】
2+35 分钟（2分钟预备时间）

【学情分析】
被动的"光盘行动"
通过学校对"光盘行动"的宣传，本班学生在校午餐时能尽量做到光盘。然而，经过调查发现，学生在家中就餐时却很难光盘，外出就餐或参加宴请时，浪费现象更为严重，家长普遍存在讲排场、好面子等不合理的消费观念，导致部分学生对粮食浪费现象不以为意。对于"光盘行动"，学生为何表现不一？究其原因，大部分学生是为了完成"光盘打卡"任务，或者为班级争得"光盘示范班"的荣誉，并没有意识到节约粮食对生态环境的重要意义。

【主题解析】
1. 资源节约，关乎生态文明
习近平总书记提出进一步加强"厉行节约、反对浪费"宣传教育，其深意也不止是要树立粮食安全意识，更关乎资源节约和生态环境保护。在构建美丽中国的进程中，我们必须深刻认识到节约资源对于推动生态文明建设的重大意义，并付诸实践，以实际行动践行节约理念，促进生态文明的持续发展。在推动生态文明建设的进程中，我们必须深入贯彻落实节约理念，从源头上减少能源消耗和环境污染，促进经济社会的可持续发展。

2. 节约粮食，助力环境保护
全国人大的调研报告显示，中国城市餐饮每年食物浪费大致在340—360亿斤，特别是各种宴请浪费率高达38%。算好节约粮食的环境账，对粮食浪费行为的环境代价有清楚的认识，才有助于帮助学生树立环境保护意识。粮食是人类生存和发展的基石，通过节约粮食，我们可以减轻农业生产的压力、减少环境污染、促进生物多样性，为地球生态环境的可持续发展做出贡献。

3. 光盘行动，践行绿色理念

小小的餐桌承载的是人类的生生不息，更是文化理念的传承。光盘行动的开展，能够切实帮助五年级学生找到共建生态文明的切入点。同时，在用餐时，习得光盘的方法，养成光盘的习惯，践行文明、健康、理性、绿色的消费理念也是对习近平总书记"厉行节约、反对浪费"指示的具体落实。

【活动目标】

认知目标：

1. 知道浪费粮食会使环境付出代价，节约粮食对环境保护有利。
2. 了解我国餐饮业浪费现状，知道适量点餐是节约粮食的前提，明白打包也是节约粮食。

情感目标：

1. 体会节约粮食行为对环境保护的贡献，树立节约意识。
2. 树立正确的餐饮消费观，懂得点菜无关面子，打包不丢人。

行为目标：

1. 习得适量点餐的方法并运用于实际生活中。
2. 在生活中积极践行节粮行为，共建生态文明。

【活动重点】

1. 认识到节约粮食行为对环境保护的贡献，树立节约意识。
2. 习得适量点餐的方法并运用于实际生活中。

【活动难点】

在生活中积极践行节粮行为，共建生态文明。

【活动准备】

1. 搜集餐饮浪费案例，设计情景剧。
2. 根据剧本配音，并加工剪辑。
3. 下载新闻视频和音乐伴奏。

【2分钟暖场活动】

活动名称：生日分享会，同唱生日歌

1. 师：同学们，你们每年是怎么过生日的？会吃生日蛋糕吗？哪位同学能和大家分享一下当时的情景？

生1：我今年过生日的时候吃了生日蛋糕，是妈妈买的一个卡通型的。

生2：今年的生日蛋糕是我自己定的，我喜欢《冰雪奇缘》里的艾莎公主，所以我的生日蛋糕上也有这个卡通造型，我非常开心。

2. 师：真幸福！我每年过生日家人也会准备一个小蛋糕给我最温馨的祝福。今天有一位神秘人物要过生日，我们一起唱一首生日歌送给他吧！

（学生一起唱生日歌）

> **设计意图：** 通过学生、教师一起分享过生日吃蛋糕的情景以及同唱生日歌，营造课堂氛围，为情境导入预热。

【活动过程】
一、情境导入，引出浪费

1. 师：老师给大家带来了一位新朋友小光。今天是小光生日，家里要请亲戚到饭店庆祝。你们先帮他选一个生日蛋糕吧！

出示图片1：一张三层大蛋糕和一张一层小蛋糕。

（学生选择蛋糕，并说明理由）

2. 师：听，小光家为了选蛋糕发生了一个小插曲。

播放音频1《蛋糕买三层还是买一层》。

小光：爷爷，小明过生日买了个两层蛋糕，可神气！我要买个三层的，拍照发在班级圈，让同学们好好羡慕一下！

爷爷：只要你高兴，给你买个四层的也没关系！

妈妈：爸，您不能这样惯着他，加上亲戚，一共才10个人，还要点菜吃，怎么吃得完？多浪费！买一层就够了。

爷爷：我不管，只要孙子高兴，我才不管浪费不浪费，何况家里有钱，又不是买不起，不然孩子要被班级同学看不起。

3. 师：买三层大蛋糕还是买一层小蛋糕？你会支持哪一方呢？说说理由。

生1：我支持爷爷。因为三层大蛋糕气派又好看。

生2：我支持妈妈。因为只有10个人，还要点菜，三层的肯定吃不完。

生3：我也支持妈妈。因为定三层蛋糕吃不完就浪费了，浪费不太好。

4. 师：的确，三层蛋糕虽然气派、好看，但是只有10个人还要点菜吃，吃不完就浪费了。

> **设计意图：** 通过妈妈与小光、爷爷的矛盾冲突引出浪费话题，引导学生关注身边的浪费现象，并初步了解浪费的原因。

二、合理点餐，节约资源

（一）点多少

1. 师：小光也和大部分同学一样，听了妈妈的话觉得有道理，让爷爷买了一层蛋糕。来到饭店，爸爸早就到了。

播放音频2《点菜多就是有面子吗》。

爸爸：来来来，菜已经点好，喜欢吃什么，再添几个！

小光：爸爸，您点了什么菜？鱼香肉丝、西湖醋鱼……总共10个人，您怎么点那么多？老师要求"光盘打卡"，吃不完，我就不能打卡了。

爸爸：啊！怎么就多了？你看，那边三个人，点了八个菜！叔叔家请吃饭，点了满满一大桌，这次也要多点些，不能小气，否则没面子！

出示图片2：爸爸点菜的菜单。

清蒸鲈鱼	西湖醋鱼	香辣大虾	翡翠虾仁
蚝油牛肉	糖醋排骨	烤乳猪	鱼香肉丝
宫保鸡丁	糯米鸡	蒜蓉扇贝	大龙虾
烤　鸭	香辣牛蛙	红烧肉	烧　鸡
煎牛排	溜肥肠	香菇菜心	老鸭笋干煲

2. 师：小光非常不解——点得多就有面子？点得少就是小气吗？大家来说说看。

生1：我觉得点得多一点确实有面子，毕竟是请客吃饭，还是要多一点。

生2：我觉得点得少不一定是小气，吃不完浪费了也不好。

3. 师：正当小光和爸爸为点菜数量意见不同时，餐厅电视上正在播放的宣传片吸引了一家人的目光。

播放视频1《浪费食物就是浪费大量资源》：每扔掉一个苹果就等于浪费了能够冲7次厕所的水。而一个汉堡则要消耗2400升水，仅仅肉的部分就需要2200升水，食用一个汉堡，相当于消耗掉16个浴缸的水。一块200克的牛排需要7平方米的耕地。也就是说，每扔掉一块牛排，我们就浪费了一片可以种植27公斤土豆的耕地。

4. 师：请大家来帮助小光填好小调查里的数据，并谈谈你看到这些数据有什么感受。

出示小调查：

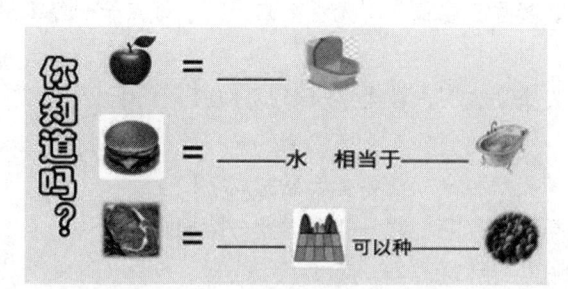

（学生填好数据，谈感受）

生1：我没有想到扔掉一个小小的苹果会浪费那么多的水，平时我就有不喜欢吃的苹果随意浪费掉的现象，太不应该了。

生2：这些数据太让我感到震撼了，没想到这些食物的背后是这么多的自然资源，平时扔掉食物时，我真的没有想到。

板贴：资源

5. 师：是的，浪费食物就是浪费资源。生活中，你还在什么地方看到过浪费食物的现象？

生1：我们学校吃午餐的时候，很多同学不喜欢吃的饭菜都倒掉了。

生2：我有一次去自助餐厅，看到有人拿的东西很多，吃不完都浪费了。

生3：有一次在生煎店，我看见一个哥哥只吃生煎里面的肉，外面的皮都不吃，浪费掉了。

6. 师：是的，在生活中的很多地方都不同程度存在着餐饮浪费现象，特别是请客吃饭时，浪费现象更加严重。大家来看一看这组触目惊心的餐饮浪费数据，看完这些数据你有什么感受呢？

出示图片3："触目惊心"的餐饮浪费数据。

每年餐桌食物浪费量在1700万至1800万吨之间，相当于3000万至5000万人一年的粮食量。消费环节每年浪费食物折合粮食1000亿斤，可满足约3.5亿人一年的需要。

生1：这些数据实在太庞大了，我没有想到会浪费这么多的粮食。

生2：这些浪费掉的粮食如果省下来可以救济非常多贫困地区的人了。

生3：没想到我们餐桌上浪费的食物有那么多，我以后要好好节约粮食。

7. 师：的确，小光爸爸看了这个宣传片以后，也为自己好面子多点菜的行为感到难为情。随着人们节约资源意识的增强，绿色消费、适量点餐成为新风尚，这才是真正的有面子。

（二）怎么点

1. 师：不过，点餐是门大学问，荤素搭配、营养合理、老少咸宜，还要做到光盘！

板书：光盘

播放音频3。

爸爸：又要不浪费，又要有面子，这怎么点菜啊？光盘说起来容易做起来难。你说说看，怎么光盘？

小光：这个……

服务员：小朋友，餐厅正在征集"光盘金点子"，好点子一经采用，可成为VIP会员，享受更多优惠！

小光：妈妈，快发个朋友圈，让大家一起想办法！

妈妈：OK。

小光：我今天的"光盘打卡"任务有希望完成了！

2. 师：我们也来帮帮小光吧！请一位同学读一读规则。

出示图片4：点餐金点子。

点餐金点子

六人小组讨论：该怎么点餐，才能做到光盘呢？

小贴士：

①组长组织讨论，每组贡献一个"金点子"。

②写在长条卡纸上，将好点子贴到班级圈评论里。

（组长代表小组分享金点子，并将金点子贴到黑板上的朋友圈评论里）

随机板书：拼盘，先少点、后再添，"N-1"

3. 师：老师为你们送上大拇指！你们想到了"按人数点菜、点小份菜、先少点后再添、拼盘"等金点子！其中，"按人数点菜"是现在最流行的点餐方法，甚至，有的饭店还推出了"N-1"点餐法！

播放音频4《爸爸用N-1方法点菜》。

小光：赞！今天班级圈不发蛋糕图片了，我要把这些金点子分享给全班同学，一起争做"光盘小达人"！

爷爷：来，让爷爷看你发的班级圈是什么。下面这个爱心是什么？

小光：这是同学觉得我点子好，有创意，所以给我点赞！

爷爷：真棒！看来我也要和孙子学学这些光盘金点子了！

爸爸：哟，朋友圈里说"N-1"的最多，那就"N-1"吧！10个人，先点9道菜，你叔叔胃口大，不够再点。

4. 师：听了爸爸说的话，你知道什么是"N-1"点餐法吗？

生1：N是指人数。小光家有10个人吃饭，点9份菜，点的菜比吃饭人数少一份。

5. 师：是呀，这样光盘就不成问题了。看，这就是小光一家最后的菜单。有什么改变？

出示图片5：两次点菜单的对比。

第一次菜单				第二次菜单		
清蒸鲈鱼	西湖醋鱼	香辣大虾	翡翠虾仁	蚝油牛肉	西湖醋鱼	翡翠虾仁
蚝油牛肉	糖醋排骨	烤乳猪	鱼香肉丝	红烧肉	大龙虾	西芹百合
宫保鸡丁	糯米鸡	蒜蓉扇贝	大龙虾	香菇菜心	桂花拉糕	笋干老鸭汤
烤鸭	香辣牛蛙	红烧肉	烧鸡			
煎牛排	溜肥肠	香菇菜心	老鸭笋干煲			

生1：对比两份菜单，小光爸爸点菜的数量明显减少了很多。

生2：我发现第二份菜单上菜的搭配更加合理了，有荤有素还有点心，种类很齐全。

6. 师：是的，大家都火眼金睛。小光爸爸在第二次点菜时，能够把握数量合适、种类丰富的原则，相信光盘不成问题。

设计意图：通过爸爸与小光点菜的矛盾冲突引发思考，引导学生观看视频后联系实际，交流生活中看到的餐饮浪费现象，使学生深刻体验到浪费现象就在身边，感受到对资源的浪费和对环境的破坏；借助朋友圈，激发学生为光盘献计的兴趣，在集思广益中习得光盘方法，为学生节约用餐提供操作性强的指导，从而有效地落实到后续行动中。

三、剩菜打包，保护环境

1.师：温馨的氛围、可口的饭菜、浓浓的亲情，这不仅是一次聚餐，也是一次光盘大考验。

播放音频5《打包剩菜丢人吗？》。

小光：吃得好饱！去"光盘"打卡啦！咦，怎么还剩一点菜？

爷爷：给你叔叔打了好几个电话，他说临时有事来不了，就剩下了！

奶奶：服务员，来两个打包盒。

爸爸：妈，这些剩菜不值几个钱，打包多丢人，还麻烦，走吧！

奶奶：你这孩子是没有饿过肚子！剩下的菜，够我和你爸吃一顿。更何况，前两天你老家的伯父在家庭养生群里发的一个视频，你没看吗？

播放视频2《浪费食物就是污染环境》：浪费的食物成为湿垃圾后，多以填埋或焚烧的方式处理。每吨湿垃圾经过填埋处理，会产生二氧化碳221.35千克，甲烷14.7千克。而看似排放量少的甲烷，其全球变暖潜力是二氧化碳的28倍。据FAO估算，全球每年因食物浪费和处理产生二氧化碳等温室气体达35亿吨。据估算，中国每年因食物浪费产生的温室气体排放量约为11亿吨，造成的经济损失约为457亿元人民币。如果国人不再浪费食物，可减少多达11%的碳排放。

2.师：爸爸看完视频，惭愧地低下了头。这是为什么呢？

生1：因为爸爸知道了浪费的食物会造成很严重的环境污染。

生2：因为爸爸了解到浪费掉的食物在处理过程中会造成很多的碳排放。

板书：环境

3.师：看来爸爸知道了，浪费食物的行为需要人类付出沉重的环境代价。相反，如果我们通过打包来做到光盘就是在维护我们的生态。

板书：打包

> **设计意图**：通过观看打包还是不打包的视频，学生明白浪费食物行为的背后是人类付出沉重的环境代价。相反，节约粮食就是在保护我们的生态环境。

四、总结提升，亮出"态"度

1.师：看，小光一家成了饭店VIP会员，获得了优惠券！

播放音频6《没有奖励还愿意光盘吗？》。

小光：今天真开心，既完成了老师的"光盘打卡"，又获得了VIP会员，还拿到了优惠券奖励！

妈妈：小光，妈妈想问你，如果没有"光盘打卡"任务、VIP会员和优惠券奖励，你还愿意光盘吗？

2.师：听了妈妈的话，小光陷入了沉思。如果没有这些规定和奖励，你们还愿意光盘吗？为什么？

生1：我愿意光盘，光盘是为了保护我们的环境。

生2：我愿意光盘，光盘可以节约我们的资源，为地球的环境保护贡献自己的力量。

板书：我们的"态"度

3. 师：习近平爷爷提出要厉行节约、反对浪费，不仅仅想让我们不忘节约的传统美德，更重要的是光盘行动关乎我们的资源和环境。通过今天的学习，相信在生活中大家一定能够主动做到光盘，为保护我们的生态做出自己的贡献。光盘，是我们的"态"度！今天是小光的生日，听，他们开始唱生日歌了！

播放音频7《全家改编生日歌》。

妈妈：小光，今天是你的生日，我们一起唱生日歌吹蜡烛吧！

小光：谢谢大家！今天的生日我学到了光盘的方法，很有意义，我要把这些方法都唱出来！

爷爷：嗯，这个你爸爸在行啊，他从小就喜欢写歌创作。

爸爸：好，我来帮你改编一下歌词吧！

出示改编歌词：祝你生日快乐，节约粮食光荣，用餐做到光盘，先少点些，不够再添，"N-1"用起来。

4. 师：现在让我们和小光的家人一起将这首改编过的生日歌送给"光盘小达人"小光，再次祝他生日快乐！

（学生一齐为小光唱改编生日歌）

设计意图： 通过没有奖励和打卡是否愿意光盘的讨论，升华主题，强调厉行节约是美德，更是为了保护我们的生态环境；以合唱改编生日歌作为课的尾声，将气氛推向高潮，也让学生能够进一步记住光盘的方法。

【延伸教育活动】

活动名称：光盘，我们的行动

师：通过这节课的学习，我们亮出了我们光盘的态度，在课后，我们将开展一次"光盘，我们的行动"的活动，让我们把课上学习到的光盘知识运用到生活中，争做"光盘小达人"。

（每位学生完成光盘行动卡填写，展示交流光盘行动卡；学生讲述在行动过程中的故事和体会；根据学生投票评选出班级的"光盘小达人"。）

光盘行动卡				
校内用餐	做法：_____ _____	效果：○非常好 ○良好 ○一般	体会：_____ _____
家中用餐	做法：_____ _____	效果：○非常好 ○良好 ○一般	体会：_____ _____
饭店用餐	做法：_____ _____	效果：○非常好 ○良好 ○一般	体会：_____ _____

【板书设计】

光盘，我们的"态"度

N-1　　拼盘　　资源
先少点……后再添
　　　　　　　　环境
打包

【点评】

食尽其"态"于无痕

邓曲萍老师执教的《光盘，我们的"态"度》，是一堂聚焦节约粮食资源的主题教育课。整堂课让人印象最深的是课题中"态"字引申寓意的合理运用。课题用"态"，不仅因为这是一堂生"态"文明主题教育课，更因为光盘是我们对待食物的一份良好心"态"，以及人类保护赖以生存的地球的一种积极姿"态"。本课通过"态"字引申寓意水到渠成的展现——从生态到心态再到姿态层层递进，将整堂课推向高潮。

1. 生"态"串主线

在教学过程中，"生态"一词是串起整堂课的主线。小光在饭店过生日是本堂课创设的情境，围绕生日蛋糕买大还是买小、点菜点多还是点少、剩菜浪费还是打包三个情境冲突的解决，使学生明白好面子导致的铺张浪费是对资源的浪费和对环境的破坏，触发了学生对绿色生活方式和环保理念的深入思考，自然形成一条"生态"主线。

2. 心"态"引共情

如何让生活在物质丰裕时代的学生改变日常生活中忽视食物浪费的"心态"？邓老师这节课给了我们很好的答案。在课堂教学中，学生能够自然而然地代入情境主人公小光这一角色，沉浸式体验课堂，感受节约粮食资源对生态环境保护的意义。情境的推进，引导和启发学生们反思自己平时对待食物的"心态",引发共情。

3. 姿"态"立深意

随着情境主线的推进,最后一个情境冲突的解决将整堂课推向高潮,学生们向深而思,向理而行,做出了正确的价值判断和行为选择。最终,学生们明白了浪费食物行为的背后是人类付出沉重的环境代价,要对地球家园心存敬畏之心。展现出保护人类赖以生存地球的"姿态",体现整堂课的高立意。

上海市浦东新区进才实验小学西校德育主任　周丽琼

第20课　有电，也不能任性

设计教师：上海市宣桥学校　顾佳瑶
指导教师：上海市宣桥学校　祝永华

【活动对象】
小学五年级学生

【活动时长】
2+35分钟（2分钟预备时间）

【学情分析】
1. 生活方式的影响
现代社会，电是我们生活中不可或缺的一部分。然而，便利的同时，却出现了电的过度消耗。一些学生对电过度依赖，在日常生活中缺乏节约用电的意识和行动。

2. 疏忽大意的态度
五年级学生对节电的重要性有所认识，但在实际生活中，却因为疏忽大意而未能付诸行动。例如：忘记关灯，热水器、饮水机24小时运作，夏天空调温度设定过低等。这些看似微小的疏忽，往往会导致电的浪费。

3. 缺乏节能环保的理念
节能环保的理念是节电行为的重要支撑。但是，我班学生缺乏费电对生态环境的影响的直观认识，也无法产生联想。此外，一些学生对电的来源、消耗等问题缺乏深入的了解，也导致了他们在日常生活中缺乏节电的行动。

【主题解析】
1. 生态文明开启环保路
《教育部办公厅等四部门关于在中小学落实习近平生态文明思想、增强生态环境意识的通知》中指出：使中小学生牢固树立生态文明理念，把保护生态、珍惜资源、爱护环境融入日常学习生活当中。节电是生态文明建设的重要一环，节电有助于推动生态文明理念的普及和实践。因此，我们要引导学生从自身做起，从身边的小事做起，切实增强生态环境意识，提高生态环境保护能力，把学习实践习近平生态文明思想化为自觉行为。

2. 节约用电倡导新生活
《"十三五"节能减排综合工作方案》中指出：资源环境问题仍是制约我国经济社会

发展的瓶颈之一，节能减排依然形势严峻、任务艰巨。节电不仅是节能减排的需要，更是有利于国家发展、造福后世子孙的大事。节电行动推动了生态文明建设的发展，为构建一个绿色、低碳、可持续的社会环境提供了有力支持。引导学生从日常生活点滴做起，节约资源能源、保护生态环境，主动、自觉参与生态文明建设，体现共建共治共享美丽中国的美好愿景。

3. 践行节约献力量

节约是美德，是对有限资源的珍视。节电教育，可以帮助学生认识到电力资源的有限性和珍贵性，理解节约用电对环境保护的重要性。我们要继续发扬勤俭节约的优良传统，节约用电，为生态文明节能减排贡献力量。

【活动目标】

认知目标：
1. 了解生活中常见的费电现象，明白一度电的作用。
2. 知道减少能源消耗与环境污染对节电的意义。

情感目标：
1. 树立节约用电的意识，逐步养成节约用电的好习惯。
2. 提升责任感，懂得节省家庭用电是对保护生态环境的贡献。

行为目标：
1. 体验煤矿工人工作的艰辛，感受每一度电来之不易。
2. 制作节电单，从自身实践节电举措。

【活动重点】

1. 知道减少能源消耗与环境污染对节电的意义。
2. 树立节约用电的意识，逐步养成节约用电的好习惯。

【活动难点】

提升责任感，懂得节省家庭用电是对保护生态环境的贡献。

【活动准备】

1. 制作音频、视频资料。
2. 打印教学板贴。

【2分钟暖场活动】

活动名称：电器知多少

1. 师：说一说生活中的电器。
   生抢答。
2. 师：家用电器在使用中，有什么共同特点？

生：都需要用电。

3.师：今天我们就要来上一堂和电有关的生态文明主题教育课。

板书：电

> **设计意图：** 通过抢答环节活跃课堂气氛，拉近师生距离。同时，借助各种电器的共同点引出电费单，也为后续节电环节和节电习惯的养成做铺垫。

【活动过程】

一、电费单引出故事

1.师：同学们，看看这是什么。

生：电费单。

2.师：是的，这是凡凡家的电费单，他和我们一样，是一位五年级的学生。跟着我一起来到凡凡家，听听他们一家和这张电费单的故事。

播放音频1《上涨的电费单》。

妈妈：看看上个月电费才三百多，这个月就五百多了！凡凡，你昨天晚上洗澡后，浴霸就没关，开了整整一晚上。

凡凡：我就偶尔一次，用不了多少电。电费上涨和我有什么关系呀？

妈妈：还有你爸，每次睡着了，电视机还开着，最后都是我关的！

爸爸：我没睡着，耳朵听着呢！不就多了点电费吗，不要斤斤计较。

妈妈：我刚才还看到个视频，说待机电器也在耗电。看来以后不用的电器都要关掉。

3.师：为什么凡凡家的电费会这么多呢？

生1：凡凡忘记了关浴霸。

生2：爸爸没有及时关电视。

4.师：看来这父子俩对浪费用电一点都不在意。那我们的生活中你注意到了哪些浪费电的现象？

板书：费电不在意

生1：爸爸用手机时一直充着电，不停地播放短视频。

生2：有时候冰箱的门没关。

生3：教室里同学们都走了，没有关灯。

生4：天气炎热时，空调的温度开得太低。

5.师：除了我们刚才提到的现象，你还知道生活中哪些待机电器也存在浪费电的情况？

生：电视机、电脑……

6.师：大家都是有心人，注意到了生活中浪费电的现象。

设计意图： 通过创设凡凡一家浪费电的情境，引导学生回忆日常生活中类似的现象。在贴近生活的情境中，使学生以观察者的身份，探究情境中的问题，做出相应的思考，从而感知无论是在学校还是家中等场所，浪费电的现象并不少见，同时也为下文探讨节电的意义与节电的方法做铺垫。

二、宣传单了解作用

（一）小小1度电，作用大无限

1. 师：可是，凡凡却觉得妈妈把电费上涨怪罪在他身上，有点委屈，他要为自己说道说道。

播放音频2《"算账"》。

凡凡：电费上涨怎么怪到我头上了，浴霸就开一晚上，又浪费不了多少电的，妈妈你总是这样大惊小怪的。

妈妈：那我们就来好好算算这笔账。（妈妈拿出计算器：浴霸灯泡275W一个，275*4=1100W。昨天晚上4个灯一起开了8小时，1100W/时*8小时=8800W，即8.8度。）

凡凡：8.8度，不算多啊，怎么啦？

妈妈：不要说8.8度了，1度电就能干好多事情了。

2. 师：凡凡妈妈说1度电就能干好多事情。请你猜一猜1度电究竟能做哪些事。

出示选择题：

（1）1度电能烧水（　　　）。
    A. 8毫升　　　B. 8升　　　C. 80升
（2）1度电可以让25瓦的台灯点亮（　　　）。
    A. 14分钟　　　B. 14小时　　　C. 40小时

（学生选择）

3. 师：现在你感受到1度电怎么样？

生：1度电很多，1度电的作用很大。

板书：1度电作用大

4. 师：此外，1度电还可以让电风扇运转15小时，可以给手机充电100多次，可以看电视10小时，可以让家用冰箱运转36小时。我们看到了1度电作用非常大，所以费电要在意。

板书：费电要在意

（二）小小1度电，关系你我他

1. 师：凡凡现在明白了，即便是小小的1度电也有很大的用处，节约用电势在必行，但爸爸还有不一样的看法。

播放音频3《节电只是"自家"的事》。

爸爸：你真是小题大做！这个月电费多，下个月我们省一点就好了。电费本来就是我在付，我们家又不差钱。

板书：有电　任性

2. 师：节约用电只是为了节省电费吗？

生1：节约用电还可以保护资源。例如火力发电需要消耗煤炭，节约用电就是在节省资源。

生2：生产电会排放很多污染物，节约用电也可以保护环境。

继续播放音频3。

爸爸：我确实浪费电了，但也没造成什么严重的后果，归根结底节电只是我们自家的事情。

凡凡：是呀，电是源源不断地生产出来的，我们家也不缺电。

板书：后果不严重

继续播放音频3。

妈妈：我们现在是没缺过电，但是老家四川2022年夏天经历了严重的缺电。

播放视频1《成都限电》：2022年8月中旬成都开始限电，曾经闪烁的霓虹让位于居民用电，街上的路灯能关就关，写字楼外的显示屏全部关闭，繁华的商场仅留下几个照明灯，就连地铁里，也调暗了灯光。

3. 师：凡凡的老家四川是一个水电大省，它发的电不仅要供给自己用，还要供给其他城市用。然而2022年夏天四川遭遇了极端干旱高温天气，大河里面水位骤降。四川不得不拉闸限电，让电于民。好在高温退散，其他省市也带着自己的发电车驰援四川，总算是度过了这一个难关。

4. 师：你们家缺过电吗？

生：从来没有缺过电，想用电的时候总是有电的。

5. 师：然而有些人比我们更需要这1度电。

播放视频2《把电留给更需要的人》。

一边是办公楼里白天都开着的台灯，一边是黑暗中等待灯亮的孩子；一边是不使用却开着的笔记本电脑，一边是等电来准备上信息课的学生……

后来，大家开启节电模式：一边办公楼里的台灯被关上，另一边书桌上的灯亮了起来；一边笔记本电脑被合上，另一边信息课上的电脑终于可以开机了……

6. 师：举手之劳，我们还可以把电留给更需要的人。那我们生活中这些似乎源源不断的电，从哪里来？

生1：电是发电厂生产出来的。

生2：风力发电。

生3：火力发电。

7. 师：通过凡凡我们了解到水电会受天气影响，火电不是可靠的多吗？

（三）小小1度电，生产大不易

播放音频4《一张宣传单》。

妈妈：说到火力发电，前几天我看到了这样一张宣传单，火电厂生产1度电大概需要消耗200到400克的煤炭，还有水、天然气和柴油。目前火力发电仍然是我国最主要的发电方式，但是火力发电所消耗的能源及造成的污染也是最严重的。

1. 师：那这些煤炭又是从哪里来的呢？

   生：是由煤矿工人开采出来的。

   （学生观看矿工工作环境图片）

   （学生模拟矿工工作：在狭小的环境中弯腰采矿）

2. 师：说说你的感想。

   生1：矿工的工作环境十分恶劣。

   生2：空气质量很差需要戴口罩，空气中的粉尘吸到身体里可能会引发一些疾病。

   生3：如果我的家人在这种环境下工作，我会很担心，害怕矿洞会发生坍塌的事故。

   板书：产电消耗多　后果很严重

3. 师：节约用电不仅仅能节省能源的消耗，减少污染物的产生，更是在尊重他人的劳动成果。

> **设计意图：** 通过创设凡凡及爸爸节电意识淡薄的情境，让学生发现问题，了解1度电的用途及产生。同时通过创设宣传单的情境，让学生主动了解生产1度电需要消耗的能源，形成主动参与的驱动力，在参与中受到启迪，在活动中受到教育，明白节电的意义。

三、节电单携手互助

1. 师：现在的我们已经收获了许多节电的知识，如果让你进入时空隧道来到凡凡一家，面对一家人的争论，你能说几句扭转一下局面吗？

   出示任务单：

   > 自行分配角色：爸爸、妈妈、凡凡、节电小使者。
   > 智囊团帮助凡凡一家想想节电小妙招。

   剧本1

   妈妈：这个月交的电费又多了，凡凡，你昨天晚上洗完澡后，浴霸就没关，开了整整一个晚上。

   凡凡：我就偶尔一次，用不了多少电。电费上涨和我有什么关系呀。

   节电小使者：1度电能开灯5天呢。

   妈妈：你说得对极了！还有你，每次睡着了，电视机还开着。

   爸爸：我没睡着，耳朵听着呢！不就多了点电费吗，不要斤斤计较。

   节电小使者：如果每个人都能节约用电，这样环境就能变好了。

   智囊团：及时拔掉插头，不开"无人灯"，待机状态的电器及时切断电源。

剧本2

妈妈：凡凡，你看你昨天晚上浴霸又没关，浪费了8.8度电。

凡凡：哎呀，8.8度看起来也不多，到底能干什么呀？

妈妈：每生产1度电就要消耗200—400的煤炭、柴油和水，会消耗很多资源，还会产生很多污染物。还有你，昨天晚上电视一直开着，还是我帮你关的，你都不知道电费多贵。

爸爸：你真是小题大做！我确实浪费电了，但也没造成什么严重的后果。

节电小使者：我们应该把电留给更需要的人，在我们浪费电的背后，还有很多人正饱受缺电的煎熬。

智囊团：使用完电器后及时关掉电源，不让它进入待机状态。出门时要随手关灯。夏天让空调处于26℃的最佳温度。

（学生演绎剧本、分享节电妙招）

2. 师：通过同学们的演绎，相信凡凡一家也认识到了节电的重要性。1度电作用大，产电消耗多，所以我们有电也不能任性。最重要的是，我们要把电留给更需要的人。最后请大家在课后去了解一下"地球1小时"的活动。节约用电，从我做起，一天节约1度电，星星点点照千秋。今天关上的只是一盏灯，点亮的却是未来的希望。

板书：有电也不能任性　把电留给更需要的人

设计意图：让学生帮助凡凡一家思考节电的方法，并通过自己演绎小剧本、制作节电单的方式，进一步把节电的措施落到实处。在情境中激发学生的内在学习动力，调动学生学习的热情，激励学生真正养成节电的生活好习惯。

【延伸教育活动】

师：通过网络、书籍或新闻报道等途径查找关于"地球一小时"活动的信息。整理收集到的信息，并准备一个简短的报告或展示，在下一节课上与同学们分享。

【板书设计】

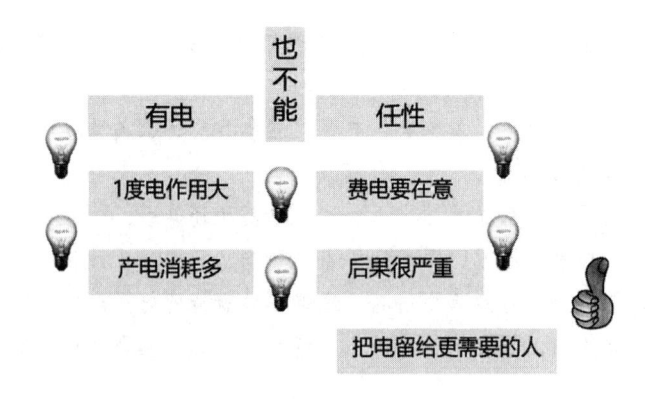

有电　也不能　任性

1度电作用大　　费电要在意

产电消耗多　　后果很严重

把电留给更需要的人

【点评】

"三单"学习——打造高效课堂

顾佳瑶老师执教的《有电，也不能任性》是一堂关于"节电"的主题教育课，她利用"三单"——电费单、宣传单、节电单，依托凡凡一家的矛盾，形成一个寓教于乐的情境。学生在参与、分享、交流、合作、探索、实践中增智明理，提高了活动目标达成度，超出了活动效果原预期。

1. 电费单巧设情境

生活中，电费单因常见反而不引人注意，大家比较容易忽视这种生活必需品的日常支出。顾老师抓住"小小账单"创设情境，从学生的听觉感知入手，用凡凡一家的争执导入，把"电费多"的矛盾扩大，由浅入深，层层递进。课堂贴近学生生活，富有启发性、真实性，活跃了学生的思维，激发了学生的求知欲和学习主动性，使学生在情境中逐步提升对于小小1度电的宏观认知。

2. 宣传单趣味科普

针对生活中的"节电只是为了节省电费"的误区，顾老师设计了"凡凡爸爸对节电行为的不在意"这一环节，促使学生进一步思考，认识到节电的意义。学生在猜猜"小小1度电"的本领、说说"生产1度电"的消耗等科普环节，得到的不仅仅是宣传单上的一个个数字，还有对生态文明的认识和生活方式的思考。

3. 节电单激扬情感

当学生明白节电的重要性后，顾老师顺势向全班同学提出帮凡凡一家出主意的请求。学生面对"被需要"，结合所学热烈讨论，在交流中激荡智慧风暴、凝练思想共识，体现出了作为同龄人的责任感，更体现出了作为社会人的勇敢和担当。一张张节电单应运而生，也为本堂课的行为目标"养成节约用电的好习惯"打下了扎实的基础。

上海市宣桥学校　富翠亚

循环系列

　　循环利用，作为生态文明建设的重要一环，不仅关乎资源的节约与环境的保护，更是对未来可持续发展的一种深刻践行。

　　这一板块，我们精心设计了五堂"循环系列"主题教育课：一年级结合"图书循环"，引导学生学会珍惜并共享书籍，培养初步的环保意识；二年级聚焦"快递盒循环"，体验废物变宝的奇妙过程，增强环保意识与动手能力；三年级以"水笔循环"为主题，教育学生合理利用资源，树立节能环保意识；四年级开展"水循环"教育，引导学生理解水资源的珍贵性，循环利用水资源，创建绿色环保生态；五年级探索"旧衣循环"的奥秘，了解旧物再利用的价值，培养创新思维与环保意识，共同为构建生态文明社会贡献力量。

　　循环利用内容广泛，还可以设计报纸循环、塑料制品循环、果蔬循环等方面的教育。通过循环利用教育，引导学生树立可持续性发展理念，促进绿色、健康、和谐社会的发展。

第 21 课　书来书往

设计教师：华东师范大学第二附属中学前滩学校　李佳玉
指导教师：上海市宣桥学校　　　　　　　　　　　祝永华

【活动对象】
小学一年级学生

【活动时长】
2+35分钟（2分钟预备时间）

【学情分析】
1. 小小儿童，生态意识不足
一年级学生处于认知发展的初期阶段，他们对周围的事物充满好奇，但认知能力和经验相对有限。通过幼儿园的学习，他们知道要保护生态环境，也知道节约水、电这些资源，具有一定的生态文明意识，但是由于年龄较小，生态意识较为浅薄，并不了解书本也是珍贵的资源，更不了解书本与生态环境的关系。在书本浪费的问题上，他们可能并不完全理解"浪费"的含义和后果，往往只关注书本的即时使用价值和自己的兴趣。

2. 小小书本，浪费问题严重
书本是学生日常学习和生活中不可或缺的重要工具。一年级学生在使用书本时，由于注意力容易分散，常常会出现随意翻阅、乱涂乱画等行为，导致书本损坏或污损；由于年龄较小，他们往往对自己的行为后果缺乏预见性，对书本的保管和使用缺乏责任感，容易出现书本丢失或损坏的情况。这就导致了学生家中存在大量书本浪费现象，如购买后未阅读、阅读一次后闲置、大量书籍都作为废品被回收等，这就造成了极大的资源浪费。

【主题解析】
1. 推动绿色发展，增强环保意识
习近平总书记在全国生态环境保护大会上的讲话指出，要全面推动绿色发展，推进资源全面节约和循环利用，实现生产系统和生活系统循环链接。杜绝书本浪费的确是建设节约型社会的必要一环。每一本书都凝聚着作者的心血和智慧，代表着一定的物质资源和文化资源，如果我们能够妥善地再利用这些书本，不仅可以减少对新资源的需求，降低环境负担，还能促进知识的传播和交流，提高社会整体的文化素养。

2. 正视书本浪费，维护生态环境

在当前全球生态环境日益恶化的背景下，资源浪费问题愈发受到社会各界的关注。对于一年级学生而言，正视书本浪费现象，积极参与书本循环，不仅是节约资源的有效途径，更是他们为维护生态环境所能做出的切实贡献。学生应了解书本循环是节约资源的有效途径，从而有意识地进行书本循环，为维护生态环境做出贡献。

3. 践行书本循环，提升绿色理念

书本循环对于低年级的学生是简单易行的保护生态文明的手段。践行书本循环的过程中，学生们不仅能够亲身体验到环保行动的实际效果，还能深刻认识到资源节约和环境保护的重要性。这种亲身体验和深刻认识将促使学生们更加关注环保问题，更加积极地参与环保行动。书本循环的推广和普及还能够带动家庭、社区乃至整个社会环保意识的提升，形成全社会共同参与环保的良好氛围。

【活动目标】

认知目标：

1. 知道书本循环的意义和方法。
2. 了解书本循环可以保护树木、减少雾霾的发生。

情感目标：

1. 养成循环使用图书的好习惯。
2. 树立珍惜资源、保护生态环境意识，形成正确的生态文明观念。

行为目标：

1. 践行书本循环，用实际行动保护地球生态环境。
2. 学会保护书籍，循环过程中不乱涂乱画，轻轻翻，不争抢。

【活动重点】

1. 了解书本循环可以保护树木、减少雾霾的发生。
2. 学会保护书籍，循环过程中不乱涂乱画，轻轻翻，不争抢。

【活动难点】

1. 践行书本循环，用实际行动保护地球生态环境。
2. 养成循环使用图书的好习惯。

【活动准备】

学生准备：

小组分工。

教师准备：

搜集书本循环与生态环境关系的相关音频、视频资料，设计相关情境活动，制作多媒体课件、教具。

【2分钟暖场活动】

活动名称：小小树苗齐成长

1. 师：小朋友们，看！大耳朵图图来到了课堂，要带我们开展一场循环之旅。这节课上还要学图图的动耳神功呢！只要李老师说"动耳神功"，你们就坐直回答"认真听"。让我们来试一试吧，动耳神功！

生：认真听。

2. 师：看来你们都学会了动耳神功，那就让我们分分小组吧。分好了小组，让我们一起来练练动耳神功吧！动耳神功！

生：认真听。

3. 师：现在我们要动起来了，而且每个小组需要在前一个小组动作基础上，增加新动作，准备好了，我们就要开始了。一号小组请起立，二号小组请长高，三号四号小组请拉拉手，树苗的枝干真茂盛，五号六号请晃一晃。所有小组请坐直。

（生做相应动作）

4. 师：坐得真端正，动耳神功练得也真不错，老师送每组一棵和你们一样笔直的小树苗，现在让我们开始上课吧！

【活动过程】

一、情景导入，激发生态意识

1. 师：今天是个雾霾天，看看图片，谁能说说雾霾天什么样，和平时有什么不同？

生1：雾霾时天灰蒙蒙的。

生2：雾霾时我们都不能出去玩。

2. 师：在雾霾天，空气中飘浮着大量PM2.5，这些细小的颗粒会伤害我们的身体，让小朋友们喉咙不舒服、咳嗽，严重的还会引起各种疾病。所以图图不能出去玩，只好和妈妈去书店看书了，但他们却在书店里吵了起来。让我们一起用上动耳神功听一听怎么回事吧！动耳神功！

生：认真听。

播放音频1《书店争吵》。

图图：妈妈，你快看，《我爸爸》这本书出了精装版，你能不能给我买一本啊？

妈妈：好看是好看，但我们还是别买了。

图图：妈妈，妈妈，求求你了，就给我买吧！

3. 师：你们觉得妈妈会给图图买书吗？觉得会买的请比"对"的手势，觉得不会买的请比"叉"。

（生做手势）

4. 师：大家都有不同的意见，老师想采访一下，为什么你觉得妈妈会给图图买书啊？

生1：因为图图很喜欢这本书。

生2：因为看书是一件好事。

5. 师：这是你们的想法，妈妈究竟有没有给图图买书呢？让我们接着往下听吧！

播放音频2《妈妈的理由》。

妈妈：图图，这本书你已经看过了，而且书的原材料是树木，为了制作书，工人们砍掉了许多大树。如果大家都去买重复的书，越来越多的树会被砍掉，环境就会被破坏，雾霾也会占领我们的城市。

6. 师：现在你觉得这书该买吗？为什么？

生1：我觉得不应该买，因为这本书已经看过了。

生2：我也觉得不应该买，因为造书会破坏环境。

7. 师：你们身边有没有小伙伴和图图一样喜欢包装精美的精装书，或者同时拥有两本一样的书啊？

生1：我就很喜欢精美的书。

生2：我的好朋友家里就有两本一样的书。

8. 师：书的原材料是树，人们购买的书越多，树木就越少，没有了大树的保护，生态环境就会被破坏，雾霾就会占领城市。

二、师生模拟，走进书本循环

1. 师：为了保护生态环境，妈妈最终没有给图图买书，图图难过得大哭起来。

播放视频1《图图的哭声》。

图图：呜呜呜，呜呜呜，我特别喜欢这本书，不能买，该怎么办啊？

小树：图图，你别哭了，我们家有这本书，送给你看就好啦！

图图：真的吗？那我把我最喜欢的《大卫上学去》送给你。

2. 师：小树哥哥是怎么帮助图图解决问题的呢？

生1：他把自己的书借给了图图。

生2：图图和小树哥哥交换看书。

3. 师：如果你有一本《大卫上学去》，你愿意送给图图吗？为什么？

生：我愿意送给图图。因为这本书我看过了。

4. 师：你把这本书送给了图图，图图也会送给你一本书作为感谢，两个小朋友互相赠送图书，就是一个书本循环。如果不愿意送也没关系，你把这本书借给朋友看，朋友也借你一本书看，这还是一个书本循环。图图还给这项活动起了个好听的名字，叫"书来书往"。

板书：书来书往

5. 师：两个伙伴之间互送图书或者互借图书都叫书本循环，让我们为他们唱响儿歌吧！

出示儿歌：

在小小的教室里面，
传呀传呀传！
留下一棵**高高**的树。

（生学习儿歌）

6. 师：书本在教室里循环了起来，可是这样一次循环，只能节约两本书，怎样才能让书本循环扩大，节约更多的书呢？

生1：他们可以多循环几本书。

生2：可以多几个人一起循环。

7. 师：这可真是个好主意啊！一本书，在越多的人之间循环，节约的书本就越多。看，这是六个人的书本循环，书从一个小朋友到另一个小朋友，他们按照顺序挨个看书，最后把书还给了他的小主人，这就是大大的书本循环。

8. 师：让我们也来试试吧！李老师这也有一本书，可好看了！想看的小朋友请举手。

（生举手，师随机挑选六位小朋友）

9. 师：请这六位小朋友来到讲台前，排成一列，按照刚刚PPT中小朋友的样子传递看书，最后一位小朋友要记得把书还给第一位小朋友。其他同学请在他们传递的过程中，跟着李老师一起，边做动作，边唱儿歌。

出示活动规则：

1.参与的同学排成一列，一个接一个传递，最后一名同学把书还给第一位小朋友。
2.其他同学边做动作，边唱儿歌。

（生进行书本循环活动，唱儿歌）

10. 师：书本在我们的教室里循环了起来，只要有5本书在班级里循环一圈就可以节约220本书，就有一棵大树免于被砍伐的命运，生态环境也会得到极大的保护。

三、实践体验，力行爱护书本

1. 师：为了环境，图图他们也进行了书本循环，李老师挑选了几本循环之书带到了课堂上，如果你想看这本书，就请你做"对"的手势；如果你不想看这本书，请你做"叉"的手势。

（生做手势）

2. 师：为什么这么多小朋友都不想看1号、2号和4号书啊？

生1：1号书上面有很多别人画的画。

生2：2号书都破了，我不喜欢。

生3：4号书都湿了，不能看了。

生4：我想看干净的书，这几本脏兮兮的。

3. 师：原来大家都喜欢干干净净、没有乱涂乱画的书啊！为了让大家都看到喜欢的书，在书本循环的过程中，我们需要怎么做呢？不能做什么呢？

生1：我们不能在书本上涂涂画画。

生2：翻书的时候要轻。

生3：不能争抢图书。

4. 师：不涂画，不折角，轻轻翻就能让书本循环的次数更多，节约更多的资源。虽然我们都学会了保护图书，但是图图看着这次循环来的书，还是忍不住向妈妈抱怨着，用上动耳神功听听吧！动耳神功！

生：认真听。

播放视频2《爱护书本》。

图图：妈妈，我就说买新书嘛！这循环书上都是乱涂乱画，书页还被撕成两半了，怎么看？

妈妈：图图，书本循环是为了节约资源、保护环境，我们一起把这本书修好吧！

5. 师：小朋友们，这本书该怎么修复呢？快帮他们想想办法吧！

生1：乱涂乱画可以用橡皮擦掉。

生2：两半的那页可以用胶粘在一起。

6. 师：让我们动起手来，试着修补这些图书吧！

（生修补图书）

7. 师：在循环的过程中爱护书本，修好书本，就能节约更多书本资源。看，城市周边的树木更多了。用上你们的方法，图图修好了图书，可是有一本书却让他为难了，让我们用上动耳神功听听是怎么回事吧！动耳神功！

生：认真听。

播放音频3《不好意思的小树》。

图图：小树哥哥，这书上是什么啊？怎么擦不掉？

小树：我上个星期感冒了，看书的时候不小心对着书打了个喷嚏。

图图：啊？感冒了不仅容易把书弄脏，还会把病毒粘在上面传染给下一个小朋友呢！

8. 师：听了图图和小树的对话，你知道了什么？

生：擦不掉的脏东西是小树的鼻涕。

生：感冒了不应该看循环书。

9. 师：是啊，生病的时候就先不要看循环书了！这样不仅爱护了图书，更保护了其他小朋友的健康。在爱护书本、修补书本的过程中我们已经种下了环保的种子，现在城市周边长出了高高的、绿绿的、壮壮的树。

四、拓展延伸，扩大书本循环

1. 师：我们学会了在班级里进行书本循环，但是图图又遇到了问题，让我们用上动耳神功听一听吧。

播放音频4《班级没有的书》。

图图：小树哥哥，你有《上下五千年》这本书吗？我最近特别想看。

小树：图图，我没有这本书。

图图：那可怎么办啊，班级里的同学我都问过了，看来只能让妈妈给我买新的了。

小树：图图，你别着急，我猜高年级的哥哥姐姐们一定有这本书。

2. 师：图图这时该怎么办啊？

生1：图图可以向高年级的哥哥姐姐借书。

生2：图图可以让妈妈买新的。

3. 师：可是高年级的小朋友我们并不认识啊，想让循环走出教室，扩大到校园，就要用上漂流书架！和李老师一起唱响儿歌，欢迎他的自我介绍吧！

板书：校园

（生唱儿歌）

播放音频5《漂流书架》：小朋友们，你们好！我是漂流书架，别看我长得普普通通，但我可是环保大功臣！小朋友们可以把自己看过的书放进我的肚子里，还可以在我肚子里挑选自己喜欢的书，拿回家看。在这一进一出的过程中，大量书本资源得到了节约，你们说，我厉不厉害！不过，你们也要注意，看好的书要及时送回我的肚子里，不然其他小朋友可就看不到了！

4. 师：听了漂流书架的自我介绍，你知道了什么？
生1：我知道了漂流书架可以节约书本。
生2：我知道了我们可以把看过的书放进漂流书架，也可以从里面挑喜欢的书看。
生3：看过的书还要及时还回去。

5. 师：漂流书架真是本领大！不仅在校园里，在很多社区、公交站里也有他的身影呢！为了生态环境，为了让书本循环的范围扩大，人们还制作了App，你只需要动动手指，书本就能循环到你身边。谁愿意来试试用App进行书本循环？

板书：社区、城市

（生模拟书本循环）

6. 师：通过各种各样的方式，书本在教室、校园、城市里面循环了起来，我们还学会了在循环的过程中，要注意保护书本、保护自己。

五、齐唱歌舞，共筑生态文明

1. 师：生态环境得到了保护，图图要和我们一起庆祝，让我们听听他说了什么吧！
播放音频6《高兴的图图》：你们学会了书本循环，赶走了雾霾，环境更好了，生态文明得到了极大的保护，森林中长出了最珍贵的生态之树，我送给你们一支歌舞，快来听一听吧！
播放视频3《小小书本》。
在小小的教室里面，传呀传呀传，种环保的种子，长高高的树。
在大大的校园里面，传呀传呀传，种环保的种子，长绿绿的树。
在特别大的城市里面，传呀传呀传，种环保的种子，长壮壮的树。

2. 师：让我们全体起立，跟着视频一起动起来吧！
（生唱跳儿歌）

3. 师：在本节课上我们学会了书本循环，课后你可以带着你的书，到学校和你的同桌，到小区和你的邻居，进行大大小小的循环，在享受阅读乐趣的同时，一起为保护生态环境献出自己的力量！

【延伸教育活动】

师：在课后，我们还会在班级里开展书本循环活动，大家一起争当"书本循环"小使者。
出示活动要求：

> 1.换一换：学生交换喜欢的书籍。
> 2.记一记：记录交换次数。
> 3.说一说：对爸爸妈妈说书本循环需要注意哪些事项。

【板书】

书来书往

校园　不涂画　轻轻翻　城市　不折角　社区

【点评】

巧实践　乐体验

本节课中，李老师通过多种实践活动增强学生的参与感和体验感，学生不仅能够在知识上有所收获，更能够在能力上得到提升和锻炼。课堂氛围轻松愉快且互动频繁，学生因此表现出浓厚的兴趣和积极性。

1. 情景冲突巧设计，共享德育新体验

李老师注重学生实践体验，通过情境制造冲突，活动设计充分考虑到一年级学生的年龄特点和心理需求，从实际生活中选取素材，借"大耳朵图图"这一形象，让学生在"动耳神功"的师生应和以及母子对话的两难情境中，走进人物情境，体验德育活动，润物无声。

2. 多重激趣巧活动，共悟新环保新方法

围绕书本循环，教师巧妙地设计了同学间6人书本循环、书本循环App体验、快递打包送书上门活动。通过游戏方式，激发学生参与德育活动的兴趣，学会书本循环方法，并引导学生将这些方法带给朋友、邻居，在享受阅读乐趣的同时，一起为保护生态环境献出自己的力量，共绘环保美图画。

3. 技术赋能巧构思，共度阅读好时光

李老师除了设计体验书本循环的活动，还利用希沃白板功能让学生在活动中进行新媒体体验。学生们在交流、体验、实践的过程中，逐步明确在书本循环过程中应做好安全循环。不乱涂画不争抢，静心阅读轻翻书，这样才能体验团结增情谊，共度阅读好时光。

上海市宣桥学校年级组长　祝永华

循环系列

第㉒课　"盒"去"盒"从

设计教师：上海市浦东新区张江高科实验小学　王　莉
指导教师：上海市浦东新区张江高科实验小学　徐留芳

【活动对象】
小学二年级学生

【活动时长】
2+35分钟（2分钟预备时间）

【学情分析】
1. 网购带来的困扰
当今社会，线上消费形式异常发达，网购让我们的生活变得越来越便捷。然而，这种便捷背后却隐藏着一个日益严重的问题——大量快递盒被随意丢弃，造成了资源的严重浪费以及对环境的污染。

2. 回收利用意识淡薄
通过对我们二（3）班学生的调查，我了解到，有75%左右的学生将使用过的快递盒随意丢弃。学生们普遍认为，使用过的快递盒不过就是垃圾而已，因此形成了用完即扔的习惯。这种习惯背后，反映的是学生对快递盒可利用性的忽视和回收利用意识的淡薄。

【主题解析】
1. 生态文明教育塑造正确价值观
《中小学德育工作指南》指出，中小学生需加强生态文明教育，也就是要加强节约意识和环境保护教育。目前我国已成为名副其实的"快递大国"，快递盒的使用量巨大。生产快递盒需要消耗大量的能源，而当下快递盒回收使用率低，造成严重资源浪费与环境污染。选择快递盒的回收与利用作为生态文明教育的切入点，不仅是生态文明建设的内在要求，还有助于学生树立正确的生态价值观。

2. 从生活点滴树立生态文明理念
随着电商的飞速发展，快递业务也日益繁忙。然而，在这背后，一个看似微不足道的快递盒却成了我们生态环境的一大"元凶"。快递盒的快速增长与生态环保的矛盾日益尖锐，我们不得不思考如何平衡这两者之间的关系。对快递盒的回收和再利用，可以大大减少资源的消耗和环境的污染，同时也节省了成本。这不仅有利于生态文明的建设，更是对未来的负责。

3. 循环利用驱动可持续未来发展

对小学生进行环保教育是培养未来公民的重要途径，有助于构建一个更加绿色、健康、可持续的世界。快递盒的回收和利用就是一个多维度的教育机会，可以培养学生的环保意识、创新思维、公民意识、社会责任感。我们应该激励学生既着眼于当下，又放眼于未来，共同推动可持续发展，造福社会，造福人类，造福地球。

【活动目标】

认知目标：

1. 了解我国快递盒使用率高与回收率低的现状。
2. 知道生产快递盒需要消耗水、电等资源，生产成本并不低廉。
3. 学习循环使用快递盒的主要方法。

情感目标：

1. 树立变废为宝的意识，增强环保理念。
2. 树立社会主义生态文明观，激发主动保护生态环境的情感。

行为目标：

1. 了解快递盒再回收的流程。
2. 践行环保行为，参与改造快递盒活动。

【活动重点】

学习循环使用快递盒的主要方法。

【活动难点】

践行环保行为，参与改造快递盒活动。

【活动准备】

多媒体课件、使用过的快递盒、快递盒制成的收纳盒一个、板贴。

【2分钟暖场活动】

活动名称：游戏"猜节日"

1. 师：同学们，大家好！这个数字是几？

    生：61。

2. 师：你们看，加上月和日，变成了什么？

    生：6月1日，"六一"儿童节。

3. 师："六一"儿童节是小朋友们最喜欢的节日。再考考大家，10月1日、9月10日、1月1日分别是什么节日？

    生1：10月1日是国庆节。

生2：9月10日是教师节。

生3：1月1日是元旦。

设计意图： 由学生喜欢的"六一"儿童节入手，"猜节日"这个游戏不仅让学生获得欢乐的体验，还拉近了师生之间的距离，更能唤醒学生学习的内在驱动力。

【活动过程】

一、快递盒知多少

（一）需求大，数量多

1. 师：同学们，今天的课上，我们来认识一个疯狂而特殊的日子。

播放视频1《"双十一"来袭》："双十一"来袭，全场商品五折优惠。全球好物云集，全民疯抢！全国包邮，快递由你选。时尚、正品、超值的好货提前抢，精美好物免费放送，先到先得。限时秒杀，各大品牌，汇集于此，超过100多种品牌等你选择。

播放音频1《快递盒堆成了山》。

小兰姐姐：啦啦啦，"双十一"最令人兴奋的就是拆快递的那一刻！我的快递都到了，限量版的口红、网红零食、打对折的新款皮鞋，我真是太幸福了。哈哈哈，买买买，拆拆拆——快乐的日子在今朝！

小兰妈妈：你呀，买这么多东西，花钱如流水。看看，拆下来的快递纸盒都堆成了一座小山。

小兰姐姐：我就收了20件快递，一点也不多。我好朋友把购物车都清空了，我和她比起来差远了。

小兰妈妈：你一个人就收了这么多，还没算上我和你爸收到的快递呢！难怪快递小哥说，"这几天天天见，我和你们家都要成好朋友了！"哎，也不知道别人家里收到的快递有没有像我们家这么多。

2. 师：同学们，这个日子到底是哪一天呢？

生：这个热闹又疯狂的日子是11月11日，"双十一"网络购物节。

3. 师："双十一"期间，你们家大概收到了多少件快递？

生1：8件。

生2：10件。

……

4. 师：如果我们每个人都像小兰姐姐这样购物，以班级人数40人来计算，那整个班级购买的件数就是——

生：40个人就是购买800件。

5. 师：同学们算得真快，足足有800件，就咱们一个班级购买的数量，这个教室就容纳不了！据统计，2021年"双十一"期间，全国邮政、快递企业共揽收快递包裹大约68亿件。我国人口接近14亿，也就是说，平均每个中国人要收到4—5个快递，真是名副其实的

"快递大国"啊!

(二)弃与留,难抉择

1. 师:惊人的快递数量背后,是被大规模使用的快递盒。看,小兰姐姐抱起快递盒,站起身,往门外走去。

播放音频2《母女俩的分歧》。

小兰妈妈:你怎么抱着这么多快递盒出门,是去扔掉吗?

小兰姐姐:是啊!当然去扔掉,留着干什么?

小兰妈妈:这么多都扔了,我可不同意。

小兰姐姐:不要不要!妈妈,你总是什么东西都不舍得扔,搞得我们家像废品回收站。

小兰妈妈:都给我留着,我可以用来盛放东西。丢了多可惜呀!

2. 师:同学们,你们家收到快递后是如何处理快递盒的呢?

生1:我妈妈拆完快递就迫不及待地扔掉了。

生2:我奶奶总是积攒起来,拿出去卖钱。

生3:我爸爸把快递盒放在家里,需要的时候再拿出来使用。

3. 师:一弃了之的有,二次利用的也有,看来家家对使用过的快递盒都有不同的处置方式呢!小兰姐姐家的这些快递盒到底该"盒"去"盒"从啊?

板书:"盒"去"盒"从

(三)污染大,成本高

1. 师:小兰姐姐主张扔,妈妈主张留,谁也说服不了谁,这娘俩的声音也越来越大了。

播放音频3《快递盒造成的污染》。

小兰妈妈:小兰,快递盒不能乱扔,这样既造成浪费,还会污染环境。

小兰姐姐:妈妈,快递盒能值什么钱?怎么就跟浪费挂上钩了。还有,哪里来的污染?就我们家这几个快递盒还能造成污染,妈妈你别夸大其词了。

小兰妈妈:那是你没看到路口那个绿化带,还有垃圾房附近随处可见的快递包装盒和包装辅料,那带来的环境污染可厉害呢!一家是不多,可是全班级、全学校、全上海、全中国呢?

播放视频2《惊人的快递盒》:快递给人们生活带来极大便利的同时,巨大的包裹量也带来了不容忽视的挑战。很多人在享受网购的狂欢后,对快递包装一扔了之。快递爆仓背后是快递盒被随意丢弃的现状,由此可见,造成的浪费和污染十分惊人。

2. 师:快递盒是保护物品不受挤压和污损的,拆快递前它是大家的宠儿,收到快递后怎么会成为污染环境的罪人呢?这到底是为什么呢?

生1:很多人收到快递后,野蛮地拆开快递盒,把撕下的碎片和破损的快递盒一扔了之,这样就会污染环境。

生2:有一些装小东西的快递盒,又轻又小,被风一吹,随风飘扬,造成了环境污染。

3. 师：同学们分析得很有道理，除了污染问题，丢弃的快递盒还造成了很大的浪费。让我们一起来玩一个"数字猜猜猜"的游戏，做完游戏，你就会明白快递盒的生产成本到底便宜不便宜。

出示选择题：

数字猜猜猜？
如果生产快递包装盒要用掉一吨纸
需要用掉（20）株树龄为20-40年的树木
♥10株？ ♣20株？ ✋50株？
小提醒：吨是个表示重量的单位，40个二年级小朋友的体重合在一起大约有1吨。

（学生猜一猜，选一选）

如果生产快递包装盒要用掉一吨纸
消耗（1500）升燃油
♥500升？ ♣1000升？ ✋1500升？
小提醒：🍶 = 1升

板书：生产成本 用掉一吨纸≈20株树木≈1500升燃油

设计意图：通过观看视频，学生了解到目前快递盒的使用规模与回收现状，不但在认知上有所了解，也为情感做了铺垫；通过猜一猜的游戏，学生明白少丢弃快递盒是保护环境、减少资源消耗的良好行为。

二、快递盒该怎么扔

1. 师：快递盒外表一点不起眼，但是生产它却要耗费这么多资源，小兰姐姐看了看拆下的快递盒，若有所思，似乎有了新的决定。听——

播放音频4《快递盒该怎么扔》。

小兰姐姐：妈妈，快递盒的生产成本确实很高，我想了想不能全扔掉。

小兰妈妈：这就对了！这个苹果手表的快递盒，精致小巧材质也很好，你可以留下它，扔了多浪费！

小兰姐姐：嗯嗯，但是，这几个快递盒有的太大了，有的破了，还有的湿了，如果都放在家里，又臭又占地方，这几个扔掉应该没问题吧！

小兰妈妈：破损的快递盒、不适合存放在家里的快递盒当然得扔。但怎么扔，还有讲究呢！

2. 师：同学们，快递包装怎么扔也是一门学问哩！小兰姐姐这样扔对吗？请挑选不同的快递盒和你同桌一起交流。

出示PPT：

这是一个被泡过水的快递盒，被小兰姐姐扔在湿垃圾桶里。

这是一个大个子，小兰姐姐不加拆分和压扁就直接把它扔到可回收垃圾桶里。

这个快递盒被小兰姐姐直接扔进了可回收垃圾桶里，可是它的身上糊满了胶带，还留有收件人的信息。

（学生和同桌交流不同快递盒的处理方法）

3. 师：同学们，谁来告诉大家怎么做才是正确的呢？

生1：第一个快递盒虽然湿了，但是湿掉了的快递盒也属于可回收的垃圾，我们可以先把它晒晒干再扔进可回收垃圾桶。

生2：碰到像第二个这样的大件快递盒时，我们最好在扔之前将它压扁折叠，这样可以少占用空间，可回收垃圾桶内就可以多扔几件了。

生3：第三个快递盒在扔到可回收垃圾桶之前，需先要把胶带和快递盒分开。胶带属于干垃圾需要扔到干垃圾桶中，盒子和胶带需要分开扔。

生4：第三个快递盒上还贴着快递单，快递单上有收件人的姓名、电话和地址，扔之前要把个人信息撕掉或者涂抹掉，万一被坏人利用，会造成个人隐私泄露，影响非常大！

4. 师：同学们，你们真厉害！在大家的帮助下，小兰姐姐顺利解决了快递盒该怎么扔的问题。为了鼓励大家积极回收，不再胡乱丢弃快递盒，有些快递公司还推行了一些非常实在的做法，我们一起去看看吧！

播放视频3《张叔叔的自述》：同学们，大家好！我是张叔叔，目前在一家快递公司工作。它的名字叫纸箱共享站。人们取完快递，处理完单上的信息后可以直接把快递盒丢在纸箱共享站里，寄件缺少快递盒的时候可以直接拿来使用。快递公司推出了积分卡，用使用过的快递盒换积分，再次寄件的时候就可以抵扣快递费。快递公司还推出可持续使用的共享快递盒，签收后快递小哥就会将它折叠起来，变成一块塑料板，带回仓库重复使用。

设计意图：通过讨论对不同脏污破损的快递盒的丢弃处理，学生了解丢弃快递盒的正确方法。同时，也让学生了解快递企业在快递盒回收工作中做出的努力，快递盒的回收不仅仅依靠个人，还应有快递企业和整个社会的参与。

三、快递盒去了哪里

1. 师：个人规范地扔，加上快递公司的这些好举措，相信快递盒的回收工作一定能更上一层楼。可是小兰姐姐还是有点忧虑，这不，脸上露出了一丝疑云。

播放音频5《小兰的担忧》。

小兰姐姐：妈妈，我有点担心，我刚才扔进可回收垃圾桶内的快递盒，会不会被清洁工人和普通垃圾混合在一起了，我是不是白辛苦一场？

小兰妈妈：不可能的，现在垃圾分类工作这么规范，我相信扔掉的快递盒总会有一个好的去处的。

2. 师：同学们，让我们去造纸工厂参观一下，或许我们就能找到答案。在观看的过程中，请大家关注快递盒经历了哪些变化。

播放视频4《从快递盒到再生纸》：通过链板将废旧纸箱输送到制浆车间，首先将旧纸箱碎解成纤维状，然后通过压力筛和除渣机去除里面的沙子、金属等杂质，将良浆喷到成型网上，同时对成型网进行脱水，用网部高压水洗冲成型，把浆料吸附到毛布上。经过压榨脱水干燥，对湿纸进行烘干处理后，进入卷纸机，最后对成品纸进行切割。

3. 师：同学们，从快递盒到再生纸经历了哪几个步骤？你们能给这些步骤排排序吗？

出示PPT：

粉碎制浆　回收打包　送往工厂

形成新纸　压榨脱水　烘干切割

（小组合作给各道工序卡片排序，其中一组上台展示）

板书：回收打包　送往工厂　粉碎制浆　压榨脱水　烘干切割　形成新纸

4. 师：只要我们从源头上进行正确分类，再科学规范地扔快递盒，就能使扔进可回收垃圾箱内的快递盒重新发挥作用呢！从快递盒到再生纸，快递盒虽然完全没有了原来的样貌，进行了一次大变形，但它又能被大家重新利用了。

板书：变形记——再回收

设计意图： 低年级小朋友对快递盒去哪里了充满好奇，很渴望了解丢弃了的快递盒是被如何处理的。视频中清晰地介绍了快递盒从盒子到纸的再生之路，帮助学生了解快递盒重新变废为宝的两大途径之一，即再回收——快递盒被重新制成新的纸制品实现资源再利用的循环发展。

四、快递盒该怎么存放

1. 师：小兰姐姐的顾虑刚消除，可是看着堆在玄关处那些拆过的快递盒，她仍很苦恼，新的问题又来了。

播放音频6《快递盒的储存》：

小兰姐姐：妈妈，扔进可回收垃圾箱里的快递盒有了好归宿，我们家这些快递盒也得想想办法。你这样把快递盒随便堆在家里可不行，我连走路的地方都没有。

小兰妈妈：谁叫我们家买了这么多东西，像这个装足浴盆的大快递盒，我不舍得扔掉的。

小兰姐姐：可是该怎么收纳和存放呢？这真是一个棘手的问题！

2. 师：同学们，你们有什么收纳小妙招帮帮小兰姐姐和妈妈吗？

生1：可以把它叠起来存放。

生2：不管是大的还是小的快递盒，都可以拆开压扁储存，这样更能节省空间！

生3：也可以在大的里面套小的，把小盒子放进大盒子里，像套娃那样，这样就不会占用很多空间啦。

设计意图： 通过集思广益，学生切实感受到了套叠和压折这些方法是可行的。此环节旨在引导学生内化自己的行为，帮助学生在生活中学有所用。

五、快递盒该怎么利用

1. 师：只要合理规划，放在家里的快递盒也能被妥善安置，但是放着不用等于浪费，双十一的快递盒，我们还能怎么利用呢？

　　生1：还能继续循环利用，下次寄快递的时候直接使用。

　　生2：可以美化一下，装饰我的房间。

　　生3：可以做一些小制作，让它重新发挥作用。

2. 师：如果快递盒能够循环利用，就能为我们赖以生存的地球减轻降解处理的负担，何乐而不为呢？动动手，快递盒立马变成宝，身价飙升哦！不信，你瞧——

　　播放视频5《快递盒作品展》：快递盒制作的小抽屉，可以帮助我们收纳一些小物件；小吉他制作很精美，还能进行简单弹奏呢；桌面上的笔筒，用来放尺、笔特别合适；这个相机厉害了，制作精美，真是爱不释手；小朋友作画的画板就是用使用过的快递盒改造的，又好用又不花钱；迷你洗衣机用来给弟弟妹妹玩再合适不过了；这个快递盒被改造成了一个猫窝，变成小猫咪温暖的家。

3. 师：欣赏了这些作品，你们有没有迫切想自己动手改造一个快递盒的想法？哪位同学愿意来分享一下你的创意？

　　生1：我想用快递盒给爸爸做一个笔筒，让他书桌上的笔都有好去处。

　　生2：我想给弟弟做一个迷宫小玩具，弟弟肯定会爱不释手的。

　　生3：我想用几个大盒子拼搭起来给妈妈做一个鞋架，让她的高跟鞋摆放得更加整齐。

4. 师：小兰姐姐也和你们一样，真想马上动手制作呢！

　　播放音频7《快递盒好归宿》。

　　小兰姐姐：妈妈，我明白了，通过我们灵巧的双手和有趣的创意可以让这些用过的快递盒旧貌换新颜。我要用你这个装足浴盆的快递盒给家里的小猫做一个猫窝，让我的阿福在里面舒舒服服地睡觉。

　　小兰妈妈：小兰，我下次也不会把所有快递盒都留下了，使用过的快递盒可以选择性地保留，保留下来的可以巧妙收纳，使用的时候就更方便了。

5. 师：巧思加上实践，快递盒实现了循环利用，就好像整容了一样，经过华丽蜕变，它又焕发新生啦！

　　　　　　　　　　　　　　　　　　　　　　　　板书：整容记——再利用

设计意图：通过分享一些直观且有趣的快递盒改造作品，将抽象概念进行具象化表达，帮助学生了解改造过的快递盒，不但能拓宽快递盒再利用的渠道，还能增添生活的乐趣，为树立社会主义生态文明观打下基础。

六、积极践行，学以致用

1. 师：同学们，通过今天的学习，相信大家收获了很多。如果请你做一名环保宣传员，你会向大家宣传什么呢？

生1：在今天学习前，我对快递盒的生产和使用一无所知，我相信很多人也像我一样。在今后的日子里，我会把目前快递盒回收的现状告诉大家，让大家不要胡乱丢弃快递盒。

生2：我要向大家介绍快递盒回收的正确方法和快递盒改造利用的小窍门，让快递盒能循环利用起来。

2. 师：你们说得真棒！每年"双十一"都是购物的狂欢日，也是废弃快递盒产生的高峰期。我们将使用过的快递盒再回收、再利用，这真是顺应了可持续发展的理念。

板书：变废为宝 循环利用 持续发展

3. 师：今天回家后，请大家发挥聪明才智，用快递盒完成一件作品，完成后可以把作品的照片上传到班级群。同学们，就让我们从身边的小事做起，从回收利用一个小小的快递盒开始，为生态环保事业贡献自己的一份力量。

> **设计意图**："实践出真知"，引导学生将生态文明的理念落实到行动中，为美好生活贡献自己的力量。

【延伸教育活动】

学生用回收的快递盒自制一件作品，在班级群中展示分享。

【板书设计】

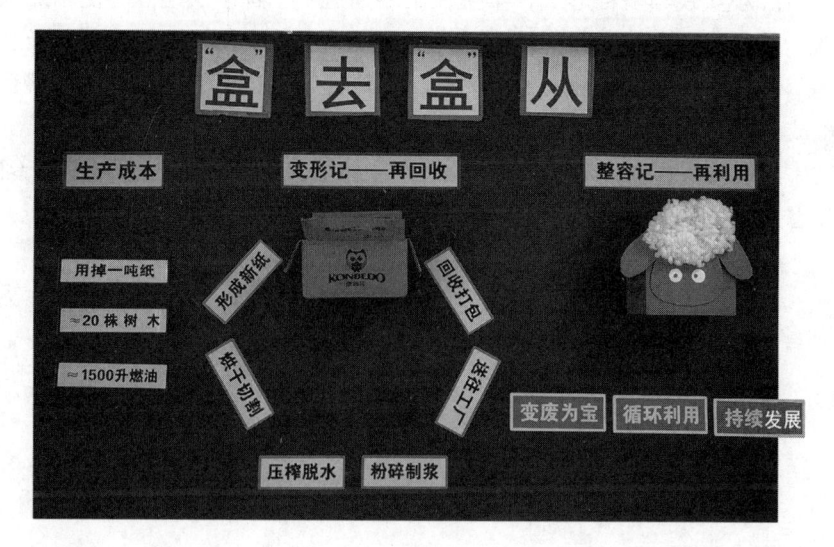

【点评】

践行生活化教育　打造有活力的生态课堂

主题教育课承担着德育工作方向标和指明灯的作用，因此把生活的素材引入课堂，多渠道构建生活化的课堂，对提高主题教育课的实效性有着重要的意义。本堂课有以下几个特点：

一、教学内容生活化——"盒"去"盒"从

陶行知的"生活教育论"要求班主任在生活中寻找教育契机，让孩子在生活中学习。网购带来便捷的同时，产生了大量被随意扔掉的快递包装，造成严重资源浪费和环境污染。快递盒该"盒"去"盒"从？低年级学生正处于行为习惯和价值取向形成的关键时期，选取快递盒的回收与利用作为生态文明教育的切入点，有助于学生树立正确的生态价值观。

二、教学策略生活化——"盒"以为家

1. 课堂导入生活化

上课伊始，王老师引入学生最熟悉、当前最火爆的"双十一"网络购物节。这样的导入，不仅成功地引起了学生们对课堂内容的兴趣，还巧妙地引导他们估算快递盒使用的数量，为后续的课堂讨论和实践活动打下了坚实的基础。

2. 教学情境生活化

对于低年级学生来说，营造情境有助于他们积极参与主题活动并引发思考。王老师挖掘了生活中鲜活的素材，再现了学生生活场景，以小兰姐姐和小兰妈妈一次又一次的矛盾冲突展开，以母女俩的情感变化为线索，巧妙创设问题情境，促进学生思维发展。

3. 教学活动生活化

本堂课由快递盒的旅程创造了一次趣味盎然的活动，一个深度学习的场域。通过小调查、小研究、小实践等多种形式，学生在循序渐进中了解了快递盒的使用规模、生产成本、回收现状，认识到快递盒再回收、再利用的重要性，由浅入深，由表及里，由此及彼，"盒"以为家，不言而喻。延伸教育，注重让学生在生活的大课堂中接受思想的熏陶，逐渐成长。

总之，这节主题教育课内容丰富，贴近学生生活，拓宽生活空间，既践行环保教育，又树立生态文明意识，"盒"乐而不为？

上海市浦东新区张江高科实验小学学生发展中心副主任　徐留芳

第 23 课　庭审纪实之废旧笔芯污染案

设计教师：上海市浦东新区第二中心小学　陈晓丽
指导教师：上海市浦东新区华林小学　　　罗丽惠

【活动对象】
小学三年级学生

【活动时长】
2+35分钟（2分钟预备时间）

【学情分析】
1. 环保知识的基础
三年级的小学生，通过日常学习已经初步掌握了一些环保知识，如自然课本中《生物与环境》一课。学校结合每年3月12日植树节，组织学生开展爱绿护绿主题活动，引导学生树立了一定的环保意识。

2. 实际生活的需要
从三年级开始，学生在书写用笔方面有所改变，从铅笔写字过渡到水笔写字，水笔逐渐成为学生日常书写中的主要用品。通过访谈，发现大部分学生会将用完的笔芯随手丢弃，并不清楚丢弃的笔芯会造成严重的环境污染。因此，将生态文明的教育点聚焦在正确处理笔芯上显得十分必要。

【主题解析】
1. 聚焦生态，民族发展根本大计
习近平总书记指出："走向生态文明新时代，建设美丽中国，是实现中华民族伟大复兴的中国梦的重要内容。"生态文明建设是关系中华民族永续发展的根本大计。少年重视生态文明，国家的生态文明才能得到持续发展。因此，我们要引导学生从小树立正确的生态文明观，将生态文明的星星之火点燃在每一个少年的心中。

2. 着眼小处，"笔笔"皆是一份助力
水笔是学生熟悉的学习用品。目前，我国有近3亿名在校学生，每年都会产生大量废旧水笔，但是，很少有人意识到，大量废旧笔芯的随意丢弃造成的严重后果——笔壳、笔头、笔墨中的有害物质会造成环境污染。以笔芯问题作为切入点，引发学生的重视和思考，呼吁大家保护环境，从点滴小事做起，为改善整个生态文明贡献自己的力量。

3. 践行环保，爱护环境少年有责

笔芯虽然小，但危害巨大，随意丢弃不但会造成资源的浪费，更会对生态环境有所影响。通过引导学生合理使用和回收笔芯，帮助他们逐渐养成珍惜资源、节约用笔的好习惯。这种节约意识的树立，有助于培养学生的责任感和使命感，让他们明白自己在保护环境、节约资源方面，一个小小的举动就能为生态文明建设添上浓浓的一笔。

【活动目标】

认知目标：
1. 知道生活中浪费笔的情况很多，数据庞大，感受浪费现象严重。
2. 了解笔芯的不同部位会对环境造成哪些危害。

情感目标：
1. 激发学生对水笔的爱惜之情。
2. 树立循环利用意识，激发保护生态环境的责任感。

行为目标：
1. 做到节约用笔，做好废旧笔芯的回收。
2. 探究废旧笔芯的妙用，循环利用废旧笔芯。
3. 撰写解决废旧笔芯污染问题的提案。

【活动重点】

树立循环利用意识，激发保护地球生态的责任感。

【活动难点】

探究废旧笔芯的妙用，循环利用废旧笔芯。

【活动准备】

学生准备：
分成6个小组，确定好各组组长。

教师准备：
1. 收集笔芯危害环境的相关媒体视频资料。
2. 绘制"芯芯"人物形象，作为情境主角。
3. 准备庭审工作人员卡牌等道具。

【2分钟暖场活动】

活动名称：招募小小庭审人

1. 师：待会儿我们这堂课要进行一个模拟小法庭的庭审活动，一场庭审活动通常需要一名审判长、两名审判员、一名书记员、一名检察官和三名律师。现在老师需要当场招募这些工作人员。

2. 师：现在需要一位处事公平公正的同学来做审判长。

生：XXX同学是我们的班长，他适合，我们都服他！

师：审判长需要声音洪亮，请你试着说："现在开庭"。

生：现在开庭。

3. 师：不错，面试合格，请审判长上任。现在，还需要两位善于合作的审判员来协助。审判长，你自己来选两位同学做你的助手。

生：请XXX同学和XX同学做审判员。

4. 师：还需要一位严谨仔细的同学来做书记员，谁能胜任？

生：XXX同学做事很仔细，字也写得端正，她能胜任。

5. 师：好，书记员也招募到了。最后，需要三位能言善辩的同学来做辩方律师。同学们可以相互推荐一下。

生1：我推荐XXX同学，她平时上课发言特别积极。

生2：我推荐XXX同学，她看了许多书，说起话来总能引经据典。

生3：我经常和爸爸一起看庭审类的节目，很佩服里面的律师，我想来试试。

6. 师：老师也来毛遂自荐一下，我来担任检察官！各位工作人员，现在，请你们仔细阅读发到的工作提示，希望大家都能履行职责，做好自己的工作。

（学生阅读工作提示）

设计意图：在上课之前，以推荐形式确定好在活动过程中的角色，为活动情境的推进做好铺垫，初步营造庭审的情境氛围。

【活动过程】

一、走进庭审

1. 师：同学们，到了三年级下半学期，我们就要陆续开始使用水笔了，今天，老师就为大家带来了以后会遇到的朋友——芯芯，他现在有一件棘手的事要请大家帮忙。

播放视频1《芯芯的委屈》：我是芯芯，我和我的朋友小黑、小红和小蓝在制笔厂就这样被生产出来了。每年，有数以亿计的兄弟姐妹和我们一起出生。出生后，我们来到商店，整齐地排列，等待着买主。被买主取走后，我们就派上用场了，教室、办公室、会议室等不同的地方，都可以看到我们的身影。我们尽情奉献，直到流不出油墨，便被丢弃。现在，大家都谴责我，甚至有人说我是污染环境的元凶，我该怎么办呀！

2. 师：芯芯到底有没有错？我们开启一个模拟小法庭的庭审活动，一起来演练一下。

板贴：庭审纪实之废旧笔芯污染案

3. 师：现在，我化身为陈检察官，各位同学就化身为陪审员，让我们一起参与今天的庭审。下面有请书记员主持。

书记员（生）：全体起立。报告审判长，原被告双方委托代理人均已到齐，庭前准备工作均已就绪，可以开庭。

审判长（生）：全体请坐，现在开庭。

设计意图： 在日常生活中，学生对于神圣的法庭有所了解。课堂伊始，营造严肃的法庭氛围，创设庭审情境，以"芯芯"是否有错为矛盾点，将学生的注意力逐渐引入到废旧笔芯与环境污染之间关系的问题中。

二、认识废旧笔芯的危害

（一）陈述诉讼请求

1.审判长（生）：下面进入法庭调查，请原告陈述诉讼请求以及所依据的诉讼理由。

2.师：尊敬的审判长、审判员，现在由我做原告方陈述。对于芯芯是否构成环境污染的元凶，我方主张芯芯有错。请大家看一组数据。

出示PPT：数据显示，我国目前有近3亿名大中小在校学生，仅按平均每人每周使用1支笔芯计算，一年就要将近150亿支，这些笔芯首尾相连，可绕地球45圈。

3.师：各位陪审员，看完这组数据，你们有什么感想？

生：全国大中小学学生的笔芯使用量非常大。

（二）举证笔芯危害

1.师：那废旧笔芯会造成哪些危害呢？恳请法庭准许我再呈现三组证据。

审判长（生）：准许。

2.师：先来看证据一。

播放视频2《笔管的危害》：我是笔管，由聚苯乙烯塑料制成，你们熟知的泡沫饭盒、许多塑料瓶都是由它制成的。我以耐老化抗腐蚀出名，200年内都难以降解。我还能燃烧变成有毒气体污染环境，给人体带来严重的危害。如果我长期留在土壤中，就会影响农作物对于水分养分的吸收，抑制农作物的生长。如果我被填埋了，就会导致垃圾中的细菌、病毒深入地下，污染地下水。如果我被动物误食了，就会引起动物消化道疾病，甚至是死亡。

板贴：有错、笔管

3.师：废旧笔管有什么危害？相信之前审判长和陪审员们都有许多疑惑，现在，这些疑惑都解开了吗？

出示PPT：

笔管由什么制成？

笔管要多久才能降解？

笔管留在土壤里会怎么样？

生1：笔管由聚苯乙烯制成。

生2：笔管200年都降解不了。

生3：废旧笔芯在土壤里，会抑制农作物生长，还会污染地下水。

4.师：审判长、陪审员，请大家看看桌上这张小纸条。它差不多是一支笔芯的塑料用料大小，看着很不起眼，以一个同学每周使用一支水笔，一个学期20周计算，那么一学年大家使用的笔芯会造成多少污染呢？请组长跟着我一起打开桌上的纸卷。

（学生在组长带领下打开纸卷）

5. 师：这是一名学生使用笔芯造成的污染，全浦东50万左右中小学生，一年使用的笔芯就会造成324万平方米的污染，相当于450个足球场这么大。这还只是浦东中小学生，如果将全上海，乃至全国所有中小学生使用的笔芯都集合起来，那造成的污染将不可估量。

出示PPT：

足球场图片，数字450

6. 师：再来看证据二。

播放视频3《废弃油墨的危害》：大家好，我是废弃油墨，是废旧笔芯残留的主要成分，大家都叫我危险废物。有幸得到这个绰号是因为我神通广大呀，我含有能产生剧毒的铅和汞，我能挥发出有毒气体，污染大气。我还可以流到江河池塘，严重污染水质，可以使水中的物质不得安宁甚至是死光光。

板贴：油墨

7. 师：这是一位现场旁听人员的记录，请大家帮忙看一下都记对了吗？

出示PPT：

废弃油墨被称为危险废物。

废弃油墨的主要成分是锌和铁。

废弃油墨不会产生有毒气体。

生1：废弃油墨被称为危险废物是对的。

生2：废弃油墨的主要成分是锌和铁是错的，应该是铅和汞。

生3：废弃油墨不会产生有毒气体，是错的，会产生有毒气体。

8. 师：再来看原告方证据三。

播放视频4《笔头的危害》：大家好，我是笔头，由重金属铁、铬、镍、铅、铜、钨等材料构成，你们随意抛弃我，我就发挥邪恶的能量。在自然条件下，我会迁移转化，释放出重金属离子，进入土壤和水中，造成严重的水土污染。我会渗入植物，钻进它们的身体，在食物链中逐级积累，然后，静静等待，最终进入人体而危害人体健康。

板贴：笔头

9. 师：关于笔头的危害，我还有一份笔头危害传播路径图，哎呀，被我打乱了，各位陪审员能帮忙重新整理下吗？

（学生在组长带领下完成传播路径图的整理）

师：哪个小组来阐述整理后的传播路径？

生：先是笔头，再是释放重金属离子，然后会造成水土污染，再进入食物，最后是人体。

出示PPT：

笔头→释放重金属离子→造成水土污染→食物→人体

10. 师：审判长，除了以上物证，还有几位证人有话要说。

播放音频1《小狗的证词》：笔芯绝对要为污染环境负责！我的狗宝宝就是因为误食了草地里的笔头，上吐下泻，到现在还躺在医院里。

播放音频2《小鱼的证词》：咳咳，笔芯就是污染环境的元凶，我就是误食了笔头导致内脏受损，至今都没有恢复！

11. 师：鉴于以上人证物证，我方认为被告芯芯就是——小笔芯，大危害。

出示PPT：

小笔芯，大危害

12. 审判长（生）：肃静！各位陪审员，目前呈现的证据，都明确指向芯芯造成了严重的环境污染。下面，我们进行第一次表决。认为芯芯有罪的请做"√"的手势，认为芯芯无罪的请做"×"的手势。

（学生用手势表决）

13. 师：请认为芯芯有罪的陪审员在胸前贴上红色的贴纸，认为芯芯无罪的在胸前贴上黄色的贴纸。

（学生贴贴纸）

（三）辩论孰是孰非

1. 审判长（生）：肃静！各位陪审员，目前呈现的证据都明确指向芯芯造成了严重的环境污染。

播放音频3《芯芯的自辩》：你们不能就这样把错都归咎于我。我虽然含有破坏环境的物质，但是我的一生都是在为人类服务啊，最后也是因为人类的丢弃而造成污染。我也不想污染环境，可也没有一个合适的归处。怎么能把错都归在我身上呢？

2. 师：既然芯芯不认同检方的控诉，我恳请审判长准许开始自由辩论环节，来辩一辨芯芯到底有没有错，看看笔芯还有什么作用。

审判长（生）：准许。

3. 师：基于废弃笔头、笔管、油墨对环境的污染，我方仍旧支持芯芯破坏了环境，有错。对方律师有什么看法？

生1：废旧笔芯虽然对环境有污染，但是，这是我们人类乱扔造成的，如果我们不乱扔就不会这样了。

生2：我方认为废旧笔芯没有错，它们为我们做了很多贡献，是因为我们随意丢弃才造成环境的污染。

4. 师：请问哪位陪审员愿意发表自己的见解？

生1：我同意辩方律师的看法，废旧笔芯没有错，错的是人类。

生2：我也同意没有人类的乱扔就不会造成环境污染，人类才是真正有错的。

5. 师：听了我们的现场辩论，审判长、审判员你们怎么看呢？

审判员（生）：我认为废旧笔芯有错，正是因为它，导致了环境的污染，造成了许多危害。

审判长（生）：我主张废旧笔芯没有错，是我们人类不该乱扔笔芯。

6. 师：下面恳请审判长组织裁决。

审判长（生）：下面让我们一起来表决，认为芯芯有错的做"√"的手势，认为芯芯没错的做"×"的手势。

（学生用手势表决）

审判长（生）：我宣布，芯芯无罪！

> **设计意图**：通过出示数据，学生直观地感受到笔芯的使用量很大，废旧笔芯很多，为之后了解乱扔废旧笔芯对环境危害很大做铺垫。三个动画视频，让学生了解废旧笔芯与生态文明的关系，再通过"答问题""判对错""排顺序"的活动，让学生反馈自己从动画中学习的知识，进一步明确乱扔废旧笔芯对环境的危害。模拟法庭辩论的形式，让学生在语言的交流和智慧的碰撞中，明白废旧笔芯的存在本身没有问题，而是人类的随意丢弃造成了对生态文明的破坏。

三、庭外调解，探索废旧笔芯的妙用

1. 师：芯芯污染环境是事实，但我们人类的乱扔也有很大的关系。既然如此，我恳请审判长开启庭外调解，看看关于废旧笔芯的污染问题我们应该如何处理。

审判长（生）：准许。

2. 师：大家都认为废旧笔芯没有错，那么，我们要如何做才能减少废旧笔芯的污染呢？

生1：平时有些同学会买许多不需要的笔，用了一下没用完就不喜欢了，然后笔墨就干了，只能扔了，我呼吁——大家用多少买多少，减少废旧笔芯的产生。

板书：减少浪费

生2：我觉得，可以用废旧笔芯做一个笔筒，或者其他一些工艺品。

板书：创意制作

生3：我们可以建立一些回收站专门回收废旧笔芯。

板书：合理回收

生4：可以给笔芯灌墨，让它不是一次性的，延长使用期限。

板书：延长使用

3. 师：大家都很有想法，我们的调解相当成功。匹夫无罪，怀璧何罪。垃圾放对地方就是宝，如果我们能将芯芯循环利用，相信它一定能继续发光发热。刚才，大家在自由辩论环节说了许多废旧笔芯的妙用，生活中有不少小朋友把大家的设想付诸实践，确实做出了许多精彩的改造物品，让我们一起来欣赏一下。

播放视频5《废旧笔芯创意秀》：一些用废旧笔芯制成的创意小制作。

4. 师：大家认可废旧笔芯会污染，我们应当做到别乱扔，就废旧笔芯的回收和循环利用达成一致。就让我们一起来签订庭外调解协议书。

出示PPT：

庭外调解协议书

甲方：人类　乙方：废旧笔芯

甲方诉乙方污染环境一案，经环保法庭审理并作出了001号民事判决书。甲、乙双方在诚实信用、公平自愿、协商一致的原则下，就本案事宜达成以下协议：

甲方要减少笔芯的浪费使用，尽可能延长笔芯的使用寿命，并建立合理的回收机制，还可以将回收后的笔芯进行创意制作，做到循环利用。

甲方：

乙方：

5. 师：芯芯已经在调解协议书上签上了名字，如果大家都觉得调解书没有问题的话，就请一位同学作为人类代表，在调解协议书上签字。

（学生代表签字）

6. 审判长（生）：我宣布，调解成功。

（学生鼓掌）

7. 师：同学们，我准备了一个用"芯"环保章的草图。看，这里有两支废旧笔芯，就让它们作为开启废旧笔芯回收之旅的先遣部队。大家可以将用完的笔芯像这样插在上面，填满爱心的部分，我们的用"芯"环保章就完成了，把它张贴在教室里，它就是我们××中队特有的环保图腾。

8. 师：其实，大家还可以到各个班级进行废旧笔芯危害防治的宣传。如果你要去其他班级宣传，你会怎么说呢？结合我们的庭审笔记来说一说。

生1：我会说，"请大家以后不要乱扔笔芯，笔芯的笔管、油墨和笔头对环境都会造成很大的危害"。

生2：千万不能够乱扔笔芯，笔芯对环境的破坏很大，我们可以把笔芯收集起来做一些小制作。

9. 师：我也将我们的庭审笔记编写成了一首儿歌，让我们以快板的方式来宣传吧，我先来演示一下。现在，就请我们的工作人员帮忙打竹板，其余同学拍手打节奏，我们一起小小笔芯用起来！防治儿歌念起来！全体起立！

出示PPT：

小笔芯，危害大，

油墨笔管和笔头，

会污染，别乱扔，

一起一起来回收，

循环循环再利用，再利用！

（全体学生念儿歌）

10. 师：同学们，就让我们从这支小小的笔芯做起，为循环利用助力，为生态文明助力。也许，现在还有问题等待我们去解决，但是相信经过我们的不断努力，像芯芯这样的被告不会再出现，我们地球的生态文明一定会迈向新的篇章！

设计意图： 通过庭外调解的方式，让学生思考怎样做才能减少废旧笔芯的污染，进而为环保事业出谋划策，用实际行动助力环保。再将课堂内容改编成朗朗上口的儿歌，通过快板的方式让学生边打节奏边念，内化课堂所学，提升环保意识。

【延伸教育活动】

师：课后，请同学们将课堂中提到的废旧笔芯创意想法付诸实践，开展一次"废旧笔芯逆袭创意展"。参加展览的同学可以说说自己的制作过程和想法，其余同学可以从美观性、实用性、可操作性三方面对作品进行评价。

【板书设计】

庭审纪实之废旧笔芯污染案

有错：笔管　油墨　笔头

无错：减少浪费　创意制作　　　　用"芯"环保章

合理回收　重复使用

【点评】

一、创设庭审情境，生态文明携手法治教育

这是一堂融生态与法治于一体的主题教育课，课堂即为庭审现场。以"废旧笔芯污染案"为引子，师生在模拟小法庭的情境中将生态文明教育与法治教育有机结合，充分响应了习近平总书记在生态环境治理过程中提出的"最严"生态"法治观"。潜移默化中，强化了学生以"法治"观念提升生态环境保护的意识。

二、化身庭审人员，自辩互辩共寻解决之道

课堂中，师生化身为庭审活动所需的法治工作人员，陈老师为陈检察官，学生们则分别担任审判长、书记员、辩方律师和人民陪审员。围绕废旧笔芯"芯芯"被控诉的问题，课堂伊始就设置了冲突点——"芯芯是否有错？"。随着庭审活动的进行，在师生你来我往的辩论交锋中，学生逐步明白芯芯的环境污染问题是人类所为。后续，向有关部门写提案即为导行教育，更明确了学生合理使用水笔、合理回收笔芯的重要性。

三、巧借庭审举证，媒体素材刷新环保认知

生态污染问题离学生比较遥远，陈老师巧借检察官的身份不断在庭审中进行举证，借用视频媒体，向学生普及了废旧笔芯不同部位对环境造成的危害，以此触动学生回收利用废旧笔芯的强烈意愿。当笔芯创意秀的视频呈现，学生们产生了各种改造笔芯的金点子，也为课后延伸教育埋下了伏笔。

上海市浦东新区华林小学副校长　罗丽惠

第 24 课 天上人间水循环

设计教师：上海市浦东新区泥城小学　陈思远
指导教师：上海市浦东新区泥城小学　唐华英

【活动对象】
　　小学四年级学生

【活动时长】
　　2+35分钟（2分钟预备时间）

【学情分析】
　　节约用水意识弱，循环用水方法少
　　四年级的学生已基本懂得节约用水的道理，如用完水能及时关闭水龙头。但是，通过观察学生的日常表现，与他们交流谈话，我了解到学生还是会出现浪费水的行为：每天早上，他们从家里带出一壶水，傍晚把没喝完的直接倒掉；家里的淘米水、洗脚水等也都是直接倒掉，没有想过要再利用。可见，学生们节约用水的意识还是比较薄弱，特别是不会循环利用水资源。

【主题解析】
1. 水循环利用是"打好碧水保卫战"的重要方式
　　2023年《新时代的中国绿色发展》指出，绿色发展是构建现代化经济体系的重要内容，水资源的高效利用和保护是绿色发展的重要组成部分；2022年《中共中央关于党的百年奋斗重大成就和历史经验的决议》强调，生态文明建设是中华民族永续发展的千年大计；2021年《中共中央 国务院关于深入打好污染防治攻坚战的意见》明确指出，打好污染防治攻坚战是实现高质量发展的内在要求；2020年《中共中央 国务院关于全面加强生态环境保护 坚决打好污染防治攻坚战的意见》强调，要全面加强生态环境保护，坚持生态优先、绿色发展。随着社会的发展，人类对水资源的需求越来越大，而洁净的水资源越来越少，"打好碧水保卫战"至关重要。水循环利用作为生态文明建设的重要举措，有助于实现资源节约和环境保护的双重目标。通过推进水循环利用，可以减少水资源浪费，降低环境污染，促进资源的可持续利用，推动经济社会的高质量发展，进一步推动生态文明建设的深入发展。

2. 水生态环境保护从家庭水循环做起

我国水生态环境保护已发生历史性、转折性、全局性变化。中华人民共和国生态环境部指出"要以生态的方法改善水环境"。但污水处理与资源化利用仍是短板。水循环利用能够大幅减少对新鲜水资源的需求，缓解水资源短缺问题。通过循环利用废水，可以降低污水排放量，减少水体污染，保护生态环境。家庭通过科学的方法将用过的水循环利用，不仅可以帮助补足生活废水处理短板，还能保护生态环境。

3. 从少年做起，为全社会保护水资源出力

少年是未来的希望，水资源保护、生态环境保护是关系未来的长远工程，要从学生抓起，让他们增强保护水资源的意识，学会正确节约用水和循环利用水的方法。同时，家庭水循环利用的推广和普及有助于提高公众的环保意识，形成全社会共同参与生态文明建设的良好氛围。通过教育和宣传，引导公众树立节水、爱水、护水的意识，是整个社会形成"保护水资源、保护生态环境"良好意识的重要基础。

【活动目标】

认知目标：

1. 了解水资源短缺的现状。
2. 知道家庭水循环利用的方法。

情感目标：

1. 感受节约用水、循环用水的重要意义。
2. 树立维护良好水环境、生态环境需要每一个人参与的意识。

行为目标：

循环利用家庭生活用水。

【活动重点】

1. 知道家庭水循环利用的方法。
2. 循环利用家庭生活用水。

【活动难点】

树立维护良好水环境、生态环境需要每一个人参与的意识。

【活动准备】

学生准备：

1. 分成4个小组，确定好各组组长。
2. 准备一个笔袋，里面装好铅笔和橡皮。

教师准备：

1. 收集相关视频资料、图文素材，制作希沃白板课件。
2. 设计板贴，准备手机相机、表演道具、游戏道具。

【2分钟暖场活动】

活动名称：家务劳动小热身

1. 师：同学们，平时，你们在家里会做家务吗？

    生：会！

2. 师：今天的课就让我们从家务劳动小热身开始，快来和陈老师一起跳一跳吧！

    （学生表演和水有关的家务动作——洗衣服、擦柜子、拖地。）

> 设计意图：借助家务劳动热身，活跃课堂气氛，为本节课学生拍摄水循环视频埋下伏笔。

【活动过程】

一、了解水资源短缺现状

（一）王亚平母女两人登场

1. 师：在2022年的春节联欢晚会上，我们看到了这样感人的一幕。

    播放视频《母女的星星约定》：春晚的舞台上，妞妞诉说着和妈妈的约定："妈妈，给我摘颗星星回来！"

2. 师：同学们，你认识她们吗？

    生1：视频中的小女孩是宇航员王亚平的女儿。

    生2：王亚平是我们国家一位英雄女性航天员。

    生3：妞妞知道妈妈在空间站执行任务，希望妈妈能帮她摘颗星星回来。

3. 师：王亚平的女儿——妞妞带着思念和期待，和妈妈开始了第一次天上和人间的对话。

板贴：天上人间

播放音频《母女的约定兑现》。

妞妞：妈妈，我看到你太空漫步的照片了，里面那颗最大、最漂亮的蓝色星星是帮我摘的吗？

妈妈：是呀妞妞，这颗美丽的星星还有个名字哦，就叫地球！

妞妞：哇！原来就是我们生活的地方呀！它为什么是蓝色的？

妈妈：因为地球表面大约70%都是水！

妞妞：哇！地球上的水这么多，肯定用不完！妈妈，下午我想和奶奶打水仗，可以吗？

妈妈：妞妞，妈妈发个游戏给你，玩好之后再决定下午做些什么吧！

（二）了解水资源短缺

1. 师：哪位同学来读游戏规则？

    出示游戏规则：

    （1）游戏形式：小组合作讨论，40秒倒计时结束后各选1名代表上台交流。

（2）最接近正确答案的小组可获得水宝宝奖励。

（学生朗诵游戏规则）

播放音频《切苹果游戏》：小朋友们，如果把地球上所有的水装进一个超级大苹果，这些水里既有又咸又苦的海水，还有人类能用的淡水，那淡水有多少？淡水里人类能直接利用的部分还剩下多少？请你们试着切一切！

（学生进行切苹果游戏，小组讨论并展示）

播放音频《切苹果游戏答案》：想不到吧！人类能用的淡水只有2.5%，剩下的都是海水！更想不到的还在后面呢！积雪是淡水，冰川是淡水，地下水也是淡水。人类能直接用的淡水只剩下可怜巴巴的0.26%了。

2.师：同学们，看着这些数据，你们和妞妞有什么想法？

生1：人类能用的淡水原来只有2.5%，太少了。

生2：我们现在可以用的水资源还是很少的，我们要珍惜水。

生3：我们要保护水资源。

板贴：水资源短缺

播放音频《妞妞和妈妈讨论节约用水的办法》。

妞妞：原来地球那么缺水呀！妈妈，我不打水仗了！水这么宝贵，可不能浪费！

妈妈：妞妞真乖！你还知道哪些节约用水的好办法？

妞妞：洗好手之后要及时关掉水龙头……

3.师：同学们能和妞妞一起说说节水的好办法吗？

生1：洗手的时候可以拿个盆接住，盆里的水可以用来冲马桶。

生2：我们可以用洗好菜的水来浇花。

生3：淘米水洗菜很好用，我奶奶经常用淘米水洗菜。

生4：把泡澡用剩下的水拿来洗衣服。

4.师：把用过的水再用一次，这个方法叫循环用水。

板贴：水循环

设计意图：在"切苹果"游戏中，学生通过自己实际操作，能真切地体会到地球淡水含量之少，水资源短缺的现状能更深入学生内心。

二、探索空间站和家中水循环方法

播放音频《妞妞和妈妈讨论空间站水循环》。

妞妞：妈妈，我们该怎么循环利用水呢？

妈妈：妞妞不要急，妈妈请空间站的王叔叔先来给你讲讲，宇航员怎么循环用水。

播放视频《空间站水循环》：在空间站中，水是很珍贵的。空间站中有一个封闭环境，从洗漱到磨咖啡，甚至是出汗，这些过程中流失的水分都会被收集起来，进入一个净化系统，空间站中可以实时进行净化，并且注入储存袋。空间站每年能回收使用6000升水，甚至还能回收尿。不要觉得这些循环后的水恶心，其实，这些水比我们日常喝的大部分水纯度要高，这也让空间站成了自供自给的系统。

1.师：王叔叔的介绍十分有趣，空间站水循环你了解了吗？

板贴：空间站图片

生1：宇航员流的汗可以被收集起来进行净化，变成可以饮用的水。

生2：很恶心的尿液竟然也能被净化，真是不可思议！

生3：空间站中的净化系统好厉害，循环使用的水比我们日常喝的大部分水还干净。

2.师：原来空间站中有一个专用的净水系统能帮助宇航员循环用水！

播放音频《妞妞一家讨论家里水循环》。

妞妞：可是我们家里没有装净水系统，是不是不能循环用水了呀？

奶奶：妞妞，家里的水循环方法可多了呢！像奶奶手里用剩下的洗衣水，这可是个宝贝呢！

妞妞：嗯……这些水能把衣服洗干净。那我可以用这些水洗手，小手一定干干净净的！

妈妈：傻孩子，循环用水可大有讲究呢！妈妈给你做个选择题，看看洗衣水能怎么用吧！

3.师：你们能帮妞妞选一选吗？

板贴：家里图片

出示活动要求：

（1）从右侧6张卡片中选出洗衣水的再利用途径。

（2）小组讨论，20秒倒计时结束后抢答发言。

（学生小组讨论洗衣水循环利用并进行选择）

板贴：利用水里的成分、避免产生不良后果

4.师：妞妞看着这三个选项和奶奶手里的洗衣水，又有了一个新的问题。

播放音频《妞妞的困惑》。

妞妞："刚才奶奶用了干净的水洗衣服，可是昨天擦柜子的时候，明明用剩下了好多水，为什么不用那些擦柜子的水来洗衣服呢？"

生1：干净的衣服才可以穿在身上，用脏水来洗衣服，衣服会越洗越脏。

生2：柜子上会有很多灰尘，擦柜子的水会变脏，洗衣服的水一定要干净，肯定不能用。

5.师：你们的生活经验真丰富！妞妞现在知道了，水的循环利用除了要关注水里的成分，还要注意越要求干净的用水越要放在前面。

板贴：越要求干净的越在前

6.师：现在你们能不能和妞妞一起给洗衣水的循环利用排序？

（洗衣水循环利用排序，小组讨论并抢答）

7.师：妞妞为了感谢大家的帮助，特地邀请你们和她一起玩游戏！

出示游戏题目：

（1）第一组、第二组共1题，两组分别推荐1名学生进行快速水循环分类选择。

（2）第三组、第四组各1题，两组分别推荐1名学生进行水循环排序。

（学生小组讨论，参与水循环趣味分类、排序游戏）

8. 师：通过游戏，相信同学们和妞妞都能掌握家庭水循环的方法了！希望你们能用上这些知识为家庭合理循环用水出一份力！

> **设计意图：** 学生通过讨论、选择、排序梳理出了家里水循环利用的方法。在喜欢的游戏环节，学生又把梳理出来的方法进行实践，寓教于乐，学得更有趣，知识掌握得更牢固了。

三、了解社会污水处理，呼吁共同参与水循环利用

播放音频《妞妞一家讨论污水处理》。

奶奶：妞妞，奶奶考考你，我们在家里循环用水，最后产生的脏水会到哪里去？

妞妞：唔，奶奶，脏水不会都流到小河里去了吧！

妈妈：妞妞，脏水不可以直接排入小河哦！它必须先去一个特殊的地方，你知道是哪里吗？

1. 师：谁能告诉妞妞这个特殊的地方是哪里？

生：污水处理厂。

师：让我们和妞妞一起跟着记者去看看污水处理厂是怎么把脏水变干净的。

板贴：污水处理厂图片

播放视频《记者采访污水处理厂》：在污水处理厂里，第一个阶段是预处理阶段，主要就是去除一些较大颗粒。第二个阶段是核心环节生化处理段，大家看到这个冒泡泡的池子，培养了大量的微生物，它们把水里的脏东西吃掉，然后水就变干净，变清澈了。第三个处理阶段是深度处理阶段，就是进一步去除水里面的杂质，然后消毒。经过处理，干净的水将会被排放到河道里，从而净化水质。

2. 师：谁能和妞妞一起说说污水处理的几个阶段吗？

生1：第一个阶段是预处理阶段，主要去除一些比较大的杂质。

生2：第二个阶段是生化处理段，利用微生物把水里的脏东西吃掉。

生3：第三个阶段是深度处理段，进一步去除水里的杂质，然后消毒，最后脏水就变干净，可以排入河道了。

播放音频《妞妞的倡议》。

妞妞：哇！好神奇呀！脏水变得那么干净。有了污水处理厂，小河越来越干净啦！妈妈，我决定了！今天下午我要和奶奶一起拍家庭水循环的视频，然后分享给同学们，大家一起循环用水！

妈妈：真是个好主意！妈妈支持你！

妞妞：太棒了！妈妈！那我先去做准备工作啦！

妈妈：好的！妞妞加油！期待看到你们的作品哦！

3. 师：同学们，想不想和妞妞一起拍家庭水循环的视频？我来为你们拍一拍。

出示视频拍摄要求：

分工明确，声音响亮，

动作到位，有感染力。

（学生读视频拍摄要求，小组依次表演《家庭水循环，大家来行动》各部分内容）

4.师：我们的宣传片已经完工啦，想不想看？

播放视频《家庭水循环，大家来行动》。

播放音频《母女的水循环约定》。

妈妈：视频拍得真好，不仅简单易懂还十分有趣，妈妈给你点赞！妞妞，这么棒的视频你想好怎么用了吗？

妞妞：妈妈，我要当一名水循环利用的小小宣传员！我想把视频发到网上，让更多的人看到，然后和我们一起循环用水！

妈妈：听起来很不错！妞妞，妈妈也拍一段空间站水循环的视频给你做宣传，我们天上人间一起努力循环用水！

妞妞：好耶！谢谢妈妈！

5.师：今天的活动中同学们收获了好多水宝宝，你们可真是水循环利用小能手！回家后，可以用拍视频等方式为水循环利用做宣传，带动身边的人一起珍惜水资源，保护生态环境！

> **设计意图：** 这个活动创造性地将课堂和信息技术结合起来，以拍摄视频的形式总结了这堂课的知识，强化了学生深化水循环利用和维护良好生态环境的意识，也激励学生在课后真正行动起来，将上课所学宣传给更多人。

【延伸教育活动】

通过拍摄《家庭水循环利用》视频等方式，利用社交媒体宣传水循环利用。

【板书设计】

【点评】

艺术化处理"生成"之美

叶澜教授曾有过这样的论述：课堂应是向未知方向挺进的旅程，随时都有可能发现意外的通道和魅力的图景，而不是一切都必须遵循固定线而没有激情的行程。陈思远老师的主题教育课"天上人间水循环"艺术化处理课堂"生成"，在学生获得愉悦心灵之美的探索之路上提供了一个优质案例。

1. **巧用游戏，引发生成**。"道德教育的基础是人对人的理解。"在这节动态生成性的主题教育课中，陈老师没有采用灌输式的教育方式，而是以小学生喜欢的游戏入手，如在"体验水资源短缺"环节，自制了"切苹果游戏"，以一种直观互动的游戏方式，呈现给学生们"水资源极为短缺"的现实观感。当看到大苹果最后只剩下可怜巴巴的0.26%时，孩子们震惊的眼神中深切地透露出心灵的震撼。

2. **以生为本，促进生成**。一堂生成性的主题教育课是不同层次、不同道德发展水平的孩子通过不同的参与方式达成的共同体验。在"家庭水循环，大家来行动"的活动环节，学生当场演绎，教师当场拍摄并制作，然后马上进行宣传视频的展示，让孩子们在合作、质疑、体验、讨论中主动生成维护良好水环境、生态环境需要每一个人参与的意识，具象化地感受到自己的学习和宣传，感受到自己也成为水循环利用的宣传大使。这样的学习才是真正生活化的、有价值的。

3. **信息融合，升华生成**。陈老师制作的教学课件非常精美，以迷人的太空、空间站和家庭连线等零星的画面，串起整个教育过程。老师选取的每一个画面都适合儿童的审美，画外音也非常柔和动听，用信息化手段让学生体会到视觉美和听觉美，让课堂生成也升华为一种艺术化的享受。

上海市浦东新区泥城小学校长　唐华英

第25课 "环"然"衣"新

设计教师：上海市实验学校东校　　　　　徐澄怡
指导教师：上海市浦东新区进才实验小学西校　邓曲萍

【活动对象】
小学五年级学生

【活动时长】
2+35分钟（2分钟预备时间）

【学情分析】
使用周期较短，旧衣回收简单

在日常生活中，学生基本不用为"衣"而发愁。随着经济的发展，人民生活水平的提高，许多学生家庭对物质生活有了更高的追求，衣服更新换代的周期大幅缩短，家里出现了大量的旧衣服。

小学高年级学生在处理那些不喜欢、穿不下、破损的旧衣时，往往会受家长行为、消费观念等因素的影响，选择丢弃到垃圾箱内，并没有意识到这一做法会对环境产生一定危害。

【主题解析】
1. 低碳循环发展，绿色健康生活方式

习近平总书记在十八大报告中指出：生态环境问题，归根到底是资源过度开发、粗放利用、奢侈浪费造成的。资源开发利用既要支撑当代人过上幸福生活，也要为子孙后代留下生存根基。同时，他也指出：坚持绿色发展，推进生态文明建设，必须从源头抓起，采取扎扎实实的举措，形成内生动力机制。这就要求我们必须坚定不移走绿色低碳循环发展之路，引导学生形成绿色健康的生活方式，为可持续性发展出力。

2. 绿色处理旧衣，节约资源保护生态

据不完全统计，每年大约有2600万吨旧衣服被扔进垃圾桶，数量极为庞大。这些旧衣服资源如没有妥善地进行处理，会带来大量的资源浪费以及环境污染。从学生的生活实际出发，以情境为载体，引导他们在认知上转变固有的旧衣处理思想，在情感上获得循环利用的生态体验，在行为上习得旧衣处理的生态方法，知行结合，培养绿色生活方式的意识，感受生态和谐。

3. 点滴小小善举，绘制绿色生态之衣

《中小学德育工作指南》明确指出：引导学生养成勤俭节约、低碳环保的生活习惯，形成健康文明的生活方式。小小的一件衣服承载的是人类无穷的智慧和对美好事物的向往，更是一种高度文明、和谐生态的体现与传承。引导学生正确处理旧衣服，不仅是培养一种行为习惯，更是建设一座连接学生内部学习世界和外部生活世界的桥梁。它可以助力高年级学生在通往生态文明建设的绿色循环道路上，从情感、思想上发生改变，用更多健康绿色的生活方式、行为习惯共同绘制一件绿色生态之"衣"，守护美好家园。

【活动目标】

认知目标：
1. 了解衣服的制作工序，明白制衣过程会污染环境。
2. 知道旧衣服的环保处理方式：捐赠、回收、改造等。

情感目标：
1. 感受环保处理旧衣是社会生态和谐的体现。
2. 树立循环利用、保护环境的生态文明意识和理念。

行为目标：
运用开丝等互动体验，领悟制衣过程会消耗大量自然资源和人力资源。

【活动重点】

领悟制衣过程会消耗自然资源和人力资源，还会污染环境。

【活动难点】

树立循环利用、保护环境的生态文明意识和理念。

【活动准备】

多媒体课件、七巧板若干、蚕茧若干、板贴。

【2分钟暖场活动】

活动名称：七巧拼拼乐

1. 师：同学们好！大家喜欢拼图吗？今年是兔年，我们一起来拼只可爱的小兔子吧！请一位小朋友到黑板前拼大拼板，与此同时，其他同学拼小拼板。看谁更快。

2. 师：老师有一双无影手，也想来拼一拼七巧板，看看我拼出来的是什么图形呢！千万别眨眼哦！

　　生：是一件衣服。

3. 师：同学们真是心灵手巧。今天，就让我们带着聪明的大脑和灵巧的双手一起进入课堂吧！

设计意图: 课前暖场,让每位学生动起来,活跃课堂氛围,激发学习兴趣。同时,为引出"衣服"这个话题做铺垫。

【活动过程】

一、导入情境,浪费资源

1. 师:我的好邻居奂怡同学的妈妈是位拥有十万粉丝的网红主播,听说这周她有三场直播呢!我们一起去看看吧!

播放音频1《第一场直播》。

妈妈:各位家人,大家好啊!我是"潇洒扔一回"。本周购物节的第一场直播马上就要开始了。今天从厂里淘到一批最新款式的衣服哦!大家赶快帮忙点个小心心吧!瞧,这是我们今天的主打款,真丝旗袍。这面料多顺滑。今天全场特价出售哦!

2. 师:真不愧是大咖主播,一开播就有那么多网友在刷屏了。

播放音频2《做小实验》。

妈妈:有人问,旗袍的材料是什么?这样,我给大家做个小实验吧。

播放视频1《燃烧法鉴别真丝》:用燃烧法鉴别,蚕丝点燃离开火源后会马上熄灭,有一股头发烧焦的味道,燃烧后呈松而脆的黑色颗粒;多数化纤燃烧时会冒黑烟,燃烧后呈硬而黑的圆珠状。

3. 师:看来,这真丝旗袍果然货真价实。这下,网友们更是议论纷纷。

出示图片1:网友评论。

4. 师:下播后,妈妈对这件事情还是耿耿于怀。于是,她拉上爸爸和奂怡一起来评评理。我们也去帮帮他们吧!

出示图片2:两大评论。

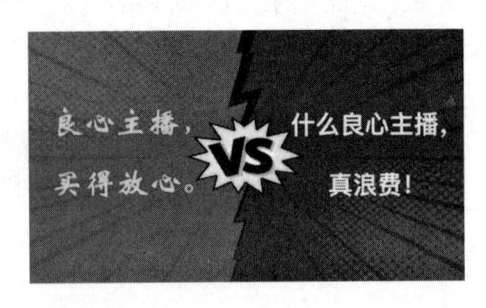

5. 师：评论站站队，你支持哪一方呢？为什么？

生1：我支持良心主播，真材实料，买得放心。因为这个主播已经做了实验，最好地证明了这件衣服的真实性。

生2：我支持真浪费。因为主播虽然证明了材料是真丝的，但她用剪下一块面料直接进行燃烧的方式，不仅浪费面料和衣服，还污染了环境。

（一）自然资源

1. 师：兔怡也有自己的观点。

播放音频3《消耗自然资源观点》。

兔怡：妈妈，自然课上，我们养过蚕，老师告诉我们，1只蚕一生会消耗掉约200克桑叶才能结出一个茧。1件真丝旗袍则需要消耗约2000个蚕茧。而2000个蚕茧则需要消耗约400千克的桑叶，相当于8个像我们这样的五年级学生的重量呢！

2. 师：刚才我发现有不少同学眼睛瞪得大大的，是哪些数据让你如此意外呢？

生1：1件真丝旗袍需要消耗大约2000个蚕茧令人感到很意外。我现在才知道原来一件旗袍需要那么多的蚕茧才能制作出来。

生2：2000个蚕茧需要消耗约400千克的桑叶，也就是1件旗袍需要消耗掉这么多的桑叶，也就是大约40棵桑树的产量。我觉得1件衣服要消耗许多自然界中的树木和资源。

板贴：自然资源

（二）人力资源

1. 师：爸爸受到兔怡的启发，还想到了一张图。

播放音频4《真丝旗袍制作不简单》。

爸爸：何止是浪费这些自然资源啊，还有养蚕人的心血呢。我们厂里做一件旗袍可不是你想象得那样简单！别小看这每一步，每一件旗袍背后可都是许许多多工人叔叔阿姨的辛劳付出啊！

出示图片3：制衣工序图。

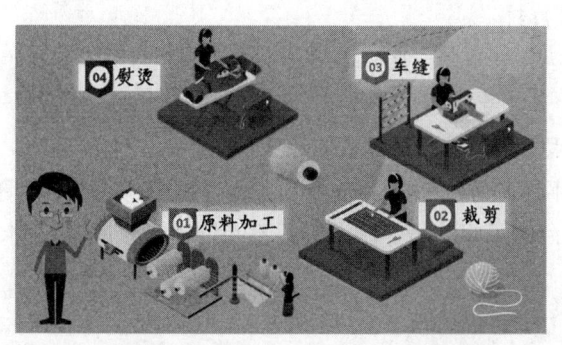

2. 师：瞧，这就是制衣工序图。让我们一起来盲卡猜猜猜。每组在制衣盒中抽取制衣工序盲卡，并在相应盲卡背面写上需要多少人数。同时，请一位同学在屏幕前随机抽取并填人数。

生1：我抽到的是第3步车缝。我觉得需要10个人。因为我觉得把零碎的布料拼接加工成一件完整的衣服，一个工人肯定是不够的，需要好几个人一起才能完成。

生2：我抽到的是第1步原料加工。我觉得需要50人才能完成。因为旗袍的原料是蚕丝，而刚才也说了，1件旗袍需要大约2000个蚕茧。而这些蚕茧的采集、加工都需要许多工人才能完成。

3. 师：你们说得都很有道理。其中一个环节，我相信你们一定都有了解，甚至都体验过，那就是旗袍的原料加工。这一环节需要选茧、煮茧、剥茧、开丝、晒丝、拉丝六小步，而这每一小步都不是一个人就能完成的。

4. 师：下面，我们一起来做个开丝的实验，请开丝最快、开得最长的学生交流体会。音乐停，我们就停。开始！

（学生从制衣盒中取出蚕茧进行开丝）

板贴：人力资源

5. 师：再来一次评论站队，现在，你会支持哪一方评论呢？

生：我支持真浪费。因为一件小小的衣服制作过程中会消耗大量的自然资源和人力资源。

设计意图： 通过"评论站站队""数据来说话""盲卡猜猜猜""开丝小实验"等活动，学生感受一件衣服被制作出来会消耗大量自然资源和人力资源。

二、问卷思辨，污染环境

1. 师：上一场直播，有评论指出妈妈的浪费行为后，妈妈认识到了自己行为的不当。这不，第二场直播又开始了。

播放音频5《第二场直播》。

妈妈：家人们好！今天主播我又上了100件新款，时间紧促，我必须穿一次，扔一件了。家人们，你们一定要买我的新衣服，把家里的旧衣服也通通扔掉，来次衣柜大换血，像我一样做一个"潇洒扔一回"的潮流女性哦！

出示图片4：账号被封。

由于该账号发布不良言论，违反直播平台规定，该账号将被封禁，请及时整改。

播放音频6《为什么封号》。

妈妈：为什么封我号啊？我哪有不良言论啊？

2. 师：大家同意平台封妈妈的号吗？Yes or No？同意的双手合圆，不同意的胸口画叉。

生：我同意平台封妈妈的号，因为妈妈不断地让大家向她学习，把自己的衣服随意扔掉。

3. 师：大家和奂怡想一块儿去了。

播放音频7《父女对话表观点》。

奂怡：我们老师说过，每扔掉1千克废旧衣物会产生3.6千克的二氧化碳。

爸爸：据我服装厂多年经验所知，随意处理旧衣，危害远不止这些呢！你们看，点击下一步，出来这一行字——请仔细观看以下视频并答题正确后，方能解禁直播账号。

播放视频2《制衣过程的污染情况》：据联合国统计，每年人们消费的服装超过6200万吨，后果是服装产业背后的环境污染位居世界第二，仅次于石油、化工。预测2030年，世界人口增长到85亿时，服装将成为世界第一大污染源。除了制衣材料会造成污染，染整工业造成的污染或许更加不能忽视。世界银行统计，全球17%~20%工业废水污染来自纺织染整业。这些废水包含约72种有毒化学物质，其中30种无法通过净水彻底去除，是全球环境退化和人类疾病的原因之一，超过40%的着色剂含有已知致癌物质。

播放竞答游戏1：小问答。

小问答

1. 预测 _____ 年，世界人口增长到85亿时，服装将成为世界第一大污染源。

　　A. 2040　　B. 2060　　C. 2030　　D. 2050

2. 制衣过程排放出的废水包含约____种有毒化学物质。

　　A. 27种　　B. 37种　　C. 73种　　D. 72种

3. 超过____%的着色剂含有已知致癌物质。

　　A. 14　　B. 40　　C. 43　　D. 34

---

4. 师：哪些数据令你感到震惊？为什么？

生1：制衣过程不仅消耗资源，对环境也有很大危害。

生2：制衣过程会排放许多有毒有害的污水，会污染水源，对环境有危害。

5. 师：是啊，这下妈妈和大家一样，都知道了原来制衣过程中会有水体、空气、土壤、化学污染，严重危害生态环境。

板贴：环境污染

6. 师：现在，夭怡和妈妈求助大家一起帮她们完成申诉信来解禁账号。同桌两人一组开始讨论。

出示图片5：申诉信。

生1：直播平台，你好！我是"潇洒扔一回"，我认识到了，原来制作一件小小的衣服需要消耗那么多的自然资源和人力资源，也会污染环境，破坏生态。我以后不会再乱扔衣服了。现申请解封该账号。申请人"潇洒扔一回。"

出示图片6：申诉再次失败。

7. 师：你们有什么金点子？想到什么好名字吗？

　　生1：环保"衣"姐。

　　生2："衣衣"不舍。

　　生3：潇洒"衣"回。

8. 师：奂怡想到了一个好名字。

播放音频8《奂怡和妈妈讨论新账号名》。

奂怡：妈妈，你不是说当初我的到来让这个小家焕然一新了，所以给我取名为"奂怡"的嘛。那不如就用我的名字吧，就叫"焕然'衣'新"，怎么样？

妈妈：是啊，这样能突显我服装主播的身份啊！而且，我的确又有了焕然一新的感觉。因为我现在知道了处理衣服一定要注重生态环保。欸，要不我的新账号就叫"'环'然'衣'新"吧！

9. 师：大家觉得这个名字好不好啊？为什么？

　　生：我认为这个名字很好。这个名字既突显出了妈妈卖衣服的职业，又能体现环保主题，与自然为伴，焕然一新，全新开始。

板贴："环"然"衣"新

出示图片7：申诉通过。

10. 师：通过视频和申诉，奂怡妈妈知道了旧衣不能随意乱扔，因为制作衣服的过程不仅会消耗大量资源，还会造成各种污染，对生态环境有很大的危害。

设计意图：观看制衣过程对环境产生危害的视频之后完成小问卷，再完成申诉信，用数据说话，以理性内化，进一步感受制衣过程会污染环境。

三、旧衣改造，捐赠回收

1. 师：俗话说，从哪里跌倒就从哪里爬起来。妈妈为了树立"环"然"衣"新的新形象，决定用被剪坏了的旗袍进行第三场直播。趁妈妈正在做开播前的准备，我们也快速地把桌面整理干净，等待开播吧！

（学生进行小组桌面收纳）

（一）旧衣改造

1. 师：直播开始啦！

播放音频9《破了的旗袍如何环保处理》。

妈妈：感谢家人们，"环"然"衣"新又一次全新开播啦！瞧！我把之前那件破了的旗袍又带到直播间了。各位网友，大家帮我想想办法。这件破了的旗袍可以怎么环保处理呢？

生：可以进行改造，把它变成一个小装饰品。

板贴：改造

2. 师：奂怡妈妈觉得，这个方法既有意思又有意义，真好。

（二）捐赠回收

1. 师：小网友们，你们还有什么好办法？

板贴：捐赠、回收

2. 师：大家真是既有办法又有创意。根据大家的方法，奂怡妈妈第三次直播顺利开播啦！

播放音频10《第三场直播》。

妈妈：感谢家人们的金点子，"环"然"衣"新又一次全新开播啦！瞧，我把之前那件破了的旗袍进行了创意DIY，变成了一件实用又美观的真丝短裙。这将是本场直播的大福袋哦！家人们，快来加关注吧！

3. 师：就这样，一件件旧衣在一次次的捐赠、回收、改造后，来了个华丽的变身，化废为宝，得到了最充分的利用。现在，随着科技的发展和时代的进步，旧衣处理方式也更方便、更环保。在校园里，可以进行校服漂流，给弟弟妹妹们穿；还可以把旧了但还能穿的衣服挂到网上进行转卖，等等。这样，我们既解决了这些旧衣服的烦恼，还方便了大家的生活，一举两得。

板贴：……

4. 师：话说不久后，奂怡妈妈还组织了一次特别的"校服漂流"活动呢！看，妈妈从前方发回了活动花絮。

播放视频3《"校服漂流"活动》。

> **设计意图**：通过富有创意的活动，讨论旧衣处理方式——捐赠、回收、改造等，让学生知道旧衣可以循环利用的环保理念。

四、美好结局，升华立意

1. 师：今天，在奂怡家做客回家后，你对爸爸妈妈有什么话要说吗？

生：我会告诉妈妈，以后有了新衣服，旧衣服也不能随意处理。因为，一件衣服可能会消耗大量的自然资源、人力资源，同时也会对环境造成污染。

2. 师：是啊，今天，我们通过自己的智慧与创意，做了一回环保小卫士、生态小行家，希望大家能继续用智慧的头脑和勤劳的双手去建设更生态文明的环境。

> **设计意图**：通过课后分享给身边的人的方式进行整堂课的总结，将循环利用的环保理念和意识进行升华，并由课堂延伸到学生实际生活中去。

【延伸教育活动】

师：课后，我们还可以进行一次"旧衣变变变"的活动。每个小组完成一份旧衣改造小作品，并写好小组名、作品名。每位同学完成评价表，选出自己喜欢的三件作品。最终评选出"最佳创意奖""最佳人气奖""最佳合作奖"，并在班内展示所有作品哦！

出示评价表：

"旧衣变变变"评价表	
最佳创意奖	
最佳人气奖	
最佳合作奖	

【板书设计】

"环"然"衣"新

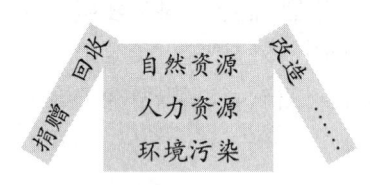

捐赠　回收　自然资源　人力资源　环境污染　改造　……

【点评】

创意活动显奇效　助力学生悟生态

徐澄怡老师执教的是一堂聚焦旧衣循环利用的主题教育课。他创设了一个贴近学生生活的情境——五年级学生奂怡妈妈网络直播卖衣服，学生在感受、思考、合作与分享的过程中提升认知，明理而行。整堂课让人印象最深的是教师设计的创意活动。

1.创意活动暖场，有效激发学生的探索欲望

在课前两分钟暖场活动中，徐老师带领学生玩起创意七巧板游戏，随后快速地用七巧板拼出了衣服的图案，自然、生动地引入了本堂课的主题。在暖场过程中，学生对本节课的主题内容产生了浓厚兴趣，有效地激发了他们的探索欲。

2.创意活动引领，理性内化旧衣与生态关系

在教学过程中，徐老师通过"评论站站队""数据来说话""盲卡猜猜猜""开丝小实验"等创意活动，让学生感受到一件衣服被制作出来会消耗大量自然资源和人力资源；通过观看视频后完成小问卷及申诉信等创意活动，用数据说话，让学生进一步感受制衣过程对环境的污染。通过诸多创意活动的引领，学生理性内化旧衣处理与生态环境相关的观念。

3.创意活动导行，助力回归生活，建立环保理念

在本节课最后，徐老师通过助力情境中主播DIY旧衣服的创意活动，引导学生讨论旧衣处理方式，学生回归生活，总结出捐赠、回收、改造等方法。徐老师的这些创意让学生在"行中学"，在"行中悟"，既懂得道理，又作为这个道理的实践者在课后将其带给自己身边的人，让他们也一起参与到这个行动中，做到了"知行合一"，不断提升学生的生态文明素养。

上海市浦东新区进才实验小学西校　邓曲萍

社交系列

  当今社会，生态文明建设日益受到重视，提升小学生的社会交往能力，尤其是与生态文明理念相结合的交往能力，显得尤为重要。社会交往与生态文明相辅相成，绿色社交促进生态意识的提升，生态文明则影响社交的质量。社交平台传递环保力量，引导绿色社交风尚。社交活动推动生态保护，助力构建和谐的社交环境。提升生态文明素养，践行绿色交往，绿色出行，是每个人的责任。

  列的五节教育课分别通过一年级疫苗接种、二年级绿色出行、三年级垃圾分类、四年级邻里相处和五年级地铁生态这五个主题展开，旨在帮助学生树立正确的社交观念，促进人与社会的和谐共生。

第26课　疫苗护苗

设计教师：上海市浦东新区张江镇中心小学　陈　双
指导教师：上海市浦东新区张江镇中心小学　秦蓉子

【活动对象】
小学一年级学生

【活动时长】
2+35分钟（2分钟预备时间）

【学情分析】
对疫苗知之不多

一年级学生在生活中听说过疫苗，并且通过家长的讲解，可能会获得一些关于疫苗的信息，但对疫苗知识的认知基础较为薄弱，经验也相对有限，只知道接种疫苗会产生疼痛，对接种疫苗有一定的恐惧和抵触。但是低年级学生并不了解接种疫苗的重要性和接种疫苗的作用，一部分家长认为低年级学生接种疫苗不是必要的，对于构建健康生态生活圈缺少一定的认识。

【主题解析】
1. 人与自然和谐共生
习近平生态文明思想中提到：要以高品质生态环境支撑高质量发展，加快推进人与自然和谐共生的现代化。生态是统一的自然系统，是相互依存、紧密联系的有机链条，生态环境保护是一项系统工程。2023年的4月25日是我国第37个"全国儿童预防接种宣传日"，其宣传主题是"主动接种疫苗，共享健康生活"。

2. 儿童健康的守护者
预防接种是切断传播途径和提高人群免疫水平的有效措施。特别是对于少年儿童可以增加免疫力，预防和降低疾病的传播，对人类战胜病毒、构建健康生态圈发挥着重要作用。

3. 共筑牢固免疫屏障
在本堂课中，通过资料探究、实践体验、小组合作等多种形式，引导学生将愿意接种疫苗的情感落实，不做旁观者、不当局外人，为尽快形成群体免疫屏障出一份力。

【活动目标】

认知目标：

1. 知道接种疫苗的作用。
2. 懂得接种疫苗可以获得个人免疫力，形成群体免疫屏障。

情感目标：

1. 感受群体免疫屏障的威力，将愿意接种疫苗的情感落实，不做旁观者、不当局外人。
2. 为尽快形成群体免疫屏障出一份力，保障生活和保持生态平衡。

行为目标：

1. 领悟接种疫苗可以获得免疫力，提高自我保护意识。
2. 尝试在接种疫苗时克服恐惧，落实愿意接种疫苗的情感。

【活动重点】

知道接种疫苗的作用。

【活动难点】

感受群体免疫屏障的威力，将愿意接种疫苗的情感落实，不做旁观者、不当局外人。

【活动准备】

多媒体课件、教具、任务单。

【2分钟暖场活动】

活动名称：表情猜猜猜

1. 师：小朋友们好，我是陈老师！我们先来分一下小组，你们是绿苗一组，请你们向我眨眨眼，绿苗二组向我挥挥手，绿苗三组向我拍拍手，绿苗四组给我点个赞。我们合作得真愉快。瞧！图片中的小朋友的表情是怎么样的呢？你觉得他们为什么会有这样的表情呢？

   生：高兴，因为他过生日了，所以很开心。

2. 师：那这幅图片中的小朋友他的表情又是怎么样的？发生了什么事情？

   生：惊讶的，他看到了很恐怖的东西。

3. 师：有可能哦，那这几幅图片中的小朋友又在什么地方干什么呢？

   生：他们在医院打针。

4. 师：你们观察得真仔细！今天老师就和大家一起了解相关知识，上课！

设计意图： 通过轻松愉快的互动，消除师生之间的陌生感，建立更加亲密的关系。通过"表情猜猜猜"，激发学生对课堂内容的兴趣，提高他们的参与度和专注力，为后续的教学做铺垫。

【活动过程】

一、疫苗作用大

播放视频1《打针》。

伴随着一阵阵的哭声。

喵喵：爸爸，那里有好几个小朋友在哭。

爸爸：喵喵，爸爸今天要带你去打针哦，快点，我们去取号！

喵喵：爸爸你看小朋友们哭得这么伤心，我才不要去打针呢！

1. 师：看到他们痛苦的表情，喵喵也好害怕呀！有没有什么好办法让她不这么害怕吗？

  生1：闭上眼睛不去看。

  生2：给她吃一颗甜甜的糖，就不害怕了。

  生3：想想开心的事情，想的时候一下子就打完针了，就感觉不到害怕了。

2. 师：听了大家的好方法，我们的喵喵也没那么害怕了。

播放视频2《什么是疫苗》。

医生阿姨：小朋友，欢迎你来接种疫苗，你的身体状况符合接种条件，请去取号接种吧。

（取号机边上有个宣传机器人）

机器人：欢迎您来接种疫苗，我是百科机器人小帅，你想了解疫苗接种的知识都可以来找我哦！

喵喵：疫苗？到底什么是疫苗呀？我们为什么要接种疫苗呢？

3. 师：小朋友们，你们能回答喵喵的问题吗？

  生1：疫苗可以保护我们的。

  生2：打了疫苗可以让我们不生病了。

播放视频3《疫苗的作用》。

爸爸： 喵喵你看，这里有疫苗百科，我们点进去看看吧！

机器人： 疫苗就是预防和控制传染病的生物制品。接种疫苗后，它可以保护人体免受传染病的侵害，或者将发病的严重程度降低。疫苗只有按时按照免疫程序进行接种，对个人才能发挥最大的保护作用。当人们接种了疫苗，就获得了对一种传染病的免疫力，疫苗覆盖率的不断提高，对人类战胜传染病发挥着重要作用。疫苗不仅可以拯救生命，还降低了因疾病引起的医疗支出和社会负担。快点我，快点我，点我答题吧！

出示小游戏：

4. 师：一支小小的疫苗能拯救生命，增强抵抗力，预防疾病，降低传染……它的作用还真大啊！喵喵又发现了什么有趣的事情呢？

播放视频4《世界上第一支疫苗的故事》。

喵喵：疫苗居然还能消灭病毒？

爸爸：这里有个魔方小故事，我们快点进去看看吧！

机器人：说到疫苗，就要追溯到18世纪欧洲所流行的一种非常可怕的疾病——天花。它如同死神的阴影，天花病患者的死亡率高达1/3，即使侥幸活下来的人，满身满脸也会布满由天花引起的水泡，留下难看的疤痕。这时，英国有一位叫詹纳的医生在乡间调查天花病情时，发现养牛场的挤奶女工没有死于天花。他观察到牛患有牛痘，局部痘疹酷似人类天花。女工为患有牛痘的病牛挤奶，其手臂部分易得牛痘，但却不得天花。他感到似乎牛痘可以帮助人类抵御天花。1796年，他为一名叫菲普斯的少年接种了痘苗，而痘苗取自一位正在患牛痘的挤奶女工。48天后，詹纳将从天花患者脓泡中提取的液体，滴在了菲普斯被手术刀划破的手臂上，菲普斯的免疫系统抵抗住了天花病毒的侵害。这就是人类历史上第一支疫苗。在联合国世界卫生组织的领导下，中国、美国、苏联全民接种牛痘，人类在1979年终于宣布消灭了第一个传染疾病天花。快点我，挑战讲故事：

出示填空题：

5. 师：听完故事，我们都知道了什么？

生1：很久以前，天花是一种可怕的<u>疾病</u>。

生2：医生发现<u>牛痘</u>可以打败天花。

生3：少年接种了牛痘疫苗，这就是人类历史上的<u>第一支疫苗</u>。

生4：全民接种，消灭了第一个传染疾病<u>天花</u>。

6. 师：牛痘疫苗真的打败了天花病毒，疫苗的威力可真大呀！

板书：疫苗的作用

7. 师：喵喵听了这个故事后，很想把它讲给周围的小朋友们听，我们一起来帮帮她吧。老师给大家准备了故事卡片，大家小组合作，一起来讲故事.

（小组合作交流，看图讲故事）

8. 师：讲得真好，一支小小的疫苗，打败了病毒。大家觉得喵喵现在愿意接种疫苗了吗？听，这时广播响了。

> **设计意图：** 通过设置喵喵在机器人小帅的介绍下了解疫苗的作用和接种疫苗的益处的情境，引导学生了解第一支疫苗的故事，知道疫苗消灭病毒的威力，形成积极接种疫苗的情感。

二、构建免疫屏障

播放视频5《免疫屏障》。

广播：请喵喵小朋友前往三号接种室接种疫苗。

喵喵：爸爸，你看前面那个小朋友也害怕接种疫苗，在哭呢，我要去告诉她！

（喵喵走上前安慰）

喵喵：别怕，疫苗是一种预防疾病的生物制品，疫苗可以保护我们让我们少生病的。

小朋友1：你们去接吧，我就不用接种啦！

小朋友2：我想接种可是医生不让。

喵喵：为什么不让你接种呀？

爸爸：小朋友生病了，或者体质很弱是不能接种的。

喵喵：那他们怎么办呢？

爸爸：我们去问问机器人吧，看这里有"免疫屏障"，我们来了解一下吧！

机器人：接种疫苗是最有效的防控措施。接种疫苗要形成免疫屏障才能发挥最大作用，接种的人越多，建立的免疫屏障越牢固；接种得越快，也就越早一天形成免疫屏障，所以大家都应该及早去接种疫苗。如果大家都抱着自己不打疫苗让别人去打疫苗的态度，免疫屏障就建立不起来。一旦有传染源传入，或者有传染源存在，发病或者流行就可能出现，影响我们的生活、工作和学习。大家应共同努力，早一天把免疫屏障建立起来。

1. 师：是呀，免疫屏障的牢固需要靠我们大家。我们用一个小游戏帮助喵喵模拟一下情境吧！一二组的小朋友贴绿圈，三四组的小朋友贴红圈。每位小朋友拿一个小人，拿到绿色的小人代表接种疫苗的小朋友贴在圈外面，拿到灰色的小人代表没有接种疫苗的小朋友贴在圈里面，贴完的小朋友回到位子跟着一起喊口令，并且自己观察两幅图片的差别。接下来请组长拿出信封卡。

　　口诀：免疫屏障转呀转，转到一组贴绿圈；
　　　　　免疫屏障转呀转，转到四组贴红圈。

（学生集体做游戏）

2. 师：同学们发现了两幅图片有什么不同吗？

　　生1：我发现第一幅图片接种疫苗的人多，形成了一个圈，构建起了免疫屏障

　　生2：第二幅图片接种的人少，没有形成保护圈，没有构建起免疫屏障。

3. 师：是呀，接种的人数越多，才能构建越强大的免疫屏障，保护更多人。

板书：构建免疫屏障

4. 师：那我们的喵喵是否准备好接种疫苗了呢？

三、疫苗护苗

播放视频6《接种疫苗》。

喵喵：我准备好了！我要接种疫苗！

医生：真是勇敢懂事的好孩子。

喵喵：哇，爸爸！原来我接种了这么多的疫苗啊，我都不记得了！

爸爸：就是因为你接种了这么多疫苗，才让你免受了这么多病毒的侵害。去问问机器人吧！

出示任务单：数字猜猜猜。

奖励音乐：跟所有的病毒说拜拜，跟所有的疫苗说嗨嗨。

数字猜猜猜

1. 百白破疫苗能抵抗（　　）种疾病？
A. 1　　　　　　B. 2　　　　　　C. 3

2. 乙肝疫苗至少能保护我们多长时间呢？（　　）
A. 30年　　　　 B. 20年　　　　 C. 10年

3. 我国的儿童预防接种宣传日是（　　）。
A. 4月20日　　 B. 4月25日　　 C. 5月20日

---

1. 师：我们都是祖国的小苗苗，大家其实和喵喵一样都接种过许多的疫苗。疫苗一直保护我们健康成长。

板书：疫苗护苗

2. 师：勇敢的喵喵接种完了疫苗，我们来体验一下她的感觉吧。

动作演绎对比：

揉揉我的小胳膊，轻轻揉一下，轻一点轻一点。

准备好，重重按下去1、2、3，停！

揉揉我的小屁股，轻轻揉一下，轻一点轻一点。

准备好，重重按下去1、2、3，停！

3. 师：刚刚1、2、3秒老师和大家一起体验了打针时的感受，请你回想一下，你能忍受这一会儿的疼痛吗？

生：能。

4. 师：你们都很勇敢，请你们想一想，接种疫苗只要疼一下，就能换来我们健康成长，值不值得？

生：值得。

5. 师：小朋友，现在你愿意接种疫苗了吗？

生：愿意。

6. 师：老师为你戴上绿苗苗。你们小组的同学愿意接种疫苗吗？为自己戴上绿苗苗，和自己的组员手牵手构建免疫屏障。

7. 师：我是病毒，我要寻找攻击对象，大家建立起了牢固的免疫屏障，我都没有办法进攻了！我伤心地溜走了。

8. 师：我们和喵喵一样都要去积极接种疫苗，为构建健康的生态环境而努力。

设计意图： 学生通过看一看、贴一贴、圈一圈、小组合作，领悟免疫屏障的作用；通过自身感受，明白虽然接种疫苗很痛，但是疫苗能保护我们很长时间，形成自愿接种的态度，践行愿接尽接的原则，为构建健康的生态环境出力。

9. 师：小朋友们，让我们在熟悉的歌曲旋律中，跳跳韵律操，一起喵喵喵，一起去打疫苗。

播放视频7《我们一起苗苗苗》：我们一起打疫苗，一起苗苗苗苗苗。在你胳膊擦点药，哎哟苗苗苗苗苗，我的心脏怦怦跳，脸上坚持着微笑，你爱我我就打苗苗苗。每天被你保护得很好，珍惜健康的每分每秒。

【延伸教育活动】

1. 发放本区域疫苗接种相关信息材料包，学生带回家，和父母一起开展学习。
2. 运用今天所学知识，向家长宣传疫苗的作用和免疫屏障的威力。
3. 学生向家长分享课后心得，为免疫屏障助一分力，构建健康生态。

【板书设计】

【点评】

三"苗"贯穿　妙趣横生

1. 喵喵是苗苗，共情点"亲"

接种疫苗是预防疾病最直接、最有效的措施之一。对于一年级小学生来说，有共同的经历才会有感而发。本节课的主人公——一年级小学生喵喵和爸爸去接种疫苗的情境设计让学生产生共情。运用身边的人和事，才会让学生感到亲切。

2. 苗苗种疫苗，着力点"小"

每个人都是自己健康的第一责任人，小学生接种疫苗就是对自己、对家人、对社会生态负责。生活素材就是学生最好的教育资源。一年级小朋友应该接种过很多疫苗，但他们其实并没有多大印象，看到自己和喵喵一样都接种那么多疫苗，心中充满安全感和信任感，形成愿意接种疫苗的情感，不做旁观者、不当局外人。

3. 疫苗护苗苗，切入点"准"

准确的切入点是一堂好课的标准。陈老师通过浸润式的情境设计，使得本堂课提纲挈领，层次分明，情节发展如行云流水般自然。机器人小帅的加入巧妙地吸引了一年级学生的注意力，配合逼真的多媒体技术，朗朗上口的行动口令，以问题诱发学生的认知冲突，让学生"心求通而未得，口欲言而不能"，始终处于跃跃欲试的积极状态。每一个情境环环相扣，有的放矢地将本节课的教育目标精准落地。

上海市浦东新区张江镇中心小学德育主任　秦蓉子

第27课 "3510"绿色出行

设计教师：上海市浦东新区顾路小学　宋海美
指导教师：上海市浦东新区顾路小学　黄　燕

【活动对象】
小学二年级学生

【活动时长】
2+35分钟（2分钟预备时间）

【学情分析】
绿色出行知多少

通过课前调查，了解到本校二年级学生坐私家车出行的情况较普遍，大部分家庭都拥有私家车，有的还拥有两辆。许多学生喜欢乘坐私家车出行，但他们不太了解汽车尾气对生态环境和人体健康造成的严重危害。大部分学生听说过绿色出行，但他们并不是很了解哪些交通方式是绿色出行，没有深入理解绿色出行对防治大气污染、加强生态文明建设的作用。学生低碳环保意识和生态文明素养有待提升。

【主题解析】
1. "绿色出行"列车已驶入我国长期规划的轨道

为倡导绿色出行，我国政府出台了《节能减排中长期规划》《新能源汽车产业发展规划（2012-2020年）》等文件，这些文件明确了我国在绿色出行方面的目标和决心，为推动绿色出行的发展提供了重要的法律和政策支持。

2. 绿色出行是推进生态文明建设的重要方面

绿色出行是指使用对环境影响较小的交通方式，如步行、骑自行车、乘坐公共交通工具等。这种出行方式有助于减少碳排放和其他污染物的排放，从而降低对环境的影响，是生态文明建设的一个重要方面。生态文明建设强调人与自然和谐共生的理念，倡导可持续发展的生活方式。推广绿色出行，可以促进人们养成环保意识和行为习惯，从而推动生态文明的建设和发展。

3. 绿色出行的践行者就是生态文明的建设者

保护生态环境是每个公民义不容辞的责任。作为未来参与国家建设的中坚力量，青少年更要从小学习绿色出行知识，懂得绿色出行对生态文明建设的重要意义，争做绿色出行理念的传播者和践行者，带动更多的人参与绿色出行，使我们的城市多一片蓝天，少一些污染，让绿色出行成为一种新时尚、新潮流。

【活动目标】

认知目标：
1. 了解汽车尾气的危害，知道尾气会破坏生态环境，影响人体健康。
2. 理解绿色出行的概念，知道"3510"绿色出行法。

情感目标：
1. 感受绿色出行的益处。
2. 树立从我做起，降低空气污染、保护生态环境的意识。

行为目标：
1. 学会使用相关软件，搜索出行路线，并能根据实际情况，选择合理的绿色出行方式。
2. 积极宣传绿色出行理念。

【活动重点】

1. 了解汽车尾气的危害。
2. 理解绿色出行的概念，知道"3510"绿色出行法。

【活动难点】

学会使用相关软件，搜索出行路线，并能根据实际情况，选择合理的绿色出行方式。

【活动准备】

1. 制作问卷，调查班级学生日常出行方式。
2. 搜集多媒体素材并加工剪辑成视频，给剧本配音。
3. 制作有关颜色分类与低碳环保方面知识的课前学习包。
4. 制作PPT及教学板贴、交通方式图片等。

【2分钟暖场活动】

一、活动1：宣布规则

师：同学们好，我是来自顾路小学的宋老师。今天我们分成6组，每组的桌上都有一张席卡和一些漂亮的绿叶小书签，当你们积极发言或安静聆听时，就会得到宋老师的大拇指，那么组长就可以在席卡上粘贴一枚小书签，获得书签最多的小组将会得到一份小礼物！

二、活动2：聆听儿歌

师：接下来，请大家一起欣赏一首动听的儿歌《最喜欢的交通工具》。

歌词：嗖嗖嗖嗖跑得快。路线上跑的有高铁、电车、地铁、蒸汽机车。在路上跑的有公交车、出租车、自行车、摩托车、救护车、警车、消防车、推土机。在海上、河上跑的有水上公交救生艇、帆船、快艇、客船、邮轮、潜水艇。在空中飞的有飞机、火箭、直升机、滑翔机、热气球和飞艇。

> **设计意图：** 宣布课堂规则，师生进行热身互动，活跃气氛，激发学生学习欲望。

【活动过程】

一、交通方式大盘点

1. 师：同学们，瞧！他们是谁呀？
   生：大头儿子、小头爸爸、围裙妈妈。

   板贴图片：大头儿子、小头爸爸、围裙妈妈

2. 师：晚饭后，大头儿子一家经常会开展亲子互动，今天的主题是和交通工具有关的猜谜游戏。

   播放音频1《猜谜语-1》。

   儿子：围裙妈妈，明天就是周末了，我想去安徒生童话乐园玩。

   妈妈：大头儿子，又到了猜谜时间了，妈妈考你四个谜语，你猜对了，妈妈就带你去。

   儿子：好呀好呀，我最喜欢猜谜语啦，围裙妈妈，你快出题吧。

   妈妈：马儿头上长双角，不喝油来不吃草。一左一右两边蹬，圆圆肚子满处跑。

3. 师：同学们，猜一猜，这是什么呀？
   生：自行车。

   板贴图片：自行车

   播放音频1《猜谜语-2》。

   妈妈：铁皮小屋四个轮，四面都有一扇窗。爸爸给它把方向，油门一踩跑得快。
   生：小轿车。

   板贴图片：小轿车

   播放音频1《猜谜语-3》。

   妈妈：两眼像铜铃，四脚圆滚滚。有上有下人来往，见了老弱把座让。
   生：公交车。

   板贴图片：公交车

   播放音频1《猜谜语-4》。

   妈妈：一条胡同地下藏，列列车厢跑道忙。先下后上秩序好，来来往往很方便。
   生：地铁。

   板贴图片：地铁

   播放音频1《猜谜语-5》：

   儿子：这可难不倒我，它们是自行车、小轿车、公交车和地铁。

4. 师：同学们和大头儿子一样猜得又快又准，真厉害。各种交通工具不仅能方便人们的出行，还能运输货物，给人们的生活带来了很多便利！

二、周末出游定计划

1. 师：如今交通工具种类越来越多，人们出行也有了更多的选择。

播放音频2《决定出游》。

妈妈：我的大头儿子真聪明，妈妈答应你去安徒生童话乐园玩啦。

儿子：哇，太棒啦！

妈妈：大头儿子，你去问问小头爸爸，我们明天怎么去？

2. 师：同学们，假如是你周末出行，你会怎么去？

板书课题：出行

生：坐家里的小轿车去！

3. 师：是的，现在上海很多家庭喜欢开车外出。请同学们猜一猜，上海每几户家庭拥有一辆小轿车？

生1：4户。

生2：3户。

4. 师：对的，大约每3户家庭拥有1辆汽车。据公安部统计，2023年上海汽车拥有量已超过5000万辆，数量非常多啊！再来听听这位同学的周末出行方式。

生：坐地铁去。

5. 师：说得真好！现在人们出行很多人首选地铁，非常便捷又准时，不用担心堵车。还有其他选择吗？

生：坐公交去。

6. 师：公交车很普遍，也是一种很常见的出行方式。

……

7. 师：看来，大家都有各自的出行习惯。像宋老师上班，有时会骑电瓶车，有时还会步行呢！

板贴图片：步行

> **设计意图**：根据二年级学生爱看动画片的特点，以热播动画片《大头儿子和小头爸爸》为原型，创设大头儿子一家计划出游的情境，并通过师生问答，了解学生日常的出行方式，导入话题，展开教学。

三、绿色出行新时尚

（一）了解导航软件

1. 师：宋老师也和大家一样好奇，小头爸爸会怎么选呢？

播放音频3《导航软件》。

爸爸：大头儿子，爸爸手机里有几款导航软件，你能找到吗？利用导航软件，就能快速地查询路线和出行方式。

出示爸爸的手机界面：

2. 师：同学们仔细看图，导航软件找一找，找到哪几个？

生：高德地图和百度地图。

3. 师：你们都很有出行经验。同学们，大头儿子一家住在川沙地区，距离安徒生童话乐园大约30公里，如果我们用百度地图搜索，点击上面的小喇叭，启用语音助手"小度"，就可以语音查询路线，我们也来跟着大头儿子一起体验一下语音问路吧！同学们，让我们把小手放在嘴边做成一个小喇叭，一会儿和大头儿子一起轻声来呼叫"小度，小度"，准备好了吗？

生：小度，小度。

"小度"：在呢，请问你要去哪里？

生：去安徒生童话乐园。

"小度"：路线规划成功。

出示路线：

> 路线1：步行，8小时。
> 路线2：骑车，2小时45分钟。
> 路线3：驾车，40分钟。
> 路线4：公交，1小时36分钟。
> 路线5：地铁，1小时。

4. 师：哇，"小度"接收到了你们的语音信号，推荐了5条路线，选择哪一条好呢？大头儿子的选择困难症又犯了，我们来帮帮他。选择路线1的请举手，说说理由；选择路线2的请举手，说说理由；选择路线3的，请举手，说说理由……

（二）出行方式的颜色分类

1. 师：同学们的判断也有所不同，看来，这可真难倒了大头儿子。

播放音频4《交通工具的分类》。

儿子：小头爸爸，这么多的出行方式，我都看晕了，还有，小头爸爸，为什么出行方式的图片颜色是不一样的呢？

爸爸：这真是一个好问题。

出示"小度"的出行方式界面：

2. 师：同学们，你们看，图片里有绿色、蓝色、橙色，通过课前学习资源包的学习，你们知道这些不同颜色的图标分别代表什么吗？

　　生：橙色代表污染最严重，排放的二氧化碳最多；绿色代表污染最少；蓝色代表有一些污染。

3. 师：同学们观察得很仔细，说得也很有道理，我们来听听小头爸爸的分析。

播放音频5《绿色出行》。

爸爸：大头儿子，出行方式是绿色的就代表它们是绿色出行方式，橙色的表示污染最严重，蓝色是介于两者之间。

儿子：小头爸爸，什么是绿色出行啊？

爸爸：首先，汽车在行驶过程中会排放尾气，造成空气污染。

儿子：汽车尾气为什么会污染空气呢？

爸爸：大头儿子，坐到爸爸身边来，在手机中输入"汽车尾气的危害"。我们来看这一条。

播放视频1《机动车尾气的污染》。

机动车尾气是机动车运行时产生的废气，其中含有较多的有害物质，包括一氧化碳、氮氧化物、碳氢化合物和固体悬浮颗粒等，是引发雾霾的主要元凶之一。机动车尾气中的二氧化碳进入大气，会导致温室效应的发生；二氧化硫会促进酸雨的形成，造成土壤和水源酸化，影响农作物和森林的生长；碳氢化合物和氮氧化物在阳光下容易生成光化学烟雾，导致城市大气污染。

那今天小卡（研究尾气污染的实验者）就要收集一点汽车尾气，放在显微镜下跟大家一起探索。可以轰油门了……汽车尾气收集完成，我马上拿回家放在显微镜下看一下啊。那我们直接放大1000倍。作为空气污染的主要来源之一呢，这个汽车尾气中含有大量的有害物质，包括一氧化碳、碳氧化物、碳氢化合物和固体悬浮颗粒等，就像我们刚刚看到的各种各样的悬浮的颗粒，都是里面的有害物质。我们直接放大到2000倍，好，现在我们看到的就是放大2000倍的汽车尾气了，好多黄色的颗粒状物质。我们再来看一下里面大块儿的物质，哎，找到一块儿大的了。有黄色的、黑色的、绿色的，各种各样的颜色的东西，简直难以想象，这居然是汽车尾气里面的东西。

4. 师：同学们，刚才的视频中提到了汽车尾气有很多危害，下列图片中，你认为属于汽车尾气污染的可以用手点击，看看会出现什么效果。谁来试试看？

　　　（生在希沃软件中点击相应的图片：雾霾、温室效应、酸雨、光化学烟雾、暴风雨。其中，暴风雨是干扰项。）

5. 师：是啊，汽车尾气既影响人体健康，又破坏生态环境，相信很多同学都闻过汽车尾气，谁来说说闻了之后有什么感受？

生：难受、呛鼻、恶心……

6. 师：同学们，在北京、上海、广州等大城市，汽车尾气尤其严重。大家猜一猜汽车排放的尾气已成为排名第几的空气污染源？现在请用手势来告诉我。（出示中国地图，凸显北上广）

（生做手势）

7. 师：手势比"1"的同学，恭喜你们答对了，但我们的心情却高兴不起来。汽车尾气问题如此严重，你有什么感想吗？

生1：我觉得汽车尾气非常的可怕。

生2：我第一次知道汽车尾气的危害原来这么多！

生3：为了环保，大家要少开车。

8. 师：汽车尾气问题日益严重，也得到了越来越多社会人士的关注。

设计意图： 二年级学生思考能力和表达能力比较有限，通过观看视频、猜一猜的方式，自然引出汽车尾气的危害，在他们头脑中初步建立减少开车出行次数的概念。

（三）绿色出行的概念

无污染是绿色出行

1. 师：生活中，我们根据对环境及人类的影响程度，用颜色对出行方式进行分类，目前在很多的导航软件中都能看到，可见人们的环保意识正在不断增强。

播放音频6《无污染就是绿色出行》。

儿子：小头爸爸，我知道了，步行和骑行不排放尾气，没有污染环境，做到无污染就是绿色出行！

爸爸：说的没错！

2. 师：同学们，什么出行方式才属于绿色出行呀？

生：不污染环境的出行方式。

补充课题板贴：绿色

板贴：无污染

低碳是绿色出行

1. 师：无污染的出行方式就是绿色出行，正如刚才导航软件图标所示。可是，有没有同学注意到公交图标也是绿色的，难道乘公交车也是绿色出行方式吗？大头儿子也有同样的疑惑呢！

播放音频7《公交车为什么是绿色出行》。

儿子：小头爸爸，公交车也产生尾气，为什么也是绿色出行呢？

爸爸：大头儿子，别急，爸爸刚才还没说完，其次，我们得比一比出行方式的碳排放量。大头儿子，将这5种出行方式的碳排放量由低到高进行排序，我们来比一比，看谁排得快。

出行方式	碳排放量	排序（从低到高）
步行	0	1
骑行	0	1
驾车	25千克/百公里	5
公交	1千克/百公里	4
地铁	0.15千克/百公里	3

2. 师：同学们，我们来帮帮大头儿子吧。

生：步行1，骑行1，地铁3，公交4，驾车5。

3. 师：同学们排得很快，看看大头儿子思考得怎么样了。

播放音频8《碳排放量比较》。

儿子：步行和骑行都是1，地铁3，公交4，驾车5。

爸爸：大头儿子真是个小机灵，排得又快又准确！

儿子：小头爸爸，知道碳排放量的多少有什么用呢？

爸爸：汽车尾气中会产生大量的碳，碳排放过多对人类的影响非常大，来看"百度百科"的这则视频！

播放视频2《什么是碳排放？》：碳排放是人类在生产经营活动过程中向外界排放二氧化碳的过程。为什么要控制碳排放？碳排放是目前被认为导致全球变暖的主要原因之一。全球变暖会使全球降水量重新分配，冰川和冻土消融，海平面上升等。不仅危害自然生态系统的平衡，还威胁人类的生存。另一方面，由于陆地温室气体排放造成大陆气温升高，与海洋温差变小，进而造成了空气流动减慢，雾霾无法短时间被吹散，造成很多城市雾霾天气增多，影响人类健康。

4. 师：同学们，老师要考考大家，碳排放是指排放什么物质的过程？你们知道碳排放过多有什么危害吗？

生1：碳排放就是排放二氧化碳的过程。

生2：碳排放过多会使全球变暖，海平面上升。

生3：会影响人类健康。

5. 师：是啊，碳排放不仅破坏生态系统，还危害人类健康。从图片中的数据来看，小轿车每行驶100公里的排碳量为25千克，公交车每行驶100公里的排碳量为1千克。相信大头儿子也明白这些道理。

播放音频9《算一算》。

儿子：小头爸爸，原来小轿车的碳排放量要比公交车高出这么多啊！

爸爸：大头儿子，爸爸再来考考你。如果你们全班40个人春游一起去安徒生童话乐园，去的时候坐公交车，回来的时候换成小轿车，我们来算算碳排放量要相差多少。

6. 师：同学们，让我们来扮演大头儿子的同班同学吧。我们全班有40人，现在假设大家坐上了一辆开往30公里外的安徒生童话乐园的公交车，请坐稳，靠紧后背，并握好扶手，准备出发啦！嘟嘟，嘟嘟……，安徒生童话乐园到啦。请看图片，1部公交车的碳排放量=1千克/百公里*30/100≈300克。

7. 师：如果我们把出行的方式改为小轿车，一辆小轿车可以载4名学生，一共需要多少辆呢？

生：10辆。

8. 师：4人一组，乘上小轿车，系上安全带，我们从安徒生童话乐园返回啦！滴滴，滴滴……安全返校。请看图片，10辆小轿车的碳排放量=25千克/百公里*30/100*10≈75000克。

播放音频10《低碳也是绿色出行》。

儿子：小头爸爸，小轿车和公交车的碳排放量居然相差了这么多，太让人吃惊了！

爸爸：公交车和地铁载客人数多，人均碳排放量就少，选择低碳的出行方式也是绿色出行。

儿子：爸爸，我懂啦！

9. 师：同学们，听完音频，你们知道什么是绿色出行了吗？

生：低碳出行的方式是绿色出行。

10. 师：是的，无污染的出行方式和低碳的出行方式都是绿色出行。

板贴：低碳

设计意图：乘公交也是绿色出行方式对于二年级的学生来说是一大难点。通过观看视频、排序，使学生感知低碳的含义，然后通过情景体验，提升学生代入感，从而理解"低碳也是绿色出行"的理念。

（四）"3510"绿色出行

1. 师：看来，绿色出行方式真不少啊！

播放音频11《"3510"》。

儿子：小头爸爸，原来路线1245都是绿色出行路线，那我们该选哪一条呀？

爸爸：那要根据实际情况了，有一条原则叫"3510"。

儿子：什么是"3510"？

妈妈：我也没听说过呢。

爸爸：别急，我来告诉你们，"3510"就是3公里内步行，5公里内骑车出行，10公里内乘坐公交。

2. 师：同学们，我们来玩个"3510"配对游戏吧。

补充课题板贴："3510"

（生在希沃软件中配对图片）

板贴：3公里 5公里 10公里

3. 师：同学们，你们知道1公里是多少距离吗？

生：1公里就是1千米。

4. 师：对的，我们的操场是200米一圈，所以1公里就是走5个操场的距离。走1公里大概需要12分钟左右的时间。我们二年级的小朋友还处于成长阶段，可以根据体能等实际情况适当调整。"3510"记忆起来很方便，我们可以根据出行距离的远近来选择出行方式，建议回家告诉爸爸妈妈哦！

播放音频12《选合理路线》。

儿子：我想选择路线5，既绿色又舒适省力。

爸爸：好嘞，明天准备出发！

5. 师：绿色出行的方式有很多，选择一条适合自己的就是合理的。

设计意图：利用"3510"口诀，给出了更具体、明确的指导，帮助学生在绿色出行的基础上选择更加合理的出行方式接轨学生实际生活。

四、绿色出行促环保

1. 师：最终大头儿子一家选择地铁这一绿色环保出行方式。瞧！他们欢欢喜喜地坐上了地铁。

播放音频13《安徒生童话乐园之行》。

儿子：地铁车厢又大又干净，我好喜欢坐地铁！

爸爸：是啊，速度又快又平稳，乘10站就到啦。

妈妈：大头儿子，你看，地铁里还有液晶电视机呢！

妈妈：原来今天是"世界无车日"，你看大家纷纷选择绿色出行呢！

播放视频3《世界无车日》：今天是9月23日，是世界无车日。许多人选择绿色出行方式，很多学生也加入这一行列中，他们步行、乘坐公交、乘坐电瓶车、骑自行车等等，既得到了锻炼，也放松了心情。绿色出行，没你不行。

2. 师：同学们，原来无车日也可以遇见另一番美好，宋老师也心驰神往。你们以后会选择怎样的方式绿色出行呢？

生1：我家离学校比较近，我现在每天步行上学，以后也会坚持。

生2：我会建议爸爸周末尽量少开车，多改乘公交和地铁。

3. 师：希望在我们同学的带动下，全家都喜欢绿色出行。让我们一起喊出绿色出行的口号——

生齐：无污低碳，绿色出行，一起参与，没你不行！

设计意图：本环节让学生跟着情境中的人物一起"走出去"，感受绿色出行带来的美好体验，激发学生在实际生活中实践绿色出行的意愿。

【延伸教育活动】

"小度低碳计划"行动

同学们,我们的语音导航助手——"小度",最近还推出了"低碳计划"活动,快来看看活动攻略!

活动时间:长期在线

活动介绍:完成活动报名,每天完成设定的相关任务,即可获得碳减排量,累计获得的减排量,根据不同量级,可解锁不同类型的成就勋章或兑换礼品。

碳减排量获得途径:完成每日任务(如,打卡、分享、公交/地铁方案规划和导航、步骑行方案规划和导航),即可获得不同量级的减排量。

(1)每天打卡——100g减排量

(2)每天分享——200g减排量

(3)方案规划——300g减排量

(4)公交/地铁、步骑行导航,以实际出行公里数核算减排量

老师已加入了这个活动中,相信越来越多的人参加,我们的城市环境一定能更生态、绿色。希望同学们也积极参与活动,获取绿色值,成为真正的绿色出行小达人!

【板书设计】

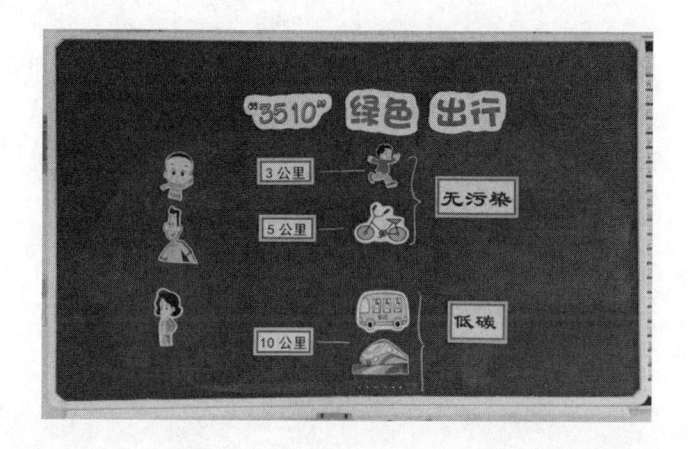

【点评】

借助媒体技术，助力绿色出行

宋老师针对二年级孩子好动、注意力集中时间短、理解能力较弱等年龄特点，创设"大头儿子一家出游"的情境，巧妙运用手机导航软件"百度地图"，设计活动体验环节，逐步渗透知识点，寓教于乐，明理导行。

1. 紧跟时代，链接生活

现代社会，手机导航软件应用广泛，为人们出行带来便利。宋老师请学生"找一找""用一用"，了解和体验导航软件的功能。全班学生用双手做"小喇叭"状，与"百度地图"软件中的"小度"语音助手对话，体验语音查路线的方法，实现知行统一。

2. 设置悬念，激趣明理

如何在课堂上导入"绿色出行"这一理念？宋老师再借"百度地图"中不同交通工具的颜色分类，巧设疑问，顺势引出绿色出行概念，通过问题驱动，在情境中帮助学生发掘问题、分析问题并解决问题。

3. 趣味活动，化解难点

对二年级学生来说，"百度地图"中的公交车也属于绿色出行是一个难点，很多学生会认为燃料驱动的交通工具不是绿色出行方式。为更好理解"低碳就是绿色出行"这一概念，宋老师激发学生好奇心，通过观看视频、排序以及情境体验游戏等，帮助学生在操练、思考、讨论中提升主动学习新事物的能力和思辨能力，在这一过程中逐步理解课堂难点。

本堂课，宋老师在引导学生寻找软件、使用软件、研究软件的过程中，帮助学生了解汽车尾气的危害，懂得"绿色出行"的概念和重要性，为今后带动更多人加入绿色出行行列，提升生态文明素养奠定基础。

上海市浦东新区顾路小学德育主任　黄　燕

第 28 课　绿色生态　志在必行

设计教师：上海市航头学校　　　　　　　戚义惟
指导教师：上海市浦东新区张江镇中心小学　秦蓉子

【活动对象】
小学三年级学生

【活动时长】
2+35分钟（2分钟预备时间）

【学情分析】
  浅知志愿者，鲜有志愿行动
  根据日常生活经验，三年级学生能充分表达自己的见解。他们对于"志愿者"这一称呼并不陌生，但很少主动深入了解，对于生态志愿者的了解更为欠缺。他们亟须榜样的引领，助力他们增强对于生态文明志愿者的了解与认同，并将生态环保志愿精神在日常生活中践行。

【主题解析】
  1. 绿色生态从行动开始
  保护生态，人人有责。《中小学德育工作指南》明确提出，要围绕认识生态文明、形成文明的自然观、形成健康文明的健康方式这三个方面开展生态文明教育，要引导学生主动参与力所能及的环境保护活动，树立尊重自然、保护自然的发展理念。
  2. 力所能及从自身做起
  随着生态环保教育与新媒体传播宣传的不断深入，生态志愿者们的行动为当今青少年们树立了榜样。生态建设需要全民参与，青少年责无旁贷，推动青少年参与志愿服务是生态文明建设的重要手段，也是青少年参与生态环保建设的重要渠道。
  3. 实践之中扩大生态环保辐射
  当代青少年开始关注周围生态环境的情况，逐渐树立生态保护意识。通过进一步在青少年中倡导生态环保意识，带动更多的青少年踊跃投身于生态建设，并通过自己力所能及的言行将生态环保理念传递给身边更多的人。

【活动目标】

认知目标：

1. 知道当今生态环境的现状，明白保护生态环境的必要性。

2. 学习榜样故事，知道他们在保护生态方面做出的努力，感受生态志愿者贴心、耐心、有恒心的志愿精神。

情感目标：

1. 初步养成主动参与环保志愿服务的意愿，能够积极宣传生态环保的理念。

2. 认同生态文明志愿者为保护生态环境付出的努力，感受到参与生态保护活动的意义与个人价值感。

3. 实践体验，亲身感受生态文明志愿者的不易以及他们贴心、耐心、有恒心的精神。

行为目标：

1. 角色代入，尝试体验生态志愿者生活工作的日常。

2. 参与活动，主动将生态保护的理念宣传给身边更多的人，并积极在日常生活中践行。

【活动重点】

学习榜样故事，知道他们在保护生态方面做出的努力，感受生态志愿者贴心、耐心、有恒心的志愿精神。

【活动难点】

初步养成主动参与环保志愿服务的意愿，能够积极宣传生态环保的理念。

【活动准备】

多媒体课件、教具。

【2分钟暖场活动】

活动名称："新闻直通车"节目热场

活动过程：

1. 师：嗨，大家好，我是红领巾电视台"新闻直通车"栏目主持人。欢迎大家来到我们节目录制的现场，我们全班将分为6个小队，请每位观众挂上自己小队的号码胸牌。大家对着镜头来打个招呼！

（观众挂上号码牌，主持人打招呼）

2. 师：开学第一播，好期待、好紧张哦。我们看个节目先导片，放松一下。

播放视频1《节目先导片》：生态环境遭受巨大破坏，有一群人为之贡献自己的力量。我们的地球怎么了？他们是谁？他们在做什么？

3. 师：今天的第一个视频给现场观众留了三个问题，哪个小队先来连线抢答？

生1：森林锐减，山顶变得光秃秃啦。

生2：他们在保护环境。

生3：他们都是志愿者。

4. 师：大家真是火眼金睛呀。观众区已经准备就绪，节目马上开始，请看大屏幕，5—4—3—2—1！

生：5—4—3—2—1！

> **设计意图**：从师生问好带入红领巾电视台节目录制现场的情境，通过片场助手和节目先导片引导学生快速融入节目热场的氛围中来，有效破冰并适应电视台节目录制的节奏。

【活动过程】

一、新闻直通车，寻先进事迹

1. 师：红领巾看世界，寻先进事迹，学先锋人物，做优秀接班人。为更好地保护绿色生态，本期节目就让我们走近这样的一群人——生态环保志愿者。"新闻直通车"在线访谈，立即出发。各位观众，"新闻直通车"来到了幸福小区，找到了本期节目的主角。他究竟是谁？请导播老师为我们切换画面，连线这位神秘人物！

板贴：绿色生态

播放视频2《牛广成采访》：小戚老师好，红领巾们好，欢迎来到幸福小区，我是一名普通的生态文明志愿者，大家都叫我"老牛"。不论严寒酷暑，刮风下雨，我每天都会在垃圾房旁监督、指导居民们垃圾分类。要说垃圾分类这事啊，小事情却有大意义。

播放弹幕。

图图的爸爸：谢谢老牛，每天早上都看到老牛，点赞！

爱穿旗袍**李阿姨：垃圾分类真烦人，湿垃圾还又脏又臭，我扔个垃圾把手都弄脏了！

~~^_^快乐de 小鱼儿：老牛真牛，向老牛同志学习。垃圾分类靠大家，健康生活你我他。

枫叶红了：点赞老牛+1。

阳光明媚美眉：送花，送花！

不爱爬楼梯的王奶奶：年纪大了，一不注意就分错，难得一次不分又能怎么样！这老牛也真是的。

我想要只冰墩墩：老牛加油，为志愿者们点赞。提高生态文明意识，创建美好绿色家园。

Smile上海happy：点赞志愿者+1。

米老鼠爱大米：我骄傲我也是一名志愿者，为改善地球的生态环境出份力，我们义不容辞。

不爱打麻将的孙二叔：穿个小马甲，做个生态志愿者多了不起似的，搞得像真的一样，应付应付就好了，又不能坚持多久的！

@_@戴眼镜的猫：坚持的人可多了，保护生态环境人人有责，我也要加入志愿者团队。

上海冬天不下雪：同意楼上的，我也要加入志愿者，老牛坚持哦！我们顶你！

2. 师：弹幕中，有肯定有赞美，但也有不支持不理解的声音。如果你是老牛，你会怎么想，怎么做？

生1：我会继续坚持自己的志愿行动！

生2：如果我是老牛，我心里会很伤心难过。

3. 师：其实面对不支持不理解，老牛也伤心也难过，那志愿者行动还干不干？

生：当然干！

> **设计意图**：通过连线老牛了解他的事迹，引导学生围绕弹幕对于老牛爱护生态的做法发表看法。从居民们充满矛盾的评论中，引出老牛面对不理解不支持的态度与做法，凸显生态环保志愿者的精神。

二、新闻直通车，学先锋人物

（一）老牛来支招，牛扑克，玩一玩

1. 师：面对居民的不理解不支持，老牛是怎么做的呢？我们赶紧连线老牛，看看老牛有什么法宝，让志愿者行动深入民心。

播放视频3《老牛的扑克》：幸福小区是个老小区，老年人比较多，我也很能理解居民们的心情和想法。关心生态环境，更主要的还是要关注居民们的这些难处，帮助他们解决问题，才能得到大家的理解和重视。我一直把这些问题放在心里，日思夜想。终于，老牛的金点子越来越多。来，大家跟我去小区老年人活动室看看——红领巾们，你们会玩扑克吗？按照花色接龙，你们就能发现其中的玄机哦。

2. 师：一副扑克还能有啥玄机呢？红领巾们，幸福小区的"牛扑克"已经送达节目现场，咱们也来玩玩。来，有请你们队拿着扑克来台上，率先玩一玩花色接龙。

（一组观众拿出扑克牌，上台花色接龙，讨论这副牌的特别之处。）

3. 师：像这样按照花色接龙，大家都会玩了吗？现在请其他小队的片场小助手也取出扑克，大家一起观察，一起讨论，这副牌有什么特别呢？

生1：每一种花色对应一种垃圾。

生2：牌上印着小提示！

生3：四种花色的颜色和垃圾桶的颜色是一样的。

4. 师：红领巾的观察很仔细，每一种花色对应一种垃圾，居民们在打扑克的时候就能轻松地记住，为老牛的金点子点个赞！看这副牌的包装盒，扫扫二维码，还能了解更多的生态环保知识！

播放音频1《老牛欲透露扑克牌玄机》：哈哈！这副牌是我特别设计的哦！我征询了很多居民的意见，老年居民特别喜欢我设计的这副牌！这可是上海市垃圾分类网红产品，大家都争着要呢！其实，设计这副牌——

5. 师：别急老牛！先让我和红领巾们猜一猜你是怎么考虑的。让我们想想老牛是出于

什么原因设计了这副牌。

  生1：老年人喜欢棋牌活动，但视力不太好。

  生2：老年人的记性不太好。

  ……

  6. 师：谢谢红领巾的巧心思，和老牛一样，只有设身处地为居民考虑才会有越来越多的金点子。我们现场直播的热度不断攀升，感谢大家的点赞和评论哦！

（二）老牛来支招，牛创意，学一学

  播放音频2《李阿姨抱怨湿垃圾问题》：你们这个生态扑克牌倒是蛮好用，我记住了很多垃圾分类的小诀窍，真是太实用了！但湿垃圾还是太脏了，每次扔垃圾都会把手弄脏，天气热的时候，那个脏水不小心倒出来，靠近垃圾桶就能闻到一股臭味，真叫人受不了！

  1. 师：李阿姨说得也是蛮有道理的，现场的红领巾们，你们有什么好点子帮帮李阿姨？

  生1：在垃圾房旁边加设一个洗水池，大家可以倒完垃圾洗个手。

  生2：在垃圾桶上面放一根木条，木条上有几个铁钉，每次倒垃圾，用铁钉钩破湿垃圾的袋子，湿垃圾就倒出来了。

  ……

  2. 师：同学们的金点子真是太妙了！为你们点赞。

（三）老牛来支招，牛科技，听一听

  1. 师：大家的金点子居然和老牛心有灵犀！看到居民有烦恼，老牛日思夜想，不断创新，请导播老师连线老牛，听听发回的现场报道！

  播放视频4《老牛科技》。

  老牛从最初摆放一个洗手桶在垃圾房门前，到设计出不会弄脏手的湿垃圾破袋器，再到带领居民自制湿垃圾倾倒桶，我和专业团队一起钻研，为居民们排忧解难。来我们小区看看吧！具有语音播报功能的智能垃圾桶、鱼草共生的循环链系统、人脸识别垃圾桶为居民自动积分，创意不断，创新不断，居民有难题，我们一起来解决！

  李阿姨：人多力量大，为居民着想才会有这么多好创意，我也要加入生态志愿者的队伍，和大家一起行动起来。

  2. 师：老牛和专业团队的金点子通过高科技为生态服务，设身处地地为居民考虑，这就是老牛的第一个法宝——

  生（齐）：贴心。

板贴：贴心

> **设计意图**：从扑克牌、湿垃圾问题、科技创新三方面层层推进，引导学生动手做、出点子、看展示。贯穿本场的弹幕互动，营造出强烈的节目录制氛围。在解决居民烦恼、感受居民态度转变的过程中，引导学生们也参与进来出出金点子，更切身地体会生态文明志愿者们为解决居民烦恼设身处地地考虑、排忧解难的贴心。

（四）老牛来献宝，劝居民，有耐心

1. 师：老牛正是用"贴心"赢得了更多"民心"。但说起来容易，做起来难啊！在他的日记里，记载着志愿者的日常工作——请片场助手取出老牛的日记，发给现场观众。请大家看看自己号码牌上的数字，分角色合作演，还原当时的场景。

第一个场景：2022年2月17日　垃圾房门口

王奶奶：这些都是湿垃圾！

老　牛：咦？湿垃圾里还有餐巾纸？

王奶奶：怎么了！我没记清楚，不小心扔错！

老　牛：没关系！没关系！我们一起记清楚！

第二个场景：2022年2月17日　王奶奶家门口

王奶奶：怎么又是他？早上垃圾没分好，来找我麻烦？

老　牛：我把口诀印成海报，想来帮帮您！帮帮您！

王奶奶：不想听他烦！我就不出声，假装不在家！

老　牛：王奶奶不在家，这事还得慢慢来！慢慢来！

第三个场景：2022年2月20日　垃圾房门口

李阿姨：王奶奶！老牛编的口诀，很好用！您听我说——

王奶奶：你们生态志愿者，总盯着垃圾分类！我不行！我不行！

2. 师：现在我们有请观众演员上场，王奶奶就位！老牛就位！李阿姨就位！其他观众一起来读旁白！Action！

（观众根据老牛工作日志现场演绎）

3. 师：掌声送给你们！一次又一次，王奶奶可真难说服啊！老牛放弃了吗，李阿姨放弃了吗，我们红领巾志愿者要放弃吗？那该怎么劝，就看你们的了！我们再接再厉，继续劝说。

生1：王奶奶，我们生态志愿者是为了更美好的生态环境！你也能够通过自己的小举动来保护生态！

生2：我们生态志愿者希望能够从小事做起，把保护生态的理念和做法传递给更多的人！

4. 师：我想现场采访一下，红领巾志愿者们，你们觉得志愿者的工作怎么样？在劝说居民时，志愿者要怎么做？

生1：要注意语气和态度。

生2：面对老人，我们要有耐心。

5. 师：正如老牛和生态志愿者们面对困难、面对挫折时说的那几句"没关系！没关系！慢慢来！慢慢来！一定行！一定行！"，红领巾们充满真情的一字一句打动了王奶奶，了不起！从你们身上，我也感受到了劝说居民时要有——

生（齐）：耐心！

（板贴：耐心）

6. 师：这也是老牛和所有生态志愿者的第二个法宝！

设计意图： 通过对老牛工作日志的合作演绎，学生感受到生态文明志愿者在为保护绿色生态劝说人们时的不容易。当学生也参与进来成为一名小志愿者进行劝说时，可以体会到劝说要注意语气和态度，要充满真情，从而深入地领悟生态文明志愿者的无限耐心。

（五）老牛不放弃，读邮件，赞恒心

1. 师：红领巾们，此时此刻我们的电视栏目组收到一封神秘邮件！

> 播放视频5《神秘邮件》。
> 亲爱的伙伴：
> 　　牛广成开始是一个人做志愿者，后来带动了我们一家人，如今已经成立了专业团队。他从不计较在时间、金钱上的付出，他和团队定车定人定时，连续7年为街道义务进行有害垃圾的挑拣分类和清运。他常说"做志愿者不难，难在坚持做"，我们会向他学习，保护我们的生态环境！
> 　　　　　　　　　　　　　　　　　　　　　　　　——一位"幸福小区"居民

2. 师：这封信不长，但字里行间却是幸福小区的全体居民的心声。这封信里哪句话也打动了你？你感受到了什么？

　　生1：老牛从一个人，带动了家人和更多身边人，真不容易，真了不起！

　　生2：做志愿者不难，难在坚持做，他坚持了七年，让我敬佩！

3. 师：是啊，生态环境的改变需要我们持之以恒的志愿行动，"做志愿者不难，难在坚持做"。老牛的第三件法宝就是——

　　生（齐）：恒心！

　　　　　　　　　　　　　　　　　　　　　　　　　　　　　　　板贴：恒心

4. 师：老牛——牛广成，就是最美生态志愿者，正是用这份贴心、耐心和恒心，使居民们从不理解、不支持到现如今愿意写信来宣传老牛的事迹，并一起加入了生态志愿者的队伍！

设计意图： 这份神秘邮件帮助学生对生态志愿者们坚持不懈的付出有了更深刻的认识——老牛通过身体力行的坚持得到越来越多的理解，生态文明志愿者的队伍也随之壮大，保护生态环境的力量也愈发强大，而这背后是个人和团队日复一日的坚持与努力。

三、新闻直通车，做优秀接班人

1. 师：在你身边有没有这样的生态环保志愿者呢？谁来宣传他们的事迹？你从他们身上感受到什么精神？请各个小队交流，并向我们栏目组推送一个精选事迹。

　　生1：我在校门口的花坛边经常看到一个同学和他的妈妈随手捡垃圾，我觉得他们了不起，不怕脏不怕累，并且能够坚持做！

　　生2：我们小区里也有保护绿化和花坛的志愿者，他们自发地给居民们科普绿植知

识，提醒大家不要践踏草坪抄近道，我感到他们为了保护生态环境默默付出了很多！

2.师：感受到了你的支持！让我们一起加入红领巾志愿者的队伍吧！最近，有一条视频上了热搜。这位红领巾是我们身边的生态环保志愿者。瞧——

播放视频6《三灶学校红领巾榜样》：他弯腰低头的姿态真帅！上海中学生在路边捡别人乱扔的垃圾。就算手中的垃圾都快拿不下了，他也一直捧在手里，将垃圾悉数放进路边的垃圾桶内。原来他是来自三灶学校的柏小同学，他捡垃圾已经有一阵子了，他说："垃圾分类，人人有责。"他是我们的红领巾榜样。

3.师：他为了保护绿色生态坚持做什么？

生：柏小同学每天上学放学路上都捡垃圾。

4.师：接过老牛的接力棒，我们的红领巾志愿者在行动！有你，有我，有大家！其实志愿行动不在大小，但要从现在做起，从身边做起。三心齐聚，坚持不懈，保护绿色生态，我们志在必行！今天的节目就到这里，我们下次——再见。

板贴：志在必行

播放视频7《节目彩蛋》：此片谨献给为保护绿色生态的志愿者们，十几年如一日的无私奉献，也感谢红领巾志愿者们的贴心、耐心和恒心，愿我们的行动能够守护美丽家园……

> **设计意图**：通过小组讨论，引导学生寻找我们身边的生态文明志愿者。以身边的红领巾志愿者为榜样，促进学生们对于生态文明志愿者可贵精神的认同与学习，激发学生对于共同为保护生态环境贡献出自身力量的决心，并积极践行于日常生活中。

【延伸教育活动】

借助社区或学校平台，邀请牛广成爷爷现身宣讲，鼓励学生们在生活的点点滴滴中践行保护生态环境的行为。

【板书设计】

绿色生态 志在必行

贴心
耐心　恒心

【点评】

创新课堂情境　促进情理共鸣

一、巧设情境，玩出新花样

本课的情境创设是一大亮点，戚老师摇身一变成为红领巾电视台"新闻直通车"栏目主持人，学生也化身观众一同参与节目录制。将课堂转换成电视台节目录制现场，这一情境的创设激起所有学生的好奇心，营造一种积极、愉快的学习氛围，显著提升学生课程的参与度与专注度。

二、注重用语，浸润大体验

将牛广成"老牛"这一社会上的最美生态环保志愿者作为本次电视台采访的人物主角，围绕老牛的各项事迹彰显生态文明志愿者的贴心、耐心和恒心。在整个教学活动中，戚老师充分利用自己与学生之间的身份转换，始终将学生的认知和情感紧紧吸引，师生之间的答题问辩、合作互动始终浸润于一个良好和谐的氛围中，使得整堂课更具直观化、形象化的特点，达到了震撼人心的教学效果。

三、丰富活动，宣传共助力

戚老师引导学生随着电视镜头逐层深入了解生态文明志愿者的事迹的同时，通过弹幕、采访、现场连线、情景演绎等多种活动形式营造浓厚的录制氛围。在特定氛围下产生的心理移情作用，就会引导学生拥有更强的加入生态文明志愿者队伍中的意识，为保护绿色生态献出自己的一份力，并通过自己力所能及的言行将生态保护的理念宣传给身边更多的人。

上海市浦东新区张江镇中心小学副校长　秦蓉子

第 29 课　楼道变形计

设计教师： 上海市浦东新区临港明珠小学　叶子杰
指导教师： 上海市浦东新区泥城小学　　　董　英

【活动对象】
小学四年级学生

【活动时长】
2+35分钟（2分钟预备时间）

【学情分析】
人际交往中的新需求

在与学生日常相处中发现，四年级的孩子越来越有主见，沟通表达能力也越来越强，与他人相处交流的范围也更广了。孩子们平日里不再局限于学校与家两点一线，已经逐渐参与到社区生态、社会生态中。在这一转变过程中，学生们除了要面对陌生的环境，也要与陌生的人接触合作，交流沟通。但如何与人友好相处、更有技巧地与人沟通，维护人际关系，以及创建和谐温馨的社区生态，学生仍需要去学习与体会。

【主题解析】

1. 生态文明新时代

生态文明是以人与自然、人与人、人与社会和谐共处、良性循环、全面发展、可持续繁荣为基本宗旨的社会形态。在二十大报告中也明确指出，在习近平生态文明思想科学指引下，我们坚持"绿水青山就是金山银山"的理念，把"美丽中国"纳入社会主义现代化强国目标，把"生态文明建设"纳入"五位一体"总体布局，把"人与自然和谐共生"纳入新时代坚持和发展中国特色社会主义基本方略。而在上海，全国文明城区创建工作已成为实现第十四个五年规划和2035年远景目标的重要支撑，成为上海践行"人民城市人民建、人民城市为人民"理念的生动载体。

2. 和谐社区新要求

在日常生活中，社区的楼道生态环境与居民最息息相关，最能体现人情百态。所以选择离学生生活最近的楼道生态环境作为主题，更能以小见大地展现和谐生态的重要性。在人民生活水平不断提高的当下，楼道内环境的优化已经逐步得到重视与改善，而主要矛盾则体现在邻里间的相处沟通中。比如在日常生活中，邻里间因一些小事引起矛盾，例如噪声的干扰、漏水问题等。而在解决这些矛盾的过程中，积极解决的态度尤为重要，友善的沟通方式是形成楼道内和谐生态、促进生态文明的有力保障。

3. "双向奔赴"新态度

本课希望借助解决楼道里的生态问题，让学生感受人与人和谐相处的重要性，作为和谐生态中的一员，要积极主动地维护和谐的生态，让人与人之间的相处形成双向奔赴的积极状态。

【活动目标】

认知目标：

1. 明白楼道内要保持干净整洁的环境。
2. 懂得积极维护楼道里和谐的邻里关系。

情感目标：

1. 体会温馨的楼道氛围能提高居住的舒适度与幸福度。
2. 感受邻里间和谐相处的重要性。

行为目标：

1. 学会积极主动地维护楼道环境。
2. 尝试更多的邻里互动。
3. 运用合理的方法解决邻里间的矛盾。

【活动重点】

1. 明白楼道内要保持干净整洁的环境，尝试主动维护楼道内的环境。
2. 懂得积极维护楼道里和谐的邻里关系，学会与邻里们和谐相处的方法。

【活动难点】

体会温馨的楼道氛围能提高居住的舒适度与幸福感，并尝试解决邻里间的相处矛盾。

【活动准备】

1. 收集邻里楼道矛盾案例，设计情景剧。
2. 根据剧本配音，并加工剪辑。
3. 设计楼道相关的活动资料包和材料包。
4. 下载音乐伴奏，创编歌曲。

【2分钟暖场活动】

活动名称：神话人物来演绎

1. 师：这几样宝物你们都认识它吗？

生1：是金箍棒的卡片！

生2：是哪吒的风火轮！

2. 师：你能用一两句话，或者一个动作，把它们主人的特点演出来吗？

（生演一演）

> **设计意图**：通过认识西游记主要人物的武器，引出活动中有关西游的情境。借助神话故事中的人物形象提升课堂气氛，拉近教师与学生的距离。同时"演一演"的活动为后续的演绎环节做铺垫。

【活动过程】

一、楼道安全与洁净，齐心协力来整改

（一）楼道巡查找问题

1. 师：今天，有一位神秘来客想跟我们探讨一下有关"楼道"的话题。听，谁来了？

播放音频1《评比最美楼道》。

唐僧：取经归来后，贫僧就被聘为这和谐楼的楼长，跟两个徒儿和几位大仙成了邻居。最近，天庭要评"最美楼道"，我们和谐楼却被通知评审不合格！真不知道是哪里出了问题。

土地公：莫急莫急，我们一起去楼道里转转，看看哪里需要改进改进！

唐僧：那就请诸位邻居一同检查。

2. 师：他们的楼道为什么评不上最美楼道呢？我们一起去瞧瞧！

播放视频1《楼道巡查》。

（示图一楼）

土地爷：唐长老我们一楼勤于整理，一直挺整洁。

（示图二楼）

土地爷：哎哟，这谁扔的香蕉皮！老夫我差点滑倒。

八戒：嘿嘿，是我，昨天吃的，忘记了。

唐僧：我这两位徒儿实在不像话！

（示图三楼）

唐僧：瞧瞧仙女们的楼道多整洁！

（示图四楼）

土地爷：这哪吒跟小龙王还挺爱干净哦。

唐僧：转悠了一圈，邻居们你们说，问题出在哪儿呢？

3. 师：同学们，请说说你们的看法。

生1：八戒的楼道环境很脏，墙面上都是小广告。

生2：八戒乱扔香蕉皮，这种行为不文明，肯定评不上。

生3：孙悟空跟猪八戒的二楼堆了太多杂物了，如果发生火灾，会有生命危险！

4. 师：是呀，楼道不仅是过道，更是生命通道！在生活中，你们遇到过这样的情景吗？

生1：我遇到过，隔壁邻居喜欢把垃圾堆放在楼道里，味道很大！

生2：我们楼上的邻居也在楼道里堆了很多的纸板，有时候还要堆到我们这层！

5.师：看来脏乱的楼道环境，不仅破坏楼道生态，也存在安全隐患，让人心情郁闷。

板贴：楼道示意图

（二）仙女楼道学维护

播放音频2《仙女传授妙法》。

土地公：这二楼的环境，太不整洁了。

仙女：是呀是呀，堆积的杂物不仅堵住了安全通道，看着心情都变差了！

悟空：捉妖怪我拿手，整理楼道嘛……额……

八戒：这些杂物堆在家里不方便，可丢了多可惜呀！

仙女：大圣，八戒，我们三楼有妙招。我们经常对楼道进行大扫除，擦去灰尘撕掉小广告，家里不用的杂物及时处理。楼道里还用绿植来装扮。这样整洁又安全的楼道，我们住着可舒心啦！

唐僧：两位徒儿可有收获？

师：这样的楼道有什么不同？

生1：楼道没有垃圾和杂物，十分整洁。

生2：楼道内要保持干净，这样看了也舒服。

悟空：精心布置的楼道果然让俺老孙大开眼界！

八戒：要我说，猴哥咱俩应该先学着把楼道收拾整洁，让我们楼道大变样！

板贴：勤维护、保安全

（三）齐心协力来整改

1.师：同学们，让我们一起来参与他们的楼道变形计！请看大屏幕，瞧瞧这个楼道存在什么问题。你能借助左边的工具来解决吗？

（学生上台借助希沃白板解决楼道内的问题）

2.师：经过改造，楼道变得整洁起来。再请一位同学来尝试为楼道美化装扮！

（学生上台根据材料为楼层进行打扫装扮）

3.师：这一回，最美楼道的称号应该是十拿九稳了！

设计意图： 选择日常生活中常见的楼道环境问题融入情境之中，通过第一次"未通过最美楼道评比"引导学生发现不干净整洁的楼道环境让居住环境变得恶劣而不安全。借助多媒体技术在课堂中当场试验改造，提升课堂趣味的同时加深学生印象，促进导行目标的落实。

二、友善交流解烦忧，邻里和谐情相融

（一）申请受阻找缘由

播放音频3《申请又受阻》。

唐僧：两位徒儿孺子可教！贫僧这就重新申请评选"最美楼道"！

土地爷：这一回肯定万无一失！

（出示再一次不通过的画面）

悟空：欺人太甚！俺老孙要去南天门找人评理去！

土地爷：大圣莫冲动，其中定有隐情，待老夫与唐长老前去了解缘由！

唐僧：邻居们，贫僧带回了事情的原委，你们看！

播放视频2《邻里矛盾成阻碍》。

龙王三太子：哪吒！大半夜的唱歌吵死了，有没有点素质！

哪吒：小爷我没素质？你家的阳台漏水到我家，催你解决你视而不见的时候可没有这么理直气壮啊！

龙王三太子：那是你敲开门就骂！你这嚣张的态度，就是来吵架的！

哪吒：好！好！好！那你也不要来找我！

1. 师：你看懂了吗？为什么没有通过"最美楼道"的评审？

　　生1：因为住在四楼的哪吒与小龙王有矛盾，邻里关系很差。

　　生2：哪吒跟小龙王经常吵架，影响了邻居，但是他们不去解决问题。

　　生3：他们两个沟通很不文明，一点都不友善。

2. 师：看来，楼道环境再好，邻里间不和谐相处，也不能算是"最美楼道"！那么，是什么让他们产生矛盾呢？

　　生1：哪吒大半夜吵闹打扰邻居休息，导致他们有了矛盾。

　　生2：小龙王家的水漏到了哪吒家，所以哪吒生气了，但哪吒很凶，开门就骂！会激化矛盾。

3. 师：我们很多同学也都住在小区里，那你们遇到过邻里纠纷吗？

　　生1：有的，楼下的邻居嫌我晚上弹钢琴太晚，跟我家闹过矛盾。

　　生2：我家隔壁邻居在过道堆杂物，我们去找过他们，但他们不理不睬。

　　生3：我家隔壁的邻居养的小狗经常在楼道里上厕所！我爸爸去劝他们，他们管了几次又老样子了。

4. 师：发生冲突时，你的心情是怎样的？

　　生1：心情比较郁闷。

　　生2：很气愤。

5. 师：后来邻里关系怎样呢？

　　生1：关系一直不太好，互相不多交流。

　　生2：就跟陌生人差不多，不打招呼。

6. 师：看来，邻里间难免会有些摩擦啊！而这些矛盾解决不好，不仅让人心情郁闷，也让邻里关系变得紧张，这楼道生态自然不和谐了！

（二）解决矛盾有妙招

播放音频4《八戒土地爷授妙招》。

土地爷：你们的楼层环境不错，怎么邻里之间相处是这样的呢？

哪吒：我确实不知道怎么跟他相处！

八戒：这事儿老猪我有经验！我与猴哥亲如一家，让你们瞧瞧我老猪的妙招。

播放视频3《八戒的妙招》。

八戒：每天一大早，我只要见到猴哥就跑过去跟他打招呼，聊聊身边的趣事！

八戒：有一次我家也漏水到猴哥家，猴哥生我气，老猪我还是跑到他面前，笑嘻嘻地跟他道歉。师傅作为楼长也来帮我们调解，然后顺利地解决了问题。

土地爷：老夫也来分享几招，我与唐长老住在一楼。我们常常互相关照，他帮我拿快递，我给他顺道带点东西。平日里也多多注意自己有没有做得不妥的地方。一来一回，我们现在是最好的朋友啦！

1. 师：八戒跟土地爷的妙招，你看懂了吗？

　　生1：八戒很聪明，会主动打招呼联络感情。

　　生2：哪怕有矛盾了，八戒主动跟悟空打招呼道歉，这样感情恢复会比较快。

　　生3：土地爷跟唐僧两人经常互相帮助，这样感情就更深厚了。

2. 师：看来，积极友善地交流能够帮助我们化解矛盾。规范自身行为的同时给予邻居更多的体谅，能让邻里相处时更为和谐！

哪吒：方法听着不错，不知道真的管用吗？

板贴：善交流、乐帮助

（三）化解矛盾亲尝试

1. 师：看来哪吒还有所犹豫。同学们刚才提出的问题也可能在和谐楼里出现过。让我们借助"演一演"的活动先来尝试，看看用这些方法能不能化解生活中常见的楼道矛盾。请一位同学来读一读要求。

出示活动要求：

（1）组内针对矛盾讨论解决方法，依照情境卡片的要求进行演绎展示。

（2）演员声音响亮清晰，观众安静有序。

（3）当演绎出现困境时，可以向老师进行求助。

（4）准备时间3分钟，当音乐结束时，开始演绎。

（随机抽两组学生代表上台演绎）

2. 师：同学们的演绎很精彩，让我们也感受到了，邻里间多一份包容理解，多一些自我约束，多一些友善交流，楼道生态就会更为和谐温馨。

播放音频5《修复关系》。

龙王三太子：哪吒，土地爷跟八戒说得在理，小龙我先跟你赔个不是。以后的日子我们学着更好地相处！

哪吒：被你说得怪不好意思，我以后聚会也会挑选合适的时间！

随机板书

> **设计意图：** 通过将常见的邻里矛盾融入情境中，引发学生对于楼道生态文明的再思考，学生结合日常经验，体会邻里间友善和谐相处的重要性。借助"演一演"的活动，学生将学到的妙招加以尝试，进行方法的迁移。

三、楼道歌曲齐撰写，和谐生态美名扬

播放音频6《再次申请"最美楼道"》。

土地公：这画面，看着多么动人暖心！唐长老，我们这不是"最美楼道"还能是谁！

唐僧：邻居们，贫僧想将今天的所得撰写成我们和谐楼的楼道歌曲，将楼道内和谐生态的内容传唱出去！

悟空：师傅妙计！让俺老孙将它汇成一首rap！再邀请那天上与人间的朋友们传唱助力！

1. 师：让我们先来听一听！

播放音频7《楼道rap》。

哟！哟！切克闹！

勤维护，多装扮。

保安全，要规范。

善交流，情常在。

乐帮助，成伙伴。

2. 师：小组内讨论一下，尝试用乐器给rap配上节拍。

播放音频8《成功申请"最美楼道"》。

唐僧：贫僧这就再去申请！

八戒：师傅你瞧！我们和谐楼的申请通过了！还邀请我们参加颁奖大会呢！

悟空：我们和谐楼的楼道变形计，大获成功！

板贴：楼道变形计

（学生用乐器配乐，齐唱歌曲）

3. 师：其实不仅仅是楼道，我们的社区、学校，乃至整个城市的生态文明中，和谐的人际关系、美丽安全的生活环境一直是我们所追求的。而在追求的过程中，从自身做起，积极地沟通，互帮互助，学会宽容与谅解，让双向奔赴成为常态，一定能让我们的生活环境更和谐！

播放视频4《双向奔赴》：视频呈现双向奔赴的两个人，让破裂的关系修复。

> **设计意图**：最后，借助歌曲传唱提升立意，使学生明白这些好方法不仅限于楼道生态中，在任何环境下都应追求干净美丽、文明友善的和谐生态。同时rap的形式也将课堂气氛推向高潮，加深学生印象。

【延伸教育活动】

美丽楼道我设计：为自家楼道做设计，班级里一起评一评。

【板书设计】

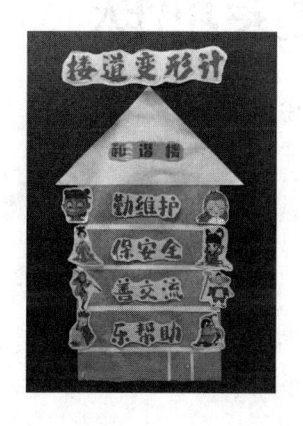

【点评】

以"新"选题,以"适"导行

叶老师借助《楼道变形计》这节课,让孩子们认识到整洁安全的楼道环境与友善和谐的邻里关系对于楼道生态的重要性,促进学生积极主动地参与到楼道内和谐生态的创建当中去。课的选题新颖,结合楼道生态和名著《西游记》元素,以学生们喜爱的方式进行良好生态意识和行为的引领。

一、主题解析明确,匠心独妙

这堂主题教育课选择以"楼道生态"作为主题十分新颖,角度独特。"楼道生态"这一主题指向什么?聚焦哪里?该怎么做?课堂利用多元形式和丰富内容一一诠释,并将小主题与大主题——生态文明教育之间的关系讲清且讲透。这节课着重以楼道内如何处理好邻里关系,以及保持楼道内整洁安全的环境作为发力点,主题解析十分明晰。叶老师借助《西游记》神话人物的故事,巧妙创设"和谐楼"评比"最美楼道"的情境,借助小游戏、演一演、唱rap等活动,带领孩子们体会楼道内保持整洁安全的重要性,感受邻里间友善相处能促进楼道生态的和谐,让双向奔赴成为常态。

二、目标指向导行,言传身教

主题教育课的最终目的是要解决学生现实生活中可能碰到的种种问题,并教会学生碰到类似的情况以后该怎么做。所以本堂课的内容是非常靠近、贴近、走近学生的。在课的环节设计中,叶老师通过不同的方式联系学生的实际生活,真实生动。他借助"天庭楼道评比大会"作为情境的背景,引导学生跟着情境人物一起探寻评比失败的原因,将和谐生态的理念藏在其中。在整个情境逻辑自洽、合情合理的同时,又能牢牢吸引住学生的眼球,极大地提高了学生的参与度,并通过情境演绎让学生当堂操练,让导行的目标有效达成。

上海市浦东新区泥城小学副校长　董　英

第30课 最美地铁

设计教师：上海市浦东新区辅读学校　顾小红
指导教师：上海市浦东新区辅读学校　王　剑

【活动对象】
小学五年级学生

【活动时长】
2+35分钟（2分钟预备时间）

【学情分析】
关注地铁环境设施，忽视地铁生态文明

作为生活在上海这座现代化大都市的五年级学生来说，他们都有乘坐地铁的经验，认为地铁是一种方便、快捷的交通方式。同时，通过前期满意度调查发现，五年级的学生对地铁环境也有一定的关注，包括地铁内的卫生情况、设施设备、工作人员等方方面面，已具有一定的生活经验。但也注意到大部分学生都忽略了良好秩序、人际沟通这些构成地铁人文生态的元素。

【主题解析】
1. **实践活动，感受地铁的方便快捷**

社会生活中，上海地铁线路不断增多，乘客乘坐地铁可以到达上海的各个角落，学生在实践活动中感受地铁出行的方便与快捷。

2. **美美与共，营造和谐的地铁生态**

上海作为一座超大型的国际化都市，四通八达的轨道交通是城市的血管。五年级学生即将进入中学学习，在感受地铁越来越便捷的同时，也应具备生态观，关注地铁设计中所蕴含的"以人为本"的理念。此外，遵守秩序可以使地铁环境更加有序，人与人之间互相体谅、互相帮助可以营造更加和谐的地铁生态环境。公共空间只有每位乘客做到"各美其美，美人之美"，才能实现"美美与共"。

【活动目标】
认知目标：
1. 知道地铁建设遵循"以人为本"的理念，在设计时考虑各类人群的需求。

2. 懂得营造有序、和谐的地铁环境需要我们每个人付出行动。

情感目标：
1. 领悟人人遵守公共秩序、爱护公共环境，地铁环境会更加和谐美丽。
2. 体会地铁里人与人之间的和谐、互助是营造美好环境的重要因素。

行为目标：
1. 坚持从我做起，遵守秩序，共同营造有序、和谐的地铁环境。
2. 愿意将保护地铁生态的行动与意识传递给更多的人。

【活动重点】
知道地铁建设遵循"以人为本"的理念，在设计时考虑各类人群的需求。

【活动难点】
体会地铁里人与人之间的和谐、互助是营造美好环境的重要因素。

【活动准备】
课件、视频、平板等教学用具。

【2分钟暖场活动】
活动名称：地铁生态之美

播放视频1《上海地铁发展历程》。

1. 师：从前面的视频中我们简单了解了上海地铁的发展历程，不同线路的地铁颜色是不一样的。下面我们以小组为单位来玩一个游戏，我说线路，你们说颜色。Ready？

  生：Go！

  师：7号线——

  生：橙色。

  师：2号线——

  生：绿色。

  师：10号线——

  生：紫色。

  ……

2. 师：刚刚各小组配合很完美，今天我们就按照1、2、3、4、5、6的顺序分组，请左边这个位子的同学担任本组组长。已经明确组长身份的同学请举手，好，谢谢大家的配合。

> **设计意图：** 利用游戏激活学生日常生活中乘坐地铁的记忆，调动他们对本节课的学习兴趣，让他们对课堂的教学充满新奇感。

【活动过程】

一、最美地铁——设计美

1. 师："草长莺飞二月天，拂堤杨柳醉春烟。儿童散学归来早，忙趁东风放纸鸢。"兰兰的伙伴们这周组织了假日小队活动，他们要去地铁博物馆。咦？兰兰怎么愁眉苦脸的？

播放音频1《出游》。

兰兰：妈妈，妈妈，我要和同学们一起去地铁博物馆！

兰兰妈妈：哎呀，谁叫你上周在楼下玩的时候不注意安全，现在腿都骨折了，还怎么出去？

兰兰：我坐轮椅去。小红说了，她可以把她奶奶的轮椅借给我。

兰兰妈妈：就算有轮椅也不方便。我们家里没车，你坐轮椅怎么去呢？

兰兰：我听小红说，她奶奶平时坐轮椅出门乘地铁，非常方便。

2. 师：兰兰和妈妈各执一词，同学们，你们觉得坐轮椅乘地铁方便吗？

生1：方便，因为地铁不像公交车有一个台阶，可以直接上。

生2：方便，因为地铁里有无障碍通道，可以直接从地面到地下乘地铁。

3. 师：同学们说到了地铁为轮椅出行的人设计了无障碍设施，那出行体验到底如何？看，小红把奶奶的轮椅借给了受伤的兰兰，妈妈推着兰兰来到了地铁闸机口——

播放音频2《无障碍设施》。

兰兰：妈妈，这个闸机口我们好像进不去，怎么办？

地铁工作人员：小朋友，你好，坐轮椅的乘客可以走旁边的宽幅闸机口。

妈妈：谢谢告知！我本来以为带着坐轮椅的孩子乘坐地铁会很麻烦，没想到设计师考虑这么周到。

地铁工作人员：是的，设计人员考虑到了各种人群的需求。

兰兰：妈妈，平时我们都是匆匆忙忙的，还真没注意过这些无障碍设施呢。

4. 师：同学们，你们见过地铁里还有哪些为坐轮椅的乘客提供便利的设施设备呢？

生1：无障碍电梯、无障碍斜坡。

生2：老弱病残孕专座。

5. 师：让我们跟着兰兰和妈妈一起去看一看！

播放视频2《无障碍设施集锦》。

6. 师：地铁里的这些专用设施为坐轮椅的乘客出行带来了极大的方便和舒适。同学们，除了坐轮椅的乘客，地铁里还会有哪些特殊乘客呢？

生：盲人、孕妇、老年人、残疾人……

播放音频3《特殊人群》：妈妈，我看到那边还有盲人叔叔和抱小宝宝的阿姨，他们乘地铁会不会也很麻烦呀？

7. 师：你们观察得很仔细，这些特殊的人群乘坐地铁需要哪些配套的设施设备呢？请你们来帮兰兰完成拼图。

（学生在希沃上完成拼图）

8. 师：细节体现温度，从乘客需要的需求出发设计配套设施真正做到了"以人为本"，打造了美丽、舒适的地铁环境。怪不得小红推荐兰兰坐着轮椅乘地铁去地铁博物馆呢！

板贴：设计理念：以人为本

> **设计意图：** 创设情境，从出行不便的人群需求出发，使学生感受到地铁在设计建设上的以人为本及绿色环保理念。

二、最美地铁——秩序美

1. 师：通过宽幅闸机口，乘坐无障碍电梯，兰兰和妈妈来到了候车处。

播放音频4《候车》。

"地铁即将到站，下一站地铁博物馆。"

兰兰：妈妈，你别着急，上车要排队。你看地上写着"排队候车，先下后上"，还有这里有箭头，是下车的方向，我们上车的乘客要排到两边。

妈妈：哦哟，小孩子懂什么？这么多人啊！推着轮椅上车太慢了，等下万一上不了车，我们还要再等一辆。

2. 师：同学们，兰兰妈妈等候的位置对吗？请大家举手表决。

（学生举手表决）

3. 师：为什么不对？

生1：轮椅堵着门，容易造成上下车的拥挤。

生2：兰兰在下车处容易被乘客撞到而受伤。

4. 师：你们说得好像都挺有道理的，让我们模拟情景再现。教室前面的过道就是我们的地铁站台，左侧是地铁车厢，右侧是等候区域。表演需要12位演员，请各组推选2位代表上台。我需要3位"着急上车的乘客"，4位"慌乱下车的乘客"，1位"维护秩序的工作人员"，2位扮演兰兰和妈妈，最后2位扮演"地铁车门"。请各位演员根据角色拿取道具，做好准备。其余同学做观察员，仔细观察一下这个小小车门一开一合之间发生的故事。我们的表演即将开始——3、2、1，Action！

（师生第一次演绎地铁上下车，不遵守秩序引发混乱）

5. 师：我来采访一位下车的乘客，请问你有什么感受？

生：特别拥挤，我的脚都被人踩了。

6. 师：我来采访一下地铁站内的工作人员，请问你刚才忙着做什么？

生：我在维持秩序，提醒大家先下后上，但没什么用。

7. 师：我再来采访现场观察员，请你用一个词评价刚才的地铁场景。

生：混乱。

8. 师：混乱的秩序既容易发生安全事故，又浪费地铁内人力资源，工作人员努力维持秩序却效果一般。你们觉得应该怎么改善这个状况？

生1：先下后上。

生2：等候的乘客在两边排队。

9. 师：你们的建议都已收到，让我们进行第二次现场还原。工作人员请就位，车门请就位，上车的乘客请就位，下车的乘客请就位，第二次现场还原即将开始——3、2、1，Action！

（师生第二次演绎地铁上下车，遵守秩序，先下后上）

10. 师：我采访一位乘客，请问这次你们觉得有改善吗？

生：好多了。

师：但我发现有两位乘客好像没有遵守规则，是谁呢？

生：兰兰和妈妈，她们没有站在等候区。

11. 师：请演员们各就各位，进行第三次的现场还原。

（师生第三次演绎地铁上下车，有序排队，遵守秩序先下后上）

12. 师：请你们再用一个词语来形容刚刚的地铁场景。

生1：整齐。

生2：有序。

生3：文明。

生4：安全。

13. 师：遵守秩序和规则，能让地铁环境变得更整齐、更有序、更文明、更安全，营造出和谐的秩序美。从刚刚的演绎中，我们还看到工作人员不再忙着维持秩序，可以去搀扶盲人上车，大大减少人力资源的浪费，让地铁生态变得更文明、更高效。一节小小的车厢就是社会的缩影，地铁生态文明需要我们每一位乘客行动起来，共同来营造。

板贴：制度规范：秩序保障

设计意图： 在AB剧情表演中，植入日常生活中常见的乘客急于上车的心态，设计对地铁秩序的辨析。学生通过讨论，明确地铁中遵守公共秩序的行为，懂得营造有序、和谐的地铁生态文明，需要我们每个人付诸行动。

三、最美地铁——人文美

1. 师：妈妈听取兰兰的建议，有序排队坐上地铁。兰兰看到车厢内有的乘客在看手机，有的在小声聊天，还有的——

播放音频5《对话建筑工人》。

兰兰：妈妈，你看！那里有个人，他怎么坐在地上？不怕地上脏吗？

妈妈：哦，那建筑工人大概刚刚从工地上下来，衣服还没换，怕弄脏座位。

兰兰：叔叔，这里还有位子，你过来坐。

其他乘客：哎哟，他这么脏，别坐我旁边。

建筑工人：没事，小朋友，我干粗活的，我就坐地上。

2. 师：如果你们和兰兰在同一节车厢，你们会让工人叔叔坐在你旁边吗？

生：会。

3. 师：乘客们的想法各不相同，车厢里即将发生一场激烈的辩论，你们有什么样的观点呢？

（师生自由分成正方和反方，开展辩论赛）

4. 师：细心的兰兰让妈妈用手机悄悄记录下了当时这一幕——

播放视频3：周围乘客对建筑工人的关心很暖人，而建筑工人也在为地铁上的乘客考虑，每一位劳动者都值得被尊重，每一位乘客都是平等的。

5. 师：每一位乘客都是地铁生态环境的重要组成部分，一个善意的微笑、一句体贴的话语、一个温暖的举动都可以营造出充满人文关怀的地铁和谐美。让我们为这些乘客点赞！

生：双手竖起大拇指点赞。

板贴：人际关系：人文关怀

设计意图：通过分组辩论的形式，让学生切身感受环境的互动取决于我们的行动，人与人和谐相处才能营造出和谐美好的地铁人文生态，从而树立保护地铁生态的意识，将温暖传递给更多的人。

四、小结

1. 师：不知不觉，兰兰和妈妈到站了，地铁2号口出去就是地铁博物馆啦！

播放音频6《地铁博物馆》。

兰兰：哇，妈妈，原来这就是地铁博物馆，好大啊！

妈妈：据说博物馆占地5000平方米，分为5个展厅讲述了上海地铁的故事。

兰兰：妈妈，那儿在搞活动，我们一起过去看一看。

博物馆工作人员：小朋友，我们博物馆近期正在开展"地铁最美，因为有你"的评选活动，请你也来参与投票吧！

2. 师：同学们，你们看，为了创建美丽、文明、乐享的地铁生态环境，除了乘客，还有一群人在默默地奉献着，他们之中有哪些人呢？

出示最美照片墙。

生：地铁司机、维修工人、保洁阿姨、指挥人员、乘客。

3. 师：猜猜兰兰把票投给了谁？

播放音频7《最美地铁投票留言》。

兰兰：阿姨，我想投票给地铁司机，对他说"司机叔叔，我爱你专心开车的模样"。

4. 师：我们都是最美地铁的一分子，你想投给谁？对他/她说些什么？请你们以小组为单位讨论一下。

生1：维修工人，我爱你 _维修_ 的模样！

生2：乘客们，我爱你 _文明乘车_ 的模样！

生3：保洁阿姨，我爱你 _保持干净_ 的模样！

生4：保洁阿姨，我爱你 认真工作 的模样！
生5：指挥员，我爱你 认真指挥 的模样！
生6：服务人员，我爱你 帮助他人 的模样！

5. 师：我爱你们有一双发现美的眼睛，让我们一起用歌声表达对他们的爱！
（生跟着视频一起哼唱改编版《孤勇者》）

6. 结语：地铁改变生活，地铁让出行变得更便利，让人际变得更紧密，让城市变得更温暖。同学们，让我们行动起来，弘扬社会正能量，共同营造舒适、高效、和谐的地铁生态文明，守护上海的这座最美地铁。

【延伸教育活动】

1. 请学生在平时乘坐地铁时观察地铁的环境建设，并用手机拍摄下来，与家人分享。
2. 请学生在平时乘坐地铁时观察地铁的人文环境，将自己或他人遇到的温暖事件记录下来，和小伙伴分享。

【板书设计】

最美地铁

设计理念：以人为本
制度规范：秩序保障
人际关系：人文关怀

【点评】

精心预设与动态生成和谐统一

顾老师设计的《最美地铁》一课，最大的特点就是有很多开放性的教学活动。在实际教学中，顾老师依照学生的情况随时调整教学过程，在生成中应对，使课堂充满智慧、情感和活力。

1. 由二变三的情境演绎

在这节课的第二环节"最美地铁——秩序美"中，顾老师设计了AB剧本的两次情境再现演绎。顾老师提供给学生的AB剧本，实际是一张张角色卡片，指向的是日常生活中常见的各种身份的乘客及他们急于上车的心态。学生拿到这样的角色卡片，主动思考，使情境演绎更接近生活情景的再现，但也存在各种不确定性。在B剧本演绎时，所有人都应该是有序排队，先下后上，可兰兰妈妈推着轮椅依旧没有排在队伍里，但大家先下后上，秩序明显比第一次好。这时顾老师立刻采访了乘客："这次你们觉得有改善吗？"接着又问："但我发现有两位乘客好像没有遵守规则，是谁呢？"于是，顾老师不露痕迹地引导学生进行了第三次演绎。

2. 弹性开放的答辩环节

在"最美地铁——人文美"的环节中,顾老师设置了问题:"你们会让建筑工人坐在你旁边吗?"没有学生在辩论赛中选择反方。顾老师自告奋勇地"舌战群儒",把作为乘客可能出现的小心思说出来,在辩的过程中让学生主动思考,充分调动思维能力,使学习真实发生。这里的辩论虽有预设,但学生的答辩都是即时生成的,顾老师深入挖掘、巧妙追问、适当拓展,引导学生加深感性认识,在动态发展中内化认知。

上海浦东新区辅读学校(区班主任带头人、工作室主持人) 王 剑

防污系列

习近平主席在全国生态环境保护大会上强调："坚决打好污染防治攻坚战，推动生态文明建设迈上新台阶。"生态文明强调人与自然和谐共生。防治污染是保障生态文明的基石，污染严重破坏生态平衡，影响人类生存。电子垃圾污染破坏生存环境，光污染干扰生态平衡，雾霾损害空气质量，塑料制品影响人类健康，声污染破坏生活秩序。如何防治这些污染？本系列的五篇主题教育课教案给出了有效答案。这些教案旨在引导学生认识和理解电子垃圾、光污染、雾霾、塑料污染以及声污染等环境问题，并探索有效可行的防治措施，保护生物多样性，维护生态平衡，实现人与自然和谐共生，共建美丽宜居的生态环境。

本系列教案内容全面丰富，创设了学生生活中的真实情境。相信通过这五节主题教育课的实施，学生能够增强环保意识，积极参与污染防治行动，为建设美丽中国贡献自己的力量。

第31课　电子宝贝变变变

设计教师：上海市浦东新区曹路打一小学　潘志燕
指导教师：上海市浦东新区曹路打一小学　金辰艳

【活动对象】
小学一年级学生

【活动时长】
2+35分钟（2分钟预备时间）

【学情分析】
认知尚浅，行动欠缺

一年级是小学的起始年级，一年级学生对生态环境和环保理念的理解是模糊的，对保护生态环境的执行力也较弱。通过对学校一年级学生开展调查，了解到他们在日常生活中都可以接触到电子产品，大部分学生家庭曾有随意丢弃电子产品的经历。学生不太清楚电子产品随意丢弃会变成电子垃圾，给生态环境造成严重污染；在如何爱惜电子产品，减少电子垃圾的产生，保护生态环境方面认识不够，行动欠缺。

【主题解析】
1. 依规而行，教育为本

《中小学德育工作指南》中明确提出："教育和引导学生具备保护生态环境的意识，引导学生树立尊重自然、顺应自然、保护自然的发展理念。"树立生态文明意识，是小学阶段德育工作的重要内容之一。

2. 电子垃圾，与日俱增

随着科学技术的进步以及生活条件的提高，电子产品更新换代的速度越来越快，随之产生的电子垃圾也越来越多。联合国机构发布的《2024年全球电子垃圾监测》报告中指出："2022年全球电子垃圾的产生量达到创纪录的6200万吨，其中仅有不到1/4的电子垃圾被回收利用。"电子垃圾对生态环境的威胁与日俱增，成为当今社会生态环境污染的主要来源之一。

3. 公民意识，从小树立

电子产品与每个人的生活息息相关，而减少电子垃圾的产生是每个公民的责任，也是生态文明教育的重要部分。生态文明教育应从小抓起，从身边小事抓起，让学生在潜移默化中播种下绿色环保的种子。作为社会小公民，对电子垃圾的危害要有一定的认识，做生态观察者；用自己的实际行动加入生态环保践行者的行列，做生态小卫士；向身边的亲人朋友宣传生态环保理念，做生态宣传者。

【活动目标】

认知目标：
1. 了解电子产品的种类多，用处多。
2. 知道随意丢弃的电子产品会成为电子垃圾，生活中电子垃圾的数量越来越多。
3. 初步了解电子垃圾给生态环境带来的危害。

情感目标：
1. 激发学生对电子产品的爱惜之情。
2. 初步形成减少电子垃圾产生的责任意识，树立生态环保意识。

行为目标：
1. 初步掌握正确使用、轻拿轻放、放回原处等爱惜电子产品的方式。
2. 尝试儿歌创编，为爱护电子产品，保护生态环境做好宣传。

【活动重点】

1. 初步了解电子垃圾给生态环境带来的危害。
2. 初步掌握正确使用、轻拿轻放、放回原处等爱惜电子产品的方式。

【活动难点】

1. 激发学生对电子产品的爱惜之情。
2. 初步形成减少电子垃圾产生的责任意识，树立生态环保意识。

【活动准备】

学生准备：
分成6人一组，选好组长。

教师准备：
1. 收集相关资料，制作教学课件。
2. 准备教具、教学板贴。

【2分钟暖场活动】

活动名称：游戏"拷贝不走样"

1. 师：小朋友们好！看！老师有一根宝贝魔法棒，它有一个神奇口令，当它说"魔法棒转呀转"，小朋友们回应"电子能量增增增"，我们就能为自己小组增加绿色能量，哪一个小组的绿色能量先集满，可以获得魔法棒送出的神秘惊喜。让我们来试一试！魔法棒转呀转——

生：电子能量增增增。

2. 师：瞧！魔法棒可喜欢玩游戏了，最喜欢的游戏是"拷贝不走样"，遵守游戏规则，魔法棒就请你玩游戏哟。

出示游戏规则：

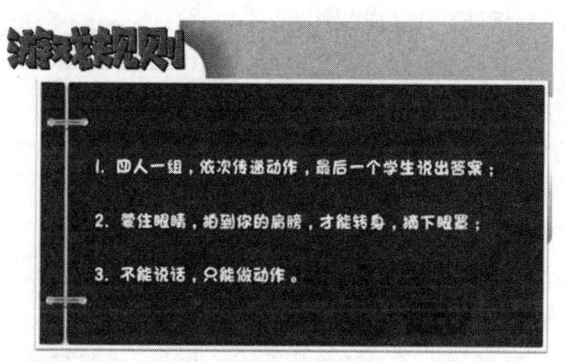

> 游戏规则
> 1. 四人一组，依次传递动作，最后一个学生说出答案；
> 2. 蒙住眼睛，拍到你的肩膀，才能转身，摘下眼罩；
> 3. 不能说话，只能做动作。

3. 师：魔法棒的神奇口令来啦！魔法棒转呀转——

生：电子能量增增增。

（生做游戏"拷贝不走样"）

"拷贝不走样"游戏动作：

①哭；②笑；③轻轻拿轻轻放；④用电话手表打电话。

4. 师：魔法棒喜欢和遵守游戏规则的你们交朋友。等会说不定还会有好玩的游戏呢！就让我们和魔法棒一起走进今天的学习之旅吧！

> **设计意图：** 知道游戏规则，为后续较难的游戏环节做好铺垫；师生互动口令也将贯穿于整个教学过程，以"加能量"评价方式呈现。

【活动过程】

一、电子宝贝用处多

1. 师：看！这位也是魔法棒的好朋友，她叫优优，她有许多电子产品。

播放视频1《优优的电子宝贝》。

优优：我叫优优，我有很多的电子产品。

旁白：清晨，听~

小爱同学：丁零零，丁零零，起床啦起床啦。

优优：谢谢小爱同学叫醒我。早起不操心，香喷喷的吐司来一块。我的pad在哪里呢？我要开始学习啦。

旁白：下午时分。

优优：下午我约了朋友去郊游，他们怎么还没到呢？我要用我的电话手表打电话问一问他们到哪了。和朋友们一起，在公园里拍拍照、听听音乐、聊聊天，真开心呀。

旁白：到了晚上。

玩了一天好累呀，让我坐着看看电视，休息休息，真轻松啊！这些电子产品让我的生活更加轻松、便捷、有趣……它们都是我的宝贝，我喜欢叫它们电子宝贝。我的电子宝贝可多了去了！咦？还有的电子宝贝都去哪里了？让我来次电子宝贝大点兵！把它们都找出来。

2. 师：看完视频，大家知道优优的宝贝是？

生：电子宝贝。

板贴：电子宝贝

3. 师：让我们用魔法棒，和优优一起"电子宝贝大点兵"，找出她的电子宝贝吧。魔法棒转呀转——

生：电子能量增增增。

（生做希沃游戏"电子宝贝大点兵"）

出示希沃游戏：

两人一组，在电脑屏幕前完成希沃软件设计的游戏，在规定时间内找到的电子产品最多的同学获胜。

4. 师：大家都帮优优找到了她的电子宝贝。小朋友们也一定有不少电子宝贝，我们一起来找找。找呀找呀找，说说我的电子宝贝！

生1：平板，可以用来学习。

生2：电话手表，可以用来打电话，很方便。

生3：电视机，可以用来观看电视节目，很轻松。

板贴：方便，轻松，有趣

（其余根据学生回答板书）

5. 师：除了家里的电子宝贝，在商场看到的机器人、在小区看到的电子屏、爸爸妈妈汽车上的导航仪、电影院的取票机等都是电子宝贝。电子宝贝的种类可真多啊，它们让我们的生活变得更加便捷、高效、轻松、有趣。看来，电子宝贝的用处也真多呀。

板贴：种类多 用处多

设计意图：通过呈现优优被电子产品包围的一天，引出生活中电子宝贝无处不在；通过游戏，让学生联系生活实际，感受电子产品种类多、用途广，是生活中一直会使用到的"宝贝"。

二、电子宝贝变垃圾

（一）电子宝贝不爱惜

1. 师：优优找出了许多电子宝贝，其中，她最喜欢的就是她的电话手表。

播放视频2《砸坏电话手表》。

优优：我可喜欢我的电话手表了，它是我的宝贝，我睡觉也要戴着它，我才不要把它放回小盒子里呢！

旁白：一天早上，优优准备起床，pang~，电话手表砸到了床头柜。

优优：哎呀！屏幕裂了条缝。哎！不管了，我约了小伙伴们去公园玩丢手绢呢。

旁白：优优和小伙伴们到了公园。

优优：哦！大家都没有拿手绢！有了！就拿电话手表当"手绢"。哈哈，真是个好主意。

旁白：优优回到了家里。

优优：哼！今天丢手绢，总是输，不开心。啊！我的电话手表怎么没反应了，充电也充不进去了。看样子是彻底坏了。真糟糕！算了算了，坏了就扔了，叫爸爸给我买新的。

2. 师：优优的电话手表为什么坏了？

生1：砸到柜子。

生2：当手绢丢。

生3：随手乱摔。

3. 师：是啊，睡前不把电话手表放回原处，起床后砸到床头柜，还用来"丢手绢"，不开心了重重摔它。好好的电子宝贝就这样坏了，你们的电子宝贝有没有发生过类似的事情？

生1：有过。有一次，我把平板摔了。

生2：我有一次也把电话手表砸了一下。

4. 师：如果你是优优，电话手表坏了，扔还是不扔呢？请大家用肢体语言告诉老师，选择扔的，双手环抱，不扔，就比个大爱心。

（学生做手势）

5. 师：老师看到有一些同学选择扔，有一些同学选择不扔。我来采访一下。

生1：扔掉，反正坏了没用了。

生2：不扔，看看能不能修一修。

6. 师：哎！优优把电话手表扔到了垃圾桶里。我们看到垃圾桶里还有坏掉的铅笔和玩具，电话手表要哭了，因为它从优优最爱的电子宝贝变成了？

生：垃圾。

7. 师：是啊，被丢弃的电子宝贝就是电子垃圾。哎！

板贴：电子垃圾

（二）电子垃圾数量多

1. 师：第二天，社区辅导员贝贝哥哥带着孩子们在小区里进行小队活动。

播放视频3《有什么关系?》。

小木：优优你看，这是我妈妈给我新买的电话手表，跟你的一样耶！咦？你的电话手表呢？

优优：坏了，我把它扔了。

小木：哎，又多了一个电子垃圾。

优优：我就扔一个，有什么关系？

2. 师：小朋友们觉得有没有关系呢？让我们用手势进行判断。我也请代表来说说他们的观点。

（学生做手势）

生1：有关系，不然电子垃圾就会越来越多。

生2：没关系，反正只是丢一个。

3. 师：有的小朋友说丢一个没关系，有的小朋友说每个人都丢一个就多了。对呀，你丢一个，我扔一个，电子垃圾就会越来越多，你们猜猜2022年全球产生的电子垃圾一共有多少吨？老师这里有三个答案——① 620；② 6200；③ 62000000。请同学们用手势告诉老师你的答案。

（学生出数字）

4. 师：答案揭晓，据联合国机构发布的《2024年全球电子垃圾监测》报告中指出，"2022年全球电子垃圾的产生量达到创纪录的6200万吨"。相当于每一秒钟，就有1000个电话手表变成电子垃圾。假设每个小朋友手上戴着一个电话手表，一眨眼的工夫，全校所有小朋友的电话手表都变成了电子垃圾。听到这些，请问你有什么感受？

生1：电子垃圾产生的速度真快啊！

生2：电子垃圾数量真多！

生3：难以置信！

5. 师：是啊，全球电子产品变成电子垃圾的数量之多，令人震惊！

板贴：数量多

（三）电子垃圾危害大

1. 师：看，优优还在和小伙伴聊她的电话手表。

播放视频4《想念电话手表》。

优优：其实我还是非常想念我的电话手表的，昨天晚上我还梦到了它，它到处流浪，哎，不知道现在它到哪里去了。

2. 师：在优优的梦里，她的电话手表逃离了垃圾箱，它开始了流浪，它流浪到了田野里。看这两组田野。哎？亲爱的田野，原来你们的土壤又松又软，现在怎么又黑又硬？你们现在一定很难过吧。同学们，如果你是田野，你会对电子垃圾说什么？

（学生即兴表演）

生1：是电子垃圾污染了我。

生2：电子垃圾，我不喜欢你。

3. 师：看！同学们，假如你们是鱼宝宝、小虾宝宝，你们在清澈的河水里快活地游来游去，可现在电子垃圾来了，释放了有毒物质，河流不清澈了，你们奄奄一息。你们想对电子垃圾说什么？

生1：你都快把我们毒死了，你快走开。

生2：我们的水都不干净了。

4. 师：电子垃圾流浪到河里，鱼儿虾儿被污染了；流浪到田里，农作物被污染了。如果我们人类吃了被电子垃圾污染的鱼虾、农作物等食物后，身体就会感到非常不舒服，身体不舒服是什么样子的？

（学生即兴表演）

5. 师：哎！电子垃圾中的有害物质毒性非常强，田野和庄稼，河流和鱼虾，都逃不过它的污染，人类如果吃了被电子垃圾污染的食物，就会生病。电子垃圾严重威胁生态环境安全，造成身体损伤！危害可真大！而且，如果人人都像优优一样，觉得自己只扔了一个，数量就会越来越多，带来的危害也就会越来越大。

板贴：危害大

> **设计意图：** 在"猜数字"的小游戏中感受电子垃圾的惊人产量；通过创设三个情境，让学生初步感知电子垃圾的危害。

三、找到方法爱宝贝

（一）玩游戏找方法

1. 师：优优知道了电子垃圾的危害，但她不知道该怎么正确对待电子宝贝，于是向辅导员贝贝哥哥请教。

播放视频5《玩游戏找方法》。

贝贝哥哥：孩子们，我们来进行一个"拷贝不走样"的小队活动，你们一定会从中寻找到正确对待电子宝贝的好方法的。谁第一个来？木木你来看要演的内容，另外三个小朋友也做好准备。

优优：耶！太好啦！玩游戏找方法！

2. 师：我们跟着优优和小伙伴们一起来玩游戏，找方法。魔法棒转呀转——

生：电子能量增增增。

（学生做游戏："拷贝不走样"）

出示游戏卡片内容：

> 拷贝不走样——我演你来猜
> 1. 电话手表，轻轻拿，轻轻放。
> 2. 用电话手表打电话，不当玩具。
> 3. 用完电话手表，放回收纳盒。

3. 师：我们来看看，通过"拷贝不走样"游戏，三组小朋友找到的好方法是……？

生1：把电子产品放回原处。

生2：使用时要小心，要爱护好。

生3：用的时候轻轻拿，轻轻放。

4. 师：在游戏中，我们找到了三个好方法——放回原处、正确使用和轻拿轻放。

板贴：放回原处　正确使用　轻拿轻放

（二）唱歌曲做宣传

1. 师：优优也在游戏中找到了这三个好方法。这时，电话铃响了，丁零零。

播放视频6《创编儿歌》。

贝贝哥哥：孩子们，刚刚接到电话，说我们小区需要一些绿色宣传小使者，让更多人知道如何正确对待电子宝贝。那今天，我们小队活动的最后一个任务就是为电子宝贝们创编一首儿歌，为它们做宣传！

2. 师：小朋友们，优优他们要做绿色宣传小使者，一起创编爱护电子宝贝之歌，你们愿意加入他们吗？

（学生参与希沃游戏——完成儿歌创编）

出示希沃题目：在电脑屏幕前完成希沃软件设计的游戏，选词填空完成宣传歌曲。

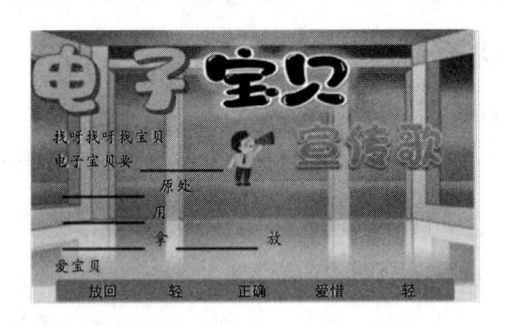

3. 师：听！

播放视频7《电子宝贝宣传歌》。

优优：找呀找呀找宝贝，电子宝贝要爱惜，放回原处正确用，轻拿轻放爱宝贝。

4. 师：让我们一起唱起来，也为你们小组积攒绿色能量。魔法棒转呀转——

生：电子能量增增增。

（生唱歌）

5. 师：现在请一二三组唱，哇！你们的宣传歌唱得可真好，请小组长来启动绿色能量！我们来加大难度，四五六七组来接龙，每组唱一句，接龙成功，小组增加电子能量。

（学生接龙唱歌）

6. 师：请小组长来启动绿色能量！

7. 师：在大家的努力下，电子能量增增增，绿色能量都已经启动！优优他们不仅找到正确对待电子宝贝的好方法，还成为小区绿色宣传小使者，将正确对待电子宝贝的方法向更多的人宣传。

板贴：做宣传

> **设计意图：** 在玩游戏的过程中，让学生找到对待电子宝贝的好方法；通过唱儿歌，对爱护电子宝贝进行宣传。

四、电子宝贝变变变

1. 师：优优的生活因电子产品而轻松便捷，电子产品变成电子宝贝，可因为一些不恰当的行为，电子宝贝变成电子垃圾，还可能造成严重污染。同学们，如果我们找对方法，电子产品就又能变成宝贝。拥有电子产品时，它们变成我们的宝贝；随便处理时，它们变成了电子垃圾；找到好方法爱惜它们，又能继续变宝贝！真是变！变！变！

板贴：变变变

2. 师：同学们，电子产品是我们的电子宝贝，我们要爱惜，注意轻拿轻放，用好放回原处，看清场合正确使用。用心呵护电子宝贝，就可以减少电子垃圾的产生，减少对环境的污染。让我们把这首《电子宝贝》的歌曲唱给身边的亲友听，把我们今天学到的内容分享给家人朋友，让我们一起爱护电子产品，保护生态环境！

（生唱歌）

【延伸教育活动】

师：小朋友们回家后，可以向家人分享对待电子宝贝的好方法，将宣传歌曲唱给家人听，并和他们一起正确对待电子宝贝，减少电子垃圾的产生。

【板书设计】

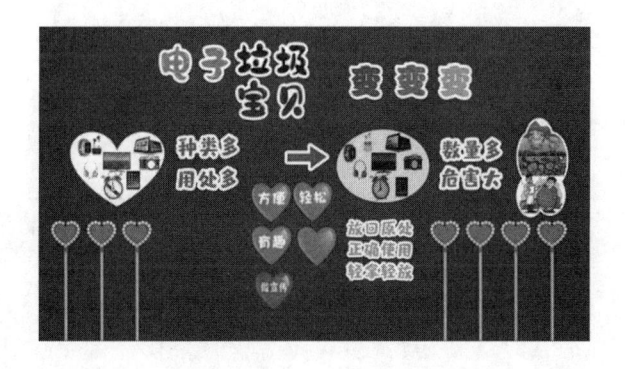

【点评】

做好"编剧"，课堂生趣

大部分学生家里都有电子产品，但很多学生都不知道随意处理电子产品，产生电子垃圾，会污染生态环境。对于一年级学生，受限于年龄和认知，摆事实讲道理未必能达到好的教育效果。潘老师巧妙地做了回"编剧"，用一个剧本，让比较难的教学任务变得富有童趣。

1. 同龄优优，产生共鸣

主人公优优也是一名一年级学生，她的话语，她的想法，都是源于潘老师前期的调查。比如优优的"丢一个电子产品有什么关系？"就是在调查中学生所表达的真实想法。

2. 剧情跌宕，矛盾重重

"剧本"要夺人眼球，就要设置矛盾冲突。情境中，从爱不释手的电子宝贝，一下子变成随意丢弃的电子垃圾，从受人喜爱，到被"嫌弃"，而最后又变成宝贝。这中间的种种冲突，都需要"剧本"设计巧妙，让学生的思维在这跌宕起伏的"剧情"中得以擦出智慧的火花。

3. 添加想象，充满趣味

好的"编剧"，会在自己的"剧本"里增添一些想象元素，以使情节更具趣味性。比如，电子垃圾到了海里、农田里，鱼儿小虾、农作庄稼都吓得不轻。这些画面充满了童趣，非常符合低年级学生的学习兴趣。

在潘老师的课堂中，"剧本"不仅是贯穿整个教学的载体，更是启发学生思考的途径。学生在一个好的"剧本"里，主动思考，积极探索，树立生态环保意识。

上海市浦东新区曹路打一小学德育主任　金辰艳

第32课　当黑暗占领"白昼城"

设计教师：上海市实验学校东校　　　　孙施骄
指导教师：上海市浦东新区三林镇中心小学　胡晓寅

【活动对象】
小学二年级学生

【活动时长】
2+35分钟（2分钟预备时间）

【学情分析】

1. 常见污染源略知晓
二年级学生虽进入小学阶段学习时间不久，但通过各学科的学习以及生活经验的积累，对于保护生态环境有一定的意识，也大致知道生活中一些常见的污染源，如大气污染、水污染、农业污染等。

2. 人工白昼污染无意识
通过前期调研，发现二年级学生对于人工白昼这一新型污染比较陌生，并不了解其定义和危害。对小区街道、城市景观的过度照明早已司空见惯，没有意识到自己所处的环境已被人工白昼所侵害，也不知道有哪些方法可以减少人工白昼的污染。

【主题解析】

1. 新型污染，不容忽视
光污染是继废气、废水、废渣和噪声等污染之后的一种新的环境污染源。2022年7月21日通过的《上海市人民代表大会常务委员会关于修改<上海市环境保护条例>的决定》将光污染防治的内容纳入其中。《中小学德育工作指南》也明确提出需要加强生态文明教育，引导学生树立尊重自然、顺应自然、保护自然的发展理念，从环保的视角看待城市中的"光亮"。

2. 防治污染，刻不容缓
人工白昼是光污染中的一种，随着城市的快速发展，道路照明、夜景照明等光亮工程增多，光污染问题日趋严重。光污染的危害非常广泛，包括对人体健康、生态平衡、资源等众多方面，然而大部分人并没有认识到光污染的危害。

3. 改善现状，从我做起
在学思结合中，不断培养学生生态文明意识；在知行合一中，不断提升学生生态文明素养，让学生在行中学、行中悟，既要懂道理，又要做道理的实践者，增强推动生态文明建设的思想意识和行动自觉。引导学生从我做起，关注身边过度的照明现状，思考改善办法，减少不必要的光污染，倡导科学照明，留住美丽的星空，给动植物留下赖以生存的夜间环境，促进人与自然的和谐共生，构建地球生命共同体。

【活动目标】

认知目标：

1. 了解人工白昼的定义，知道生活中人工白昼无处不在。
2. 知道人工白昼对人体健康、生态平衡的危害。

情感目标：

1. 提升自我保护意识。
2. 树立保护生态的意识。

行为目标：

1. 通过小组讨论、做实验等方式，为防治人工白昼污染出谋划策。
2. 合作创编儿歌。
3. 倡导更多的人关注到人工白昼的危害，形成健康文明的生活方式。

【活动重点】

1. 了解人工白昼的定义，知道生活中人工白昼无处不在。
2. 知道人工白昼对人体健康、生态平衡的危害。
3. 提升自我保护意识，树立保护生态的意识。

【活动难点】

通过小组讨论、做实验等方式，合作为防治人工白昼污染出谋划策。

【活动准备】

学生准备：

分成6个小组，确定好各组组长。

教师准备：

1. 收集相关资料，制作课件PPT、板贴。
2. 设计"变暗作战计划单"，准备手指灯、黑白灰三色彩纸、银色水彩笔。

【2分钟暖场活动】

活动名称：星座猜猜看

1. 师：小朋友们，你们好。今天在上课前，我们先来做一个小游戏。根据图片上星星的图案来猜一猜它们的名字，选择正确的答案。

（学生选择答案，说理由）

2. 师：多么美丽的星空啊，它能带给我们无限的想象。

> **设计意图**：通过猜星星活动吸引低年级学生的注意力，让学生根据星座的图形，联系生活实际展开想象进行猜测，在互动中拉近与学生的关系。同时，让学生感受星空之美，提升学习兴趣和满足感，活跃课堂气氛。

【活动过程】

一、了解人工白昼对人体健康的危害

（一）生活中的人工白昼无处不在

1. 师：小朋友们，在遥远的东方有一个神秘的城邦，那里的人们因为恐惧没有光的生活，所以决定把黑暗使者达克驱逐出境。由于这个国家的夜晚亮如白昼，所以被称为"白昼城"。

板贴："白昼城"

播放音频1《杂音》：滋……滋……滋……

2. 师：是谁在说话？

播放音频2《黑暗使者达克自我介绍》。

达克：是我，黑暗使者达克！我在外流浪了那么久，今天是时候了，我要向白昼城发动进攻，占领这个国家！

3. 师：天哪，白昼城被黑暗占领后究竟会变成什么样？让我们一起去瞧一瞧。

板贴：当黑暗占领

播放音频3《黑暗使者达克第一次出击》。

达克：嘿嘿，就从这个叫邓太亮的孩子入手。他卧室的窗户正对商场那刺眼的LED巨屏，我要占领巨屏，把它变暗，到时候，这孩子肯定会害怕得哇哇大哭，哈哈哈哈！变——

邓太亮：太好了，LED屏幕终于变暗了！黑暗使者谢谢你！

4. 师：诶，这可太奇怪了。为什么没有了光，邓太亮小朋友并没有害怕，反而还要感谢达克呢？

生：原本刺眼的灯光让邓太亮没办法好好休息，现在LED屏幕灯光变暗了，他就能睡个好觉了，所以他要谢谢达克。

5. 师：你说得很有道理！同学们是否曾经也有过因为灯光太亮而休息不好的经历呢？你当时感受如何？

生1：曾经有一段时间，我家附近有建筑工地在施工，晚上探照灯很亮，影响我睡觉。

生2：我家附近的商场有很亮的彩灯，不停地闪烁，有时候会射进窗户，影响我休息。我觉得很不舒服。

（二）人工白昼对人体健康的危害

1. 师：看来不少小朋友都曾因为夜晚灯光太亮而睡不好。商场刺眼的灯光对邓太亮的健康也造成了不小的危害。

播放音频4《邓太亮去医院就诊》。

邓太亮：妈妈，我没胃口，不想吃饭。妈妈，我睡不着，觉得头疼、想吐。

邓太亮妈妈：这孩子是怎么了呀？一会儿这不舒服，一会儿那不舒服的。这几天还动不动乱扔东西发脾气，是不是生病了呀？妈妈带你去医院。

2. 师：小朋友们，人工白昼会对人体造成哪些伤害呢？让我们一起来听一听医生的讲解。

播放音频5《医生的诊断》。

医生：经过诊断，邓太亮小朋友得了"人工白昼综合征"，这种病是由于人工白昼导致的。人工白昼是光污染的一种。平时夜幕降临后，一些过亮的广告牌、设计不合理的夜景照明，使夜晚如同白天一样，就会造成人工白昼。过亮的灯光不仅会伤害病人的眼睛，而且会干扰大脑中枢神经，使人感到头晕目眩，出现恶心、呕吐、失眠、易怒等症状。更可怕的是，人工白昼甚至会影响心理健康，使人体产生一种"光压力"。若长期处于这种压力下，各种疾病会乘虚而入。如果大家发现自己出现了这些症状，要及时来医院就医呀。

3. 师：看，医生给大家带来了一份检测单，请同学们用手势判断以下说法是否正确，正确的用"○"表示，错误的用"×"表示。听到老师说"出"后再判断。

出示判断题：

①人工白昼会让人感到恶心、呕吐、失眠、易怒。

②人工白昼会让人感到心情愉悦。

③人工白昼会影响人的心理健康，造成光压力。

④人工白昼不会对眼睛造成影响。

（学生集体做手势）

4. 师：真了不起，你们都答对了。现在，你觉得到了晚上灯越多、越亮就越好吗？

生：到了晚上灯越多、越亮并不是就越好。太亮的灯光会让人生病。

5. 师：是呀，人工白昼对我们的健康有着巨大的危害。让我们一起来说——

生齐：人工白昼危害大！

6. 师：面对这类新型污染，大家必须重视起来。真没想到，黑暗使者达克"坏心"反而做了一件好事呢！

板贴：危害健康

设计意图：从"邓太亮"这个小朋友入手，让学生联系生活实际，真切感受到人工白昼无处不在，并会对人体健康造成巨大危害。

二、体会人工白昼对生态的破坏

（一）大家来找"碴"

1. 师：达克离开了邓太亮的家，准备继续向白昼城发动进攻。

播放音频6《黑暗使者达克第二次出击》。

达克：刚才虽然没吓到邓太亮，但至少把商场的电子屏变暗了，这次的进攻还算顺利！咦，哪来的香味？味道是从前面的小花园传来的，我要去看看！哟，好热闹啊，有不少飞蛾围着灯柱在飞，居然还有几只白鹭。我猜它们肯定很喜欢光，那我就要把这里变成一片黑暗，把它们的快乐统统夺走！变——

夜来香、萤火虫、飞蛾：太好了，这里终于变暗了，黑暗使者谢谢你！

达克：哦不，我居然又失败了。你们是谁？为什么要感谢我？

夜来香：我是生活在小花园里的夜来香。最近，我收到了搬去其他城市的姐妹给我寄来的照片，她依旧是那么美丽动人，而我却因为这刺眼的亮光……呜呜呜呜……

2. 师：夜来香究竟发生了哪些变化？小朋友们看看这两张图，找找它们的不同之处。

出示图片：

生1：右边的夜来香叶片变黄了，而左边的夜来香叶片是碧绿的。

生2：右边的夜来香花瓣都掉了，而左边的夜来香开得很茂盛。

3. 师：你们观察得真仔细。请你猜一猜夜来香为什么会发生这样的变化。

生：长时间的灯光照着夜来香，影响它的生长了。

4. 师：是呀，人工白昼会破坏植物体内的生物钟，使它们无法正常地发芽、开花，还会导致它们的叶片变黄，甚至枯萎死亡。现在这里变暗了，夜来香又能正常生长了，怪不得她要感谢达克呀。

（二）指尖萤火虫

1. 师：小花园里怎么还有吵闹声？让我们凑近了去听一听。

播放音频7《达克把萤火虫误认为飞蛾》。

达克：咦，那飞蛾怎么会一闪一闪地发光？难道是我眼花了不成？

萤火虫：我不是飞蛾，我是萤火虫，我一直都在发光呢。

达克：你骗人！刚才我可没看到你发出的光。

2. 师：萤火虫有没有骗达克呢？请同学们打开桌上的手指灯。

（关灯后，学生打开手指灯并晃动）

3. 师：萤火虫，萤火虫，飞到东，飞到西，飞来飞去真美丽。现在让萤火虫飞回到盒子里休息一下吧。小朋友们，刚才达克为什么没有看到萤火虫发出的光呢？

生：因为白昼城的灯光太亮了，所以看不到萤火虫发出的光了。

4. 师：你说得对，让我们来听一听萤火虫的心声，人工白昼对它和夜来香造成了哪些伤害呢？

播放音频8《萤火虫的自述》。

萤火虫：白昼城一点儿也不适合我们萤火虫生存。我们是非常灵敏的环境指示生物，发光只是为了吸引异性繁殖后代。当我们在灯火通明的白昼城里，只能乱飞乱撞，最后孤独终老。我的朋友飞蛾，也因为被强光吸引，一不小心都被灯泡的高温烫死了，没法给夜间盛开的夜来香传播花粉了，所以，夜来香的花朵也越来越少了。

生1：萤火虫看不到同伴，最后都孤独地死掉了。

生2：夜来香越来越少，最后开不出花了。

5. 师：你们真善于思考。黑夜里的强光不仅会破坏夜间活动昆虫的正常繁殖，还会影响它们辨别方向的能力。这使得那些晚上开放的花朵，因为没有昆虫帮助传播花粉而无法繁衍，最终可能会从地球上消失，从长远来看人工白昼甚至会影响生态平衡。

（三）奇妙的星空

1. 师：看，达克和白鹭还在小花园里谈论人工白昼呢。

播放音频9《白鹭诉苦》。

白鹭：这人工白昼可把我们害惨了！我们在夜晚飞行时需要依靠星星来辨别方向，前段时间刚飞到白昼城，由于受到强光干扰，我们不仅看不到星星，找不到方向，我的伙伴还错把高楼大厦的灯光当成星光，一头撞上去，因此得了脑震荡。呜呜呜呜……

达克：人工白昼为什么会让你们看不到星星呢？

2. 师：小朋友们，让我们来解答达克的疑惑吧。请大家拿出桌上的画纸，小组内每个同学轮流用银色水彩笔在黑色、灰色和白色的图纸上，各画上一颗星星。

（学生按要求画星星）

3. 师：现在，我们来对比这几张图画，你有哪些发现？

生1：我发现黑色图纸上的星星看得最清楚。

生2：我发现白色图纸上的星星几乎看不到了。

4. 师：小朋友们，请你们猜猜看，据天文学统计，在夜晚天空不受光污染的情况下，我们可以看到的星星大约有多少颗呢？

出示数字选择：

约1000颗；约3000颗；约7000颗。

（学生选择答案）

5. 师：但是在受光污染的白昼城里，我们能看到多少星星呢？请你来猜一猜。

出示数字选择：

约20—60颗；约200—260颗；约500—560颗。

（学生选择答案）

6. 师：真没想到居然相差这么多呀！

播放音频10《人工白昼对动物的危害》。

达克：原来如此，有了我，白鹭才能看清星星，不会迷失方向。

白鹭：是呀，人工白昼会影响我们动物的自然生活规律，受影响的动物会分不清白天和黑夜，活动能力出现各种问题。我们无法辨别方向，与同伴交流产生障碍，甚至心理都会受到影响。

7. 师：看来，人工白昼对动植物有着巨大的危害。让我们一起来说——

生齐：人工白昼危害大！

8. 师：我们要积极行动起来，减少人工白昼对生态环境的影响。

板书：破坏生态

设计意图： 通过观察图片、动手实际操作，让学生直观地感受到人工白昼对动植物和环境造成极大的影响。

三、探寻防治人工白昼的方法

1. 师：咦，达克一个人在那儿嘀嘀咕咕些什么呢？

播放音频11《达克制定变暗作战计划》。

达克：刚才，我趁着灯柱暗了的时候，偷偷拿到了一张白昼城的地图，这样，占领白昼城就更容易了。但没想到这白昼城里还有不少埋伏呀，看来，我得好好制定一下作战计划。

2. 师：小朋友们，我们不如将计就计，帮助达克制定"变暗作战计划"，让白昼城的居民和动植物们早日摆脱人工白昼的危害。请大家分小组讨论一下有哪些好办法能让这些区域变暗。

（学生合作完成学习单："变暗作战计划"）

出示学习单：

"变暗作战计划"

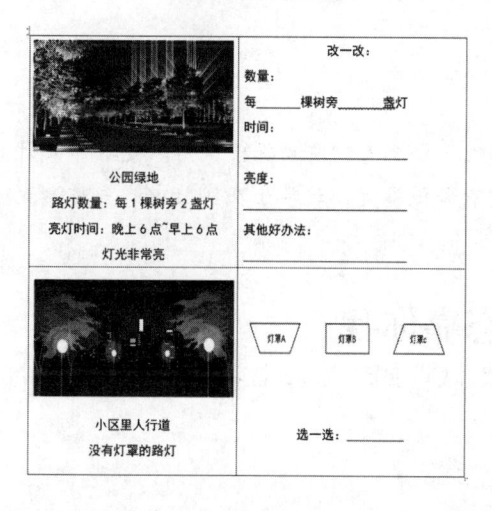

公园绿地	改一改：
路灯数量：每1棵树旁2盏灯	数量：每____棵树旁____盏灯
亮灯时间：晚上6点~早上6点	时间：____
灯光非常亮	亮度：____
	其他好办法
小区里人行道	灯罩A　灯罩B　灯罩C
没有灯罩的路灯	选一选：____

3. 师：现在请小组派代表来交流你们的作战计划。我们先来看公园绿地这块区域。

生1：我们认为公园绿地的照明灯太多了，可以把每棵树旁边2盏灯减少为1盏灯。

生2：到了深夜，公园应该已经关门了，没有游客了，所以我们认为亮灯的时间可以缩短一些，改为晚上6点到晚上11点。

生3：我们小组认为，冬天黑夜的时间长，灯亮的时间可以长一些；到了夏天，黑夜的时间短，灯亮的时间可以短一些。

4. 师：你们的办法真不错。过多的照明，不仅浪费电力资源，还会影响植物正常地生长。

板贴：浪费资源、减少数量、控制时间

5. 师：还有其他的方法吗？

生：我们认为可以把公园绿地的灯全部都调暗。

6. 师：你们的出发点是好的，但是，请大家想一想，如果所有的灯都变暗了，会造成什么后果？

生：看不清路了。走路会摔倒。发生各种意外。

7. 师：是呀，如果整个城市都陷入黑暗中，那人们什么事也做不了，多可怕呀！所以我们要遵循自然的规律，合理地利用灯光，让灯光既能照亮道路，方便人们行走，同时又不影响植物的生长。

板贴：调暗亮度

8. 师：刚才你们提出的这些好方法适用于人行道上的路灯吗？

生：晚上还是会有行人的，如果缩短了亮灯的时间，他们走路时容易发生意外。

9. 师：是呀，在不同的区域，我们要采用不同的方法。来看看这些灯罩，选哪一个合适呢？别着急，我请3个小朋友和我一起来做个小实验，其他小朋友要仔细看哦。

（3名学生上台，手捧灯球，教师分别给灯球罩上不同的灯罩）

10. 师：现在请你来选一选，哪个灯罩是最合适的，并说说理由。

生：我认为灯罩C是最合适的。因为灯罩A把大部分的光投射到了天空中，会影响小鸟的飞行，污染天空。灯罩B投射到地面的灯光比较少。灯罩C既能让人们看清路，也不污染天空，所以是最好的。

板书：加上灯罩

设计意图：引导学生学会思考、主动探索，用"变暗作战计划"激发兴趣，以"改一改、选一选"的方式来降低难度，让学生在实验中明白防治光污染的原理，在合作交流中学会知识。

四、守护生态靠你我

1. 师："变黑暗作战计划"顺利实施，让我们给白昼城起一个新名字吧。

生1：黑暗城。

生2：达克城。

防污系列

2. 师：现在不仅有白天，还有黑夜，一切是那么和谐，不如就叫"和谐城"。

播放音频12《达克的疑惑》。

达克：哈哈，如今这里看起来暗多了，我终于占领了白昼城，哦不，现在应该称之为"和谐城"了。不过，可真奇怪，这一路上大家都不怕我，反而都很欢迎我，这和以前他们把我赶出来时太不一样了。

3. 师：聪明的小朋友，我想你一定知道答案，谁愿意来告诉达克？

生1：因为达克把黑夜带到了白昼城，人们能好好休息了，也不会那么容易生病了。

生2：有了达克，人们能看到美丽的星星和萤火虫。

4. 师：你们说得很对，和谐城的人民也意识到了问题所在，他们决定以后要和黑暗使者达克和平相处。

播放音频13《达克表决心》。

达克：人们终于认识到了我的重要性，我也决定改邪归正，担负起守护"和谐城"黑夜的重任。

邓太亮、夜来香、萤火虫、白鹭：达克，欢迎你回来！

5. 师：为了更好地守护和谐城，达克想要创作一首儿歌来提醒大家。不过他还没写完，需要大家的帮助。请你来帮助达克，选择恰当的词语，填入儿歌中。

出示词语和儿歌：

破坏生态　　危害大　　控制时间　　危害健康　　加灯罩

人工白昼_____，_____真可怕。

_____浪费电，我们必须重视它。

_____调亮度，减少数量_____。

（学生选词填空）

6. 师：让我们配上旋律一起来唱一唱吧。

（师生配上旋律唱儿歌）

7. 师：小朋友们，为了我们身体健康着想，为了更好地保护生态环境，让我们行动起来，不要让自己的家园变成下一个"白昼城"。

设计意图： 通过朗朗上口的歌曲总结本堂课的主旨，加深学生对于人工白昼危害大的印象。歌曲极富韵律与节奏感，降低了学生记忆的难度。通过传唱，将歌曲中蕴含防治人工白昼的方法在生活中加以推广。

【延伸教育活动】

小朋友们，人工白昼只是光污染中的一种。白亮污染和彩光污染同样危害着我们的健康，对环境造成破坏。请你做生活中的有心人，找一找我们身边还有哪些地方存在着光污染。有没有好方法来进行防治呢？完成下面的表格，和同学、爸爸妈妈交流你的发现和想法吧。

出示图片：

观察者姓名		观察地点	
观察到的现象			
属于光污染中的哪一种			
改善光污染的好方法			

【板书设计】

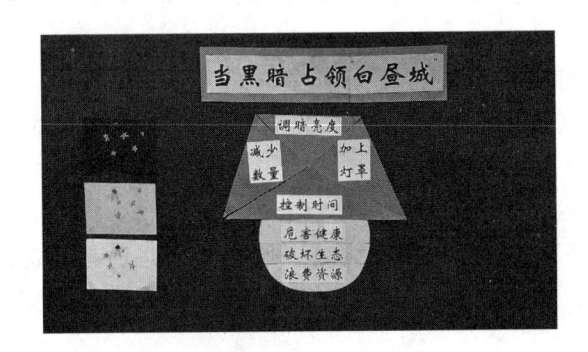

【点评】

玩转课堂，"MO"力无限

整堂课活动形式新颖，贴合学生的年龄和心理特点。面对二年级学生年龄较小、理解力和集中力较弱的特征，如何引导他们在课堂中真正认知"人工白昼"与保护生态环境之间的内在联系？孙老师巧思布设，灵活玩转"模拟"课堂，让学生在真实的体验活动中自主思辨和探究。

1. "模"拟实验，观细节

在"探寻防治人工白昼的方法"环节，孙老师亲自出马，演示"巧选灯罩"实验。通过模拟不同灯罩遮蔽光源的效果，让学生明白在探寻防治人工白昼方法时，需要关注细节，进而巧妙地将趣味性和科学性相融合，让学生在"模"拟实验中尽享学习之奥妙。小"模"拟，窥大世界。

2. "魔"法环境，翻花样

在"感受人工白昼对生态的破坏"环节，孙老师精心设计了"指尖萤火虫"和"奇妙的星空"两个体验活动，让学生身临其境模拟演示萤火虫的生存环境，切身感受灯光对萤火虫的影响；再通过小组合作绘画的形式，让学生直观比较、感受不同亮度下星空的清晰度变化。此时的课堂，一如闪亮的"魔法"星空，让学生沉醉其中欲罢不能，知识目标的达成也水到渠成。小"魔"法，显大智慧。

上海市浦东新区三林镇中心小学学生部主任　胡晓寅

第 33 课　抗霾小队在行动

设计教师：上海市浦东新区周浦第三小学　朱君杰
指导教师：上海市浦东新区周浦第三小学　张旭红

【活动对象】
　　小学三年级学生

【活动时长】
　　2+35分钟（2分钟预备时间）

【学情分析】
　　1. 初步具备自我能力的认知
　　三年级学生正处于小学阶段承上启下的转折期，随着年龄的增长，在学习和生活方面已具备一定的能力，也认识到自身与以往的差异，从而重新审视自己的行为。对于雾霾，孩子们知道的内容相对单一，因此在行为上表现出的独立要求会出现一定偏差。
　　2. 缺乏对雾霾的认知和自我保护意识
　　遇到雾霾指数超标的天气，学校会取消一切户外体育活动。但不少孩子不理解这一举措，认为运动本身就可以强身健体，室内活动空间有限，由此产生一些抵触情绪和行为。他们常常会无惧雾霾的危害，不顾教师的劝阻，课后到操场上奔跑，也会在放学后约上几个小伙伴，在小区花园玩上一会儿，用"无惧雾霾"的行为证明自己长大了。

【主题解析】
　　1. 生态文明与城市雾霾
　　生态文明建设是中国特色社会主义事业的重要内容，生态文明建设关系人民生活，关乎民族未来。雾霾天气常见于城市。像上海这样的特大城市，承载着高密度的人口和产业的压力，工业废气、汽车尾气以及大型工地引起的扬尘和有害气体容易产生雾霾天这样的灾害性天气。因此，必须加强生态保护，全面改善生态环境和建设生态文明美好家园。
　　2. 践行生态文明，培养生态意识
　　将生态文明教育渗透于教育教学的各个方面，引导小学生树立生态文明理念，通过加强对雾霾的认知，践行绿色低碳、文明健康的行为习惯和生活方式。立足于小学生的认知规律和思维特点，进一步将生态意识扎根于孩子心中，引导他们从小事做起，不断提升生态文明素养。

【活动目标】

认知目标：

1. 知道雾霾会对人体产生危害。
2. 了解雾霾形成原因。

情感目标：

1. 激发学生保护环境的积极性。
2. 树立正确的价值观，遇到困难要积极应对。

行为目标：

1. 学会雾霾天的自我防护。
2. 学会预防雾霾的方法。

【活动重点】

1. 学会雾霾天的自我防护。
2. 学会预防雾霾的方法。

【活动难点】

激发学生保护环境的积极性。

【活动准备】

课件、板贴、小剧本材料3个。

【2分钟暖场活动】

活动名称：师生谈话

1. 师：同学们，自从开展课后看护工作后，很多学校都开了社团课。你们都参加了什么有趣的社团课呢？在那里你们学到了什么呢？

生1：我参加了朗读社团，我欣赏和诵读了很多名家名作，提升了我的鉴赏能力。

生2：我参加了武术社团，我学习到了很多武术的基本功。

生3：我参加了五子棋社团，我的棋艺有了很大进步。

2. 师：你们的课程真是丰富多彩！跟你们一样，有的同学参加了围棋社团，锻炼了思维逻辑能力；有的参加了乒乓球社团，学习了颠球和发球；有的参加了武术社团，学习了各种招式；还有的参加了足球社团，非常享受球场上奔跑的喜悦。

> **设计意图：** 以孩子感兴趣的社团课作为话题，激发他们的活动兴趣，调动他们对本堂课的情感共鸣，从而积极融入主题教育课。

出示图片：

【活动过程】

一、情景引入，小队成立

1.师：今天老师要介绍一位新同学淘淘，他今年也参加了社团活动。咦？今天的社团课上似乎有些小插曲，快来看看发生了什么。

播放音频1《淘淘组建足球抗霾小队》。

淘淘：大家好，我是淘淘，这学期，我终于加入了足球社团。瞧，今天又是社团课啦，我终于可以和伙伴们一起大展身手了！

教练：同学们，最近几天都是雾霾天，不宜进行户外活动，今天仍然为室内活动。

淘淘：教练，我们什么时候能去操场上课啊？开学好几天了，我好想踢球啊！

教练：淘淘，你看最近的天气预报了吗？这几天都有雾霾，怎么踢球呀？

淘淘：啊！真是太倒霉了！哼！不就是雾霾吗？这点小事怕什么？我把身体练好了，照样能抵抗雾霾。我要成立一个足球抗霾小队，就不用再像这样畏首畏尾了！说干就干，今天傍晚放学后，我就约上小伙伴们一起去社区足球场先踢一场。

旁白：就这样，淘淘的足球抗霾小队成立了，他们在社区足球场连着踢了好几天。

出示图片：

2.师：同学们，你们了解雾霾吗？你印象中的雾霾天气是什么样的呢？

板贴：雾霾天

生1：天灰蒙蒙的，看不清远方的物体。

生2：雾霾天时，我们可能会咳嗽，雾霾会对我们的身体产生危害。

生3：空气里有一股股刺鼻的气味，感觉不舒服。

出示图片：

> 你印象中的雾霾天气是什么样的？
> 看不清远方　　难闻的气味

3. 师：是啊，在雾霾天里，我们看不清远方，还会闻到难闻的气味。即使是这样，淘淘也要组建抗霾足球小队，你们猜一猜，小队会组建成功吗？认为会成功的同学比个"耶"，认为不成功的同学比个"叉"，说说为什么。

（生做手势）

出示图片：

> 猜一猜
> 小队会组建成功吗？

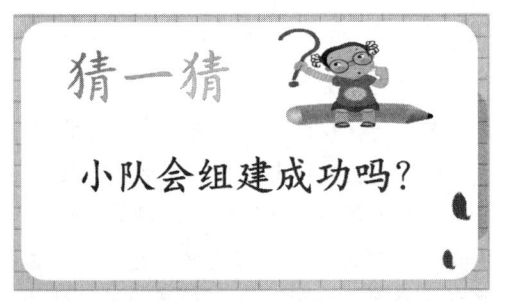

生1：我猜小队组建成功了，因为他们如愿以偿踢到足球了。

生2：我猜小队组建不成功，虽然踢到了足球，但是他们的身体可能会出现问题。

设计意图： 三年级小朋友独立自主意识正在觉醒，他们往往会对教师的指令不满意，就像淘淘一样。淘淘用自己的方式悄悄组建抗霾小队，想要用身体抵抗雾霾。这一情境符合孩子的年龄特征，将很多孩子的心里话表达出来，让他们感同身受。

二、了解雾霾危害大

1. 师：看来同学们都有了自己的见解。这几天足球踢下来，淘淘确实挺高兴的。可是没过多久，淘淘生病了，于是他来到了儿科门诊就诊。

播放音频2《抗霾队员生病记》。

淘淘：医生，我最近咳嗽得厉害，嗓子疼。

淘淘：咦，壮壮、康康、跳跳，你们怎么都来啦？

壮壮：我最近鼻炎又发作了，一直在打喷嚏，流鼻涕。

康康：我这几天眼睛痒，一直流眼泪。

跳跳：我感觉自己发烧了，头疼得厉害。刚刚我还看见我们其他几个足球抗霾小队的伙伴也来了。

医生：这几天来看病的小朋友可真多，都是这雾霾天引起的。因为空气里面都是有害的气体、灰尘，还有很多的病毒，可能会诱发各种疾病。轻一点的嗓子疼、咳嗽、鼻炎、眼睛红肿，严重的还有发烧、肺炎等情况，雾霾会危害我们的身体。户外运动也要看天气呀！

淘淘：对不起，都怪我要组织什么抗霾小队，才让大家都生病啦，都怪我。

出示图片：

2. 师：同学们，倔强的淘淘一定要踢球，虽然踢成了球赛，但是小队成员们都陆陆续续生病了，他们的身体都怎么样了？

生1：他们有的嗓子疼。

生2：有的流鼻涕、眼睛痒。

生3：有些抵抗力差的同学还发烧了。

师：他们为什么会生病呢？

生：因为**雾霾**太厉害了，在户外运动难免会对身体有害。

师：是啊，**雾霾**对我们身体的危害实在太大了！但是碰上雾霾天，我们就不出门了吗？有什么好方法能让我们提前知道今天有没有雾霾呢？让我们听听医生是怎么说的。

播放音频3《医生的话》。

医生：小朋友们，雾霾天要避免户外剧烈运动。如果你想外出玩耍，可以在家长手机里下载一个预报天气的App，如果这个指数（AQI）显示优良，才能出去玩耍。不能再意气用事了！

出示图片：

3. 师：同学们听得都很认真。老师注意到医生提到了"雾霾指数"这个词，你们听说过"**雾霾指数**"吗？听过的请举手！

出示图片：

（生举手示意）

4. 师：谁能用自己的话来说一说，什么是雾霾指数？

生1：在听天气预报时，我经常会听到空气质量这几个字。

生2：我看过用颜色来表示雾霾指数。绿色就表示空气质量优。

5. 师：同学们说得都很不错，雾霾指数其实就是空气质量指数。我们通常会用AQI来表示空气质量等级，当AQI指数为优良，也就是为绿色和黄色时，我们就可以外出运动了。

出示图片：

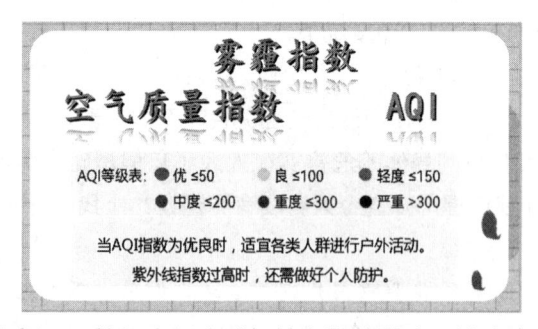

6. 师：下面我们根据AQI等级表玩个"打地鼠"的游戏，请大家看清楚游戏规则。

（1）当出现绿色或黄色时，请小声喊"出、出、出"。

（2）当出现橙、红、紫、黑时，请大声喊"防、防、防"。

（3）游戏时间为30秒。

出示图片：

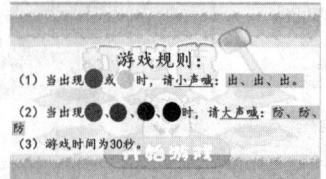

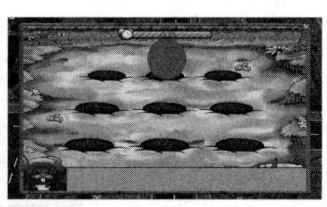

7. 师：听到大家整齐响亮的声音，老师就知道你们很会辨别了。以后外出前先去手机的气象软件里看雾霾指数。虽然运动有利于身心健康，但在雾霾天运动危害更大！

出示图片:

板贴：危害大

设计意图：通过抗霾小队生病的情境，让学生了解雾霾对身体健康的危害，从而引导学生会看空气质量指数，学会科学辨别运动的时机。

三、雾霾产生的原因

1.师：经过这次生病，淘淘吸取了不少教训，现在他对雾霾有了一些新的想法。

播放音频4《重建抗霾小队》。

淘淘：伙伴们，对不起！我没听教练的话，在雾霾天踢球，害得大家都生病。都是我任性，对不起！

壮壮：淘淘，你不用这么内疚。我们大家都不了解这个雾霾，你可是我们的队长哦，可不能被雾霾打败了。

跳跳：对！不能被雾霾给打败！

淘淘：大家说得对，我可不能被它打败了，可是这个雾霾到底从哪里来的？我们要找到它，而且还要消灭它！

康康：对，我们要重建抗霾小队！我们要找出雾霾到底从哪里来的。我建议发动同学们一起参加，出去多拍点照片，回来我们可以一起研究。

跳跳：没错！我们也可以在网上搜集一些图片，到时候大家一起整理。

淘淘：好！谢谢你们，让我们一起行动起来吧！

旁白：就这样，小队成员各司其职，纷纷忙碌了起来，收集了很多资料。

出示图片：

板贴：抗霾小队在行动

2.师：同学们，淘淘没有被打败，他重新振作起来了，抗霾小队找了很多的资料，要找出雾霾产生的原因。我们也一起来帮助他们分析分析，哪位同学来读读合作要求？

生：（1）以小组为单位将图片整理归类。

（2）根据图片分类，说说雾霾产生的原因。

（3）推选一名发言人以这样的句式汇报（哪几张图片）属于_____。

（小组合作将图片进行整理归类）

出示图片：

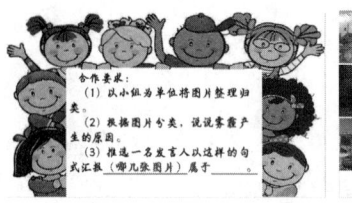

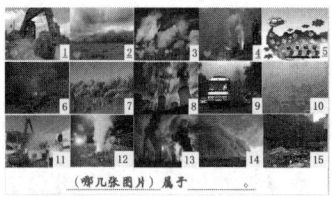

生1：图3、8、13属于化工厂排放的废气。

生2：图5、9、10属于汽车排放的尾气。

生3：图1、11、15属于建筑工地上的灰尘。

生4：图2、7、14属于荒漠的沙尘。

生5：图4、6、12属于燃放烟花爆竹的烟尘。

出示图片：

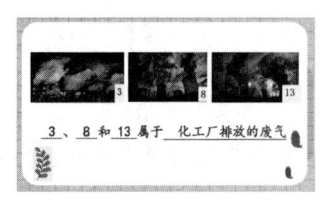

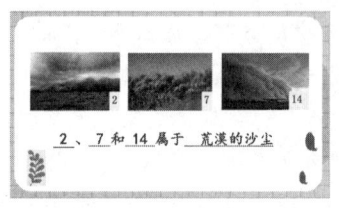

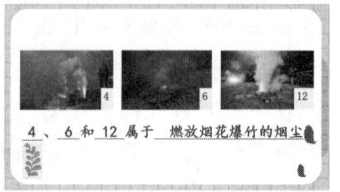

3.师：根据抗霾小队提供的资料，大家可以看到，工业生产中的废气、汽车排放的尾气，还有各种扬尘都是雾霾形成的原因。找到了根源，我们就可以对症下药啦。

出示图片：

板贴：工业废气 汽车尾气 扬尘

设计意图： 淘淘在初次成立足球抗霾小队失败后，消极气馁，比较符合三年级小朋友遇到困难时的心境。通过设计小队成员鼓励淘淘的情境，促使学生懂得即使遇到困难，也要学会积极应对，努力克服困难。

四、消灭雾霾的方法

1.师：说起这雾霾，老师也深有感触。我是易过敏体质，碰上这雾霾天扬尘纷飞时，喷嚏不断，身上还经常发红疹子，非常难受。看来，减少雾霾时不我待。瞧，抗霾小队的成员们正聚在一起想办法呢！

出示图片：

播放音频5《抗霾小队想办法》：

淘淘：小伙伴们，通过大家的努力，我们终于找到雾霾产生的原因了。这该死的雾霾，我们一定要想办法消灭它！

跳跳：我建议把发电厂关了，就没有废气排放了！

康康：不行不行！发电厂关了，我们的日常生活就要出问题啦！

旁白：小队成员聚在一起，七嘴八舌地讨论开了……

2.师：大家也一起帮抗霾小队出出主意，想想办法，怎么减少雾霾。

生：我们尽量少出门，若一定要出门，可以乘坐公共交通或者开新能源车代替油车。

师：真聪明，这样就减少了尾气排放。

生：我们要尽量少放烟花爆竹。

师：是啊，这样可以大大减少扬尘的产生。

生：我们还能多种树，可以帮助净化空气。

师：你的课外知识真丰富，绿色植物有光合作用，可以清新我们的空气。

生：可以让化工厂先过滤废气废水再排放。

师：这也是个好办法，工厂肯定或多或少会排放一些有害气体，像这位同学所说的过滤行为，其实就是一个无害化处理的模式，这样就不会产生雾霾了。

板贴：无害处理　公共交通　新能源　多栽树　少烟花

3.师：同学们替抗霾小队想出了这么多好办法，有针对工厂的，也有针对居民日常生活习惯的，真不错！雾霾天时，小朋友在日常生活中也要学会保护自己。我们出门在外或回家后可以怎么做，你们有什么好办法吗？

　　生1：我们出门要戴口罩。

　　生2：我们回家后要先洗手，平时要多喝水。

板贴：戴口罩　勤洗手　多喝水

　　4. 师：同学们真是太棒了！既帮助小队找到了消灭雾霾的办法，也学会了保护自己。看，抗霾小队行动起来了！

　　播放音频6《抗霾小队在行动》。

　　淘淘：抗霾小队的成员们，让我们行动起来吧！找一找，在生活中有哪些不环保的行为，大家一起劝一劝。

　　5. 师：这里有三个场景，请每个小组拿起桌子上的剧本，分角色演一演。

　　要求——

　　（1）小组成员每人饰演一个角色，旁白也是一个角色。

　　（2）表演时，声音响亮，表情丰富，可以适当配上肢体语言。

　　（3）表演后，我们来说一说。

　　出示图片：

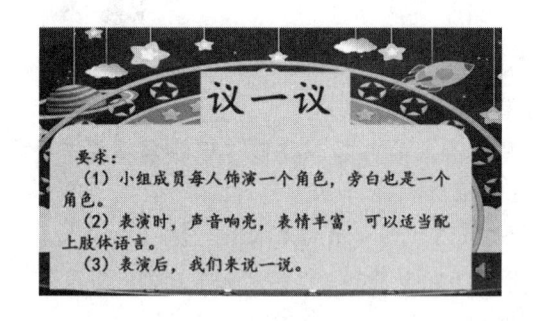

　　剧本1

　　旁白：一天，小明一家去野餐。

　　小明：妈妈，我们今天去公园得带上不少东西，我们开车去吧！我想坐那辆大的SUV，宽敞一点，坐得舒服呀！

　　妹妹：对对对！哥哥说得对！我也要坐，我也要坐！

　　爸爸：那辆SUV啊特别耗油，排气管也不大好了，释放尾气特别厉害，今天我们开那辆电车吧！

　　出示图片：

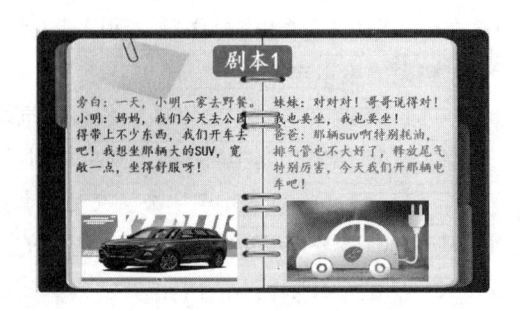

6. 师：你们觉得开油车好还是电车好？为什么？

生：我觉得开电车好，因为电车没有尾气排放，更环保。

师：是啊，希望新能源车可以越来越普及，能够大幅度地减少废气排放，老师也非常赞同你的说法。再来看看剧本2，表演前我们先看个小视频。

播放视频1《放鞭炮》。

剧本2

小王：快来看！快来看！我家放的烟花漂亮不？

小天：这有什么？我爸爸托人买了好多烟花，大的小的，应有尽有，比这有意思多了！

小兰：我们家没买烟花，妈妈说了，放烟花会产生很多的有害气体。

小静：是呀，到时候空气里都是粉尘，既难闻，还污染环境。

出示图片：

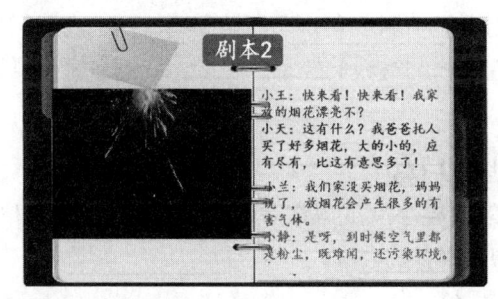

7. 师：同学们，你们家过年放烟花吗？

（生举手示意）

师：今年过年，你打算放烟花吗？为什么？

生：我不会燃放烟花爆竹，因为这会产生很多有害气体，很不环保，建议大家尽量少放或者不放。

师：老师也非常赞同你的做法！

剧本3

旁白：周末，班级里同学们正准备相约去打篮球。

优优：咦？今天外面怎么雾蒙蒙的？

文文：是啊，还有股难闻的气味。我记得老师说过，这可能是雾霾天，我们看下天气预报吧！

美美：呀！今天是橙色预警，不好，今天不能外出运动了，我们还是老老实实待在家里吧。

文文：你太胆小了吧！大不了，我戴口罩打篮球不就行了。

出示图片：

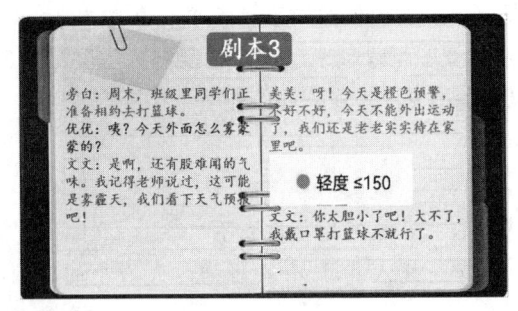

8. 师：同学们，如果我们需要外出运动，应该向谁学习呢？

生：应该向美美学习。

师：是啊，美美对雾霾天了解得越来越全面了，还学会了保护自己，**雾霾天，少出门，尽量待在家里**。文文看天气预报的意识虽好，可戴着口罩进行体育运动，不利于我们的呼吸，反而会起反作用。但小朋友们，你们知道吗？在室内我们也不能掉以轻心，可能在开窗开门时，会有雾霾偷偷钻进我们的家。所以，我们在家可以开空气净化器，使我们室内的空气也变得清新。

五、宣传抗霾方法

1. 师：看来，淘淘的抗霾小队成果在我们班初见成效，淘淘为了更好地宣传抗霾知识，也是绞尽了脑汁，想了很多的办法。

播放音频7《神曲的灵感》。

淘淘：谢谢同学们的帮助，我们终于找到了防治雾霾的方法。可是要让更多的人来了解我们的活动，该怎么办呢？愁死我了，愁死我了！

旁白：这时，广播里传来了欢快的歌声，班里的同学们不由自主地哼唱起来。（放音乐：蜜雪冰城甜蜜蜜）

跳跳：哎呀，这网络神曲很红呀，我也会唱！

壮壮：嘿，有啦！我们就把它改编成我们的抗霾之歌吧！让大家一起唱，就会有更多同学了解抗霾方法！

出示图片：

2. 师：同学们，咱们一起来帮帮他们吧！把这首抗霾之歌补充完整。

生：雾霾天，<u>危害</u>大，废气尾气扬尘大。出门前，看<u>预报</u>，<u>喝水</u>洗手少不了。<u>口罩</u>

也要戴好呀，多栽树，少排放，抗霾小队成功啦！

出示图片：

抗霾之歌

雾霾天，危害大，废气尾气扬尘大。

出门前，看预报，喝水 洗手少不了。

口罩也要戴好呀，多栽树，少排放，

🔊 抗霾小队成功啦！

3. 师：没想到，你们创编儿歌的本领也这么强，能不能跟着音乐，自己将歌词唱一唱呢？

（生自唱、齐唱）

4. 师：同学们，经过淘淘组织的抗霾小队活动，你们对环境的保护意识越来越强了。老师要给大家颁发"抗霾小卫士"的小徽章！相信你们在今后的生活中，能够从自身做起，为共同创建我们良好的生态文明环境而努力治霾抗霾，我们的抗霾小队永远在行动！

设计意图： 通过创编网络歌曲，更能让学生深刻记忆和了解雾霾形成的原因以及作为小学生能做到的解决措施。同伴合作饰演剧本和自主评价也能提升学生自主辨析能力。

【延伸教育活动】

师：现在，我们出去运动的机会也越来越多了，老师要提醒你们，雾霾天时，一定要学会保护自己。课后，我们可以做一张抗霾手抄报，向自己的家人宣传治霾抗霾小知识。

出示图片：

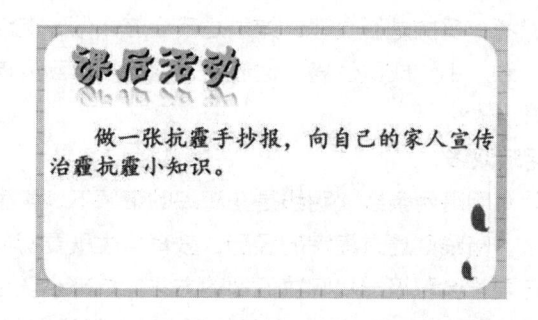

课后活动

做一张抗霾手抄报，向自己的家人宣传治霾抗霾小知识。

【板书设计】

```
            抗霾小队在行动
                  无害处理
公共交通              雾霾天
新能源                危害大        多栽树
                                    少烟花
              戴口罩
              多喝水
              勤洗手
```

【点评】

本堂课的情境设计颇具特色，在明暗双线的设计中，故事情节一波三折，牵引着小朋友和老师一起进入故事中，体验真情实感。

一、人物形象，个性鲜明

在教育活动中，借助情境故事可以让学生获得更加真实的认知体验，比光说道理更能培养学生的道德敏感性，提升学生的道德判断力。本堂活动课中，老师设计了一个活泼好动、个性鲜明的人物淘淘，面对教练的命令他不服气，悄悄组建了足球抗霾小队，打算用行动证明自己的观点：只要身体锻炼好了就不怕雾霾。淘淘的倔强叛逆非常符合这个年龄阶段小朋友的心理特点——三年级学生正是形成独立个性的转变期，低年级时可能对老师的话盲目服从，但是现在他们有了自己的主意，有时甚至觉得自己什么都能行，目空一切。所以淘淘的想法会让小朋友觉得就是自己的想法，代入感很强。

二、故事情节，一波三折

故事情节一波三折，能够激励学生认真思考，产生探究的欲望，思考自己的理由是否更加合理。比如淘淘终于加入了他最爱的足球社团，他最想做的就是在球场上大展身手，可教练说由于雾霾不能踢球，犹如一盆冷水浇下，让他非常失望，于是他想反抗。这样的情节设计促使学生们思考，反抗是否合理？如果是我会怎么做？淘淘的生活经验还不足，处理事情盲目自信，导致了小队成员生病。他遭受了挫折，感到内疚对不起朋友。面对失败的情况，自己又会怎么做？

三、情境设计，明暗双线

本堂课的情境设计有明暗两条线。明线是在淘淘的带领下，学生了解到雾霾的形成原因，学会了抗霾的方法。暗线则通过淘淘的经历，教育学生既要有独立思考的能力，又要有直面挫折的勇气，还要学会积极寻找解决问题的方法。抗霾小队生病的时候，淘淘非常自责，可是他没有退缩反而重建抗霾小队，寻找抗霾方法，最后获得成功的体验。

上海市浦东新区周浦第三小学德育主任　张旭红

第34课 "塑小白"安家记

设计教师：上海市周浦实验学校　莫兆琪
指导教师：上海市宣桥学校　　　祝永华

【活动对象】
小学四年级学生

【活动时长】
2+35分钟（2分钟预备时间）

【学情分析】
塑料袋垃圾分类知多少
四年级学生已经具备一定的环保意识，知道塑料制品产生的白色污染对环境是有害的，但在实际生活中对于塑料垃圾的处理较为随意，尤其是塑料袋，一般会将其作为干垃圾丢弃。"从我做起保护生态环境"的意识较为薄弱，缺少对塑料垃圾按可回收和不可回收进行分类的经验，也缺乏正确处理塑料垃圾的能力，生态道德素养还有待提高。

【主题解析】
1. 倡导树立节约意识，从源头保护生态环境
习近平总书记指出："坚持人与自然和谐共生，坚持节约优先、保护优先、自然恢复为主的方针，像保护眼睛一样保护生态环境，像对待生命一样对待生态环境。"在青少年心中播撒生态文明的种子，引导其践行"减塑"，养成合理使用塑料制品的习惯，从源头保护生态环境。

2. 合理使用塑料制品，积极应对塑料污染
塑料制品已经成为日常生活中必不可少的一部分，只有正确合理地使用塑料，不随意丢弃，才能改善我们的生态环境。积极应对塑料污染，使用可降解的塑料制品，规范塑料废弃物回收利用，建立、健全各环节管理制度，有力有序有效治理塑料污染，需要我们共同努力。

3. 分类回收不乱丢弃，用行动实践绿色理念
对于四年级的学生而言，身体力行，减少白色污染是践行生态文明的重要一环。从学生的实际生活出发，引导他们树立正确的价值观，对生态文明有更深的认识，在情感上知道环境与我们息息相关，在行为上习得有效处理塑料垃圾的方法，真正在行动中实践绿色理念。

【活动目标】

认知目标：

知道塑料历史久、种类多、用处大的优点，以及随意丢弃之后将对环境造成巨大的危害。

情感目标：

树立保护环境意识，养成合理使用塑料袋、不乱丢弃塑料袋、循环使用身边已有的塑料袋的习惯，成为保护生态文明的环保小达人。

行为目标：

以小组合作的形式来探究辨识塑料袋上的回收标志，知道塑料袋是2号可回收塑料。

【活动重点】

知道塑料历史久、种类多、用处大的优点，以及随意丢弃之后将对环境造成巨大的危害。

【活动难点】

树立保护环境意识，养成合理使用塑料袋、不乱丢弃塑料袋、循环使用身边已有的塑料袋的习惯。

【活动准备】

多媒体课件、板贴若干、资料卡、信封、塑料袋、塑料花、视频、音频。

【2分钟暖场活动】

活动名称： 学唱《我有一只小毛驴》

1. 师：同学们，课前两分钟让我们跟着音乐共唱一首好听的儿歌《我有一只小毛驴》。

　　生：我有一只小毛驴，我从来也不骑，有一天我心血来潮，骑着去赶集，我手里拿着小皮鞭，我心里正得意，不知怎么哗啦啦啦，我摔了一身泥。

2. 师：大家唱得可真好听，这首儿歌和我们今天的课还有千丝万缕的关系呢。

> **设计意图：** 学生对歌曲《我有一只小毛驴》比较熟悉，这首歌旋律轻快，朗朗上口，可以活跃课堂气氛。此外，整个课堂中会唱六段旋律，让学生预先熟悉起来，为课堂结束时一起唱限塑令改编的歌曲做铺垫。

【活动过程】

一、走近"塑小白"

1. 师：今天有位新朋友来到了我们的课堂，说起它的大名，相信大家都不陌生。让我们一起听一听，认识它吧！

播放音频1《"塑小白"的自我介绍》：

塑小白：嗨，大家好，我是"塑小白"，来自塑料家族。说起我们这个庞大的家族，那可就是long long ago的事情了。1869年，我们家族的第一位成员就诞生啦！一直到现在，我们仍然备受追捧！我们可是19世纪最伟大的发明，我们的兄弟姐妹可多了，足迹也遍布全球！说不定，你们都是我们的粉丝呢！让我算算我们的年龄，哎呀……瞧我这记性……

2. 师：瞧，这"塑小白"连自己的年龄都忘了。小朋友们，请你们来算一算，塑料诞生究竟有多少年了。请大家用手势"1"或"2"做出选择。

出示选项：

| 1. 154年。 |
| 2. 54年。 |

（生做手势进行选择）

师：大部分同学都猜对了，塑料诞生154年了。

3. 师：哇，塑料家族还真是历史悠久啊！"塑小白"一听可得意了，立即哼起了小曲，大家听一听！

板贴：历史久

播放音频2《"塑小白"历史久》：

塑小白：我们塑料历史久，啦啦啦啦啦！我们塑料历史久，啦啦啦啦啦！

4. 师：塑料家族在1950年进入了发展期，到现在已经衍生出成百上千种类型，涉及我们生活的方方面面，相信大家也都非常熟悉。接下来，我们来玩击鼓传花的游戏，请一位同学上台背对大家敲鼓，鼓停时花落谁手，谁就说出一种塑料制品。

（学生击鼓传花、交流塑料制品，教师随机进行分类）

生1：我平时喝水的杯子是塑料的。（生活用品）

生2：我用的三角尺是塑料的。（学习用品）

生3：我的玩具汽车是塑料的。（休闲物品）

5. 师小结："塑小白"是我们日常生活中必不可少的物品。生活用品有它，学习用品有它，休闲用品也有它。真的是种类多、用处大呢！

板贴：种类多 用处大

设计意图： 通过创设"塑小白"的卡通形象，将一只平平无奇的塑料袋赋予了人的性格和特征，引起学生的兴趣。它幽默风趣的自我介绍能进一步激发学生对塑料制品的探究欲望，调动学生学习的积极性。此外，一开始的情境创设就吸引学生跟随"塑小白"一路辗转，与卡通人物产生情感共鸣。

二、"小白"流浪记

（一）走近海洋和森林，了解危害

1. 师："塑小白"看到自己的优点这么多，又哼起了小曲儿，听！

播放音频3《"塑小白"唱优点、诉烦恼》：

塑小白：我们塑料历史久，啦啦啦啦啦！种类很多用处大呀，啦啦啦啦啦！（说）我是一只塑料袋，本来主人可喜欢我了！他把各种各样的东西都往我肚子里装，可是刚才我身上破了一个小洞，他就不喜欢我了，随手把我丢在了路边，看来我只能找个新家了！世界这么大，哪里都是我的家！我的梦想很呀很呀很简单，那就是能找个舒适安静的地方！

2. 师：原来"塑小白"准备安新家啦，那我们和它一起出发吧！

板贴："塑小白"安家记

出示场景一（大海）

播放音频4《"塑小白"准备在大海安家》：

塑小白：哇，大海那么宽广，总有我的容身之处吧！里面还有好多鱼类朋友，不如我去那里安个新家吧！

3. 师：欢迎"塑小白"在大海里安家的请拥抱它，不欢迎的请双手交叉。

（生做手势）

4. 师：让我来现场采访一位同学，说说不欢迎的理由。

生："塑小白"不能在海洋里安家，动物吞食了就会有生命危险，还会影响海洋环境。

5. 师：关于"塑小白"能不能在海洋安家，这儿有一则新闻播报，请看！

播放视频1《三亚搁浅侏儒抹香鲸死亡原因查明》：

2023年2月15日，海南三亚角头湾发现一头搁浅的侏儒抹香鲸，体表有多处擦伤，经多方紧急救治，该鲸还是在2月16日23时左右停止呼吸。经过解剖，工作人员发现：侏儒抹香鲸胃内有大量塑料垃圾。

板贴：危害生命

出示场景二（森林）

播放音频5《"塑小白"准备在森林安家》：

塑小白：这里的空气这么新鲜，环境这么优美，和小花小草们做邻居也不错啊，我去树枝上安家吧！

6. 师：欢迎"塑小白"在森林里安家的请拥抱它，不欢迎的请双手交叉。

（生做手势）

7. 师：听，新闻还在继续，谁来当一下小小播音员，并采访同学说说不欢迎的理由。

出示热搜新闻《塑料袋污染环境》：

> 我是播报员＿＿＿＿＿＿，欢迎大家观看今天的新闻联播，现在给大家播报一则信息：
> 2022年1月2日，在晋南中条山下一村庄旁的森林里，无数片五颜六色的塑料袋在风中飞舞。飞舞的塑料袋难以处理和收集，污染环境，成为环境的"恶之花"。

（生播报新闻，并采访同学）

生："塑小白"不能在森林里安家，它在森林里到处飘浮会对环境造成污染。

板贴：污染环境

8. 师：塑小白连续被拒绝了两次，很沮丧，唱起了它的伤心之歌。

播放音频6《"塑小白"伤心之歌1》：

塑小白：来到海洋和森林，呜呜呜呜呜。危害生命污环境，呜呜呜呜呜……

（二）走进高温和土壤，了解危害

1. 师："塑小白"一边唱，一边继续飘，飘到了沙滩。看到沙滩正在进行篝火晚会，它也想去凑个热闹。

出示场景三（沙滩篝火）

播放音频7《"塑小白"准备靠近篝火》：

塑小白：真暖和呀，我要靠得更近些！

2. 师：正在参加晚会的孩子们，你们欢迎它吗？欢迎"塑小白"的请拥抱它，不欢迎的请双手交叉。

（生做手势）

3. 师：此时热搜排名榜第一的《美国又有工厂起火了！》正在播出，看完后请说说你不同意"塑小白"在沙滩安家的理由。

播放视频2《美国又有工厂起火了！》：

当地时间4月11日，美国印第安纳州一家回收工厂发生火灾。消防部门称，这家工厂内堆满了各种塑料制品。火灾产生的浓烟"绝对有毒"，有当地居民反映，伴随着大火浓烟，方圆10英里的范围内都不时会有烧焦的塑料制品碎片从空中掉落。塑料燃烧后会产生一种致癌物质——二噁英，此物质久久悬浮于空气中，随着空气被吸入人体且极难被排出，达到一定含量后就会引起分娩异常、雄性雌性化等一系列疾病。

生："塑小白"不能在沙滩里安家，如果被燃烧，就会产生二噁英，这是一种有毒有害气体，会污染空气。

板贴：燃烧有毒

4. 师："塑小白"一听沙滩篝火晚会也没它的份儿，只能垂头丧气地继续往前飘。它今天飘得实在是太远了，累得一头就扎到了土壤上。欢迎它的请拥抱它，不欢迎的请双手交叉。

出示场景四（土壤）

播放音频8《"塑小白"准备在土壤安家》：

塑小白：太累了，今天先在泥土里凑合一晚吧！

5. 师：猜一猜这些塑料制品在土壤里的可降解年限。

出示图片：

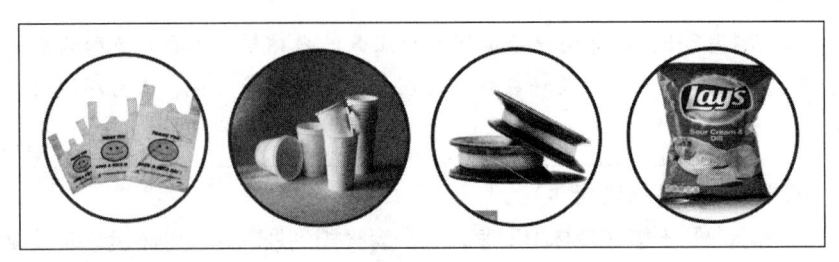

（生猜年限）

6. 师：现在，请你说说不同意"塑小白"在土壤安家的理由。

生："塑小白"不能在土壤里安家，因为它在土壤里是很难降解的，会污染土壤。

板书：破坏土壤

7. 师："塑小白"又被连续拒绝了两次，伤心极了，唱起了它的伤心之歌。

播放音频9《"塑小白"伤心之歌2》：

塑小白：燃烧释放毒气体，呜呜呜呜呜。破坏土壤难降解，呜呜呜呜呜……

8. 师小结：塑料对环境的污染是巨大的，所到之处对生态也会造成很大的破坏，难怪大家都把它称为"白色污染"。

（三）正方反方齐辩论，深究原因

1. 师：看到大家都不欢迎它，"塑小白"生气极了！

播放音频10《"塑小白"发脾气》：

塑小白：都说我危害生命，给我扣了这么大一顶帽子！有本事就把我给消灭了，没有塑料不是更好吗？

2. 师：大家同意这个观点的，请举手发表你的看法。

（生举手，按正反方进行辩论）

生（正方1）：我们建议全面取消塑料制品，因为塑料会危害生命、污染环境。

生（反方1）：我们的意见是继续使用塑料制品，因为塑料轻便、便宜。

生（正方2）：塑料燃烧有毒，还会污染土壤。

生（反方2）：塑料的可塑性比较强，可以变成各种形态。

3. 师：通过刚才的辩论，我们知道塑料有很多缺点，但不可否认它也有很多闪光点，是我们生活中必不可少的物品。那到底是谁让塑料产生了这么多危害呢？

生：是我们人类自己。

4. 师小结：对，是我们人类。

> 设计意图：通过数字故事，创设"塑小白"想要找一个舒适的地方安家，却屡屡遭到大家嫌弃的情境，设下悬念，引发学生们的思考，并调查大家不喜欢"塑小白"的原因，使学生进一步了解塑料制品对环境产生的危害，对生态环境的破坏。

三、身份大揭秘

1. 师："塑小白"听到大家这么说，心里轻松多了，又哼起了它的小调。

播放音频11《"塑小白"唱优点、找住处》：

塑小白：我们塑料历史久，啦啦啦啦啦！种类很多用处大呀，啦啦啦啦啦！只要合理来使用，危害远离你。啦啦啦啦啦，啦啦啦啦啦！（说）眼看着天就要黑了，今晚注定要露宿街头了。哎呀，好耀眼的灯光呀！等等，我没看错吧——回收酒店！哈哈哈，真是踏破铁鞋无觅处，得来全不费工夫啊，小白我不用露宿街头啦！

旁白：于是，"塑小白"以飞快的速度飘进了酒店大堂。

前台机器人：先生，您好，请问您是几号塑料？

塑小白：我不知道自己是几号塑料。

前台机器人：先生，如果您无法确定自己是几号塑料的话，可以拿出身份证看一下您的身份证号码。

塑小白：什么！塑料袋还有身份证，我从没见过自己的身份证。

前台机器人：先生，这是塑料家族的族谱，您可以参考一下从1—7号中找出您的身份证编号。

2. 师：每一组的桌上都有一个信封，"塑小白"的身份证线索就在里面，让我们当一回大侦探，揭开"塑小白"的神秘身份吧！

出示任务单要求：

> 1. 提炼"塑小白"身份信息，填写在空白身份证上。
> 2. 在族谱中圈出所有可回收塑料的标志。
> 3. 推选一名代表，上台交流。

（学生小组活动）

生：2号是"塑小白"的身份证，因为塑料袋上有一个可回收标志，上面写了"2"。

3. 师：你们真是火眼金睛，一下子就发现了"塑小白"的身份证。2号回收标志说明它是可回收塑料制品，同时也正是塑料袋的编号。对于2号塑料，你们还有什么了解吗？

生：通过阅读资料我们发现，这种塑料的常见产品是盛装清洁用品、沐浴产品的塑料容器及超市购物袋。它的特点是比较耐高温，若清洁不彻底，最好不要循环使用，是可回收塑料。

4. 师：你们把2号身份证代表的塑料制品介绍得很详细。那它可以入住酒店吗？请同学们用手势作出判断，并说一说理由。

（生做手势）

生：可以入住酒店，因为它属于可回收塑料。

5. 师：除了2号塑料是可回收的，还有其他可回收的塑料吗？老师这儿有个游戏考考大家！

出示希沃小游戏"判断塑料是否可入住回收酒店"：

可入住回收酒店（1、2、4、5号）　　不可入住回收酒店（3、6、7号）

（两位学生游戏PK）

6. 师小结：身份证编号是1、2、4、5的是可回收塑料，而3、6、7是不可回收塑料。

> **设计意图**：以小组合作探究的方式，通过共同提炼信息制作"塑小白"的身份证，使学生知道塑料袋是2号可回收塑料。再通过希沃游戏，引导学生巩固有关2号塑料的知识，学会在生活中合理区分可回收塑料和不可回收塑料，同时也为下面如何正确地使用塑料制品做铺垫。

四、开启"新生活"

1. 师：好庆幸啊，我们的"塑小白"它可是2号塑料，它是有资格入住回收酒店的。妥妥的，让我们伸出手，一起给它开启酒店的大门吧！

（生做手势开启酒店大门）

播放音频12《贩卖机的考验》：

塑小白：哇，酒店大堂有台自动贩卖机。这么多好东西啊，美食兑换券、免费观影券、迪士尼乐园门票……我都想要！让我把它们换下来，享受我的新生活吧！

（生做手势按下自动贩卖机开关）

继续播放音频12。

自动贩卖机：（滴滴滴）错误信息！错误信息！请在屏幕上输入正确使用塑料袋的环保方式换取相应物品。说出一个环保方式可以换取一张美食兑换券；说出两个环保方式可以换取一张免费观影券；说出三个环保方式可以换取一张迪士尼乐园门票。

2. 师：哪位同学来帮帮"塑小白"？

生1：可以减少使用塑料袋。

生2：可以循环使用塑料袋。

生3：可以变废为宝。

播放音频13《贩卖机成功兑换》：

自动贩卖机：（叮叮咚咚）恭喜您，说出了三个环保方式，可以换取一张上海迪士尼乐园门票。同时，您是第100位参加游戏的获胜者，我们将额外赠送您一小段精彩的公益广告哦！

播放视频3《环保公益广告》：自2021年1月1日起，上海全市范围的商场、超市、药店、书店等场所以及各类展会活动禁止使用一次性塑料购物袋。与食品直接接触的预料预包装袋、连卷袋、保鲜袋等不在限制范围内，但是大家也要注意按照自己的实际需求取用。像这些已经包装好的食品，比如包好的蔬菜、熟食等就不需要使用额外的包装袋。使用环保购物袋可以大量减少一次性塑料袋的使用，既省钱又环保时尚。如果上海每户家庭每天减少使用一个一次性塑料购物袋，那么一年所节约的塑料袋连起来可以往返月球两个来回，所减少的二氧化碳排放达6万吨，相当于300万棵树一年所吸收的二氧化碳。除了减少使用塑料购物袋，我们还能这样做，比如点外卖时选择"无需餐具"；外出就餐时，适度点餐，尽量光盘，减少打包，更不要浪费。每个人都行动起来，从身边的小事情做起，减少一次性塑料制品的使用，就能让我们的环境变得更好！随身带一"袋"，减塑行动派，出门记得带环保袋哦！

3. 师：同学们看得真认真，相信接下来的"环保小挑战"肯定难不倒大家。

希沃软件"环保小挑战"小游戏：

（1）现在进入点外卖模式，选择A需要餐具/B无需餐具？（B）

（2）现在进入超市购物模式，选择A需要环保购物袋/B需要塑料袋？（A）

（3）*（多选题）现在进入外出就餐模式，面对剩下的食物，选择A尽量光盘/B适度点餐/C直接浪费/D减少打包？（ABD）

（两位学生游戏PK）

4. 师：我们在平时的生活中，对于塑料袋，能不用就不用，实在要用循环用，用不了了还可以变废为宝。"塑小白"有一个小小的心愿想对我们说。

板贴：减少使用 循环使用 变废为宝

播放音频14《"塑小白"的心愿》：

塑小白：其实，我特别希望和人类朋友和平相处。我也希望大家能合理使用我，为生态环境出一份力。这两天的流浪生活让我又惊又喜，惊的是我差点无家可归，喜的是现在"限塑令"上有活动，要我们编一首生态文明歌，那我肯定是要去参加的，可是词该怎么填呢？

5. 师：同学们帮帮"塑小白"吧！

出示限塑令：

> 我们塑料历史久，啦啦啦啦啦！
> 种类很多用处大呀，啦啦啦啦啦！
> 只要合理来使用，危害远离你！
> 啦啦啦啦啦，啦啦啦啦啦！
> 能不用就（不要用），实在要用（循环）用。
> 变废（为宝）别忘了，环保记心中。

（学生填词）

6. 师："塑小白"现在终于有居住的地方啦，你们准备怎么欢迎它呢？请每位同学想一句欢迎词，大声地告诉"塑小白"。

生1："塑小白"先生，你真是太厉害了！不仅有154年的历史，种类很多，用处还很大，我们的生活都离不开你。

生2："塑小白"先生，欢迎入住回收酒店。虽然你会给生态环境带来一些危害，但归根到底是我们人类自己的责任。今后我一定会合理使用塑料袋，不随意丢弃塑料袋。

7. 师总结：同学们，让我们从现在做起，不随意丢弃塑料袋，合理使用塑料袋，并劝导身边的人一起加入我们的"减塑行动队"中，做一个热爱家园的"生态环保小达人"！

设计意图： 这一环节设计了回收酒店的情境，让"塑小白"化身为一个住客，引发学生们的探索兴趣；通过小组讨论，在"公益广告"中寻找线索，获得更多的环保方式，让"塑小白"过上新生活，最后在轻快的儿歌中帮学生们巩固所学的重点，加深环保理念。

【延伸教育活动】

师：同学们，请你们利用课余时间通过网络、视频等方式来探究辨识塑料制品上的回收标志，明白不同的数字代表不同的塑料制品。

出示图片：

塑料家族族谱

标志	常见产品	使用注意
1 PET	一般的矿泉水瓶、碳酸饮料瓶。	避免高温，使用10个月以上会产生有害物质，可回收。
2 HDPE	盛装清洁用品、沐浴产品的塑料容器、超市购物袋。	比较耐高温，若清洁不彻底，最好不要循环使用，可回收。
3 PVC	多用于制作水管、雨衣、书包、建材等等器物。	遇高温和油脂会释放有害物质，不宜接触食品，不可回收。
4 PE	保鲜膜、塑料膜等都是这种材质。	避免高温，不宜接触含油脂的食物，可回收。
5 PP	水桶、垃圾桶、箩筐、篮子、微波炉餐盒。	耐130℃高温，透明度差，这是唯一可以放进微波炉的塑料盒，可回收。
6 PS	碗装泡面盒、发泡快餐盒。	既耐热又抗寒，但不能放进微波炉中，以免因温度过高而释放出化学物质，不可回收。
7 OTHER	多用于制造奶瓶、太空杯。	在高温条件下容易释放一些双酚A，是有毒的，对人体有害，不可回收。

【板书设计】

"塑小白"安家记

优点　　　　　　　　　环保方式
历史久　　　　　　　　减少使用
种类多　　　　　　　　循环使用
用处大　　　　　　　　变废为宝

⚠ 危害生命　　　燃烧有毒
　　污染环境　　　破坏土壤

【点评】

从兴趣走向深度学习

生动的学习情境构建了沉浸式的学习经历,丰富的教学资源活跃了学习氛围,也丰富了教学形式。莫老师精心设计,整合各类资源,充实学习内容,调动学习主体的探究兴趣,引导学生从兴趣走向了深度学习。

1.创设情境走近宏观主题

四年级学生对"生态文明"的主题有所了解,但理解程度还不够。老师巧妙创设了"塑小白"的卡通形象,吸引学生沉浸其中,兴致盎然地了解塑料家族历史悠久和种类丰富的特点。学生跟随"塑小白"的脚步一起流浪、共情,感受其烦恼,发自内心地帮助他开启新生活。生活化的情境引导学生把握了塑料的优点、危害及合理利用的方式,将守护生态文明的种子深植于心中。

2.整合资源激发参与热情

互联网上的资讯、各类教学软件平台上的资源很丰富,需要老师甄别筛选,结合教学目标进行整合。老师带领学生对《我有一头小毛驴》这首耳熟能详的歌曲进行现场改编,融入活动关键词,活跃课堂气氛,内化所学知识;适时插入视频资源,采用新闻播报的形式,帮助学生加深印象;将教学软件中的游戏资源为己所用,寓教于乐;最后,播放"限塑令"公益广告,帮助学生深入了解国家当前的政策要求。

3.巧设环节促进深度学习

这堂课各个环节之间逻辑清晰,学习内容由浅入深,循序渐进地实现教学目标。例如,讨论环节的问题链环环相扣。塑料既然存在那么多危害,那么塑料家族是否应该完全淡出我们的生活呢?富有思辨性的问题引发学生展开辩论,有助于培养发散思维,引导学生全面分析问题。如何合理利用塑料,甚至变废为宝、变害为宝?这同样促进了学生的深度思考。

上海市周浦实验学校德育副主任　刘思维

第35课 向"噪声"say no

设计教师：上海市浦东新区顾路小学　　黄　燕
指导教师：上海市浦东教育发展研究院　　姚瑜洁

【活动对象】
小学五年级学生

【活动时长】
2+35分钟（2分钟预备时间）

【学情分析】

1. 噪声知识略知一二

在课前调查中了解到，五年级学生对噪声的来源和危害有所了解，知道飞机和汽车等交通工具、工地施工、娱乐活动等会产生噪声，使人烦躁、耳鸣等，但没有深入了解更多的噪声来源、标准及危害的严重性，因此有时身处噪声污染环境也浑然不知，缺少自我保护和远离噪声的意识。

2. 个体行为有待提升

五年级学生虽然已逐步进入少年期，但仍然缺乏较强的自我约束能力。在无人提醒和制止的情况下，很多学生在校园、餐厅、商场等一些公共场合大声讲话，甚至喧哗吵闹，制造噪声，自律能力和环境公德意识有待提高，生态文明素养也有待提升。

【主题解析】

1. 学习纲领文件，贯彻生态文明思想

为尽快减缓噪声污染问题，深入贯彻习近平新时代中国特色社会主义思想生态文明理念，中华人民共和国第十三届全国人民代表大会常务委员会第三十二次会议通过《中华人民共和国噪声污染防治法》，于2022年6月5日起施行。2023年1月，中华人民共和国生态环境部制定并发布《"十四五"噪声污染防治行动计划》。以上文件体现了党中央、国务院深入打好污染防治攻坚战，实施噪声污染防治行动的坚定决心和决策部署。

2. 普及防噪理念，推进生态文明建设

噪声污染是环境污染的一种，目前已成为仅次于空气污染的影响人体健康的环境因素。噪声污染防治是生态文明建设的重要内容，与我们的生活息息相关。防治噪声污染，能保障公众健康，保护和改善生活环境，维护社会和谐，推进生态文明建设，促进社会可持续发展。

3. 参与防噪行动，共建生态文明家园

保护声环境是每个公民的义务。五年级是认知不断发展的阶段，孩子们更要了解噪声带来的持续性危害，懂得治理噪声污染对生态文明建设的重要意义，不断提高生态文明意识，为防治噪声污染，保护和改善生活环境，保障人体健康，营造宁静的校园和家园而努力。

【活动目标】

活动目标：
1. 知道噪声的定义和危害。
2. 了解国家噪声标准。

情感目标：
1. 提高自律自控能力，减少噪声的产生。
2. 尝试善意提醒他人或通过正当途径求助，抵制噪声污染行为。

行为目标：
1. 认同环境噪声污染治理的意义。
2. 树立自觉抵制噪声、践行生态文明理念的意识。

【活动重点】

1. 知道噪声的定义和危害。
2. 提高自律自控能力，减少噪声的产生。

【活动难点】

1. 认同环境噪声污染治理的意义。
2. 树立自觉抵制噪声、践行生态文明理念的意识。

【活动准备】

学生准备：
1. 分成6个小组，确定好各组组长。
2. 准备一个笔袋，里面装好笔。

教师准备：
1. 收集资料，制作课件PPT。
2. 设计板贴，打印任务单，准备分贝仪。

【2分钟暖场活动】

活动名称：音乐欣赏

1. 师：同学们好，先请大家听两段音乐。请你采取舒服的姿势坐好，双脚自然平放不交叉，双手轻轻搭在大腿上，闭上眼睛。全身放松，做个深呼吸，用力吸气、呼气，吸气、呼气。5，4，3，2，1，动一动手、动一动脚，睁开眼睛。

2. 师：请你用一个词语，说说你现在的感受。

生1：舒服。

生2：神清气爽。

生3：心旷神怡。

3. 师：再听一段音乐，说说有什么不同的感受。

生1：热闹。

生2：热血沸腾。

> **设计意图：** 学生在放松、闭眼的状态下先聆听一段美妙轻柔的音乐，再听一段比较奔放的音乐，体验两种不同类型的音乐带来的不同感受，为本次教学做好铺垫。

【活动过程】

一、跳舞被投诉

1. 师：今天，老师要向大家隆重介绍一下我亲爱的老爸。

播放音频1《跳广场舞被投诉》：

女儿旁白：老爸今年73岁，爱种花、会网购、懂养生，还是小区老年舞蹈队的队长呢，退休生活真是丰富多彩。前几天，我来到老爸家，一进门他就向我吐槽。怎么回事呢？

老爸：女儿，你来得正好！跟你说件气人的事。居然有人去居委会投诉，说我们老年人跳广场舞发出噪声，影响他们休息。居委会主任叫我们把音乐调得低一点，可是音乐本来就不响，怎么可能是噪声呢？

2. 师：老爸提到了噪声。同学们，你们知道什么是噪声吗？

生1：噪声就是使耳朵很不舒服的声音。

生2：噪声就是让人烦躁的声音。

3. 师：是啊，噪声就是干扰人们正常生活、学习和工作的声音。

板贴：噪声

4. 师：同学们，你们在生活中听到过什么噪声？

生1：我听到过汽车鸣笛的声音。

生2：我听到过邻居家装修发出的噪声。

生3：路边打桩机发出的噪声。

5. 师：同学们，你们知道吗？根据生态环境部发布的《2023年中国噪声污染报告》，2022年噪声扰民问题占全部生态环境污染投诉举报第1位。

> **设计意图：** 噪声污染与人们的生活息息相关，越来越成为人们关心的话题。通过教师父亲所在的老年舞蹈队跳广场舞被投诉事件，引发学生对噪声问题的关注。

二、购买分贝仪

1. 师：老爸不开心，我得去安抚一下。

播放音频2《买"神器"》：

女儿：老爸，别生气。俗话说"远亲不如近邻"，那我们就把音乐再调得低点呗！

爸爸：再低就听不见了，还跳什么舞？告诉你，我下单买了个"神器"，"神器"到手，万事不愁。你赶紧去快递柜取，帮我拆开来，我先做晚饭。

女儿：什么"神器"呀？怪神秘的。

2. 师：我老爸买的"神器"，老师今天也带到了教室，大家一起来看看。你们认识这个"神器"吗？哪里见过？

生：有点像分贝仪。

3. 师：这确实是个分贝仪。你是怎么知道的？

生：这个仪器和我家里的分贝仪差不多的。

4. 师：分贝仪有什么用处？

生：可以检测声音的大小。

板贴：

设计意图：对话设置悬念，再通过"摸一摸""猜一猜"的形式，激发学生对分贝仪的兴趣，了解其功用为后续探究做准备。

三、填写任务单

（一）学用分贝仪

1. 师：原来所谓的"神器"就是分贝仪啊！

播放音频3《分贝仪怎么用》：

女儿：老爸，你买了分贝仪？

爸爸：是啊！是不是噪声得用数据说话。咦？怎么都是英文字母，我看不懂，你帮我写一下中文说明书吧。

女儿：好嘞！

2. 师：老师请两位同学先来研究分贝仪怎么用。

生1：先长按开关键，打开分贝仪。

生2：再按hold键。

3. 师：你知道hold是什么意思吗？

生：握住。

4. 师：很好。h-o-l-d，hold，还有"保持"的意思。谁想来体验一下，讲一句话或唱一句歌词，看看有几分贝。

生1：数字在不断跳跃。

生2：60.4分贝。

生3：我唱一句歌词吧，我和我的祖国。

生4：64.4分贝。

5.师：分贝仪操作挺简单的，估计老爸晚饭快烧好了，事不宜迟，我赶紧去教他！

播放音频4《用分贝仪测音量》：

女儿：老爸，来来来，我教你。

爸爸：简单，我会啦！你陪我一起去测吧。

女儿：没问题。

爸爸：各位舞友，晚上好！我们锻炼的地方可是一个风水宝地啊，旁边有河有公园，商店、工厂都在两条马路以外，我来放音乐。你看，才58分贝，声音又不响。你平时用的吹风机、吸尘器的声音比这响多了，还有汽车喇叭声，那才叫噪声。

6.师：老爸讲的话，我倒没想过，同学们，你们估计这些声音有多少分贝呢？让我们来听一听，在任务单上填一下。填完请每个小组派一名代表来交流一下。

出示填空题：

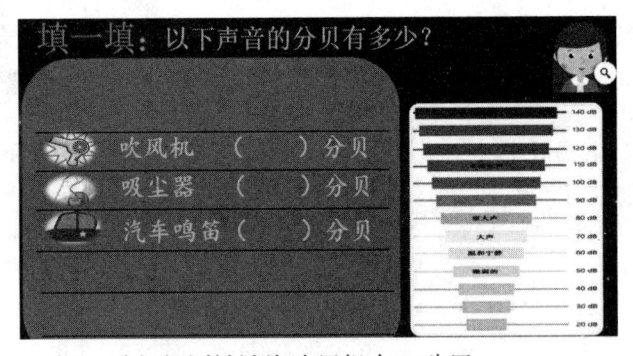

生1：我们组讨论认为吹风机有80分贝。

生2：我们组认为吹风机有70—90分贝。

生3：我们组觉得吸尘器有85分贝。

生4：我们组认为吸尘器有98分贝。

生5：我们组认为汽车鸣笛声有100—120分贝。

7.师：这些声音到底有多少分贝呢？很多同学的答案都不一样，让我们去了解一下吧。

播放音频5《百度搜索》：

女儿：老爸，我刚才上百度搜了一下"生活中的声音"，来，看这一条！

播放视频1《生活中的各类声音有多大？》：

20分贝叶子沙沙作响，30分贝悄悄话，40分贝图书馆，50分贝雨声（中雨），60分贝正常对话，70分贝吸尘器，80分贝闹钟，90分贝吹风机，110分贝汽车鸣笛，120分贝飞机（起飞时），130分贝救护车鸣笛，140分贝烟花。

8.师：看了视频以后，让我们来修正一下吧！

生：吹风机90分贝，吸尘器70分贝，汽车鸣笛110分贝。

设计意图： 先请几位学生使用分贝仪，了解自己声音的大小，通过动手操作，激发学生的兴趣。然后请学生猜一猜生活中某几种声音的分贝，填在说明书的第一部分，虽然大多数学生猜得不太准确，但通过观看视频并修正说明书，对"分贝"这个度量单位有了更直接的感知。

（二）噪声的标准

1. 师：我老爸的话确实没错，很多我们习以为常的声音，音量可真不小！

播放音频6《多少分贝是噪声？》：

爸爸：你看看，我说得没错吧！你再查查，到底多少分贝才是噪声。

女儿：别急，别急。有了，我找到国家噪声标准了，发你微信吧！

爸爸：字这么小，看不清，我回家戴老花镜看。

2. 师：同学们，我老爸眼睛不好，请大家根据这份《声环境标准》，同桌讨论一下，58分贝究竟算不算噪声？时间为2分钟。

出示国家标准：

同桌讨论：58分贝算噪声吗？为什么？

《中华人民共和国国家标准声环境质量标准》

功能区类别	适用区域	昼间	夜间
0类	（康复疗养等）特别安静区域	50	40
1类	（居民住宅、医疗卫生、文化教育等）保持安静区域	55	45
2类	商业、集市为主，或者（居住、商业、工业）混杂区	60	50
3类	工业生产、仓储物流区域	65	55
4类 4a类	公路、城市道路、内河航道两侧区域	70	55
4类 4b类	铁路干线两侧区域	70	60

昼间：指6:00至22:00之间的时段。夜间：指22:00至次日6:00之间的时段。

（生同桌讨论）

3. 师：我请一位同学来交流一下。

生：我们组认为58分贝在昼间不是噪声，在夜间就是噪声。

4. 师：你能告诉大家是怎么查的吗？

生：先查区域，2类区域昼间标准是60分贝，夜间标准是50分贝。广场舞一般不会在22：00之后跳，所以我们觉得不是噪声。

5. 师：我老爸说他们锻炼的地方可是一个风水宝地啊，商店、工厂都在两条马路以外，到底算几类区域？

生：我们小组认为居民住宅是1类区域，昼间标准是55分贝，夜间标准是45分贝，58分贝肯定超标了。

6. 师：老师也同意你们的观点，我老爸所在的居民住宅区是1类保持安静区域。现在来采访一下刚才使用过分贝仪的几位同学，你们测出的分贝值超标了吗？

生：我的声音是60.4分贝，超标了。

7. 师：为什么超标了呢？

生：学校是文化教育单位，1类区域昼间标准是55分贝。

8. 师：刚才老师给了几个小组写了数字的卡片，其实就是你们讨论时声音的分贝值，看一下是否超标了呢？

  生1：我们组是72分贝，超标了。

  生2：我们组是68分贝，也超标了。

  生3：我们组是59分贝，超了一点。

  生4：我们组是54分贝，没有超。

9. 师：老师建议大家在集体讨论时说悄悄话，这样就不容易制造噪声了。相信同学们都已经看懂了噪声标准。区域不同，时间段不同，噪声标准也是不同的。我们国家非常重视噪声污染问题，为了防治噪声污染，保障居民正常生活、工作和学习，环境部早在1982年就制定了声环境标准，1993年、2008年两次修订完善，实施至今。让我们把一类区域的标准记录一下吧！

      板书：标准（1类区域）昼间　55分贝　夜间　45分贝

> **设计意图：** 学生通过帮教师父亲对照国家声环境标准，判断老年舞蹈队跳广场舞的音量是否超标，了解标准的类别和不同时间段的噪声限值，对以小区、学校为主的1类区域的昼间和夜间噪声标准加以明确。

（三）噪声的危害

1. 师：同学们，你们听到噪声有什么感受？

  生1：我感觉很吵闹。

  生2：我感觉耳朵很不舒服。

  生3：我感到心烦意乱。

2. 师：老师也深有同感，让我们一起看看央视新闻是怎么说的。

播放视频2《噪声恼人"看不见的杀手"有什么危害》：

  噪声不仅让人觉得烦躁，相关医学研究表明，噪声还会危害人体健康，诱发多种疾病，是名副其实的"看不见的杀手"。噪声污染都有哪些危害呢？世界卫生组织和欧盟合作研究中心公开的《噪声污染导致的疾病负担报告》显示：噪声不仅会让人烦躁、睡眠质量变差、头晕，更会引发心脏病、学习障碍和耳鸣等疾病。噪声污染已经成为仅次于空气污染的影响人体健康的环境因素。

3. 师：央视新闻里提到噪声的哪些危害呢？谁来说一说？

  生1：引发心脏病。

  生2：睡眠质量变差。

  生3：学习障碍。

  生4：头晕。

  生5：耳鸣。

4. 师：最后一个请全班一起说。

  生：令人烦躁。

> **设计意图：** 学生通过观看央视新闻，知道了噪声的具体危害和严重性——是名副其实的"看不见的杀手"，加深了对噪声危害的认识，初步树立了抵制噪声危害的决心。

（四）降噪有妙招

1. 师：噪声污染，"小事"不小，为美好生活"降噪"，离不开法律护航。

播放音频7《老爸的转变》：

爸爸：噢哟，新闻里说噪声是"看不见的杀手"，危害健康，还会诱发疾病，我以前真的没想到有这么严重啊！

女儿：不看不知道，一看吓一跳，噪声危害真不小！

爸爸：既然国家有规定，那我们就得遵守。

女儿：老爸，你看，百度里还有一条相关链接。2021年1月1日实施的《民法典》第一千零三十二条规定，不得侵犯他人的隐私权，包括安宁权，跳广场舞扰民违法。

爸爸：违法？快让我看看。哎哟，千真万确，我得赶紧召集舞友们商量一下怎么办？

女儿：老爸，你不生气啦？

爸爸：还生什么气，身体健康第一位，违法的事更不能干。

2. 师：噪声让人烦躁、影响睡眠，甚至可能引发心脏病和学习障碍、听力受损等，面对噪声这个"看不见的杀手"，我们该怎么办？请每组选择一种噪声，2分钟讨论一下。

3. 师：同学们讨论得很热烈，但音量都很小。老师给了每个小组一张便利贴，请报一下上面的分贝值。

生1：49分贝。

生2：54分贝。

生3：52分贝。

生4：48分贝。

生5：51分贝。

4. 师：大家都很棒，音量控制得非常好，都在标准范围内。接下来，请交流你们的办法。

生1：我们组选择了广场舞噪声。有三个建议——第一个建议是把音量调低，不要扰民；第二个建议是选择在昼间跳舞，不要在夜间大家休息的时间跳；第三个建议是缩短跳舞时间。

生2：我们组选择了家电噪声。我们的建议是——调小档，购买静音家电，缩短用时，关闭门窗。

生3：我们组选择了校园噪声。我们的建议是——下课尽量不吵闹，班级里推选管理员，制定班级公约和奖惩条例。

5. 师：如果有人不听劝阻怎么办？

生1：在学校可以告诉老师。
生2：在小区可以向居委会求助。
生3：在公共场合可以打报警电话110。
生4：也可以拨打市民热线电话12345。

板书：控制音量　善意提醒　控制时间　静音家电　专人管，定公约　拨打12345

6.师：同学们说得很好，无论在家或在公众场合，都要从自己做起，自觉控制音量；还要学会自我保护，想办法阻断噪声传入我们耳朵。如果遇到他人发出噪声，好好沟通，善意提醒，对方如果不接受、不改变的话可以求助居委会、学校老师等，也可以拨打市民热线12345，一般情况不建议直接拨打110哦！

设计意图： 通过分组讨论，结合生活经验，寻找降低噪声污染的方法，在帮教师父亲阅读分贝仪说明书的同时，增强法律意识和生态文明意识。潜移默化中引导学生不仅要做到自护自控，更要学会提醒他人，以及通过正当途径寻求帮助，共同减少噪声污染。

四、降噪我践行

1.师：老爸已经出去了挺长时间，怎么还不回家？

播放音频8《好消息》：

"叮咚　叮咚"。

女儿：肯定是老爸回来了。老爸，你们商量得怎么样了？

老爸：女儿，告诉你，舞友们想出了很多办法，我们可以戴着耳机跳，可以到小区附近的健身公园跳，还准备买一个"防噪神器"，据说声音超标，就会发出报警声。

女儿：你们想的办法真不错！

老爸：居委会主任还邀请我担任小区志愿者，并让我设计一份宣传单，向居民们普及防噪知识呢！

2.师：同学们，我老爸要设计一份降噪宣传单，我们一起去帮忙设计一句宣传口号。同桌一起讨论一下！

出示图片：

小组合作：
设计一句"降噪"宣传口号。
1.组员讨论，组长记录
2.简洁易懂、朗朗上口

3.师：现在请每组代表上台交流。

生1：减少噪声，从我做起。

生2：齐心降噪，守护美好。

生3：噪声危害大，减噪靠大家。

生4：不喧哗，不吵闹，安静校园你我他。

生5：噪声危害真不小，关闭门窗不扰民。

生6：控制噪声，你我安康。

4. 师：感谢我们班的智多星们，你们设计的宣传口号简洁明了，朗朗上口。我老爸的宣传单上有了你们的口号，一定可以让居民们减少噪声污染，促进生态文明。让我们也像我老爸一样，主动加入"降噪"行列，勇敢地向噪声say no，使更多的人能享受更安静的美好时光。

补充课题：向噪声say no

【延伸教育活动】

师：同学们，让我们在生活中争做"降噪"小达人，尽量控制自己的一言一行，不对他人产生干扰，共同营造温馨、舒适的声环境吧！

出示图片：

> 课后活动 NOISE
>
> 争做"降噪"小达人：控制自己的言行和音量，不制造噪声，营造安静、舒适的声环境。

【板书设计】

【点评】

秉持科学精神，提高生态素养

教师作为人类思想文化的传播者和智力资源的开发者，严谨治学是完成教育教学任务、担当教育使命的必备要求。黄老师在执教过程中，不但牢牢把握活动素材的科学性，而且注重活动过程的科学性，鼓励学生从科学的角度来认识和解决噪声问题。

1. 求真务实，言必有据——素材选择的科学性

生活中的各种噪声，严重影响人们的生活质量。在"跳舞被投诉"环节，黄老师请学生说说生活中听到过什么噪声后小结：2022年我国噪声投诉位居第一。这个结论来自我国生态环境部发布的《2023年中国噪声污染防治报告》一文。在"噪声的危害"环节，黄老师播放的央视新闻《噪声恼人"看不见的杀手"有什么危害》中提到"噪声不仅会让人烦躁、睡眠质量变差、头晕，更会引发心脏病、学习障碍和耳鸣等疾病"的内容，经查证来自2014年世界卫生组织和欧盟合作研究中心公布的《噪音污染导致的疾病负担》报告。本堂课中，黄老师引用的内容都经过了认真查证，充分体现治学的科学性和严谨性。

2. 引领探究，科学验证——活动过程的科学性

面对任何知识，学生都不应只是被动地接受"是什么"，而要在教师的带领下追问"为什么"，遇到与实际相关的问题，还要能进一步探索"怎么办"。在"学用分贝仪"环节，黄老师请学生当场使用分贝仪测音量，学会用科学的方法获得数据。在"噪声的标准"环节中，黄老师请学生小组讨论，对照《中华人民共和国国家标准声环境质量标准》，判断58分贝算不算噪声。学生们就小区的类别，昼间和夜间时间段的划分等，开展了热烈的讨论，最终得出了正确的结论。在多个学生活动环节，黄老师当场用分贝仪随机测试各组附近音量的大小，并将数字写在便利贴上予以提示。噪声的测量和评估都采用了实践和体验的方法，真实可信。

本堂课，黄老师采用科学性的素材，设计科学的体验活动，使主题教育课更有说服力和可信度，帮助学生更好地理解和探究预防噪声污染的科学知识和方法，关注生态文明建设，提高生态文明素养。

上海市浦东新区顾路小学副校长　奚蓓蕾

后记
Afterword

一方水土养一方人。自古以来，中华民族始终秉持"靠山吃山，靠水吃水"的理念，倡导人与自然在生态系统中相互依存、和谐共生。习近平总书记说："生态文明建设是关系中华民族永续发展的根本大计。中华民族向来尊重自然、热爱自然，绵延5000多年的中华文明孕育着丰富的生态文化。生态兴则文明兴，生态衰则文明衰。"生态文明教育是塑造未来文明生活的重要基石。

为此，上海市浦东新区姚瑜洁德行千里团队积极开展生态文明教育的实践和探索。首先，组建核心队伍，以区小学班主任资源库学员、区新班主任培训班学员为实践主体，同时吸纳有意愿参与的班主任，逐渐凝聚成一支具有钻研能力的德育工作者队伍。其次，建立层级架构，依托区德育中心组成员、区姚瑜洁德育教师培训基地成员，与学员形成一对一带教模式；在此基础上，将导师和学员按地域划分为七大片区：临港新片区、周浦片区、迪士尼片区、前滩片区、外高桥片区、张江片区、金桥片区，由片区组长带动推进；再次，坚持精雕细琢，团队持续开展"每周一磨"的线上磨课活动，学员在线上进行试讲，导师团队提出修改意见，推动方案日臻完善；每周日晚，姚瑜洁老师和七大片区组长相约云端，交流磨课情况，为团队解决磨课中的实际问题；方案成熟后，由导师牵头开展几轮线下试教，边试边改，将生态文明教育落实于细节处。最终，进行展示研讨，经过多轮试教和精心打磨，成熟的课程以"借班上课"的形式向全区班主任展示，展现了浦东德育人在生态文明教育领域的智慧与成果。

如今，《扣好人生第一粒扣子——生态文明主题教育35课》集结成册，分为七大选题，每个选题小学1—5年级各1篇，引导学生懂得人与自然是可持续发展的关系，形成对生命与自然的敬畏感，唤起学生关爱自然、尊重生命的意识，将生态文明理念融入日常生活，以实际行动践行生态文明，成长为具有生态文明精神品格和实践能力的一代新人。

  本书由上海市浦东教育发展研究院姚瑜洁老师策划统稿，由上海市宣桥学校祝永华、上海市浦东新区晨阳小学谈冰、上海市浦东新区竹园小学吴晓丽担任副主编，由上海市实验学校东校凌洁敏、上海市浦明师范学校附属小学陆春华、学校上海市浦东新区张江镇中心小学秦蓉子、上海市浦东新区德州二村徐巍炜、上海市浦东新区张江高科实验小学徐留芳、上海市浦东新区泥城小学唐华英、上海市浦东新区进才实验小学西校邓曲萍、上海市浦东新区周浦镇第三小学张旭红、上海市实验学校东校徐澄怡、上海市浦东新区傅雷小学张志英、上海市浦东新区三林镇中心小学胡晓寅、上海市浦东新区观澜小学曹丹红、上海市浦东新区华林小学罗丽惠、上海市浦东新区泥城小学董英、上海市浦东新区唐镇小学陆燕华、上海市浦东新区辅读学校王剑、上海市立信会计金融学院附属学校韩英、上海市三灶学校富士英、上海市浦东新区曹路打一小学金辰艳、上海市浦东新区周浦镇第三小学杨丽丽、上海市浦东新区顾路小学黄燕担任编委，由上海市浦东新区逸夫小学邱雯、华师大附属第二中学前滩学校褚勤、上海市浦东新区万科小学王洁、上海市荡湾小学黄春华、上海市浦东新区园西小学华瑜担任审校。

  本书从2020年开始筹备，历经了四年风雨，正是这段不平凡的经历，更加坚定了团队成员在生态文明教育道路上不断探索的决心。如今，风雨已过，我们更加珍惜并渴望领略祖国的绿水青山。本书旨在为更多的教育工作者提供经验和资源，因为，这不仅是浦东德育人智慧和汗水的结晶，更是一次与同行共享的有益探索。在此，非常希望得到同行的反馈与建议，以便我们进一步修订和反思，共同推动生态文明教育事业的蓬勃发展。

  展望未来，我们坚信，在生态文明教育的道路上，定会有更多优秀的课例涌现，为中华民族的永续发展贡献智慧与力量。

  既然选择了远方，便只顾风雨兼程！

全体编写组成员
2024年6月